Boris Akunin

Das Halsband des Leoparden

Boris Akunin ist das Pseudonym des Moskauer Philologen, Kritikers, Essayisten und Übersetzers aus dem Japanischen Grigori Tschchartischwili (geb. 1956). 1998 veröffentlichte er seine ersten Kriminalromane, die ihn in kürzester Zeit zu einem der meistgelesenen Autoren in Russland machten. Heute genießt er in seiner Heimat geradezu legendäre Popularität. 2001 wurde er dort zum Schriftsteller des Jahres gekürt, seine Bücher wurden in 30 Sprachen übersetzt. Mit seiner *Fandorin*-Serie erlangte er auch in Deutschland Kultstatus.

Im Aufbau Verlag erschienen bisher *Fandorin* (2001), *Türkisches Gambit* (2001), *Mord auf der Leviathan* (2002), *Der Tod des Achilles* (2002), *Russisches Poker* (2003), *Die Schönheit der toten Mädchen* (2003), *Der Tote im Salonwagen* (2004), *Die Entführung des Großfürsten* (2004), *Der Magier von Moskau* (2005), *Die Liebhaber des Todes* (2005), *Die diamantene Kutsche* (2006) und *Das Geheimnis der Jadekette* (2008).

»Ich spiele leidenschaftlich gern. Früher habe ich Karten gespielt, dann strategische Computerspiele. Schließlich stellte sich heraus, dass Krimis schreiben noch viel spannender ist als Computerspiele. Meine ersten drei Krimis habe ich zur Entspannung geschrieben …«

Akunin in einem Interview mit der Zeitschrift Ogonjok

www.akunin.ru

Fandorins Wirtin in Bristol wohnt zwar in einem Schloss, aber sie wird dort nur geduldet. Die alte Dame ist jedoch – wie Miss Marple – klug und gewitzt, und gemeinsam mit ihr zieht Fandorin gegen eine Familie von gierigen Erben zu Felde.

Im Wilden Westen wird der russische Meisterdetektiv spielend mit gewieften Geschäftsleuten und schießwütigen Cowboys fertig, gegen eine schöne Frau aber erweist er sich als machtlos.

Und schließlich stehen Fandorin und sein japanischer Diener Masa in Frankreich zur Jahrhundertwende auf einem geheimnisvollen Schloss mit Doktor Watson und Sherlock Holmes in einem amüsanten Wettbewerb um das schnellste und beste Ermittlungsergebnis, denn sonst geht eine Bombe hoch.

Boris Akunin

Das Halsband des Leoparden

Fandorin ermittelt

Kriminalerzählungen

Aus dem Russischen
von Ganna-Maria Braungardt
und von Renate und Thomas Reschke

aufbau taschenbuch

Die Originalausgabe unter dem Titel
Нефритовые чётки
erschien 2007 bei Sacharow-AST, Moskau.

ISBN 978-3-7466-2472-3

Aufbau Taschenbuch ist eine Marke der Aufbau Verlag GmbH & Co. KG

1. Auflage 2009

Umschlaggestaltung Dagmar & Torsten Lemme, Berlin unter Verwendung
des Gemäldes »Der Student«, 1881, von Nikolai Alexandrowitsch Jaraschenko
und eines Motivs von © Philadelphia Museum of Art/corbis
Druck und Binden CPI – Clausen & Bosse, Leck
Printed in Germany

www.aufbau-verlag.de

Inhalt

Dieses Buch ist gewidmet
Agatha Christie
Washington Irving
Maurice Leblanc

Das Halsband des Leoparden

Das Fußballspiel, über das Fandorin von englischen Bekannten so viel gehört hatte, erwies sich als grässlicher Unfug. Das war kein Sport, das war Klassenkampf: Ein Haufen Männer in roten Jerseys fällt über einen Haufen Männer in weißen Jerseys her, und das nur wegen eines aufgeblasenen Stücks Schweinsleder. Ein echter Sportwettkampf wie Boxen, Lawntennis oder Radrennen führte die Tradition des Ritterturniers fort, beim Fußball aber griffen zwei oder drei Männer ungeniert einen Einzigen an. Keine Spur von Ritterlichkeit! Und entsprechend waren auch die Zuschauer. Sie schrien, gestikulierten, sprangen von den Bänken. Als wären sie keine Engländer, sondern Papuas.

Zutiefst überzeugt, dass diese Vergnügung ohne Zukunft sei, verließ Fandorin das Stadion, ohne erfahren zu haben, ob die Lokalmannschaft in eine ominöse Westliga aufsteigen würde – wer immer dazugehören mochte.

In Wirklichkeit war nicht der Sportwettkampf schuld an der Verstimmung des geflohenen Moskauer Beamten, sondern die dumpfe Einsamkeit, die ihn inmitten der Menschenmenge erfasst hatte.

Natürlich war er daran gewöhnt, für sich allein zu sein, doch hier kam eins zum anderen: Ein fremdes Land, eine fremde Stadt, der Zusammenbruch seines gesamten bisherigen Lebens, eine vollkommen ungewisse Zukunft und obendrein ein demütigender Geldmangel – ein Zustand, den Fandorin seit langem nicht mehr erlebt hatte.

Man legte sich eben nicht mit den Mächtigen an. Schon gar

nicht, wenn man in Russland lebte. Noch vor zwei Monaten ein einflussreicher Mann, kurz vor der Ernennung zum Oberpolizeimeister von Moskau, war Fandorin nun ein Niemand. Mit fünfunddreißig gezwungen, ganz von vorn anzufangen.

Ein neues Leben begann man selbstredend am besten in der Neuen Welt. Wo sonst? Doch nach Amerika musste Fandorin erst einmal gelangen.

Vorerst saß der in Ungnade gefallene Staatrat in Bristol fest, von wo aus Schiffe der Dampfschifffahrtsgesellschaft »City Line« nach New York gingen, und wartete bereits die dritte Woche auf seinen japanischen Kammerdiener.

Fandorin hatte die alte russische Hauptstadt Hals über Kopf verlassen müssen, ohne die Antwort auf sein Entlassungsgesuch abzuwarten. Er stand also ohne Aussicht auf Gehalt und Prämien da und besaß keinerlei erspartes Kapital, lediglich ein kleines Haus in der Malaja Nikitskaja – das Masa nun für ihn verkaufen sollte. Der Erlös würde für ein paar Jahre reichen, und in dieser Zeit wollte sich Fandorin einen neuen Beruf aneignen. Zum Beispiel den eines Ingenieurs.

Ein anderer, leichterer Weg zu finanzieller Unabhängigkeit führte über Wiesbaden oder Monte Carlo. Mit seinem unglaublichen Glück bei Glücksspielen hätte Fandorin vermutlich nur einen Tag am Roulettetisch verbringen müssen, um der Sorge um das tägliche Brot für immer ledig zu sein. Doch das hätte er als unredlich empfunden. Er genierte sich ein wenig für seine rätselhafte Gabe, benutzte sie nur im äußersten Notfall und hatte keineswegs die Absicht, ein Gigolo Fortunas zu werden.

Da dem so war, durfte er höchstens eine halbe Zigarre pro Tag rauchen, musste mit der Pferdebahn fahren, und, statt im »Royal Hotel« zu wohnen, für ein Pfund, zwei Schillinge und sechs Pence die Woche ein kleines Zimmer mit Frühstück und Nachmittagstee mieten.

Allerdings in einem sehr anständigen Viertel – im Grunde dem besten der Stadt. Es lag auf einem Hügel und bestand ausschließlich aus architektonisch zwar etwas nüchternen, aber von herrlichen Gärten umgebenen Villen. Nach einer Woche hatte der ehemalige Staatsrat die Spaziergänge durch die gepflegten Parks und den Anblick der einzigen Sehenswürdigkeit am Ort – der hundert Sashen* langen Hängebrücke über den Avon – gründlich satt.

Es war Anfang April. An den Bäumen glänzten die ersten Blätter, die Rasenflächen waren von unerträglich sattem Grün, doch Fandorin ging in all dieser Pracht mit einem gänzlich novembrigen Gesicht umher.

Der einzige Lichtblick für den aus seiner Heimat Vertriebenen war die allabendliche Teestunde mit seiner Wirtin Miss Palmer.

Dabei hatte er sie bei ihrer ersten Begegnung für vollkommen senil gehalten.

Eine verschrumpelte Greisin, zerbrechlich wie Porzellan, hatte ihm geöffnet. Als sie hörte, der Besucher sei auf ihre Anzeige in der »Western Daily Press« gekommen, hatte sie ihre Brille zurechtgerückt, die blassblauen Augen auf den großen Brünetten gerichtet und vorsichtig gefragt: »Spielen Sie Mundharmonika, Sir?«

Fandorin, bereits an englische Verschrobenheiten gewöhnt, schüttelte den Kopf. Daraufhin stellte die alte Dame die nächste Frage: »Aber Sie waren bestimmt bei der Verteidigung von Khartum dabei?«

Fandorin räusperte sich, um seinen Unmut zu unterdrücken (sie war schließlich eine Dame), und erwiderte beherrscht: »Wenn Sie das Zimmer nur an Mundharmonika spielende V-verteidiger von Khartum vermieten, hätten Sie das in Ihrer Anzeige erwähnen sollen.«

Er hatte doch gewusst, dass dieser Besuch sinnlos sein würde. Er

* 1 Sashen = 2,1336 m. (Anm. d. Ü.)

war bereits zweimal abgewiesen worden, weil er Ausländer war, und zwar in schlichteren Häusern als diesem hier, das einen eigenen Park besaß und ein Wappen am schmiedeeisernen Tor: einen massigen Bären unter einer Grafenkrone. Den anstrengenden Aufstieg ins aristokratische Clifton hätte er sich sparen können.

»Herzlich willkommen, Sir«, sagte die Alte und ließ ihn eintreten. »Ich vermute, Sie kommen aus Russland? Das hätte ich gleich merken müssen. Offizier oder Militärspezialist?«

Fandorin, bislang überzeugt, akzentfrei Englisch zu sprechen, war enttäuscht.

»Haben Sie das an meiner Aussprache erkannt?«

»Nein, Sir. An Ihrer Haltung und Ihrem Gesichtsausdruck. Wissen Sie, ich war barmherzige Schwester bei Sewastopol und habe viele Ihrer Landsleute gesehen. Ein gefangener Hauptmann hat mir sogar Avancen gemacht. Sicherlich, weil keine anderen Frauen in der Nähe waren«, setzte sie bescheiden hinzu. »Jedenfalls blieb seine Werbung ohne Folgen.«

Die welken Wangen der Dame färbten sich bei der Erinnerung rosig, und dank des namenlosen Hauptmanns, der vor vierzig Jahren mit der Engländerin geflirtet hatte, kam Fandorin endlich zu einem Dach über dem Kopf.

»Ich bewohne im Haus von Graf Berkeley nur diesen kleinen Flügel, es gibt nicht einmal eine Abstellkammer. Aber Sie haben ja nicht viel Gepäck, oder?« Die Vermutung war erneut richtig.

Im Laufe der Zeit stellte sich heraus, dass Miss Palmer überhaupt sehr scharfsinnig und eine gute Beobachterin war. Auch für die seltsamen Fragen zu Beginn ihrer Bekanntschaft gab es eine Erklärung.

Sie hatte sich erst vor kurzem entschlossen, ein Zimmer zu vermieten, und mit den ersten beiden Mietern furchtbares Pech gehabt. Der eine hatte die ganze Zeit Mundharmonika gespielt, der andere unter Alpträumen gelitten – eine Folge seiner Erlebnisse während des Blutbades in Khartum 1885. Jede Nacht erschollen in der Wohnung markerschütternde Schreie: »Issa pfui!« und »Allah Akbar!« Aus Angst vor den Krummsäbeln sagte der Ärmste sich wieder und wieder von Jesus Christus los.

Jeden Abend von fünf bis sechs trank Miss Palmer mit ihrem Mieter Tee. Sie kochte ihn recht dünn und verdarb ihn obendrein mit Milch, und ihre selbstgebackenen Kekse zerkrümelten in den Händen und klebten an den Zähnen, doch die Gespräche mit der alten Dame waren ein Vergnügen – Fandorin war stets bestrebt, die Teestunde nicht zu verpassen.

Ihre eigene Geschichte erzählte die alte Dame ihm gleich in den ersten Tagen.

Ihr Schicksal war traurig und schön – leider keine Seltenheit bei wahrhaft edlen Frauen.

An ihre Eltern hatte Janet Palmer keine Erinnerung, ja, sie hatte sie im Grunde gar nicht gekannt. Ihr Vater, ein Dragoner-Leutnant, war bei Waterloo gefallen. Kurz zuvor hatte er geheiratet, seine Witwe war gerade achtzehn. Sie war guter Hoffnung, und die traurige Nachricht löste vorzeitige Wehen aus. Die unglückliche junge Mutter konnte nicht gerettet werden. Auch dem unter derart traurigen Umständen zur Welt gekommenen Mädchen prophezeite man einen baldigen Tod, doch die Kleine klammerte sich wie durch ein Wunder ans Leben. Oberst Graf Berkeley, der Regimentskommandeur ihres Vaters, nahm sich ihrer an und zog sie mit seinen eigenen Kindern zusammen groß. Janet war ihrem Wohltäter dankbar, und als er einen Schlaganfall erlitt, blieb sie bei dem Gelähmten, um ihm mit ihrer Gegenwart die letzten Tage zu verschönern – schließlich gab es so etwas wie eine Pflicht der Dankbarkeit.

Die »letzten Tage« zogen sich fast zwanzig Jahre hin. Der Mann, der Janet liebte, bewunderte ihre Selbstlosigkeit zunächst und versprach zu warten, so lange es nötig war, doch jede Geduld hat einmal ein Ende. Als Miss Palmer ihren alten Grafen endlich begraben und ihre Freiheit erlangt hatte, war es zu spät zum Heiraten.

Zwar hatte der alte Graf ihr einen Großteil seines Besitzes vererbt, doch seine leiblichen Kinder fochten das Testament gerichtlich an. Sie hätten den Prozess zwar kaum gewinnen können, denn der alte Graf hatte seinen letzten Willen tadellos niedergelegt, doch die frischgebackene Erbin verzichtete von sich aus auf den ihr zugefallenen Reichtum – sie hielt diese Auszeichnung für unverdient. Schließlich hatte sie nur getan, was sie tun musste.

Der älteste Sohn des Verstorbenen, der jetzige Graf Geoffrey Berkeley, dankte Miss Palmer überschwenglich und überließ ihr den Seitenflügel des Stammsitzes in Bristol zur lebenslangen Nutzung.

Seitdem waren über vierzig Jahre vergangen. Der Graf erlitt wie seinerzeit sein Vater einen Schlaganfall, verlor den Verstand und siechte in den hinteren Zimmern des Hauses dahin, und seine Nachkommen erinnerten sich partout nicht, wieso die unnütze alte Frau eigentlich den Seitenflügel ihres Hauses bewohnte.

»Wer hätte gedacht, dass ich so lange lebe?«, seufzte die alte Dame. »Mein Vater, der arme Junge, ist die Krone teuer zu stehen gekommen. Er selbst wurde nur knapp zweiundzwanzig, seine Tochter aber bezieht nun schon ein Vierteljahrhundert lang eine Pension.«

Solange Miss Palmer vom alten Grafen versorgt wurde, hatte sie ihre Waisenrente auf die hohe Kante gelegt, und nun hielt sie sich mit den Prozenten des kleinen Kapitals über Wasser – dank geringer Bedürfnisse und virtuoser Sparsamkeit. Wären ihr nur die Bewohner des Haupthauses nicht so feindlich gesonnen gewesen! Mit aller Macht versuchten sie, die lästige alte Dame zu vertreiben, indem sie ihr das Leben immer unerträglicher machten.

Sie konnten die alte Dame nicht daran hindern, im Park spazieren zu gehen (dieses Recht war ihr in dem Papier über das lebenslange Nutzungsrecht ausdrücklich zugebilligt worden), verboten ihr jedoch, das Tor zu benutzen, so dass sie, wenn sie auf die Straße hinaus wollte, die hintere Pforte benutzen musste. Sie zwangen sie, die Katze abzuschaffen, die seit fünfzehn Jahren bei ihr gelebt hatte. Und ersannen immer neue Schikanen.

Am Ende reifte in Miss Palmer ein Plan: Sie wollte sich eine zusätzliche Einnahmequelle suchen und ein Haus auf dem Land erwerben, irgendwo in der Nähe von Exmoore – damit sie jeden Morgen nach dem Aufwachen das Meer sehen konnte.

Darum hatte sie die Anzeige in der »Western Daily Press« aufgegeben. Zwar hatte sie mit den ersten Untermietern kein großes Glück gehabt und bislang nur dreißig Pfund sparen können, also ein Zehntel der erforderlichen Summe, doch die alte Dame verzagte nicht.

Ihre feste Entschlossenheit, ja allein ihre Fähigkeit, mit sechsundsiebzig Jahren langfristige Pläne zu hegen, nötigten Fandorin aufrichtige Bewunderung ab, zu der sich alsbald tiefes Mitgefühl gesellte – nachdem er die Bekanntschaft mit Miss Palmers Nachbarn gemacht hatte.

Der neue Untermieter begegnete ihnen gleich an einem der ersten Tage bei einem Spaziergang durch den exzellent gepflegten Park mit Kieswegen, Marmorstatuen und schmucken Pavillons.

Fandorin stand vor einer Weide und durchlebte sämtliche Gefühle, die jeden von der Heimat getrennten Russen beim Anblick dieses lockenköpfigen Gewächses unweigerlich überkommen. Ähnliche Emotionen lösen Birke und Eberesche aus, doch die sieht man das ganze Jahr über, eine Weide aber erkennt der Stadtmensch nur im Frühjahr. Umso heftiger nagt dann die Nostalgie an der Seele.

Wegen dieses von Dichtern mannigfach beschriebenen, im Grunde aber unangenehmen Gefühls sah Fandorin der um die Ecke biegenden Gruppe mit ein wenig feuchten Augen entgegen und lächelte sogar, als wolle er sich für seine alberne Sentimentalität entschuldigen.

Sein Lächeln wurde offenbar als Unterwürfigkeit interpretiert. Die gesamte recht zahlreiche Gesellschaft verschiedenen Alters und Geschlechts musterte den Fremden mit kühler Verständnislosigkeit.

»Ah«, sagte ein älterer Herr mit aufgeblasenen Wangen, ohne die Stimme im Geringsten zu senken, »das ist vermutlich der neue occupant des Flügels.«

»Indeed«, bestätigte ein zweiter Gentleman, am Kragen erkennbar als Angehöriger des geistlichen Standes, ansonsten eine exakte Kopie des ersten, nur etwas kleiner als dieser und weniger von der Zeit gezeichnet.

Aufgrund der Schilderungen von Miss Palmer erkannte Fandorin mühelos, wer hier wer war. Der ältere Bruder – Lord Daniel Lynn – war der Erbe des alten Grafen Berkeley. Der Pastor war der zweite Sohn, Hochwürden Matthew Lynn. Die Brünette mit der süffisanten Miene und die beiden ebenso süffisant wirkenden Halbwüchsigen an der rechten Flanke waren die Frau und die Söhne von Lord Daniel. Die Blonde mit der süffisanten Miene und die beiden langweiligen Mädchen an der linken Flanke gehörten zu Hochwürden.

Die Lynns (so hieß das Geschlecht der Grafen Berkeley) waren in ihrem Familiennest zusammengekommen, um den achtzigsten Geburtstag des Patriarchen zu begehen. Es fehlte nur der dritte Bruder, der Ehrenwerte Tobias, den Miss Palmer als schwarzes Schaf der Familie bezeichnete.

»Irgendwer muss dem ein Ende bereiten«, sagte die Lady, den empörten Blick auf Fandorin geheftet, obgleich dieser kaum Anlass zu Entsetzen bot: ein eleganter, tadellos gekleideter Gentleman mit einem blasslila Veilchen im Knopfloch und einem Bambusstock in der Hand.

Fandorin sah durch das Panoptikum hindurch, tat, als gelte sein Lächeln nicht der Gesellschaft, sondern der Frühlingssonne, und wollte vorbeigehen, doch da tauchte aus dem Gebüsch das fehlende Familienmitglied auf, und zwar, wie Miss Palmer Fandorin bereits erzählt hatte, in exotischer Begleitung.

Warum der jüngste Sohn von Graf Berkeley unverheiratet geblieben war und den Militärdienst im niederen Rang eines Hauptmanns quittiert hatte, war auch ohne Deduktion unschwer zu erraten. Das schwarze Schaf der Familie machte in der Tat einen düsteren Eindruck: Trübe Augen, die ererbten runden Bäckchen von einem Netz roter Äderchen durchzogen, der Gehrock mit Zigarrenasche bestäubt.

Doch Fandorin betrachtete nicht den Ehrenwerten Tobias, sondern das prächtige Tier, das dieser an der Leine führte. Es war ein afrikanischer Leopard.

Fandorins Vermieterin wusste vom Butler, dass der Hauptmann sich nie von seinem Raubtier trennte, es überallhin mitnahm. Außerdem hatte sie gehört, dass der Leopard nachts an das Gitter des Schmiedeeisernen Pavillons gekettet wurde, und ging seitdem nicht mehr in den Park. Miss Palmer hegte den Verdacht, dass der wilde Afrikaner nur zu einem einzigen Zweck nach Berkeley House gebracht worden war: Um die Bewohnerin des Flügels zu Tode zu erschrecken.

Doch Fandorin fand den Leoparden nicht furchteinflößend. Natürlich hatte er die starren Augen des geborenen Mörders und einen schleichenden Gang, und unter der weichen Lippe blitzte bisweilen ein scharfer Reißzahn hervor, doch die Schönheit der gelbschwarzen Raubkatze ließ die Gefahr vergessen. Das breite, mit glitzerndem Strass besetzte Halsband aus blutrotem Samt und die goldene Kette, die der Hauptmann fest in der Hand hielt, vervollständigten das prächtige Bild.

»Hier Tobias, sieh dir das an.« Lord Daniel wies mit dem Kinn auf Fandorin. »Sie macht unseren Park zum Durchgangshof.«

Der jüngste Bruder lachte ungut und stieß einen eigenartigen

Pfeifton aus, bei dem sich das Fell des Leoparden sträubte, er den Kopf zu Boden senkte und die funkelnden Augen auf Fandorin richtete.

Die Neffen und Nichten des Hauptmanns sprangen beiseite, auch die beiden Ladys wichen vorsichtshalber ein Stück zurück.

»Skalper mag es nicht, wenn Fremde hier herumlaufen«, zischte der Ehrenwerte Tobias. »Vor kurzem hat er in meinem Haus einen Einbrecher skalpiert.«

Er pfiff erneut. Die Raubkatze schlug nervös mit dem Schwanz auf den Boden und fletschte die Zähne.

»Wagen Sie nicht, das Tier zu provozieren!«, warnte der Ehrenwerte Tobias dreist. »Ihr alle könnt bezeugen, dass dieses Subjekt Skalper gereizt hat!«

Der Pastor bemerkte mit unchristlicher Blutrünstigkeit: »Du kommst bestimmt nicht mit dem Gesetz in Konflikt, wenn Skalper den Eindringling zerfleischt. Schließlich hat ihn niemand in unseren Park eingeladen.«

Wenn man von mehr als einer Person angegriffen wird, muss man sich dem Stärksten der Gruppe zuwenden. Darum ignorierte Fandorin Hochwürden und den Ehrenwerten Tobias und konzentrierte sich auf das Tier.

Der Mann, der ihn einst gelehrt hatte, jeden Gegner zu besiegen, hatte gesagt: »Wenn dich ein Tier bedroht, egal, ob Tiger oder Schlange, musst du vor allem demonstrieren, dass du ihm nichts Böses willst, aber auch keine Angst hast. Bewege dich nicht, konzentriere deine Ki-Energie im Blick. Ist deine Ki-Energie zu gering, stirbst du. Hast du genug Kraft, weicht das Raubtier zurück.«

Etwa eine halbe Minute lang testete Fandorin, wie es um seine Ki-Energie stand. Offenbar reichte sie aus – der Leopard setzte sich, kniff die Augen zusammen und gähnte, obgleich der Ehrenwerte Tobias ununterbrochen pfiff wie ein überkochender Teekessel.

Getreu den Regeln des Kampfes waren die Schwächeren nach dem Sieg über den Stärksten sogleich gezähmt.

»Sie sind wohl eine Art Zirkusdompteur?«, knurrte der Hauptmann verächtlich, aber nicht mehr aggressiv.

»So eine Art.«

Fandorin tat einen Schritt vorwärts, sodass Hochwürden beiseite treten und der Ehrenwerte Tobias seinen Zögling wegziehen musste.

Nach diesem Zwischenfall war ein zivilisiertes Verhältnis zu den Lynns ausgeschlossen, und wenn Fandorin einem von ihnen im Park begegnete, verbeugte er sich nicht, sondern trat nur schweigend beiseite, wenn es sich um eine Dame handelte.

Dem Leoparden allerdings stattete er Besuche ab – nachts.

Er stand vor dem Schmiedeeisernen Pavillon und atmete die Frühlingsdüfte ein. Die Augen des Tieres funkelten in der Dunkelheit mal gelb, mal grün. Fandorin streichelte den Leoparden nicht, das wäre zu familiär gewesen, sagte aber hin und wieder »miezmiez«, und dann schnurrte der Afrikaner wie eine Katze.

In einer sternenklaren Nacht, wie sie in Bristol selten sind, blickten Fandorin und Skalper zum Himmel, jeder voller Sehnsucht nach seiner Heimat. Bei dem Leoparden war das erklärlich – jeder weiß, wie blendend hell die Sterne in der Savanne sind, doch Fandorin, der Sohn blasser Nordhimmel, hätte eigentlich keinen Grund gehabt, wehmütig zu sein. Aber das ist nun einmal eine Eigenheit des Sternenhimmels: Jeder, der ihn anschaut, verspürt einen süßen Stich ins Herz. Vielleicht stammen wir ja tatsächlich von irgendwo dort?

Das war ein interessantes Thema, und Fandorin sinnierte bei seinem Spaziergang durch den Park noch eine Weile über fremde Planeten.

Als der Mond hinter einer kleinen Wolke verschwand, funkelten die Sterne noch heller; besonders das Sternbild der Großen Bärin, das im April am besten zu erkennen ist.

Fandorin legte den Kopf in den Nacken und erstarrte.

Ganz in der Nähe murmelte jemand: »There she waits for me, under the Bear.«

Der Träumer zuckte zusammen und entdeckte im tiefen Schatten, unter einem Busch, einen greisen Gentleman im Rollstuhl. Er war in ein Plaid gehüllt und trug eine gestrickte Kappe auf dem Kopf.

An der Kopfbedeckung erkannte Fandorin, dass er Graf Berkeley höchstpersönlich vor sich hatte. Als diese Kappe einmal am Fenster des großen Hauses aufgetaucht war, hatte Miss Palmer gesagt: »Da ist ja der arme Graf. Er schaut aus dem Fenster in die Freiheit. Was ist ihm denn noch geblieben? Früher hat er gepoltert wie Donner und mit den Füßen aufgestampft, dass die Erde bebte. Und nun ist er an den Rollstuhl gefesselt und ständig auf einen Diener angewiesen.«

Auch jetzt flüsterte eine leise Stimme in der Dunkelheit: »Guten Abend, Sir.« Neben dem Gebüsch blitzten die Tressen der Livree auf. »Ich bin Jim. Wenn die Nacht sternenklar ist, leidet Seine Gnaden immer unter Schlaflosigkeit. Da mag er einfach nicht schlafen.«

Fandorin verbeugte sich leicht vor den beiden, dem Lord und seinem Diener. Er wollte dem Greis eine Artigkeit sagen, doch dieser schaute nicht ihn an, sondern die Große Bärin.

»O yes, right under«, flüsterten die schlaffen Lippen kaum hörbar.

Der Graf regte sich, das Plaid glitt ihm von der Schulter, und Fandorin sah, dass der Greis mit Riemen an den Stuhl gefesselt war.

Vermutlich zur Sicherheit? Damit er nicht herausfiel?

Sosehr Fandorin seine Freundin auch zu überreden versuchte, Skalper kennenzulernen, sooft er sie auch zu einem Abendspaziergang im Park einlud – Miss Palmer stöhnte nur und verdrehte die Augen. Dafür konnte es nur eine Erklärung geben: Sie machte sich gern selbst Angst. Sie war weder besonders furchtsam noch damenhaft empfindlich, und ihr Geist war schärfer als eine Rasierklinge, davon hatte Fandorin sich gleich am ersten gemeinsamen Donnerstag überzeugen können.

Donnerstags kam nämlich immer ein alter Freund seiner Wirtin zum Tee, Mr. Parsley, der Butler von Berkeley House. Er und Miss Palmer kannten sich seit vierzig Jahren. Früher war Parsley fast täglich in den Flügel gekommen, hatte jedoch wegen der Spannungen zwischen den Bewohnern des Haupthauses und Miss Palmer seine Besuche auf einmal in der Woche eingeschränkt, um die Loyalität gegenüber seinen Arbeitgebern zu wahren. Der Donnerstag aber war der rechtmäßige freie Tag des Butlers. Er übergab seine Geschäfte seinem Stellvertreter, zog ein Jackett an und hielt sich aus den Angelegenheiten der Wirtschaft heraus. Morgens las er Zeitung und rauchte im Park eine Pfeife, mittags aß er im Pub, und gegen Abend ging er mit vollem Recht zum Teetrinken in den Flügel.

Mr. Parsley und Miss Palmer unterhielten sich auf besondere Weise: Er las aus dem »Standard« vor, meist aus dem Kriminalreport; sie äußerte ihre Meinung zu dem Vorgelesenen; der Butler gab ihr unweigerlich recht und las den nächsten Artikel vor.

Gegenstand der Debatte bei Fandorins erster Teestunde war eine Notiz mit einer reißerischen Überschrift:

Tod in der Kloake

Stilett-Dick gefunden. – Aber wo ist Inspector O'Leary?

Bei der allmonatlichen Reinigung der Abwasserrohre unter der Oxford Street fanden Kanalarbeiter den Leichnam eines an die Leiter des Kanalabstiegs geketteten Mannes. Nach dem Zustand des Köpers zu urteilen, war Auszehrung die Todesursache.

Das Gesicht des Toten ist von Ratten zerfressen, doch anhand der Tätowierung und der Narbe am Hals konnte ermittelt werden, dass es sich um den berüchtigten Stilett-Dick handelt, der in Whitechapel drei Menschen getötet hat. Scotland Yards bester Detektiv Inspector O'Leary hatte den Mörder verfolgt, bis er vor dreieinhalb Wochen spurlos verschwand. Die Polizei war überzeugt, Stilett hätte seinen Verfolger getötet und den Leichnam vergraben oder in die Themse geworfen, doch der heutige Fund verwirft diese Hypothese und lässt hoffen, dass der tapfere Inspector noch lebt. Die in dem übelriechenden unterirdischen Gewölbe gefundenen Handschellen gehören jedenfalls O'Leary.

Der Dolch, dem Dick seinen grausigen Spitznamen verdankt, befand sich nicht bei der Leiche. Anderenfalls hätte der Angekettete mit der Klinge das Schloss öffnen und sich befreien können. Es ist logisch, anzunehmen, dass der Inspector den Bösewicht entwaffnete, nachdem er ihn gestellt hatte. Der Ablauf der Ereignisse ist unschwer zu erraten: O'Leary stellte den Verbrecher und kettete ihn an die Leiter, dann entfernte er sich aus irgendeinem Grund und kam nicht zurück. Dick, der sich nicht fortbewegen oder um Hilfe rufen konnte, starb nach zwei oder sogar drei Wochen qualvollen Hungerns. Seinen Durst konnte er stillen: Direkt zu seinen Füßen verlief eine Abflussrinne – ein widerliches Gesöff, aber zumindest ausreichend, den Flüssigkeitsbedarf des Organismus zu decken.

Doch obgleich die Umstände des Todes von Stilett-Dick mehr oder weniger klar sind, enthält diese Geschichte noch Rätsel. Warum überließ Inspector O'Leary, ein als streng, aber gesetzestreu bekannter Polizist, den Verhafteten einem so grässlichen Tod? Und vor allem: Wo ist O'Leary?

Wird die Öffentlichkeit je eine Antwort auf diese Fragen erhalten, oder werden sie für immer ein Geheimnis bleiben, wie kürzlich im Fall Jack the Ripper?

»Ein dummer Vergleich!«, fauchte Mr. Parsley und legte die Zeitung beiseite. »Ich bin kein Detektiv, aber ich ahne, was da passiert ist. Dieser O'Leary ist Ire, wie der Name verrät, also trank er gern einen über den Durst. Er hat den Banditen im Abwasserkanal gefangen, entwaffnet, in Handschellen gelegt und ist trinken gegangen. Den Burschen hat er an die Eisenleiter gekettet, damit er nicht weglief. Und wie die Iren trinken können, das weiß ich. Erinnern Sie sich an Pete O'Reilly, Miss Palmer? Der bei uns unterster Kammerdiener war? Bestimmt trinkt auch unser Inspector wochenlang rund um die Uhr. Oder er wurde irgendwann wieder nüchtern, begriff, was er angerichtet hat, und versteckt sich nun irgendwo. Das ist das ganze Geheimnis.«

»Nicht übel, die Hypothese«, bestätigte Miss Palmer und schenkte ihren Gästen Tee nach. »Und was meinen Sie, Sir? Erscheint Ihnen dieser Fall auch weniger rätselhaft als die Geschichte mit Jack the Ripper?«

Für Fandorin war die Geschichte von Jack the Ripper überhaupt kein Geheimnis, aber das sagte er natürlich nicht. Er hatte auch eine Vermutung hinsichtlich des Verschwindens von Inspector O'Leary (das war kein großes Rätsel), doch wozu sich sinnlos engagieren? Er sagte nur: »Ich kenne mich ein wenig aus mit Polizisten. Ein alter Polizeihase geht nicht trinken, bevor er den Verbrecher auf dem Revier abgeliefert und ein P-protokoll darüber aufgesetzt hat. Das ist entscheidend für das Fortkommen im Dienst und für Auszeichnungen.«

»Tja, dann weiß ich nicht.« Mr. Parsley zuckte die Achseln. »In der Tat ein Rätsel. Das kann höchstens Miss Palmer lösen.«

Fandorin lächelte höflich, in der Annahme, das sei ein Scherz.

Wie erstaunt war er darum, als die alte Dame, nachdem sie einen Keks in ihre Tasse getunkt hatte, bemerkte: »Da gibt es nicht viel zu erraten. Das fehlende Stilett erklärt alles.«

Das meinte auch Fandorin, der seine Wirtin interessiert musterte.

»Und der Gestank«, ergänzte er halblaut.

»Und der Gestank«, bestätigte Miss Palmer. »Ich kann mir vorstellen, wie furchtbar es dort stinkt, in dieser Kloake! Die Polizisten haben sich bestimmt die Nase mit Taschentüchern oder etwas Ähnlichem zugehalten. Sonst hätten sie bemerkt, dass im Tunnel nicht nur ein Leichnam verweste, sondern zwei.«

Der Butler rief erstaunt: »Wieso zwei? Wie kommen Sie darauf?«

»Die Sache war offensichtlich so«, fuhr die alte Dame unbeirrt fort. »Der Inspector stellte den Mörder unter der Erde, es gab einen Kampf, bei dem O'Leary die Oberhand behielt. Um zu verschnaufen, kettete er den Verhafteten an der Leiter fest. Doch er versäumte es, ihn sofort zu durchsuchen, und übersah den versteckten Dolch. Und Dick hatte nicht genug Verstand, um sich vorzustellen, welche Folgen seine Tat haben würde.«

»Was hat er denn getan?«, fragte Mr. Parsley, vergebens nach einer Lösung suchend.

»Er riss das Stilett heraus und jagte es dem Inspector bis zum Griff in den Leib. Der Inspector taumelte und fiel ins Abwasser – zu weit entfernt von Dick. Irgendwo dort unten liegt der arme Ire noch immer. Oder es hat ihn ein paar Schritte weiter geschwemmt, bis zur nächsten Schwelle.«

»G-glänzende Deduktion!« Fandorin neigte respektvoll den Kopf, und der Butler eilte nach Hause – dem »Standard« in einem Brief von der sensationellen Entdeckung berichten.

In der vierten Woche seines Aufenthalts in Bristol kam Fandorin an einem Dienstag wie immer um fünf vom Spaziergang zurück und meinte, sich im Wochentag geirrt zu haben – was bei der Monotonie seines hiesigen Lebens kein Wunder gewesen wäre.

In der Diele standen Mr. Parsleys Ledergaloschen, aus dem Zimmer drang seine volle, heisere Stimme, und das konnte nur eines heißen: Es war nicht Dienstag, sondern Donnerstag.

Doch als Fandorin ins Esszimmer schaute, sah er, dass der Butler seine Livree trug und dass er nicht saß, sondern stand, und der Tisch nur für zwei Personen gedeckt war.

Dann vernahm er eine seltsame Äußerung: »Abgesehen von allem anderen wäre das die Lösung für das Problem mit dem Haus in Exmoore – tausend Pfund sind schließlich kein Pappenstiel!«

Daraus ergaben sich mehrere Schlussfolgerungen.

Heute war doch nicht Donnerstag. Erstens.

Es war etwas Außerordentliches passiert. Zweitens.

Er musste unauffällig hinaufgehen in sein Zimmer. Drittens.

Doch die Hausherrin bemerkte Fandorin und bat ihn an den Teetisch. Er murmelte, er wolle ihr Gespräch nicht stören, doch darauf sagte Mr. Parsley etwas höchst Merkwürdiges: »Ach, das ist doch kein Geheimnis – die Meldung wird schon heute Abend auf der ersten Seite des ›Western Daily‹ stehen!«

Dann erzählte er Folgendes:

Am Abend zuvor war Graf Berkeley verschwunden. Sein Diener hatte sich für einen Moment entfernt, und als er zurückkam, stellte er fest, dass der Graf sich von seinem Rollstuhl losgemacht hatte und verschwunden war. Der nachlässige Kammerdiener wurde natürlich fristlos entlassen, doch damit war das Problem nicht gelöst. Es war ganz offenkundig, dass Seine Erlaucht aus dem Haus gegangen war und sich verirrt hatte, was ja bei etwas verwirrten alten Leuten häufig geschieht. Der Ladenjunge des Lebensmittelhändlers in der Nachbarstraße hatte den Grafen in Hausschuhen und Schlafrock in Richtung Cliftonwood Road gehen sehen. Der Graf sei sogar »ziemlich forsch davongehumpelt«. Leider hatte der Junge es selbst eilig gehabt und erst am nächsten Morgen von seiner Beobachtung erzählt. Bis dahin hatte man im Park, auf dem Dachboden und im Keller nach dem Grafen gesucht, nun aber stand fest: Die Suche musste entschieden ausgeweitet werden.

Die Söhne des Grafen und Mr. Parsley und seine Untergebenen

rannten sich die Hacken ab. Es war zu vermuten, dass der Alte einen Weg aus seinem früheren Leben genommen hatte. Doch der Graf war weder in der Bank aufgetaucht, die er bis zu seinem Schlaganfall geleitet hatte, noch bei seinen alten Bekannten. Die Polizei schaltete sich in die Suche ein – ebenfalls vergebens. Vollkommen in Panik, lobte die Familie eine Belohnung von tausend Pfund aus.

»Für den, der den Alten findet?« Fandorin nickte. »Sehr großzügig.«

»Nicht den Alten, die Aktentasche!« Der Butler seufzte. »Die ganze Aufregung gilt doch nur der Aktentasche. Sie müssen wissen, Sir, der alte Gentleman hat sich nicht nur von seinem Rollstuhl losgemacht, er hat wie durch ein Wunder auch den Schlüssel zum Sekretär im Zimmer von Lord Daniel gefunden. Obwohl das nicht weiter erstaunlich ist, der Graf kennt natürlich sämtliche Geheimverstecke im Haus. Im Sekretär lag neben Geld, Wertpapieren und wichtigen Dokumenten auch eine saffianlederne Aktentasche, und die enthält das Testament des Grafen und vor allem ein Brillantcollier namens ›Galaxy‹, ein Familienerbstück der Berkeleys. Der Großvater des Grafen, der erste Graf Berkeley, brachte dieses Schmuckstück seinerzeit aus Indien mit. Es wird stets unter Verschluss verwahrt und nur zur Hochzeit des ältesten Sohnes hervorgeholt. Ich habe die ›Galaxy‹ zweimal zu Gesicht bekommen: 1841, am Hals von Lady Berkeley, und 1870, als Lord Daniel heiratete. Der Wert des Colliers lässt sich schwer schätzen, aber als wir wegen der Eisenbahnkrise finanzielle Schwierigkeiten hatten, bot die Barclays Bank hunderttausend Pfund als Pfand dafür an. Das lehnten wir natürlich ab.«

»Hat wirklich der Alte die Tasche?«, fragte Fandorin. »Was, wenn …«

»Ja doch, er hat sie!«, rief der Butler, und dass er sich erlaubte, sein Gegenüber zu unterbrechen, zeugte von seiner großen Erregung. »Der Ladenjunge hat genau gesehen, dass der Lord eine ›schmutzigrote Tasche‹ unterm Arm trug – so hat der kleine Tölpel die antike Saffianledertasche beschrieben.«

Miss Palmer erkundigte sich mit zusammengekniffenen Augen: »Waren Sie bei der bewussten Frau in Bath?«

»Aber natürlich! Als Allererstes. Ich bin selbst hingefahren. Allerdings vergebens. Sie konnte schon früher kaum als Dame gelten, und nun ist sie noch mehr aufgegangen, sie hat Arme wie zwei Schinken.«

»Sie war grob zu Ihnen?« Miss Palmer schüttelte mitfühlend den Kopf.

»Sie hat mich die Treppe hinuntergeworfen – ja, ich fürchte, genau so muss man das nennen. Sie ist stark wie ein Hafenarbeiter. Und zu allem Übel war der Graf nicht bei ihr. Ich habe alle ihre Nachbarn abgeklappert, und die Polizei hat auf der Strecke zwischen Bristol und Bath vergebens nach Zeugen gesucht. Niemand hat einen alten Mann im Schlafrock und mit einer Aktentasche unterm Arm gesehen.«

Fandorin war erstaunt.

»Soviel ich weiß, sind es von hier bis Bath gut fünfundzwanzig Meilen. Wie soll ein normalerweise an den Rollstuhl gefesselter alter Mann die bewältigen?«

»Ach, Sir, Seine Erlaucht ist nur im Kopf schwach, seine Beine sind noch stark. Darum wurde er ja an den Rollstuhl gefesselt, er konnte einfach nicht stillsitzen. Außerdem kann man mit der Pferdebahn bis zur Bahnstation fahren und von dort mit dem Zug nach Bath.«

»Auf dieser Strecke hat die Polizei wohl nach Zeugen gesucht?«, fragte Miss Palmer tadelnd.

»Wo denn sonst? So gelangt man doch nach Bath.«

»Aber nicht Graf Berkeley«, unterbrach sie ihn. »Erstens gab es vor achtundzwanzig Jahren, als er das letzte Mal das Haus verlassen hat, noch keine Pferdebahn. Zweitens fuhr er nie mit dem Zug, wenn er diese Frau besuchte. Er ritt oder nahm den Dogcart, erinnern Sie sich an seinen entzückenden schwarzlackierten zweisitzigen Einspänner? Sagen Sie der Polizei, sie soll auf der Landstraße nach ihm suchen, irgendwo zwischen Brislington und Keynsham oder hinter Saltford. Da gibt es jede Menge Gebüsch, Haine und Wäldchen am Weg.«

Der Butler kratzte sich den Backenbart.

»Nun, ich bin es gewohnt, Ihrem Gespür zu vertrauen. Ich gehe gleich Chiefinspector Dodd anrufen. Aber denken Sie an meine Worte: Wir werden den alten Grafen nicht lebend wiedersehen. Der Ärmste liegt irgendwo mit durchgeschnittener Kehle, und das Collier taucht eines Tages bei einem Hehler auf. Oder, noch schlimmer, es wird in Einzelteile zerlegt und verkauft, das wäre dann das Ende der ›Galaxy‹.«

»Nein, das hat doch keinen Zweck«, sagte Miss Palmer nachdenklich, als der Butler gegangen war. »Das abzusuchende Gebiet ist viel zu groß. Bis die Polizei alles durchkämmt hat, holt sich der arme Geoffrey eine Lungenentzündung – die Nächte sind kalt, und er hat nur einen Schlafrock an. Er hat mich zwar nie gemocht und mich oft gekränkt, als wir Kinder waren …«

Sie schien unschlüssig.

»Ich müsste durch den Park gehen, aber da ist dieses furchtbare Tier … Obwohl – Miss Flame ist bestimmt schlimmer als ein Leopard. Vielleicht wirft sie auch mich die Treppe hinunter? Andererseits verdanke ich Geoffreys Vater so vieles. Und ich bin lange nicht Eisenbahn gefahren … Was würden Sie mir raten, Mr. Fandorin?«

»Bevor ich mir erlaube, Ihnen Ratschläge zu erteilen, w-wüsste ich gern genauer Bescheid. Wenn ich richtig verstanden habe, sind Miss Flame und die zuvor erwähnte Frau ein und dieselbe Person?

Des Grafen ehemalige Geliebte oder etwas in der Art? Und sie lebt in Bath?«

»Ganz recht. Eine ganz triviale Geschichte, bis auf das Ende. Trinken Sie doch ein Tässchen Tee und essen Sie ein paar Kekse, und ich erzähle Ihnen von der Frau aus Bath. Das kostet nicht viel Zeit.«

Fandorin lehnte das Gebäck höflich ab, rührte mit einem Löffel in seinem Tee herum und war ganz Ohr.

»Geoffrey ist es ergangen wie vielen fünfzigjährigen Männern, die ihr Leben vernünftig und ohne große Aufregung zugebracht haben. Er war streng auf Etikette bedacht und zugleich ein recht ungehobelter Kerl, was bei reichen Leuten von Stand oft zusammenfällt. Er war stets davon überzeugt, im Recht zu sein, ging jeden Sonntag in die Kirche und war Vorsitzender der ›Gesellschaft zum Kampf gegen die Unmoral‹ und so weiter und so fort. Und plötzlich erlitt der Graf, wie seinerzeit sein Vater, einen Schlaganfall – einen relativ leichten, sodass er sich bald wieder erholte, aber seitdem war er total verändert. Ich nehme an, er hatte zum ersten Mal gespürt, dass er sterblich ist und das Leben mehr oder weniger an ihm vorbeigegangen war. Wir Frauen ertragen diese Erkenntnis leichter«, bemerkte Miss Palmer mit einem sanften, traurigen Lächeln. »Allerdings haben wir mit fünfzig ohnehin weniger Möglichkeiten, über die Stränge zu schlagen. Genau das tat der Graf nämlich: Er warf seine Fesseln ab und schlug über die Stränge.«

»Bei uns sagt man: ›Wenn einer graue Haare bekommt, stößt ihn der Teufel in die Rippen‹«, meinte Fandorin.

»Genau. Die blühende junge Person namens Molly Flame gehörte zu den Jahrmarktsattraktionen im Kurort Bath. Sie trat mit Zaubertricks auf und legte ihren Kopf in den Rachen eines Löwen. Die meisten Zuschauer aber bewunderten vor allem ihre einmalige Seiltanznummer. Ich selbst habe sie nie gesehen, aber man hat mir erzählt, das Einzigartige an dieser Nummer seien nicht so sehr elegante Pas gewesen als vielmehr die enganliegenden Pantalons der Seiltänzerin.« Miss Palmer senkte keusch den Blick. »Kurz, der Graf, eben noch eine Stütze der Gesellschaft, verlor wegen Miss Flame den Kopf. Anfangs suchte er noch den Anstand zu wahren und die Affäre geheimzuhalten, dann aber drehte er vollends durch: Er überschüttete sie mit Blumen und Geschenken, kaufte sämtliche Zuschauerplätze auf, um den bewussten Tanz ganz allein zu genießen, und so weiter. Zum Glück lebte Lady Berkeley damals noch, sonst hätte Geoffrey seine Zirkusartistin bestimmt geheiratet. Aber er ersann etwas in gewisser Hinsicht noch Skandalöseres. Eines schönen Tages rief er die ganze Familie zusammen, erklärte, er liebe Miss Flame mehr als sein Leben, und da er sich mit ihr in dieser Welt nicht vereinen könne, wolle er im Jenseits für immer mit seiner Passion zusammen sein. Sie können sich die Szene gewiss vorstellen. Der armen Lady musste viermal das Riechsalz gereicht werden. Aber das Wichtigste kam erst am Schluss. Der Notar verlas das Testament, nach dem Miss Flame neben dem Lord in der Familiengruft beigesetzt werden sollte. Falls die Erben diesen seinen Willen missachteten, ginge sämtlicher Besitz, der nicht dem ältesten Sohn zustehe, an die Königliche Stiftung für Witwen und Waisen. Neben den Bankkonten des Grafen also auch das Galaxy-Collier, der größte Schatz der Familie Berkeley.«

»Vielen Dank.« Fandorin nahm die zweite Tasse Tee entgegen und bat Miss Palmer mit einer Handbewegung, die Milch wegzulassen. »Sehr interessant.«

»Natürlich tagte der Familienrat – hinter dem Rücken des Grafen. Ihn als unzurechnungsfähig zu erklären war unmöglich, das Papier war formal exakt aufgesetzt. Die Kinder trösteten sich damit, dass er noch gesund sei und lange leben würde; mit der Zeit würde er sich wieder fangen und von seiner skandalösen Idee Abstand nehmen. Aber Geoffrey hatte andere Pläne. Während seine Familie noch hinter seinem Rücken tuschelte, fuhr er nach Bath. Was er genau vorhatte, weiß niemand, doch zweifellos hegte er die entschiedensten Absichten. Der Tollkopf wurde auf der Straße vor der Wohnung von Miss Flame gefunden, mit einer geladenen Pistole in der Tasche.«

»Was heißt – gefunden?«

»Er hatte einen zweiten Schlaganfall erlitten, und der war viel schwerer als der erste. Seit diesem Tag, seit nunmehr achtundzwanzig Jahren, ist Geoffreys Verstand getrübt. Ob er damals bei Miss Flame war oder ob der Schlaganfall ihn vorher getroffen hat, weiß niemand. Sie selbst schweigt. Jegliche Verhandlungen mit den Angehörigen des Kranken lehnte sie stets strikt ab, und zwar mit den deftigsten Ausdrücken. Das ist die ganze Geschichte.«

»Das ›schockierende Testament‹ besitzt also noch immer seine Gültigkeit?«

»Natürlich. Da der Erblasser nicht mehr ›im Vollbesitz seiner geistigen Kräfte ist‹, konnte er es nicht mehr ändern.«

»Und dieses Dokument lag zusammen mit dem C-collier in der saffianledernen Aktentasche?« Fandorin überlegte. »Nun, in diesem Fall wäre es am besten, nach Bath zu fahren und zu versuchen, Madame Flame zum Reden zu bringen.«

»Das meinen Sie also auch?«, fragte Miss Palmer verzagt. »Mein Gott, wie sehr mir das widerstrebt! Aber wenn wir nur täten, was wir möchten, und unterließen, was uns die Pflicht gebietet, würde die Menschheit noch immer ohne Hosen herumlaufen. Nun, dann muss ich wohl an dem Leoparden vorbeigehen und furchtlos meinen Kopf in den Rachen dieser Frau legen.«

Die alte Dame schlug kräftig mit der Faust auf den Tisch, doch ihre Stimme zitterte ein wenig, und Fandorin sagte: »Erlauben Sie mir, Sie zu begleiten. Mit dem L-leoparden werde ich schon irgendwie einig, und was Miss Flame angeht – zwei Personen die Treppe hinunterzuwerfen ist schon schwieriger.«

Sein Vorschlag wurde dankbar angenommen.

Vor dem Bahnhof, dem ältesten in ganz England, fand gerade eine Glückslotterie statt. Unter dem grellbunten Schild: »Helfen Sie dem Guten, und Gott wird es Ihnen vergelten! Hauptgewinn 500 Pfund!« standen mehrere Lostrommeln.

Fandorin und seine Dame beobachteten den Handel mit dem Glück eine Weile – ihr Zug fuhr erst in einer guten Viertelstunde, und sie hatten nichts weiter zu tun.

Schon bald erregte ein Los ganz vorn in der Trommel Fandorins Aufmerksamkeit. Es unterschied sich in nichts von den übrigen, hatte aber dennoch etwas Besonderes an sich.

Der Losverkäufer drehte die Trommel, das Los verschwand zwischen den anderen und tauchte an der Seite wieder auf. Fandorin hätte schwören können, dass dies der Hauptgewinn war. Dieses Los strahlte als Einziges in dem Haufen ein gewisses Leuchten aus.

Fandorin runzelte die Stirn und wandte sich ab. Sich an Wohltätigkeit zu bereichern – das fehlte noch.

»Ach, wenn es mir nur nicht so leid täte um den Shilling«, seufzte Miss Palmer. »Dann würde ich gern mein Scherflein zum Guten beitragen und zugleich mein Glück versuchen. Fünfhundert Pfund! Das würde alle meine Probleme auf einen Schlag lösen.«

»Ich finde, Gutes zu tun, indem man den Eigennutz und die niederen Instinkte anspricht, ist eine P-profanation«, erklärte Fandorin ärgerlich, noch immer gegen die Versuchung ankämpfend. Fünfhundert Pfund wären auch ihm sehr zustatten gekommen.

»Erlauben Sie, Ihnen zu widersprechen, mein lieber Erast.« Die alte Dame nahm den Arm ihres Begleiters, nachdem sie ihn bereits in der Pferdebahn um Erlaubnis gebeten hatte, ihn beim Vornamen zu nennen. »Das Gute muss lernen, eine Ware zu sein und sich nach den Gesetzen des Marktes zu richten. Einer der schlimmsten Irrtümer unserer Zivilisation ist die Annahme, die Überlegenheit des Guten gegenüber dem Bösen sei offensichtlich und bedürfe keiner Beweise. Satan ist kein ungehorsamer Schüler Gottes. Das sind zwei gleichstarke und gleichberechtigte Parteien. Ich weile schon sehr lange auf der Welt und bin zu der Überzeugung gelangt, dass das Gute dem Bösen in jeder Hinsicht unterlegen ist, und zwar, weil es nicht versteht, sich darzubieten, sich zu verkaufen, wenn Sie so wollen. Der Sieg Gottes über den Teufel und des Guten über das Böse ist durch nichts und niemanden garantiert. In einer schwierigen Situation auf Gottes Hilfe zu vertrauen ist äußerst verantwortungslos und infantil.«

»Bei uns sagt man: ›Hilf dir selbst, dann hilft dir Gott‹«, bestätigte Fandorin.

Das gefiel Miss Palmer.

»Ein Volk mit einer solchen Maxime hat Aussichten auf eine große Zukunft. Warum ist denn unsere Welt oft so schrecklich? Warum gibt es so viele Verbrechen? Weil das Böse sich weit besser darbietet. Wenn der Mensch geboren wird, muss er sich für eine der feilgebotenen Waren entscheiden: Du kannst ehrlich sein oder ein Gauner; treu in der Liebe oder ein Wüstling; du kannst nach den Regeln des Edelmuts leben oder nach denen der Gemeinheit. Satan lockt die Käufer sehr geschickt an, indem er ihnen weismacht, Gaunerei und Gemeinheit seien viel einträglicher und als Wüstling lebe man viel angenehmer. Auch Gott sollte aufhören, auf seine Unanfechtbarkeit zu pochen, und die Regeln des Handels erlernen – wenn ihm nicht ganz egal ist, was aus uns wird. Um den Sieg des Guten über das Böse zu gewährleisten, braucht es gute Werbung, eine schöne Verpackung und einen Bonus für treue Kunden.«

Fandorin lachte und küsste der Dame die Hand. Miss Palmer gefiel ihm außerordentlich.

»K-kommen Sie, es ist Zeit.«

Sie stiegen in einen Waggon zweiter Klasse und erreichten vierzig Minuten später Bath.

Das Haus, in dem Graf Berkeleys einstige Passion lebte, lag in einer vom trüben Licht einer einzigen Gaslaterne beleuchteten Sackgasse.

Miss Palmer betrachtete die blinden Wände der Nachbarhäuser und bemerkte: »An Mr. Parsleys Stelle hätte ich mich nicht allzu sehr auf die Aussage der Nachbarn verlassen. Geoffrey kann durchaus unbemerkt hier durchgeschlüpft sein, vor allem in der Dunkelheit kurz vorm Morgengrauen.« Sie schüttelte den Kopf, hob ihren Schirm ein wenig höher (es nieselte) und schritt mutig voran, bemüht, auf dem nassen Kopfsteinpflaster nicht auszurutschen. »Na dann, auf in den Kampf!«

Wie schon das Aussehen der Behausung vermuten ließ, hielt Miss Frame keine Dienstboten und öffnete selbst die Tür.

Im Türrahmen stand eine große, massige Person mit liederlichem, halb ergrautem Haar und musterte die ungebetenen Gäste drohend. Hinter ihr lag eine schmale, steile Treppe, die in den ersten Stock führte.

»Was wollen Sie?«, fragte die furchterregende Person mit volltönender Stimme.

Miss Frame war vermutlich einmal eine rotwangige Schönheit im Stil Fragonards gewesen, doch mit den Jahren war aus der hübschen Molligkeit Korpulenz geworden und aus dem pikanten Flaum auf der Oberlippe eine Art Schnurrbart. Fandorin konnte sich gut vorstellen, wie diese breitschultrige Amazone den armen Mr. Parsley mit ihren gewaltigen Armen die Treppe hinunterwarf. Erstaunlich, dass sie ihn überhaupt hinaufgelassen hatte.

»Ach, ich weiß schon!« Miss Flame stemmte die Arme in die Hüften. »Sie kommen schon wieder wegen diesem alten Trottel Geoffrey? Noch mal lass ich mich nicht reinlegen! ›Nur zwei Worte unter vier Augen in einer wichtigen Angelegenheit, die direkt mit Ihnen zu tun hat‹, hat der alte Orang-Utan mit dem Backenbart gesagt. Pustekuchen! Lasst mich raus aus eurem schmutzigen Streit! Schert euch zum Teufel! Das sage ich nicht noch einmal!«

Da Fandorin sah, dass sie eine Frau der Tat war, blieb ihm nur eines: Er nahm erneut, wie bei dem afrikanischen Raubtier, Zuflucht zur Ki-Energie. Schließlich konnte er sich mit einer Vertreterin des schwachen Geschlechts nicht prügeln.

Er sah sie durchdringend an, konzentrierte seine ganze innere Kraft auf diesen Blick, lächelte zugleich, da es sich ja immerhin um eine Dame handelte, und griff zur Waffe der verbalen Überzeugungskraft.

»Meine Dame, es tut uns sehr leid, dass wir in Ihr Haus eindringen. Aber Miss Palmer hat einen langen Weg hinter sich und ist erschöpft und völlig durchnässt. Vielleicht dürften wir bei Ihnen ein wenig verschnaufen, bevor wir wieder gehen?«

Ob nun die Ki-Energie gewirkt hatte, die Hausherrin womöglich weniger wild war, als es auf den ersten Blick schien, oder es noch einen anderen Grund gab – jedenfalls erwiderte Miss Flame, den Blick auf Fandorin geheftet: »Na schön. Sie können für einen Moment raufkommen. Ich mach Ihnen ein Glas Grog, aber mehr kriegen Sie von mir nicht.«

Damit stapfte sie dröhnend voraus, die Treppe hinauf.

Miss Palmer brauchte für den Aufstieg wesentlich länger. Womöglich spielte die alte Dame absichtlich die Gebrechliche.

»Wie weise von mir, dass ich Sie mitgenommen habe«, flüsterte sie Fandorin zu. »Solche Frauen haben immer etwas übrig für Brünette mit blauen Augen.«

Oben angekommen, standen sie in einem kleinen Salon. Miss Flame selbst war nicht da – sie kümmerte sich wohl um den Grog, sodass die Besucher sich ein wenig umsehen konnten. Das ganze Zimmer hing voller alter Anschläge und Plakate, die Miss Flame in den verschiedensten Posen zeigten: auf einem Pferd reitend, über ein Seil laufend, den Kopf in den Rachen eines Löwen legend und sogar aus einer Kanone fliegend. Außerdem hing da ein ziemlich scheußliches, aber sehr auffälliges Ölgemälde – allerdings nicht im Stil Fragonards, sondern eher in Rubensscher Manier. Jedenfalls zeigte es Miss Flame in der Pose (und im Kostüm) der Bathseba. Ihre üppigen Formen, selbst wenn der Maler sie ein wenig übertrieben haben mochte, waren wirklich beeindruckend.

»So sah sie einmal aus, die fatale Liebe des armen Geoffrey«, sagte Miss Palmer, während sie das Bild betrachtete. »Tja, sie hat sich verändert. Jetzt kann man sie mit Fug und Recht seine alte Flamme nennen.«

Das Wortspiel mit Miss Flames Namen gefiel Fandorin, und er lächelte.

Dann erschien die Hausherrin. Sie brachte einen Krug Grog und drei Gläser mit, und sie hatte sich obendrein umgezogen – sie war geübt in blitzschnellem Kostümwechsel. Nun trug sie einen weiten, ganz mit Goldfäden durchwirkten Umhang und auf dem Kopf einen schillernden Seidenturban.

»Molly Flame – ist das ein Künstlername?«, fragte Fandorin, getreu der alten Regel der Vernehmungsführung: Frage zunächst nach etwas, worüber das Objekt gern redet. »K-klingt hübsch.«

»Den hab ich mir selbst ausgedacht«, sagte die Gastgeberin stolz, leerte ihr Glas in einem Zug und schenkte sich erneut ein. »Siebzehn Jahre lang erregte dieser Name Aufsehen im ganzen Südwesten, von Gloucester bis Weymouth, von Falmouth bis Salisbury! Hätte mich neunundsechzig nicht der Löwe gebissen ... Mit Zaubertricks allein kommt man nicht weit.«

»Wie – gebissen?!«, fragte Fandorin entsetzt. »Mein Gott!«

Sie ging zu einem der Plakate und tippte mit dem Finger auf den Löwen.

»Der hier. Er hieß Chuck. Zähne wie Fleischermesser. Aber eigentlich war ich selber schuld. Ich hatte vergessen, meine Haarnadel rauszunehmen. Und da hat er sich gepikt. Ich hab mit knapper Not meinen Kopf aus seinem Rachen gekriegt. Hier, sehen Sie.«

Die gewesene Zirkusartistin senkte den Kopf und schob den Turban hoch. An ihrem Nacken und ihrem Hinterkopf verliefen lange, furchenähnliche Narben.

Fandorin stieß einen Pfiff aus, Miss Palmer rief »oh!«, und von da an lief das Gespräch wie geschmiert.

Nach rund anderthalb Stunden Bericht von einstigem Ruhm und beim dritten Krug Grog kam die Rede auch auf Graf Berkeley – offensichtlich die aufregendste Episode in der Karriere der Löwenbändigerin und Herzensbrecherin. Nach Aufzählung sämtlicher Dummheiten, die der verliebte Graf ihretwegen begangen hatte, kam Miss Flame endlich zu jenem schicksalhaften Tag, an dem Seine Erlaucht, von einem Hirnschlag getroffen, auf ihrer Schwelle zusammengebrochen war.

»Am Ende war Jeff total verrückt. Was er alles angestellt hat! Eines Tages kommt er zu mir, mit funkelnden Augen. Liebst du mich bis ans Grab? Ich sage: Aber ja – was sollte ich schon sagen, wo seine Lippen so bebten und seine Augen voller Tränen waren? Ich habe mir alles überlegt, sagt er. Niemand wird uns je trennen. Wir werden Seite an Seite liegen, wie Romeo und Julia. Dann quasselte er was von wegen Testament und Galaxy. Kurzum – er redete Stuss. Und plötzlich reißt er die Pistole raus! Ehrenwort! Ich zitterte am ganzen Leib. Hab keine Angst, sagte er. Ich weiß, Frauen fürchten sich vor Schüssen. Die Pistole ist für mich, für dich habe ich Gift dabei – und er gibt mir ein Fläschchen. Gut, dass ich nicht die Fassung verloren habe, ich war schon immer ein aufgewecktes Mädchen. Mit Verrückten soll man nicht streiten. Gut, ich nehme es, sage ich, aber du darfst dich auf keinen Fall erschießen. Das Testament eines Selbstmörders ist nämlich ungültig. Das wusste ich von einem Bekannten, er ist Barrister, und das fiel mir nun wieder ein. Ich nahm Geoffrey das Gift ab, goss es in ein Glas, kippte es runter und schmiss das Fläschchen gegen den Kamin, dass die Splitter flogen.«

»Sie haben es getrunken – aber wie …?«

»So.« Die Zirkusartistin nahm ein Glas aus der Anrichte, goss Grog ein, schüttete ihn hinunter und demonstrierte dann, dass das Getränk in einem geschickt versteckten durchsichtigen Glasröhrchen in ihrem Ärmel gelandet war.

»Ein simpler Trick. Mit so was bin ich als fünfzehnjähriges dummes Gör aufgetreten. Jedenfalls, ich trank das Gift, wankte und hatte Tränen in den Augen. Haben Sie eine Ahnung, was für ein schauspielerisches Talent ich hatte! Sarah Bernhardt war mal bei einer Vorstellung in Bath – sie hat mir stehend applaudiert. Ehrenwort! Das war bei meiner Nummer ›Stern des Serails‹ …«

»Und Graf Berkeley?«, lenkte Miss Palmer sie sanft wieder zum eigentlichen Thema zurück.

»Ich drückte ordentlich auf die Tränendrüse und sagte zu ihm: Geh, Geliebter! Leb weiter! Ich werde auf dich warten, jetzt laufe ich dir nicht mehr weg!, und der alte Idiot fing an zu heulen. Er rief: Du wirst nicht lange warten müssen! und rannte raus, er schaute nicht mal zu, wie ich sterbe, dabei bin ich darin große Klasse – eine Augenweide. Wollen Sie mal sehen?«

Fandorin erwiderte: »V-vielleicht später. Aber sagen Sie, was haben Sie sich eigentlich davon versprochen? Hatten Sie keine Angst, dass er zurückkommt?«

»Natürlich hatte ich Angst. Doch ich hatte ohnehin schon entschieden, dass es genug des Guten war. Ich wollte abhauen, weg aus Bath. Nach Glasgow, dort hatte ich seit langem ein Angebot. Aber Geoffrey, der arme Irre, kam nicht weit. Er ging raus auf die Straße und kippte um. Vom Schlag getroffen. Ich hab ihn ja nie geliebt, doch da tat er mir furchtbar leid. Ich hab bestimmt ne ganze Woche geheult.« Auch jetzt hatte Miss Flame Tränen in den Augen. »Niemand hat mich je so geliebt – weder vorher noch nachher.«

Sie brach in Schluchzen aus. Und ließ sich kein einziges Wort mehr entlocken.

»Wissen Sie, ich habe ein ganzes Leben gebraucht, um mich von der Richtigkeit banaler Weisheiten zu überzeugen«, sagte Miss Palmer, als sie Molly Flame verlassen hatten und rasch die Straße entlangliefen, um den letzten Zug zu schaffen. »Von frühester Kindheit an werden wir löffelweise mit der gesamten Weisheit der Menschheit gefüttert. Jeden Tag hören wir: ›Stille Wasser sind tief‹, ›Die Hoffnung stirbt zuletzt‹, ›Jede schwarze Wolke hat ein silbernes Futter‹ und Ähnliches, aber das sind Perlen vor die Säue. Solange du nicht selbst über den Stein stolperst, über den vor dir bereits Millionen andere gefallen sind, begreifst und lernst du nichts. Doch wenn du dann deine eigene Erfahrung gemacht hast, möchtest du es in die Welt hinausposaunen: ›He, Leute! Hört alle her! Wisst ihr schon, dass man den wahren Freund in der Not erkennt? Das habe ich soeben entdeckt!‹ Oder: ›Ach, wie verkehrt ihr alle lebt! Ihr solltet wissen: Es ist nicht alles Gold, was glänzt‹. Aber das Geschrei ist sinnlos, man wird nur heiser davon. Ja, so lebe ich, mein lieber Erast – von einer banalen Erkenntnis zur nächsten. Gerade eben habe ich eine weitere, sehr wichtige gemacht: Der Teufel ist nicht so schlimm, als man ihn malt. Die schreckliche Miss Flame war doch recht nett, finden Sie nicht? Man sollte keinem Ruf trauen, vor allem keinem schlechten.«

»Das ist keineswegs banal.« Fandorin lächelte. »Ein durchaus origineller Gedanke.«

»Nein, nein«, wehrte Miss Palmer ab. »Zu originellen Gedanken bin ich nicht fähig. Ich bin eine ganz gewöhnliche, durchschnittliche alte Frau, eine wandelnde Sammlung von Binsenweisheiten. Sechsundsiebzig Jahre Einsamkeit sind lange genug, um sämtliche Sprichwörter am eigenen Leib zu erfahren und sich von ihrer Richtigkeit zu überzeugen. Mit Ausnahme der Banalität der Liebe – diese Seite des Lebens ist mir verschlossen geblieben.«

»Ich bin nicht sicher, ob das ein Grund ist, enttäuscht zu sein.«

Die alte Dame sah ihn mitleidig an.

»Sie sagen das so bitter. Ich kann mir nicht vorstellen, dass es Ihnen an weiblicher Liebe gemangelt hat. Wahrscheinlich war es eher zu viel, und das, habe ich gehört, soll ja sehr gefährlich sein. Aber wissen Sie was? Lieber tausend Schicksalsschläge erfahren, als sich sein Leben lang in einem Kämmerchen vor dem Schicksal verstecken. Schon wieder eine Binsenweisheit ... Also, was halten Sie von dem, was Miss Flame erzählt hat?«

»Graf Berkeley war nicht bei ihr.«

»Ganz meine Meinung.«

Sie gingen jetzt langsam, hin und wieder aufblickend. Es hatte aufgehört zu regnen, der Himmel war nun klar und voller Sterne.

Nach einer längeren Pause sagte Miss Palmer: »Ich glaube, ich weiß, wo wir Geoffrey suchen müssen.«

»Mir fehlt noch ein Detail ...« Fandorin half der alten Dame über eine Pfütze. »Wenn Sie mir sagen könnten ... Vorsicht, nicht reintreten, hier wurde ein Hund ausgeführt.«

»Danke. Was soll ich Ihnen sagen?«

»Gibt es dort einen Bären?«

»Ja, einen riesengroßen.« Sie klatschte enttäuscht in die Hände. »Ach, und ich wollte Sie überraschen. Und, fahren wir?«

»Direkt d-dorthin? Man könnte uns wegen Eigenmächtigkeit verhaften. Ich denke, wir sollten besser die Polizei informieren.«

»Davon rede ich ja – wir sollten zum Polizeirevier in Brislington fahren.«

»Es ist also in Brislington?«

Das war ein Städtchen auf der Strecke zwischen Bath und Bristol.

Vor ihnen lag das Bahnhofsgebäude, hell erleuchtet von elektrischen Lampen.

»Weshalb hinfahren?«, fragte Fandorin erstaunt. »Es ist schon spät, und Sie sind müde. Wir können doch vom Bahnhof aus einfach telefonieren.«

»Ach, bin ich dumm! Dauernd vergesse ich die Errungenschaften des Fortschritts. Zeigen Sie mir, wie man in den Hörer spricht?«

Das Telefonat musste dennoch Fandorin übernehmen – Miss Palmer brachte es nicht fertig, das unbekannte Fräulein mit »Hallo, Zentrale?« anzureden. Doch ihre Anweisungen für den diensthabenden Inspector waren ausnehmend klar und präzise.

»Was, Sie kennen die Familiengruft der Berkeleys nicht? Ach so, Sie wurden erst vor kurzem hierher versetzt. Das ist ganz einfach, junger Mann. Sie gehen durch das Haupttor auf den Friedhof, laufen bis zur Mauer, wenden sich nach rechts, und am Ende der Allee sehen Sie das Mausoleum. Sie können es nicht verwechseln – auf dem Dach steht ein großer steinerner Bär mit einer Grafenkrone.«

Kaum waren sie wieder zu Hause, Miss Palmer hatte gerade ihre Hutbänder gelöst und Fandorin seine Schirmmütze an den Haken gehängt, da klopfte auch schon der Butler.

»Sie haben ihn gefunden!«, verkündete er aufgeregt. »Der Inspector aus Brislington hat angerufen! Der Graf ist gesund und munter. Er war in der Familiengruft – er hat dort friedlich geschlafen, mit Kränzen vom Nachbargrab zugedeckt. Sie bringen ihn gleich her!«

»Hat der Inspector gesagt, dass ich ihm te-le-foniert habe?« Das schöne Wort bereitete Miss Palmer sichtliches Vergnügen.

»Ja. Aber ich fürchte, Sie werden die Belohnung nicht bekommen. Die Tasche ist noch da, der Graf hat sie als Kopfkissen benutzt, aber das Collier ist nicht darin.«

»Und das Testament ist auch weg?«, fragte sie.

»Nein, das ist noch da. Nur das Collier fehlt. Ich denke, umgekehrt wäre es der Familie lieber gewesen«, erlaubte sich Mr. Parsley in seiner gehobenen Stimmung zu scherzen. »Aber Seine Erlaucht ist doch ein Teufelskerl! Einen ganzen Tag und eine Nacht ohne Essen und Trinken, auf nackten Steinen, und das hat ihm gar nichts ausgemacht. Was für eine Kondition!«

Die Heimkehr des verlorenen Vaters beobachteten die drei vom Fenster aus – man hatte es den Dienstboten streng untersagt, herauszukommen, wenn der Graf gebracht wurde.

Die ganze aristokratische Familie war versammelt. Sogar die Kinder, obwohl es weit nach Mitternacht war.

Der Titelerbe Lord Daniel lief händeringend auf und ab. Hochwürden Matthew Lynn betete mit zusammengezogenen Brauen. Der Ehrenwerte Tobias rauchte hustend eine Zigarre. Die Frauen des ältesten und des mittleren Bruders flüsterten mit den Kindern – vermutlich erteilten sie ihnen Anweisungen. Untermalt wurde die ganze Szene von einem nervösen Geheul aus dem Park – der Leopard Skalper missbilligte die nächtliche Unruhe.

Endlich kam eine Kutsche durchs Tor gefahren. Der Inspector und ein Constable halfen dem in einen Polizeimantel und eine Pelerine gehüllten alten Lord behutsam heraus.

Der älteste Sohn rannte mit einem Plaid in der Hand zu seinem Vater, der mittlere eilte mit dem Rollstuhl herbei, der jüngste bedankte sich bei den Gesetzeshütern und schob sie rasch zum Tor hinaus. Überflüssige Zeugen konnte die Familie nicht gebrauchen.

»Was für ein Glück, dass Sie leben, lieber Vater!«, rief Lord Daniel.

Hochwürden machte sich am Rollstuhl zu schaffen – schüttelte das Kissen auf und betätigte diverse Hebel.

»Setzen Sie sich, lieber Papa! Hier, Ihr geliebter Rollstuhl, darin haben Sie es doch so bequem!«

Graf Berkeley blickte sich misstrauisch um. Er wollte sich nicht in den Rollstuhl setzen, versuchte sogar, zum Tor zurückzuweichen, wurde jedoch an den Schultern gepackt.

»Ich habe das große Schlafzimmer für Sie herrichten lassen«, gurrte Lady Lynn. »Es ist doch viel geräumiger und heller als Ihr Zimmer. Ach, dort werden Sie herrlich ruhen, lieber Vater! Aber gehen wir ins Haus. Sehen Sie nur, wie sehr sich alle freuen, dass Sie wieder da sind! Nun seien Sie doch nicht so störrisch.«

»Ist Molly dort?«, mümmelte Seine Erlaucht.

Alle schauten sich an, offenkundig ratlos, was sie sagen sollten.

»Ich weiß, das Molly im Paradies auf mich wartet. Aber nun bin ich im Fegefeuer gelandet«, beklagte sich der Alte und betrachtete voller Abscheu seine Angehörigen, die düsteren Mauern von Berkeley House und den dunklen Hof. »Das ist nicht fair. Das Fegefeuer gibt es nur bei den Katholiken, und ich bin doch Mitglied der anglikanischen Kirche. Das ist ein Irrtum. Bringt mich zurück auf den Friedhof!«

Mit vereinten Kräften versuchten sie, den armen Alten in den Rollstuhl zu verfrachten, doch er wehrte sich entschieden.

Da gab Lady Lynn der Frau des Pastors ein Zeichen, und die schubste die Kinder nach vorn.

Sie stürzten zum Großvater und umarmten ihn stürmisch.

»Teurer Großvater!«

»Lieber Großvater!«

»Wir haben uns solche Sorgen gemacht!«

»Wir haben dich so vermisst!«

Der Graf zog den Kopf ein und hielt sich die Ohren zu.

Schließlich übernahm Lord Daniel die Initiative. Der Erbe brachte die Kinder zum Schweigen und schickte sie fort, fasste seinen Vater bei den Schultern, schüttelte ihn heftig und rief: »Um alles, was heilig ist! Sagen Sie, wo ist die ›Galaxy‹?«

Diese entschiedene Geste schien zu wirken. Graf Berkeley sah seinen Erstgeborenen an. Und antwortete sogar, und zwar durchaus vernünftig: »Weißt du das denn nicht? Da ist sie doch!«

Er zeigte zum Himmel, wo in der Tat die Milchstraße leuchtete.

Lord Daniel stieß eine Art Knurren aus, und der mittlere Bruder zog ihn weg.

»Es ist nicht schön von Ihnen, die Menschen zu verhöhnen, die Sie lieben«, tadelte Hochwürden sanft seinen Vater. »Sie wollen doch ins Paradies?«

»Zu Molly?«, fragte der Graf und nickte.

»Ich werde Ihnen helfen. Wissen Sie, was das ist?« Matthew Lynn zog ein Taschenbrevier hervor. »Der heilige Psalter. Wenn Sie die Hand darauf legen und die Wahrheit sagen, die reine Wahrheit und nichts als die Wahrheit, ist Ihnen ein Platz im Paradies sicher. Verstehen Sie das?«

Seine Erlaucht zuckte ungeduldig mit der Schulter.

»Was gibt's da zu verstehen?«

Er hieb mit der flachen Hand auf das Buch. Auf dem Hof wurde es ganz still.

»Sagen Sie, wer hat das Collier aus dieser Tasche genommen? Sie wissen schon, die aufgefädelten kleinen Glitzersteinchen?« Die Stimme des Pastors überschlug sich vor Aufregung. »Hat sich Ihnen jemand genähert? Sie angesprochen? Versuchen Sie sich zu erinnern. Das garantiert Ihnen einen wunderschönen Platz im Paradies.«

Graf Berkeley sah seinen Sohn mit gerunzelter Stirn lange an.

»Gleich erinnert er sich!«, flüsterte Mr. Parsley und presste Fandorins Arm. »Na los, Alter! Komm schon!«

Seine Erlaucht seufzte und sagte voller Mitgefühl zu Hochwürden: »Hat Ihnen schon mal jemand gesagt, Sir, dass Sie ein äußerst abstoßendes Gesicht haben? Unaufrichtig, verlogen und böse. Ich an Ihrer Stelle würde mir einen Bart wachsen lassen, das würde einiges kaschieren.«

»Zum Teufel! Verflucht!« Der Ehrenwerte Tobias spuckte aus und schleuderte seine Zigarre wütend zu Boden – eine Funkenfontäne sprühte vom Pflaster auf. »Die reine Zeitverschwendung!«

»D-der Hauptmann hat recht. Der Alte wird nichts sagen«, bemerkte Fandorin.

»Weil er nicht weiß, wo das Collier ist«, ergänzte Miss Palmer.

Der Butler sah die beiden an.

»Sie meinen, das Collier wurde aus der Tasche genommen, als Seine Erlaucht in der Gruft schlief?«

»Wir meinen, das Collier war gar nicht in der Tasche.« Miss Palmer trat vom Fenster zurück. »Ich kann nicht mit ansehen, wie sie den armen Geoffrey quälen. Sagen Sie lieber, Mr. Parsley: Hat der fristlos entlassene Diener Jim das Pförtnerhaus schon geräumt?«

»Nein, ich habe ihm erlaubt, noch bis Sonnabend zu bleiben. Er hat sich natürlich schuldig gemacht, aber einen am Boden Liegenden schlägt man nicht. Dieser Trottel ist ohne Obdach und besitzt keinen Penny. Am Sonnabend kommt sein Bruder und nimmt ihn mit zu sich in die Schmiede. Eine anständige Stelle findet Jim nach dem Vorgefallenen ohnehin nicht mehr.«

»Da er keine Arbeit hat, muss er also nicht früh aufstehen«, schloss Miss Parker. »Erast, wären Sie vielleicht bereit, Jim zu wecken und mit ihm zu sprechen?«

»D-das wollte ich etwas später tun. Aber Sie haben recht. Hier gibt es nichts Interessantes mehr zu sehen.«

Fandorin drehte sich um und ging hinaus, und Miss Palmer machte ihrem alten Freund einen exzentrischen Vorschlag: eine Teestunde um drei Uhr nachts. Schließlich müssten sie sich irgendwie die Zeit vertreiben.

Sie hatten die erste Tasse noch nicht ausgetrunken, als Fandorin zurückkam.

Auf dem Hof war niemand mehr, die Familie hatte den geistig verwirrten Grafen ins Haus gebracht, doch Berkeley-House schlief nicht – die Fenster des großen Salons waren erleuchtet.

»Und, welcher von den dreien?«, fragte Fandorins Wirtin lebhaft.

»Keine Überraschungen«, erwiderte er kurz und rückte sich einen Stuhl heran.

Miss Palmer war enttäuscht.

»Schade. Ich hatte so gehofft, dass es der Mittlere war. Geoffrey hat recht – er ist der Widerlichste von allen.«

Der Butler drehte verblüfft den Kopf hin und her, bemüht, den Sinn dieses rätselhaften Dialogs zu entschlüsseln.

»Nein, nein, erzählen Sie nichts!«, gebot die alte Dame. »Ich will es selbst erraten. Er hat Jim mit irgendeinem Auftrag fortgeschickt, nicht wahr?«

»Das wäre zu sehr a-aufgefallen. Er stieß wie zufällig mit dem Diener zusammen, als dieser dem Grafen die abendliche Milch brachte. Bis Jim sich umgezogen hatte, bis er in der Küche neue Milch warmgemacht hatte, verging rund eine halbe Stunde. Mehr als genug.«

»Genug wofür?«, rief der endgültig verwirrte Mr. Parsley. »Ich verstehe überhaupt nichts! Wovon reden Sie?«

»Vom Hauptmann, von wem sonst?« Miss Palmer schenkte Fandorin Tee ein. »Ich hatte ihn von Anfang an in Verdacht. Zum Geburtstag des Vaters zu erscheinen, bei dem es nichts zu holen gibt – das sieht Tobias gar nicht ähnlich. Außerdem hat er viel Geld verloren und ist über beide Ohren verschuldet.«

Der Löffel des Butlers klirrte in der Tasse.

»Der Ehrenwerte Tobias hat seine eigene Familie bestohlen? Aber das ist unmöglich!«

»Wieso denn?« Miss Palmer nahm dem Butler den Teelöffel weg und legte ihn auf die Tischdecke. »Wo der Schlüssel zum Sekretär liegt, wusste er bestimmt. Er holte die Aktentasche heraus und nahm das Collier an sich, sorgte dafür, dass der Diener verschwand, band den Vater von seinem Rollstuhl los und brachte ihn in den Garten. Vermutlich flüsterte er ihm etwas ins Ohr, etwa: ›Molly wartet auf Sie‹, und da lief der Alte los, zum Rendezvous. Und zwar, laut Aussage des Ladenjungen ›ziemlich forsch‹. Dem Alten die Aktentasche unter den Arm zu klemmen war nicht weiter schwierig – in den vielen Jahren als Bankdirektor hatte er sie immer bei sich getragen.«

»Nein! Sie irren sich!« Mr. Parsley sprang auf und warf dabei fast den Stuhl um. »Ich war immer Ihrer Meinung, aber diesmal irren Sie! Wenn wirklich jemand aus der Familie mit dem Raub zu tun hätte, wäre doch in erster Linie das beschämende Testament vernichtet worden. Das aber ist unversehrt!«

»Zerschlagen Sie mir nicht das Mobiliar, Peter. Solche Stühle fertigt heute niemand mehr. Was hätte es für einen Sinn, das Testament zu vernichten, da doch eine Kopie davon beim Notar liegt?«

Der Butler ließ sich schwerfällig wieder auf den Stuhl sinken, als habe man die Luft aus ihm herausgelassen.

»Mein Gott, was sind das für Zeiten«, sagte er dumpf. »Es hat in der Geschichte der Familie so manches gegeben, aber ein Erbstück stehlen und die Schuld dem Vater zuschieben … Was wird nur aus England? Und das Schlimmste ist: Das Verbrechen wird ungesühnt bleiben. Wo soll man jetzt nach dem Collier suchen? Der Ehrenwerte Tobias wird es wohl kaum verraten.«

Miss Palmer streichelte die Hand ihres alten Freundes.

»Seien Sie unbesorgt. Das Collier wird sich wieder anfinden. Der Hauptmann hat doch seit gestern das Haus nicht verlassen, oder? Ich denke, es ist an dem einzigen Ort versteckt, den niemand außer Tobias selbst betritt.« Sie wandte sich zu Fandorin, der mit Appetit einen Keks aß. Merkwürdig – er fand allmählich Geschmack an diesem staubtrockenen Gebäck. »Mein lieber Erast, ich fürchte, diese Aufgabe bewältige ich nicht allein. Dafür braucht es die Kühnheit eines Lancelot und die Kraft eines Herakles.«

»Weder das eine noch das andere war vonnöten«, erwiderte Fandorin und wischte sich mit einer Serviette den Mund ab. »Ich musste Skalper nur hinterm Ohr kraulen, und schon ließ er sich b-bereitwillig das Halsband abnehmen. Sie hatten absolut recht. Das Collier war darin versteckt.«

Er zog eine fröhlich funkelnde Kette aus der Innentasche und legte sie auf den Tisch.

»Ich habe m-meinem Freund auf dem Rückweg vom Pförtnerhäuschen einen Besuch abgestattet.«

Im Schatten der Teekanne, wohin das Licht der Lampe nicht gelangte, schien das Collier nicht sonderlich eindrucksvoll. Ohne ihr Funkeln und Glitzern wirkten die Steine wie geschliffenes Glas.

»Sagen Sie ihnen, Sie hätten es soeben im Gras g-gefunden, vor dem Pavillon«, riet Fandorin und schob das Collier dem Butler hin. »Es sei vermutlich aus der Aktentasche gefallen, als Graf Berkeley durch den Garten lief. Im Übrigen wird man Ihnen keine überflüssigen Fragen stellen – alle werden hocherfreut sein über den Fund. Bis auf den Hauptmann natürlich, der wird denken, er hätte das Halsband nicht fest genug g-geschlossen. Aber es ist schon spät. Miss Palmer ist gewiss erschöpft. Und ich w-würde mich auch gern hinlegen.«

Am nächsten Morgen, als Miss Palmer und ihr Untermieter frühstückten (etwas später als üblich), erschien der Butler zu einem offiziellen Besuch: In seiner Paradelivree, mit Zweispitz und weißen Handschuhen.

»Es lief genau so, wie Sie gesagt hatten, Sir. Am lautesten jubelte der Ehrenwerte Tobias. Ich wurde – völlig unverdient – als Retter der Familienehre gepriesen und bekam einen Scheck über tausend Pfund überreicht, den ich nun weitergebe an diejenige … das heißt, an denjenigen …« Hier stockte Mr. Parsley. »Kurz, an diejenigen, denen er gerechterweise zusteht. Es ist ein Inhaberscheck.«

Mit einer Verbeugung legte er ein schmales Stück Papier mit Wasserzeichen auf den Tisch.

»Der Lohn gebührt zweifellos Miss Palmer«, sagte Fandorin mit zusammengezogenen Brauen. »Sie hat das Rätsel gelöst, ich war nur der Vollstrecker.«

Hier zeigte sich, dass die alte Dame vortrefflich wütend werden konnte.

»Was für ein Unsinn!«, rief sie errötend. »Sie haben Miss Flame zum Reden gebracht. Auch das mit der Gruft haben Sie selbst erraten. Und was das Collier angeht – Sie hatten es bereits in den Händen, bevor ich meine Hypothese formuliert hatte! Wenn Sie mich durch Wohltätigkeit beleidigen wollen, dann sollen Sie wissen: Ich habe mich mein Leben lang nur auf mich selbst verlassen, und das habe ich nie bereut!«

Die Opponenten starrten sich an. Es war klar, dass keiner von beiden nachgeben würde.

»Manchmal sind kluge Menschen schlimmer als Einfaltspinsel«, sagte Mr. Parsley seufzend, »und dann brauchen sie die Hilfe eines Einfaltspinsels. Nun, ich übernehme diese Rolle gern. Teilen Sie sich das Geld, und die Sache ist geritzt. Fünfhundert Pfund dürften Ihnen, Miss Palmer, für ein Haus am Meer genügen. Und auch Sie, Sir, sollten sich nicht so zieren – Sie haben das Geld redlich verdient.«

»Manchmal sind kluge Menschen schlimmer als Einfaltspinsel, und dann brauchen sie die Hilfe eines Einfaltspinsels«, wiederholte Miss Palmer verwundert. »Was für eine wunderbare Binsenweisheit! Die werde ich mir merken.«

Auch Fandorin staunte, wenn auch aus einem anderen Grund.

Fünfhundert Pfund Sterling? Im Staatsdienst hatte er im ganzen Jahr nur wenig mehr erhalten. Ein hübsches Sümmchen, und ohne besondere Mühe verdient. Man konnte also mit Deduktion seinen Lebensunterhalt verdienen?

Traumtal

Wie angenehm, ein Star zu sein

Der Lehrer, der Fandorin in der Wissenschaft des Lebens unterwies, pflegte zu sagen: »Der Mensch ist bei seiner Geburt blind und wird bis zum Tode nicht sehend. Aber er hat drei Blindenführer: den Geist, den Verstand und den Körper. Sie zupfen ihn am Ärmel, ziehen ihn jeder in seine Richtung. Der Mensch geht fehl, wenn er einen der drei für den Wichtigsten hält. Er muss wissen, wann er auf wen hört. Nur das bewahrt ihn vor Verirrungen und lässt ihn nicht vom Wege abkommen.«

Mit dem Geist und dem Verstand hatte Fandorin gelegentlich Probleme, sodass er über die Steine des Weges stolperte und sich Beulen schlug. Dafür wusste er bestens, in welchen Situationen er sich unbedingt dem Körper unterzuordnen hatte, und da gab es dann auch keinen Zweifel. Andernfalls wäre sein Weg schon längst abgebrochen.

So auch jetzt, als Geist und Verstand schlagartig erstarrten und der Körper laut rief: »Pass auf!« Fandorin gehorchte sofort, ohne jedes Zaudern, und sprang, ohne sich umzudrehen, zur Seite, zumal weit und breit kein Mensch war, der denken konnte, dass der solide wirkende Gentleman plötzlich übergeschnappt wäre …

Also.

Fandorin hatte direkt von der Agentur Pinkerton aus ein Telegramm an Masa geschickt (»Mit Nachtzug kommen – Stop – zwei Anzüge – Stop – weiß – Stop – schwarz«) und war zu einem Spaziergang durch das abendliche New York aufgebrochen.

Er ging aufs Geratewohl, stieß den Spazierstock aufs Pflaster und dachte über den Verbrennungsmotor nach.

Die Nebenstraßen des Broadway waren noch notdürftig von Gaslaternen beleuchtet, doch dann kamen stockdunkle Gässchen, und Fandorin nahm seine Dynamolampe zur Hand. Wenn er die Feder drückte, gab sie Licht. Und für die Hand war es ein Training.

Als es nach Meer zu riechen begann, wusste Fandorin, dass der Hudson nahe war. Er blickte in die Runde und sah in der Ferne die flache Silhouette der Battery. Also hatten die Füße ihn nach Manhattan getragen.

Vorbei an Lagerhallen und Hafenkränen ging er bis ans Wasser und blieb am Geländer stehen.

Die Sonne war schon untergegangen, doch am Himmel hielt sich noch ein Nachgeschmack des Abendrots. Fern auf der Insel Bedloes ragte wie eine Schachfigur die Freiheitsstatue empor. Auf einem Zacken ihrer Krone blitzte ein Abschiedsfünkchen des scheidenden Lichts.

Das ist sehr schön, das Fünkchen auf der Krone macht das Panorama vollkommen, sagte der Verstand. Ohne die Statue aber wäre es noch schöner, sagte der Geist.

In diesem Moment erfasste Fandorin (mit dem Augenwinkel? dem Gehör? den Nervenenden? – Das weiß nur Gott!) eine mikroskopisch kleine Bewegung hinterm Rücken. Geist und Verstand erstarrten, doch der Körper zwang ihn zu einem jähen Sprung zur Seite.

Dicht an seinem Ohr vorbei ein räuberisches Zischen, und einen Sekundenbruchteil darauf krachte der Schuss. Fandorin, der drei Handlungen gleichzeitig ausführte (hinhocken, auf dem Absatz umdrehen und den Revolver unterm Gehrock hervorziehen), entging mit knapper Not der zweiten Kugel – der durchschossene Zylinder flog vom Kopf ins Wasser; es war übrigens eine Maßanfertigung aus der Jermyn Street, in Amerika war solch einer nicht zu kriegen. Dafür hatte er jetzt gesehen, von wo die Schüsse kamen.

Das Feuerpünktchen war an der Mauer eines unbeleuchteten Lagerhauses aufgeblitzt. Dem Knall nach war es eine großkalibrige Waffe gewesen, und ein vorzüglicher Schütze hatte geschossen – sehr genau, und das aus großer Entfernung. Einen dritten Schuss durfte Fandorin ihm nicht erlauben, denn vor dem Hintergrund des noch nicht ganz dunklen Himmels war seine Silhouette ein gar zu deutliches Ziel. Darum riss er die Hand mit dem Herstal hoch und feuerte aufs Geratewohl alle sieben Patronen ab. Für den kurzläufigen Revolver, bei dem es vor allem auf die Feuergeschwindigkeit ankam, war die Distanz zu groß, gleichwohl folgte kein dritter Schuss aus dem Dunkel.

Als das Dröhnen in den Ohren vorüber war, lauschte Fandorin, der flach auf der Erde lag, in die Stille und begriff, dass bei dem Lagerhaus niemand mehr war. Vorsichtig stand er auf, lud die Trommel nach und rannte zu der Stelle, von der die Schüsse gefallen waren. Kein Mensch zu sehen.

Der Mann, der ihn hatte töten wollen, war in dem Gang zwischen zwei Lagerhallen verschwunden. Ihn zu verfolgen wäre sinnlos und riskant gewesen.

Fandorin verschob die Deduktion auf später und untersuchte die Treffergenauigkeit des Herstal. Das Licht seiner Dynamolampe fand in der Bretterwand sechs Bleikugeln auf einem Meter Länge, das war gar nicht so schlecht. Aber wo war die siebente?

Nach langem Suchen fand er sie auf dem Erdboden.

Er hob sie auf und untersuchte sie.

Die Spitze war abgeplattet wie von einem Aufprall auf Metall. Merkwürdig. In der Wand gab es keinen Bolzen, keinen Nagel.

Aber was blinkte da?

Er pumpte die Lampe auf Vorrat, damit sie nicht ausging, klemmte sie unters Kinn, holte die Lupe aus der Tasche und richtete sie auf die Kugel.

Das war unbequem und zu dunkel, aber er sah in winzigen

Kratzern auf der Kugel mikroskopisch kleine gelbe Partikel blinken. Gold etwa?

Er steckte den Fund in das Täschchen des Halfters und ging den weggeworfenen Stock suchen. Schon stieß der Verstand ungeduldig den Körper beiseite und bastelte an Erklärungen.

Die erste war die langweiligste.

Der triviale Versuch eines Raubüberfalls. In dieser Stadt gab es eine Menge Leute, denen ein Menschenleben keine Kopeke, will sagen, keinen Cent wert war. Der Täter sieht einen eleganten Herrn, der sich an eine einsame Stelle verirrt hat. Um nichts zu riskieren, schießt er aus sicherer Entfernung, um dann der Leiche alles Wertvolle abzunehmen. Diese Version ging Fandorin durch den Kopf, doch er verwarf sie, nicht weil sie unwahrscheinlich, sondern weil sie aussichtslos war. Zufälle lassen sich nicht berechnen, jedenfalls nicht in der Kriminalistik.

Die zweite Variante: Der Angriff konnte zusammenhängen mit dem Auftrag, den er soeben von Pinkerton erhalten hatte. Doch nach einigem Nachdenken verwarf Fandorin auch diese Version. Denn eigentlich hatte er noch keine konkrete Aufgabe erhalten. Es war nicht klar, was der Auftraggeber wollte, und vielleicht hatte es gar keinen Sinn, sich dieses Falls anzunehmen. So hatte er es Mr. Pinkerton gesagt.

Nein, das passte auch nicht.

Also blieb die dritte: Rache des Doktor Lind, des geheimnisvollen Oberhaupts der mächtigen Organisation, von der die Gesetzeshüter bislang kaum etwas wussten.

Vor einem Monat hatte Fandorin einen Bankraub bei der Eastern United vereitelt. Er selbst hielt die Operation für misslungen, weil Schüsse gefallen und die Leute, die festgenommen werden sollten, zu Tode gekommen waren, während der Haupttäter hatte fliehen können. Aber Doktor Lind, der keine Niederlage ertrug, kochte wohl vor Wut. Dafür gebührte auch den Zeitungen Dank. Sie hatten im ganzen Land ausposaunt, dass der heldenmütige Mr. Fandorin (manchmal schrieben sie auch Fandorine oder gar Fundoreen) ganz allein dem König der Unterwelt eine schmähliche Niederlage beigebracht habe. Aus dem bescheidenen Gasthörer an der Fakultät für Mechanik und Ingenieurwesen, der sich von Zeit zu Zeit mit privaten Ermittlungen etwas dazuverdiente, war über Nacht eine amerikanische Berühmtheit geworden oder, wie das hierzulande hieß, ein »Star«.

Das brachte wenig Rosen, doch viele Dornen.

In das Laboratorium auf der Newbury Street kamen Scharen von Autogrammsammlern und störten ihn bei der Arbeit. Erstens.

Reporter der Bostoner Presse lauerten ihm vor der Tür auf und blendeten ihn mit Blitzlichtern. Zweitens.

Seine Wirtin hatte sogleich die Miete erhöht. Drittens.

An der Fensterscheibe drückten sich ständig ein paar Bengels die Nasen platt. Viertens.

Nun, und fünftens: Vor einer Woche machte Fandorin die erste Probefahrt mit dem neuen Benz Velo, das soeben von dem Mannheimer Werk geliefert worden war, und an einer steil abschüssigen Stelle versagten plötzlich die Bremsen. Am Leben blieb er durch reinen Zufall – sprang gerade noch hinaus, und das Wunder der deutschen Technik stürzte in den Fluss. Nachdem es geborgen worden war, stellte sich heraus, dass das Bremsseil durchgeschnitten war. Der erste Gruß von Doktor Lind. Es war klar, dass der zweite nicht lange auf sich warten lassen würde. Da war er auch schon – die Schüsse aus dem Dunkel.

Der Auftrag von Pinkerton passte unter diesen Umständen nicht so recht. Fandorin hätte sich ernstlich mit Doktor Lind befassen müssen, der würde ohnehin keine Ruhe geben, also war es besser, selber aktiv zu werden.

Aber er hatte den Scheck genommen, und zwar über ein erkleckliches Sümmchen. Hier in den Vereinigten Staaten wirkte sich

Ruhm sofort auf die Honorare aus. Also musste er sich beim Auftraggeber einfinden und ihn anhören. Nur dies hatte er bislang zugesagt.

Mit der National Detective Agency hatte er schon mehrmals zusammengearbeitet, doch noch nie hatte man ihn mit dringendem Telegramm aus Boston zu Robert Pinkerton bestellt, dem Chef der New Yorker Abteilung der Corporation. Dessen Vater, der große Allan Pinkerton, hatte ein Leben voller Gefahren und Abenteuer hinter sich gebracht: Er hatte Spione, Mörder und Räuber gejagt, hatte Präsident Lincoln gerettet; und er hatte ein Fahndungsimperium, wie es die Welt noch nicht gesehen, aufgebaut und perfektioniert. Der größte Vorzug dieses Bewahrers fremder Geheimnisse war seine Fähigkeit, die Interessen seiner Kunden zu schützen. Sein Tod vor zehn Jahren war symbolisch gewesen: Er stolperte auf der Straße, fiel hin und biss sich auf die Zunge – so heftig, dass der Wundbrand eintrat. Der passendste Tod für einen Mann, der wie kein zweiter die Zunge im Zaum zu halten wusste.

Seine beiden Söhne setzten sein Werk fort: William leitete die Westfiliale, die in Chicago ihren Sitz hatte; Robert wurde Direktor der Ostfiliale in New York. Für die Brüder arbeiteten 2000 festangestellte Agenten und ein paar tausend »Reserveagenten« in allen Staaten der USA wie auch in den Schlüsselstädten des Planeten.

Als Fandorin das Stabsquartier der Agency, ein solides vierstöckiges Gebäude am Broadway, betrat, wurde er sogleich zu dem großen Chef geführt.

Robert Pinkerton, ein Mann mit Schnurrbart und schwerem, ruhigem Blick, erhob sich beim Eintritt des Besuchers – ein Zeichen seiner Hochachtung. Er drückte Fandorin kräftig die Hand, und das steinerne Gesicht machte einen wenn auch nicht sehr gelungenen Versuch zu lächeln, was kaum jemals vorgekommen war.

Meine Aktien scheinen kräftig gestiegen zu sein, dachte Fandorin, setzte sich in den für Ehrengäste bestimmten Sessel und nahm eine Zigarre an. Von der Wand glotzte ihn aus goldenem Rahmen das Wachsame Auge an, das Pinkertonsche Logo, darunter stand »Wir schlafen nie«.

Die Augen des Direktors waren denn auch rot geschwollen. Magenkrank, Schlafstörungen, Gewissensbisse, familiäre Unannehmlichkeiten plus Lungenleiden, lautete die physiognomische Diagnose Fandorins, der den großen Mann zuvor nur aus der Entfernung gesehen hatte.

Als Grund für die eilige Einladung hatte er auf neue Ränke des Doktor Lind getippt.

Aber Pinkerton kam auf etwas anderes zu sprechen.

»Mr. Fendorin, ich weiß, dass der Leiter der Abteilung Zusammenarbeit mit besonders wichtigen Kunden Ihnen einen festen Job angeboten hat, aber Sie haben abgelehnt.«

Fandorin antwortete respektvoll: »Ich habe früher in einer großen … Organisation gearbeitet.« Er fand nicht gleich das passende Wort. »Aber jetzt weiß ich g-genau, dass mir ein Leben als ›freier Detektiv‹ mehr zusagt. Im Übrigen liegt mein Hauptinteresse weniger bei der Kriminalistik als beim Ingenieurwesen.«

Der Direktor warf einen Blick auf ein vor ihm liegendes Blatt Papier.

»Man hat mir eine Information bereitgelegt. Sie waren Brigadegeneral bei der russischen Polizei und haben ein Jahresgehalt bezogen, das in Dollars umgerechnet so aussieht.«

Er schrieb eine Zahl mit drei Nullen auf das Blatt und zeigte sie Fandorin. Sie stimmte.

»Erstens biete ich Ihnen so viel.« Der Bleistift fügte rechts eine weitere Null hinzu. »Zweitens den Job des Mannes, der es nicht verstanden hat, Sie rechtzeitig zu engagieren. Das heißt, Sie werden Chef einer der führenden Abteilungen – so viel wie Divisionsgeneral.«

»Ich bedanke mich für das schmeichelhafte Angebot, aber nein«, sagte Fandorin mit einer Verbeugung. »Die Freiheit ist kostbarer.«

Pinkerton verschwendete keine Zeit mit Überredungsversuchen, er sah den Besucher nur prüfend an, seufzte und zog ein weiteres Blatt Papier zu sich heran, das ein Monogramm in Form eines fünfzackigen Sterns zeigte.

»Schade. Dann gebe ich Ihnen einfach diesen Brief. Handeln Sie, wie Sie es für notwendig halten.«

Mit sichtlichem Bedauern reichte er Fandorin das Blatt.

Der Brief war sehr kurz. Fandorin überflog die Zeilen, verweilte auf der schwungvollen Unterschrift und sah seinen Gastgeber fragend an.

»Hier steht, in einer ›heiklen und geheimnisvollen Angelegenheit‹. Was ist gemeint?«

»Keine Ahnung. Aber das Kuvert enthält ein Erste-Klasse-Billett und einen Scheck auf Ihren Namen.« Mr. Pinkerton reichte ihm zwei weitere Papiere. »Ich finde, kein übler Betrag, für den Sie lediglich komfortabel nach Cheyenne fahren und den Gentleman anhören müssen. Ich sage nur so viel, dass Colonel Maurice Star einer der reichsten Bergbauunternehmer des Westens ist. Sie können eine beliebig hohe Vergütung fordern. Eine be-lie-big ho-he. Verstehen Sie?«

«Warum will er den Fall ausgerechnet m-mir übertragen und nicht Ihrer Agentur?«

»Das möchte ich auch gern wissen«, versetzte der Direktor mit säuerlicher Miene. »Das Aufsehen in der Presse ist ja ganz schön, aber über Sie wird erst seit einem Monat geschrieben, während wir schon vierzig Jahre einen Haufen Geld für Reklame ausgeben.«

Plötzlich blitzte in seinen Augen ein Fünkchen auf.

»Mr. Fendorin, ich weiß um Ihre außergewöhnlichen Fähigkeiten, aber sagen Sie, waren Sie schon mal in unserm Großen

Westen? Dort ist alles anders als hier. Als Städter kommt man ohne die Hilfe eines örtlichen Spezialisten nicht zurecht. Wir haben dort auch unsere Vertreter, die den Westen bestens kennen. Die würden Ihnen gerne helfen ...«

»Sir, ich habe schon im Westen und im Osten und in allen sonstigen Teilen der Welt ermittelt«, versicherte ihm Fandorin.

»Dennoch, hier haben Sie einen Empfehlungsbrief. Wenn Sie Hilfe brauchen oder einen Spezialisten konsultieren möchten, können Sie sich gern an eine unserer Filialen wenden. Man wird Ihnen als meinem Bekannten einen günstigen Preis machen.«

Mr. Pinkertons zweiter Versuch zu lächeln gelang ein wenig besser, und er begleitete seinen Gast zur Tür.

Es war schon angenehm, ein Star zu sein.

Der weiße Anzug

Bis zu seiner Ankunft in Cheyenne wäre Fandorin jede Wette eingegangen, dass es über Land kein luxuriöseres Verkehrsmittel gebe als den Pullmanwagen. Zuvorkommende und unaufdringliche Bedienung, bequeme Sessel, die zur Nacht in Betten verwandelt wurden, eigene Sanitärzelle, ein Raucherzimmer und schließlich ein recht passables Restaurant. Selbst in Russland, dem Land der weiten Bahnstrecken, war ihm solcher Komfort nicht begegnet.

Aber in Cheyenne, der Hauptstadt des unlängst gegründeten Bundesstaates Wyoming, musste er seine Vorstellung vom wahren Luxus auf Rädern revidieren.

Colonel Star, dessen Unterschrift auf dem Brief und dem Scheck stand, konnte den Detektiv wegen unaufschiebbarer Verpflichtungen nicht selbst abholen, aber er schickte seinen persönlichen Steward, der ihn entschuldigte und Fandorin bat, in die Lokalbahn umzusteigen, die Mr. Fendorin und seinen Gehilfen nach Crooktown bringen werde, die Hauptstadt des Countys Crook, wo sich die Firmenzentrale des Magnaten befand.

Fandorin hatte etwas wie einen Vorortzug erwartet, gezogen von einer kurzatmigen Lokomotive und bestehend aus zwei, drei hölzernen Waggons. Der Zug von Cheyenne nach Crooktown sah eigentlich auch genauso aus. Mit einer Ausnahme: Vor dem Postwagen und dem tatsächlich unscheinbaren Personenwaggon war gleich hinter der Lok etwas Unvorstellbares angekuppelt – ein lackglänzendes, chromfunkelndes Meisterwerk der Eisenbahnkunst, eine veritable fahrbare Villa. Samtportieren an den Fenstern, Kristalllampen, auf den Stufen flauschige Läufer und über die ganze Wand unter einem golden schimmernden Stern goldene Buchstaben: Maurice Star of Crooktown.

Dieses Wunder, den Steward inbegriffen, wurde dem namhaften Gast zur alleinigen Nutzung überlassen.

»Herr, wir wollen den Fall übernehmen«, sagte Masa, der den kleinsten und leichtesten Koffer trug (die beiden anderen schleppte der beflissene Steward). »Man sieht gleich, der Auftraggeber ist ein ehrenwerter und höflicher Mann.«

Beim Eintreten ließ der Japaner das Köfferchen fallen, riss die Augen weit auf und murmelte:

»Du meine Güte ...«

Auch Fandorin, das sei zugegeben, war perplex.

Im Diwanzimmer (so hieß der erste Salon) Spiegelwände, die Diwane mit gemustertem Samt bezogen, die Fußböden aus Intarsienparkett. Der nächste Raum war das Speisezimmer; dort stand ein bereits gedeckter Tisch, der Glanz von poliertem Silber blendete die Augen. An den Wänden hingen Bilder holländischer Meister, und Fandorins geübtes Auge erkannte sofort, dass es Originale waren.

»Wann befehlen Sie den Lunch, Sir?«, fragte der Steward.

»Später, später«, stöhnte Masa lüstern, nachdem er einen Blick in den nächsten Raum geworfen hatte. »Herr, wollen Sie ein Wannenbad nehmen?«

Mitten in dem großen Badezimmer stand eine bronzene Schale, die mit vier Löwentatzen auf einem Marmorpostament ruhte. Dampf stieg auf, also war gerade erst heißes Wasser eingelassen worden.

Fandorin schüttelte den Kopf.

»Nein, ich will erst mal die P-Presse durchsehen.«

Er hatte auf einem Tischchen im Diwanzimmer einen Stapel Zeitungen entdeckt.

»Na, dann ich.«

Masa begann sofort, sich auszuziehen. Fandorin trat ans Fenster und musterte die Fahrgäste, die in den Wagen nebenan stiegen.

Es waren ganz gewöhnliche Menschen ohne Besonderheiten. Dass sie den Stutzer im schneeweißen Anzug anstarrten, war ganz natürlich. Nur eines ließ Fandorin staunen: Unter den Reisenden waren ganz wenige Frauen, und die Männer waren fast alle bewaffnet, trugen zumindest einen Revolver im Halfter, manche hatten aber auch ein Gewehr. Merkwürdig. Die Zeitungen schrieben, dass es in dieser Gegend keine Zusammenstöße mit den Rothäuten mehr gebe. Die Cheyennes, die Sioux und die wilden Shoshonen hätten längst das Kriegsbeil begraben und säßen friedlich in ihren Reservaten.

Die Glocke ertönte. Die Lokomotive pfiff ungeduldig.

Der Zug rollte an.

Fandorin blickte auf die gelbgrüne Steppe, von den Amerikanern »Prärie« genannt, sann aber nicht über Colonel Star und seine »geheimnisvolle Angelegenheit« nach, sondern über den technischen Fortschritt.

Noch vor wenigen Jahrzehnten waren die Neusiedler mit Pferdegespannen über Tausende Meilen durch Staubwolken in Richtung des Pazifik gezogen, hatten unvorstellbare Entbehrungen auf sich genommen und riskiert, ihren Skalp zu verlieren. Jetzt war die gefährliche Reise von einem Ozean zum anderen, die Monate gedauert hatte, auf fünf Tage und Nächte geschrumpft, und man konnte sie mit allem Komfort bewerkstelligen, ein Buch lesend oder über die Ewigkeit nachdenkend. Der eigentliche Sinn des Fortschritts lag indes nicht in der Bequemlichkeit und auch nicht in der Sicherheit. Die Entwicklung der Zivilisation ermöglicht es dem Menschen, seine geistige Energie nicht auf die entwürdigenden Strapazen des Alltags zu konzentrieren, sondern auf seine innerste Natur.

Die Strecke führte zwischen begrasten sanften Hügeln hindurch, und es schien, dass der Zug auf den gemächlichen Wellen des Ozeans schaukelte. Am Horizont türmte sich die Steppe zu Bergen voller grüner Runzeln, und es sah aus, als ob ihnen ein gigantischer Tsunami entgegenraste. Irgendwo dort am Fuß der Berge lag Crooktown.

Bevor Fandorin sich ans Lesen der Zeitungen machte, schaute er ins Badezimmer, um nach Masa zu sehen.

Dem ging es prächtig. Durch die hochgezogenen Fenster wehte ein frisches Lüftchen herein, der Steward schenkte duftenden Tee nach, und der Japaner aalte sich in der Wanne und grölte sein Lieblingslied vom betrunkenen Samurai aus dem Clan der Kuroda.

Im Diwanzimmer blieb Fandorin einen Moment vor dem Spiegel stehen. Doch, der weiße Anzug war sein Geld wert. Mr. Lanzetti, der Schneider in der Cambridge Street, hatte eine große Zukunft vor sich.

Auf der Titelseite der New York Times stand ein Bericht über eine schreckliche Feuersbrunst im Staate Minnesota. In diesem Land war alles gigantisch und übertraf jede Einbildungskraft. Fandorin versuchte, sich eine Feuerwalze von vier Meilen Höhe und zwanzig Meilen Breite vorzustellen, die mit Windgeschwindigkeit dahinrast. Fünf Städte waren vollständig niedergebrannt. In dem Städtchen

Hinckley waren alle umgekommen, die sich nicht in Brunnen oder in den Fluss geflüchtet hatten. Ein todesmutiger Lokführer hatte, den Feuertod riskierend, seinen Zug in den lodernden Skunk Lake gefahren und 300 Menschen aus der Flammenhölle gerettet.

Auf der Auslandsseite wurde viel über Russland geschrieben, wie üblich Unangenehmes.

In den polnischen Gouvernements wütete eine Choleraepidemie.

Der Zar und Imperator lag in Liwadija im Sterben, er würde es wohl höchstens noch einen Monat machen. Seine Nachfolge würde dann Kronprinz Nikolaus antreten, dem alle nachsagten, er sei zu jung und unerfahren. Der Zar hatte versprochen, seinen Sohn bis zu dessen dreißigstem Lebensjahr in der Kunst des Regierens zu unterweisen, somit war Nikolaus nicht fertig ausgebildet, denn er war erst sechsundzwanzig.

Der russische Anarchist Ungern-Sternberg, nach dem die Polizei mehrerer europäischer Länder wegen Sprengstoffanschlägen an belebten Plätzen fahndete, war in Wirklichkeit kein Revolutionär, sondern ein Provokateur und Agent der russischen Geheimpolizei. Sein Ziel war es, auf dem Kontinent eine antirevolutionäre Hysterie auszulösen, damit die Regierungen Emigranten nach vereinfachtem Verfahren an die russische Staatsanwaltschaft überstellten.

Am unangenehmsten aber war eine Nachricht aus dem Fernen Osten. Russland habe sich entschlossen, sich in den japanisch-chinesischen Konflikt einzumischen, und entsende zwei Panzerschiffe nach Port Arthur, um diesen strategisch wichtigen Punkt nicht den Kriegern des Mikado in die Hände fallen zu lassen. Ach, was sie doch für Porzellan zerschlugen, die Petersburger Schlauberger! Sie ahnten kaum, auf was sie sich da einließen …

Ein lautes Geräusch, als ob ein Glas oder eine Flasche zersprang.

Auf die Zeitung in Fandorins Händen rieselten Glaskrümel.

Dröhnen, Krachen, gellendes Pfeifen der Zugsirene – und all das gleichzeitig.

Fandorin blickte auf und sah mitten in der Fensterscheibe ein Loch, von dem strahlenförmig Risse ausgingen.

Daneben erschien gleich darauf ein zweites Loch, ein drittes, und die Scheibe fiel aus dem Rahmen und zerklirrte am Fußboden.

Die Schüsse waren nicht zu hören, das Brüllen der Lokomotive übertönte alle Geräusche.

Fandorin sprang auf und eilte zum Fenster.

Er sah Reiter mit Hüten und schwarzen Gesichtern neben dem Zug hersprengen und mit Gewehren auf den Waggon schießen.

Da war's, als ob ein glühend heißer Finger über seine Wange wischte – eine Kugel war dicht daran vorbeigeflogen. Fandorin warf sich zu Boden.

In seinem Kopf überschlugen sich die Gedanken.

Was war das für eine Teufelei? Wer waren die? Was wollten sie? Wenn es Indianer waren, warum trugen sie Hüte? Außerdem waren die Indianer rothäutig, und die da hatten schwarze Gesichter! Neger vielleicht?

Er rollte sich über den Fußboden zum nächsten Fenster, das noch heil war, und spähte hinaus.

Nein, Neger waren es nicht. Sie hatten lediglich die untere Gesichtshälfte mit schwarzen Tüchern verhüllt.

Eisenbahnräuber, jawohl. Die Zeitungen schrieben öfter über sie. Sie stoppten Züge, plünderten die Fahrgäste aus, sprengten den Postwagen mit Dynamit und verschwanden dann in der Prärie, und dort suche sie mal einer.

Die Reiter – mindestens ein Dutzend – waren schon auf gleicher Höhe mit dem Waggon. Sie ritten schneller als der Zug, und ausgerechnet jetzt fuhr die verdammte Lok langsamer.

Vor den anderen her sprengte ein Mann auf einem großen Schimmel. Als er im Fenster den Fahrgast sah, feuerte er sein Gewehr ab – Fandorin konnte sich grade noch wegducken.

Die Kugeln verwüsteten alles: Die Spiegel zerklirrten, die chinesische Vase auf dem kleinen Tisch zersprang, eine Diwanfeder piepste kläglich.

Fandorin verzog sich, bald springend, bald kriechend, ins Speisezimmer. Hier fand er ein Bacchanal der Zerstörung. Direkt vor ihm plumpste ein vom Nagel gerissenes Bild zu Boden. Der Tisch war mit den Scherben des Geschirrs übersät, aus dem getroffenen Teekessel strömte dampffauchend heißes Wasser.

Noch ein Sprung, und Fandorin war im Badezimmer, aus dem sonderbare Töne drangen wie Glockengeläut: bsing! bsing!

Auf dem Fußboden lag platt und reglos der Steward. Sein gestärktes Chemisette war voller Blutflecke.

Der Japaner war nicht zu sehen.

»Masa!«, schrie Fandorin verzweifelt. »Lebst du?«

»Ich bin hier, Herr!«

Über dem Wannenrand zeigte sich der igelhaarige Kopf und verschwand gleich wieder, denn die nächste Kugel traf die Bronze: bsing!

»Wo hast du die Reisetasche hingetan? Da ist mein Revolver drin!«

Aber was konnte der Herstal in solcher Situation ausrichten? Für gezieltes Schießen war die Entfernung zu groß, und wie sollte man zielen können bei dem Gerüttel?

Der Zug, anstatt Dampf zu machen und die Verfolger abzuschütteln, fuhr immer langsamer.

Der vorderste Reiter schüttelte gegen den Lokführer drohend die Faust, und als Antwort kreischten ängstlich die Bremsen.

»So wird das nichts«, murmelte Fandorin und verzog das Gesicht, als ein Querschläger winselnd von der Wanne abprallte. »Masa, schaff richtige Waffen her! Im Personenwagen sind Gewehre!«

Der Japaner sprang leichtfüßig aus der Bronzeschüssel, wobei er seinen Herrn mit Wasser vollspritzte, und patschte durchs Speisezimmer, rund und elastisch wie ein Ball.

Fandorin stürzte in die andere Richtung, zur Lokomotive.

Am Ausgang des Wagens bohrte sich ein Mahagonisplitter in seinen Hals, den eine Kugel aus der Tür gerissen hatte. Fandorin zog ihn heraus und berührte verdrossen den blutverschmierten Kragen. Dann schätzte er den Abstand zum Führerhaus.

Er musste den mit Kohle vollgeschütteten Tender überwinden, etwa ein Dutzend Yards. Aber im weißen Lanzetti-Anzug über die Kohle?

Die nächste Kugel, die die Laterne über seinem Kopf zerscherbte, setzte seinem Zaudern ein Ende. Der Schimmelreiter jagte in schnellem Trab am Fuß des Bahndamms entlang und ballerte mit seiner Winchester auf ihn.

Fandorin tauchte wie ein Fisch in die Kohlekrümel. Die Eisenwände des Tenders boten vorzügliche Deckung.

Knie und Ellbogen an Anthrazitstücken aufschürfend, brauchte er eine halbe Minute bis zum Führerhaus. Mit einem Fluch sprang er dröhnend auf den eisernen Fußboden und stand nun hinter dem Lokführer und dem Heizer.

Die heulten auf vor Entsetzen und rissen die Hände hoch.

»Nicht schießen!«, schrie der schwarz verschmierte Heizer mit überkippender Stimme. »Wir bremsen ja, aber das geht nicht so schnell!«

»Ich helf dir gleich zu bremsen!«, blaffte Fandorin, der so ähnlich aussah wie der Heizer. »Gib Dampf!«

Er sah an der Hüfte des Heizers das Halfter und zerrte den Revolver heraus. Gottlob eine Langlaufwaffe.

Der Heizer schaufelte wie besessen Kohlen in die Feuerung, der Lokführer warf sich mit dem ganzen Körper auf den Dampfhebel, und der Zug stürmte vorwärts wie ein Pferd, das gestolpert war, sich aber auf den Beinen hielt.

Fandorin beugte sich aus dem Fenster und zielte auf den nächsten Räuber. Der duckte sich geschickt hinter den Hals des Pferdes. Daneben! Noch ein Schuss, auch vorbei. Das verdammte Gerüttel!

Fandorin umklammerte den Revolvergriff mit beiden Händen.

Masa riss die Tür auf und sah sämtliche Fahrgäste auf dem Fußboden liegen, die Hände überm Kopf. Keiner von ihnen machte auch nur den Versuch, die Angreifer abzuwehren. Wohl deshalb schossen die Banditen nicht in den Waggon, jedenfalls waren alle Fenster heil.

Dafür schrien in dem Wagen alle, als wären sie schon durchlöchert und sollten nun den Rest bekommen.

Masa verstand die amerikanische Sprache nicht besonders gut, und die Leute in diesem Land redeten so, als hätten sie den Mund voller Batatenbrei, doch die Worte »Black Scarfs! Black Scarfs!«* erfasste er, da alle sie immerfort in sämtlichen Tonarten wiederholten.

Aha, sie meinten die Räuber mit den verhüllten Gesichtern.

Eine Frau, alt und hässlich, drehte sich nach dem nackten Masa um und zeterte: »Indians!«

Die dumme Gans konnte Indianer und Japaner nicht auseinanderhalten. Aber Fandorins Kammerdiener hatte jetzt andere Sorgen.

Er sah in der Hand eines Reisenden, der unter der Bank Deckung gesucht hatte, eine Winchester und wollte sie an sich nehmen.

»Verzeihung, aber sie wird jetzt gebraucht.«

Der Besitzer hielt jedoch stur fest.

»Don't! Please! They'll kill us all!«

Bleiches Gesicht, zitternde Lippen. Masa musste ihm zweimal auf den Kopf klopfen, bis er losließ.

Das zweite Gewehr, eine Remington von gutem Kaliber, lag im Gepäcknetz, und dort war auch eine Patronentasche.

* (engl.) Schwarze Tücher.

Masa, nunmehr bewaffnet, sprang hinaus auf die Kupplungsbühne und feuerte gleichzeitig mit beiden Waffen. Das war ein Fehler. Erstens traf er niemanden, und zweitens hätte ihn der Rückstoß fast hinausgeworfen.

Da legte er die schwere Remington hin, zwang sich, die zwitschernden Kugeln zu ignorieren, und zielte mit der Winchester. Er musste jetzt mit dem Waggon verschmelzen, sich als Teil des Zuges fühlen.

Er folgte mit dem Gewehrlauf dem Reiter wie bei der Entenjagd. Und zog sanft durch.

Es war ein sehr guter Schuss – das Pferd lief weiter, der Mann mit dem schwarzen Tuch aber stürzte ins Gras.

Interessant, auch die Remington auszuprobieren.

Der Zug ruckte, fuhr schneller. Die Reiter schienen auf der Stelle zu stehen und blieben dann allmählich zurück. So ließ sich gut zielen.

Peng!

Ein heftiger Rückstoß! Der Bandit aber stürzte mitsamt seinem Pferd. Mit Kaliber 50 war es ein wirksames Schießen.

Der Japaner nahm den Schimmelreiter aufs Korn. Aber in der Eile schoss er ihm nur den Hut vom Kopf.

Zu weiteren Schüssen kam er nicht.

Der hutlose Reiter riss am Zügel, sodass sein Schimmel sich aufbäumte, schrie etwas und fuchtelte mit der Hand, worauf die Übrigen ihre Pferde wendeten. Der Zug nahm schnelle Fahrt auf und ließ die Bande hinter sich.

»Teufel noch eins!« Der Heizer schüttelte sich, holte eine Flasche hervor und trank gierig. »Ich kann's nicht glauben … Die sind weg!«

Der Lokführer lugte furchtsam über Fandorins Schulter hinweg nach draußen.

»Das K-Korn ist abgebrochen«, sagte Fandorin und gab ihm den Revolver zurück, verdrossen über seinen Fehlschuss. »Wer waren diese Leute?«

»Die Bande ›Schwarze Tücher‹. Letzten Monat haben sie den Kurierzug United Transcontinental ausgeraubt. Sie haben den Postmeister getötet und einen Sack voll Silbermünzen gestohlen. Über sie wird erzählt, dass sie nie ihre Gesichter zeigen. Nicht mal untereinander.«

In der Stimme des Eisenbahners schwangen Angst und Bewunderung mit.

»Dann sind sie bestimmt ganz j-jung. Machen sich interessant.« Fandorin zuckte die Achseln. »Immer mit dem Tuch im Gesicht, das muss doch mühsam sein.«

»Vielleicht sind sie jung, na und? Billy the Kid war erst zwanzig, als er schon zwanzig Menschen abgeknallt hatte. Der große Jesse James hat sein erstes Gemetzel mit knapp siebzehn veranstaltet.« Der Lokführer nahm dem Heizer die Flasche ab und trank auch. »Puh, was ist das für ein Dreckzeug! Die jungen Banditen sind am gefährlichsten. Sie haben kein Gehirn. Der Tod macht ihnen nichts aus. Was andern gehört, muss ihrs werden.«

»Darum geht's nicht, Boss«, widersprach der Heizer. »Das ist wegen der Geschichte mit dem Photo. Die großen Räuber Sundance the Kid und Butch Cassidy haben sich mitsamt ihren Kumpanen zur Erinnerung in einem Photoatelier knipsen lassen, und mit dem Bild fahnden jetzt sämtliche Sheriffs und ›Pinks‹ des Staates Wyoming nach ihnen. Daraus haben die Businessmen von der Landstraße die Lehre gezogen: Zeig deine Visage nicht, das ist besser für dich.«

Der Schienenstrang machte einen Bogen um einen Hügel, und da war der kurze Zug im Ganzen zu sehen. Von der Plattform zwischen dem Salon- und dem Personenwagen schaute der nackte Masa herüber und winkte.

»E-Erstaunlich«, murmelte Fandorin.

»Dass wir noch leben? Ja, wahrhaftig. Da, Sir, nehmen Sie einen Schluck.«

Der Heizer reichte ihm seine Flasche. Fandorin mochte ihn nicht kränken, obwohl der Flasche ein unvorstellbarer Fuselgestank entströmte, darum tat er, als ob er tränke. Dabei ließ er die Waggons nicht aus dem Auge.

Der Personen- und der Postwagen waren unversehrt und ohne ein einziges Einschussloch. Dafür erinnerte der wunderbare Salonwagen an ein vergoldetes Teesieb – er war total durchlöchert.

Colonel Star

Bis Crooktown blieb Fandorin auf der Lok, denn in den zerschossenen Wagen mit dem Leichnam des unglücklichen Steward zurückzukehren hatte er keine Lust. Außerdem erbrachte die Unterhaltung mit der Lokbesatzung ein paar nützliche Informationen.

So erfuhr er, dass Crooktown das letzte Bollwerk der Zivilisation sei. Ihren Namen habe die Stadt nach dem großen General Crook erhalten, dem Besieger der Indianer. Dort ende die Bahnstrecke, dahinter seien nur noch die Berge, an deren Fuß winzige Städtchen ohne Gesetz und Ordnung lägen; die Bewohner seien kaum besser als die wilden Rothäute. Ohne triftige Gründe fahre kein normaler Mensch dorthin.

Von Fandorins eventuellem Klienten Maurice Star sprachen die Eisenbahner mit großem Respekt. Enorm reich, beschäftige er Tausende von Menschen, die alle zufrieden seien, denn er bezahle sie gut. Ein echter Gentleman. Wenn er wolle, könne er Gouverneur werden, doch er wolle nicht, denn er sei ständig unterwegs, in den Black Hills habe er Kohlebergwerke und Goldminen und in den Rocky Mountains Silbergruben.

Über dem Geplauder verging die restliche Fahrt wie im Flug. Einmal schaute Masa vorbei, noch immer so nackt, wie seine Mutter ihn geboren hatte, um sich nicht die Sachen einzudrecken. Er brachte eine Flasche Wein und einen fabelhaften gekochten Schinken, dessen Seite ein wenig mit dem Blut des verblichenen Stewards bespritzt war. Fandorin verzichtete auf diesen Imbiss, doch die Eisenbahner schnitten mit dem Messer etwas ab und speisten mit Appetit.

Endlich sahen sie vorn ein gewaltiges Schild mit der stolzen Inschrift »GRÖSSTE HAUPTSTADT DES COUNTY WYOMING. 2132 EINWOHNER«, dann Häuser und die Bahnstation.

Auf dem Bahnsteig wartete eine riesige Menschenmenge, offenbar die gesamte Einwohnerschaft der »größten Hauptstadt«. Der Postmeister des Zugs hatte von einem Haltepunkt ein Telegramm aufgegeben und den Vorfall mit der Bande gemeldet, und die Crooktowner wollten nun den überfallenen Zug sehen.

»Wie Helden empfangen sie uns.« Der Lokführer straffte sich, zog den Gehrock über die Arbeitssachen und ließ die Uhrkette aus der Tasche gleiten.

Der Heizer hatte nichts zum Herausputzen, er zwirbelte einfach den Schnauzbart und setzte den speckigen Hut schräg.

»Mr. Star gibt sich selbst die Ehre. Dann soll er mal schauen, wie die Schwarzen Tücher seinen Waggon verziert haben. Den Sie angucken, ist der Bürgermeister, der Colonel steht dort, abseits von allen, sehen Sie?«

Um den Mann, auf den der Heizer mit seinem schwarzen Finger zeigte, wurde tatsächlich eine respektvolle Distanz gewahrt, die er jedoch nicht zu bemerken schien.

Maurice Star, groß, hager, mit grauem Ziegenbart, war ein genaues Abbild von »Uncle Sam«, nur trug er eine Brille. Die langen Arme gekreuzt, musterte er konzentriert den verunstalteten Waggon; Fandorin würdigte er keines Blicks. Verständlich. Wem wäre schon in den Sinn gekommen, dass das verdreckte Schreckgespenst auf dem Trittbrett der berühmte Bostoner Detektiv sei?

Masa hingegen, der mit der Würde einer Person von königlichem Geblüt den Bahnsteig betrat, hatte sich gewaschen und umgezogen. Er trug einen sandfarben karierten Anzug, dazu einen Strohhut und weiße Gamaschen und hielt den Stock seines Herrn in der Hand.

Der Colonel kam ihm mit liebenswürdigem Lächeln entgegen, blieb jedoch plötzlich stehen und schob die Brille zurecht, denn er hatte nicht erwartet, dass »Mr. Fendorin« ein Asiat sei.

Fandorin erlöste seinen Kunden aus der Verwirrung, indem er vortrat und sich vorstellte.

»I beg your p-pardon for this attire«, fügte er verlegen hinzu. «You can see for yourself, that the final leg of my journey was not exactly a picnic.«*

Colonel Star wandte sich dem unansehnlichen Fandorin zu und sagte auf einmal in reinstem Russisch: »Du meine Güte! Wie sehen Sie denn aus! Entschuldigung, ich weiß Ihren Vatersnamen nicht.«

»Petrowitsch. Erast Petrowitsch«, antwortete der nach kurzer Verblüffung. »Sie haben wohl lange in Russland gelebt?«

Der Colonel lachte.

»Ich bin Russe. Maurice Star bin ich erst in den Vereinigten Staaten geworden. In diesem Land kann man nicht Mawriki Christoforowitsch Starowosdwishenski heißen. Wer sich so vorstellt, wird derweil im Galopp überholt oder gar abgeknallt. Hier hat man nicht die Zeit, sich zu verplaudern.«

Mit ein paar schnellen Schritten war er am Zug und betrachtete ihn mit einem alles erfassenden Blick.

»Wie ich sehe, war das Telegramm nicht ganz exakt. Die Banditen haben nicht den Zug überfallen, sondern meinen Waggon. Si-

* (engl.) Bitte entschuldigen Sie meinen Aufzug. Sie sehen selbst, dass der letzte Abschnitt meiner Reise wenig Ähnlichkeit mit einem Picknick hatte.

cherlich haben sie mich darin vermutet. Der Freikauf hätte mich ein rundes Sümmchen gekostet …« Mawriki Christoforowitsch Starowosdwishenski legte reuig die Hand an die Brust. »Verzeihung. Wegen mir hätten Sie fast das Leben verloren. Ich werde Ihnen den erlittenen Schaden bei der Abrechnung vergüten.«

Fandorin war drauf und dran zu antworten, der ruinierte Anzug habe 99 Dollar gekostet, doch das wäre unpassend gewesen, denn eben wurde der arme Steward aus dem Waggon getragen. Die Gaffer drängten näher und beglotzten den Toten.

»Schade um Stanford.« Der Colonel nahm den Zylinder ab. »Drei Kinder … Ich werde natürlich für sie sorgen, aber der Vater ist nicht mit Geld zu ersetzen.«

Doch die Stimmung dieses Herrn wechselte rasch. Eben noch hätte er fast eine Träne vergossen, und schon musterte er Masa neugierig.

»Das ist wohl Ihr Gehilfe? Ich habe in der Zeitung über Sie gelesen, mein Herr. Verstehen Sie russisch?«

Er drückte dem Kammerdiener die Hand. Der lüpfte mit wichtiger Miene die Kreissäge und verbeugte sich.

»Gut, meine Herren. Beeilen wir uns. Der Wagen wartet.«

Es war zu spüren, dass der ehemalige Mawriki Starowosdwishenski in der Tat nicht gewohnt war, sich zu verplaudern.

»Wollten Sie gerade mich engagieren, weil ich auch Russe bin?«, fragte Fandorin, als sie von der Station aufbrachen.

»Es geht nicht um mich.« Der Colonel lenkte die offene Equipage selbst, und das sehr geschickt. »Die Nationalität eines Menschen ist mir egal, wenn er nur seinen Beruf beherrscht. Aber die Einwohner von Dream Valley sehen das anders. Sie hegen Misstrauen gegen die Amerikaner. Vertrauen haben sie nur zu ihresgleichen, zu geborenen Russen. Über Dream Valley informiere ich Sie später. Jetzt fahren wir erst mal zu mir. Reden können wir, wenn

Sie gewaschen und umgezogen sind. Über sich brauchen Sie mir nichts zu erzählen, ich weiß Bescheid, dank der Presse. Wenn Sie gestatten, sage ich ein paar Worte zu meiner bescheidenen Person. Damit Sie meine Beweggründe verstehen.«

Er erzählte während der Fahrt von sich. Knapp, doch klar.

Er begann mit einer unerwarteten Frage: »Haben Sie Tschernyschewski gelesen? Den Roman ›Was tun?‹.«

»Ja. Auf dem G-Gymnasium.«

»Ich erst hier in Amerika. Und ich war verblüfft – das Buch ist gewissermaßen über mich geschrieben. Erinnern Sie sich, wie Lopuchow nach Amerika fährt? Und an den ›vernünftigen Egoisten‹? Ich hatte diese Formel schon als Student für mich gefunden. Gut leben auf der Welt kann ich erst, wenn ich nicht mehr von Armen und Elenden umgeben bin. Und das ist nicht für sie notwendig, sondern für mich. Für meinen moralischen Komfort. Andernfalls rutscht der Bissen Brot nicht, wie viel Butter man auch draufschmiert.« Der Colonel lachte auf. »Ich war ein prächtiger Jüngling, nur viel zu arithmetisch. Ich wollte alle Menschen einander angleichen, in die Formel ›Freiheit-Gleichheit-Brüderlichkeit‹ zwängen. Ich wollte mein Leben dem Kampf gegen die Leibeigenschaft weihen. Aber die Bauern hat Väterchen Zar auch ohne mich befreit. Da bin ich nach Amerika gegangen, um für die Befreiung der dunkelhäutigen Sklaven zu kämpfen. Lachen Sie nicht«, sagte er, obwohl Fandorin gar nicht daran dachte, zu lachen. »Ich war zwanzig Jahre alt. Das größte Buch, das ich zu jener Zeit las, war ›Onkel Toms Hütte‹. Tränen habe ich darüber vergossen.«

Er prustete über sein damaliges Gutmenschentum, und Fandorin nutzte die Pause zu der Frage: »Und w-warum nennt man Sie Oberst?«

»Wissen Sie, während des Krieges zwischen den Nord- und den Südstaaten bekamen die Freiwilligen provisorische Dienstgrade, sogenannte Tapferkeitsränge. Soldaten gab es viele, doch Berufsoffiziere nur wenige. Na, und da habe ich mich hochgekämpft bis zum Colonel. Ich war dumm und mutig. Mit zwanzig fürchtet kaum einer den Tod.«

Diesen Gedanken vernahm Fandorin heute schon zum zweiten Mal.

»Und jetzt fürchten Sie ihn?«

»Ja«, gestand Colonel Star ohne Zögern. »Es ist noch so viel zu erledigen, da wär's schade zu sterben.«

Fandorin hatte noch eine Frage.

»Sie haben die Formel ›Freiheit-Gleichheit-Brüderlichkeit‹ irgendwie ironisch gebraucht. Sind Sie enttäuscht?«

»O ja. Das ist eine große Illusion. Es gibt keine Freiheit, keine Gleichheit, keine Brüderlichkeit. Urteilen Sie selbst. Ein verantwortungsbewusster Mensch kann nicht frei von Pflichten sein, und verantwortungslose Menschen sind nichts wert. Richtig? Jetzt zur Brüderlichkeit. Wenn alle Menschen deine Brüder sind, ist keiner dein Bruder. Verwandte und geliebte Menschen gibt es nicht viele. Mit der Gleichheit funktioniert es auch nicht. Die Menschen sind nicht gleich, und der eine wird niemals den anderen ersetzen. Das ist ein wissenschaftliches Faktum. Und Gott sei gepriesen, dass es keine Gleichheit gibt. Es gibt starke und glückhafte Menschen, solche wie Sie und mich.« Der Colonel lächelte freundschaftlich. »Von denen wird ja auch mehr verlangt. Sie müssen mit vollem Einsatz arbeiten und den Schwachen helfen, doch ohne aus ihnen Schmarotzer zu machen, ohne sie durch Almosen vom Herrentisch zu erniedrigen.«

»Und, gelingt Ihnen das? Mit Ihren Minen und Bergwerken?«

Star überhörte den Sarkasmus. Nach einigem Überlegen nickte er.

»Ich glaube schon. Für ›vernünftige Egoisten‹ ist Amerika ein fabelhaftes Land. Hier gibt es unendlich viel zu tun, nicht weniger als in Russland, aber die Behörden werfen einem Unternehmer keine Knüppel zwischen die Beine. Besonders gut lässt sich's bei uns im Westen arbeiten. Für einen starken und glückhaften Mann ist das der beste Platz auf der Welt. Schauen Sie, für mich arbeiten fünftausend Menschen. Bin ich ein Kapitalist? Ja. Ein Ausbeuter? Nein. Zwanzig Prozent des Profits verwende ich für die Erweiterung der Produktion, zehn für persönliche Bedürfnisse, das ist fair. Alles Übrige geht drauf für die Bezahlung der Arbeit und die Verbesserung der Lebensbedingungen meiner Arbeiter. Bei mir bekommt jeder nach seinen Verdiensten. Sie können also davon ausgehen, dass ich in meinen Betrieben das Grundprinzip des Sozialismus verwirklicht habe.«

Der Colonel brach in Gelächter aus, seine Brillengläser funkelten schelmisch, und Fandorin korrigierte seinen ursprünglichen Eindruck: Dieser Mann ähnelte nicht »Uncle Sam«, sondern dem ergrauten Tschernyschewski – Spitzbart, Brille, spöttischer schmallippiger Mund.

»Das ist mein Haus«, verkündete der Colonel und lenkte die Equipage in ein Tor, hinter dem, noch nicht vom Herbst gefärbt, dichtes Baumgrün prangte.

Nach dem wundersamen Waggon hatte Fandorin etwas Grandioses erwartet, einen kolossalen Neureichen-Palast, aber das Haus des Magnaten war gar nicht groß.

»Ich bin wie Peter der Erste«, sagte der Colonel auflachend, als er den verwunderten Blick seines Gastes sah. »In meinem Privatleben brauche ich keinen Luxus. Dies ist mein Monplaisier, wo ich mich wohl fühle.«

»Sie mögen keinen Luxus? Und der Waggon?«

»Der soll andere beeindrucken. Wenn ich mit dem in Washington, New York oder Chicago ankomme, ist gleich zu sehen, dass ein ernstzunehmender Mann eingetroffen ist. Warten Sie ab, Sie haben meine Kutsche noch nicht gesehen. Ich versichere Ihnen, das ist was. Die zeige ich Ihnen später. Jetzt erst mal herzlich willkommen.«

Das Haus war bescheiden eingerichtet, doch klug gebaut und mit allen modernen Bequemlichkeiten ausgestattet. Elektrizität, Telephon und Telegraph erstaunten Fandorin nicht, aber im Bad war eine richtige Dusche mit heißem Wasser. Und das im Wilden Westen!

Während er sich vom Kohlenstaub reinigte und dann frische Sachen anzog, hielt sich der Hausherr auch im Bad auf, sodass das Gespräch keinen Moment abbrach.

»Sie werden schon bemerkt haben, dass ich mit der Zeit geize, darum möchte ich gleich zur Sache kommen«, sagte der Colonel und setzte sich auf einen Hocker neben dem Waschbecken. »Ich hoffe, Sie sind nicht prüde?«

Und er berichtete Folgendes.

Dreißig Meilen von der Hauptstadt des County entfernt, lag das Gebirgstal Dream Valley. Dort lebte schon seit einem Vierteljahrhundert eine russische Gemeinde. In den idealistischen sechziger Jahren war eine große Gruppe von Träumern beiderlei Geschlechts in die Neue Welt aufgebrochen, um ein irdisches Paradies zu errichten, entsprechend dem Vermächtnis Fouriers und Tschernyschewskis. Die jungen Leute hätten ihr Phalanstère lieber in der Heimat geschaffen, aber das war nicht ungefährlich. Über ihrem Abgott Tschernyschewski schwebte schon der Schatten der Peter-Pauls-Festung, und die Hitzköpfe unter den Nihilisten begannen von Tyrannenmord zu tuscheln. Die künftigen Siedler hingegen sahen sich nicht als Zerstörer, sondern als Erschaffer, und sie glaubten hoch und heilig an den gewaltlosen Widerstand gegen das Böse.

»Sie haben übrigens recht daran getan, auszuwandern. Rechtzeitig«, bemerkte der Colonel. »Nach dem Schuss Karakosows wären sie allesamt in die sibirische Katorga geschickt worden.«

Ursprünglich waren es zwanzig Siedler gewesen: vierzehn Männer und sechs junge Frauen. Sie wollten eine Zelle der neuen Lebensordnung gründen, die auf ehrlicher und gesunder Arbeit beruhen sollte. Ohne Ausbeutung, ohne familiäre Sklaverei. Alles sollte der Gemeinschaft gehören: Land, Vieh, Geräte, Kinder. Nur Kleidung, Schuhwerk und Toilettengegenstände sollten persönliches Eigentum sein.

Zum Vorsitzenden wurde ein gewisser Kusma Lukow gewählt. Er verstand als Einziger unter all der städtischen Jugend etwas von Landwirtschaft, denn er war der Sohn eines Müllers und hatte an der Peter-Akademie für Landwirtschaft studiert.

Etwas Geld besaßen die Träumer, denn einige von ihnen kamen aus guten Familien. Die Siedler hätten also durchaus ein fruchtbares Landstück irgendwo im wohnlicheren Osten erwerben können, aber Eigentum an Grund und Boden widersprach ihren Anschauungen, darum zogen sie in den wilden Westen, nach Montana, wo das Land frei und herrenlos war.

»Erstaunlich, dass die Rothäute sie nicht umgebracht haben. Unsere Idioten hatten ja nicht mal Waffen.« Der Colonel kraulte sich den Spitzbart. »Dafür kann ich nur eine Erklärung anbieten: Bei den Sioux-Indianern gehört es sich nicht, Minderbemittelten etwas zuleide zu tun.«

Die neuen Farmer waren unerfahren, dafür aber fleißig, und die Erde, die niemals einen Pflug erlebt hatte, war fruchtbar. Die Farm fing langsam an zu florieren, doch da brach das Unglück herein. Ein gewissenloser Geschäftsmann nutzte die Sorglosigkeit der Siedler aus und ließ das bebaute Land auf seinen Namen eintragen, denn juristisch gehörte es niemandem. Die Anhänger Tschernyschewskis mussten gehen und ihre Gebäude und die nicht eingebrachte Ernte zurücklassen. Ihre Lage war verzweifelt. Da kam der Colonel Maurice Star seinen Landsleuten zu Hilfe. Er hatte damals als Unternehmer schon einige Erfolge errungen.

»Ich habe zu der Zeit hier in der Nähe eine Eisenbahnstrecke gebaut. Und den Pechvögeln geholfen, sich im Dream Valley niederzulassen. Ich dachte: Das ist ein stilles Plätzchen, abseits gelegen, da rührt sie keiner an. Für Landwirtschaft ein Paradies. Der Besitzer wäre damals bereit gewesen, das ganze Tal für ein Butterbrot zu verkaufen, aber unsere Schlauberger wollten ja kein Eigentum!« Der Colonel machte eine wegwerfende Handbewegung. »Na schön, sie nahmen das halbe Tal in langfristige Pacht. Bauten Roggen an und züchteten Schafe. Lebten sich ein, bauten Häuser. Nannten ihre Kommune ›Lichtstrahl‹*. Aus Russland kamen ebensolche Narren zu ihnen. Die Sache lief ganz gut, natürlich nicht ohne meine Hilfe. Ein rationales Paradies, wie es Tschernyschewski vorgeschwebt hatte, wurde nicht daraus, doch dafür gab es Gleichheit und Brüderlichkeit im Überfluss. Geld existiert innerhalb der Kommune überhaupt nicht. Der Vorsitzende ist der Einzige, der manchmal aus dem Tal herauskommt. Er verkauft die Produkte und beschafft für den Erlös alles, was auf der Farm gebraucht wird. Alle arbeiten gleichberechtigt. Wenn einer Herausragendes leistet, wird er einer besonderen Ehre gewürdigt: Sein Name wird feierlich auf der Vollversammlung genannt. Eine spezielle Belohnung gibt es nicht, nur die Begeisterung der Kameraden.«

»Ihr Lächeln und Ihr humoristischer Ton lassen vermuten, dass das Leben der S-Siedler wohl doch nicht ganz ungetrübt verläuft«, bemerkte Fandorin, der den Erzähler im Spiegel beobachtete, während Masa ihn geschickt mit seinem superscharfen japanischen Dolch rasierte.

»Verstehen Sie, es hat sich gezeigt, dass es bedeutend leichter ist, die finanziellen Beziehungen abzuschaffen als die zwischen den Geschlechtern. Wer hätte das gedacht?« Der Colonel spielte einfältiges Staunen. »Die Idee des nichtfamiliären Zusammenlebens ließ wunderliche Schösslinge sprießen. Zuerst wollten die Frauen

* Der Name »Lichtstrahl« spielt an auf das 1860 veröffentlichte Werk »Ein Lichtstrahl im finsteren Reich« von Nikolai Alexandrowitsch Dobroljubow (1836–1861), in dem revolutionär-demokratische Ideen entwickelt werden. (Anm. d. Übers.)

als gleichberechtigte Kameraden ebenfalls die Erde pflügen. Aber die Fräulein haben weniger Kraft, schmalere Händchen. Das System musste revidiert werden. Die Frauen bekamen den Status der ›Hauserhalterinnen‹. Die Männer lebten alle zusammen in einem Wohnheim, und für jede Dame wurde ein Haus gebaut, in dem sie als Hausherrin für Wohnlichkeit und Essen sorgte. Die Männer hatten die freie Wahl, in welchem Haus sie die Freizeit verbringen und die Mahlzeiten einnehmen wollten. Die Frau, zu der die meisten Männer kamen, genoss das höchste Ansehen. Dieses System sah keinerlei Frivolitäten vor. Aber das Leben hat seine eigenen Gesetze. Schon sehr bald trat an die Stelle des gesunden Wetteiferns der Frauen eine Rivalität ganz anderer Art. Und die Männer suchten sich die Hausfrau nicht nur nach den Erfordernissen des Magens aus … Jung waren sie schließlich alle, und eine Kommune ist kein Kloster. Na ja, nach einiger Zeit bildete sich im ›Lichtstrahl‹ eine Art Bienenreich. In jedem Bienenstock, also Haus, lebte eine Königin, die sich von mehreren Gatten besuchen ließ. Im Tal gab es stets weniger Frauen als Männer.«

Masa, der bislang kaum zugehört hatte, spitzte die Ohren.

»Intellessant«, sagte er und ließ den eingeseiften Pinsel vor der Wange seines Herrn schweben. »Und dann fingen alle an, sich umzublingen?«

»Stellen Sie sich vor – nein. Es waren schließlich fortschrittliche Menschen, Lebesjatnikows, wenn Sie sich an diese Figur aus Dostojewskis ›Schuld und Sühne‹ erinnern. Eifersucht und Monogamie waren in der Kommune als gesellschaftlich gefährliche Erscheinungen strengstens verpönt. Ein Paar, das seine Liebe nicht mit den Kameraden teilen will, wird ausgeschlossen und muss das Tal für immer verlassen. Die Kinder werden gemeinsam großgezogen. Die Kindsmutter ist bekannt, und alle Männer sehen sich als Väter oder Brüder, je nach Alter.«

»Und was geschieht, wenn die Kinder groß sind?«, fragte Fandorin. »Wollen sie etwa nicht hinaus aus diesem … K-Kollektiv in die weite Welt?«

»Einige ja. Aber sie kommen fast alle sehr bald zurück. In der weiten Welt sind sie einsam und fürchten sich, da sie an das Leben unter ihresgleichen gewöhnt sind.«

»Wie viele Einwohner hat die K-Kommune?«

»An die fünfzig Erwachsene und zwei Dutzend Kinder. Aber die Erwachsenen sind auch Kinder. Unpraktisch, außerstande, für sich selbst einzustehen.« Der Colonel lächelte nicht mehr, sein Gesicht war besorgt. »Und da haben gewisse Leute beschlossen, dies auszunutzen. Ich habe mich an Sie gewandt, weil der ›Lichtstrahl‹ Schutz braucht. Die Siedler werden von Banditen terrorisiert. Es ist dieselbe Bande, die den Zug in ihre Gewalt bringen wollte – die ›Schwarzen Tücher‹. Die ist erst kürzlich aufgetaucht, vorher hat man nie von ihr gehört. Vor einiger Zeit hat sie einen Postwagen ausgeraubt. Heute wieder ein Überfall auf die Eisenbahn. Ihren Unterschlupf hat die Bande vermutlich im Dream Valley, aber genau weiß man es nicht.«

Fandorin reckte das Kinn hoch, damit Masa ihm den Krawattenknoten binden konnte.

»Ich verstehe nicht ganz. Wozu brauchen Sie einen Detektiv? Warum wenden Sie sich nicht einfach an die Polizei?«

»Wir sind nicht in Boston oder New York. Eine Polizei gibt es hier nicht. Das neben dem Tal gelegene Städtchen Splitstone hat einen Marshal, aber der kann nicht mal auf seinem eigenen Gebiet Ordnung schaffen. Im County Crook gibt es einen Federal Marshal, aber auch er wird nichts unternehmen, ohne Beweise zu haben.«

»Beweise wofür?«

»Dass die Bande tatsächlich im Dream Valley sitzt. Und da gibt es eine Schwierigkeit.« Der Colonel verzog nervös das Gesicht und knackte mit den langen Fingern. »Niemand glaubt, dass sich die

›Schwarzen Tücher‹ in dem Tal verstecken. Die Behörden haben wenig Vertrauen zu den Russen und halten sie für gottlose und verdächtige Sonderlinge. Die Situation ist wirklich vertrackt. Verstehen Sie, im Dream Valley leben auch andere Pächter, eine Gemeinschaft von Mormonen. Die haben dort nie Banditen gesehen, sie versichern sogar, im Tal könne es keine ›Schwarzen Tücher‹ geben.«

»Wie groß ist das Tal?«

»Das ist es ja grade, es ist klein. Drei bis vier Meilen von Rand zu Rand. Eine der beiden Seiten lügt, die Mormonen oder die Siedler. Weswegen ist unbegreiflich. Und nun möchte ich, dass Sie dieses Rätsel lösen. Wenn die Bande wirklich unsere Sozialisten terrorisiert, muss man sie zur Vernunft bringen. Wenn nicht im Guten, dann eben mit Gewalt.«

Fandorin überlegte kurz.

»Wie stehen die Mormonen zu den Russen?«

»Schlecht. Genauer gesagt, es gibt keine Beziehung. Die Siedler halten die mormonischen Nachbarn für unwissende Dunkelmänner. Und für die Mormonen sind die Siedler Handlanger des Satans. Hinzu kommen ewige Zankereien um strittige Grundstücke.«

Der Fall erschien Fandorin so durchsichtig, dass er nur den Kopf schüttelte. »Rätsel«! Eine primitive Gleichung mit einer Unbekannten. Er wollte schon spotten: Ist Ihnen nie in den Sinn gekommen, dass jeder sich ein schwarzes Tuch vors Gesicht binden kann? Doch er stellte eine andere Frage: »Colonel, und was haben Sie für ein Interesse, sich in dieses Gezänk einzumischen? Sie sind doch ein vernünftiger Egoist und kein A-Altruist.«

Star räusperte sich verlegen.

»Ja, ich bin ein Egoist. Ich sorge mich um meine Ruhe. Der Vorsitzende Kusma Kusmitsch ist eine furchtbare Nervensäge. Was hat der mich schon gequält mit seinen Beschwerden! Helfen Sie mir, retten Sie mich, ich setze alle Hoffnung auf Sie. Auf seine Art hat er ja recht. Ich habe schließlich seinerzeit dieses Tal gefunden und ihnen geholfen, hier Fuß zu fassen. Also bin ich verantwortlich. Die Siedler sind ernsthaft verängstigt, wollen die Flucht ergreifen … Ach, hätte ich doch damals nicht auf diese Verrückten gehört! Ich hätte das Tal auf meinen Namen kaufen und sie hier leben lassen sollen. Jetzt ist es zu spät. Vor kurzem habe ich bei dem Besitzer Cork Callaghan vorgefühlt, aber der verdammte Ire verlangt eine irre Summe. Das ganze Land mitsamt dem Mormonenteil ist keine zehntausend wert, doch er fordert hunderttausend. Mein Gewissen mit hunderttausend Dollar beruhigen, Entschuldigung, das wäre unvernünftiger Egoismus. Für den Betrag könnte man sämtliche Bergtäler des Staates Wyoming kaufen. Wer braucht die schon? Jedoch die unglücklichen Narren in der Not im Stich lassen geht auch nicht. Ich will ihnen ein letztes Mal aus der Patsche helfen, Ehrenwort! Natürlich nur, wenn Sie sich des vertrackten Falls annehmen wollen. Wenn nicht, dann soll die von mir aus der Teufel holen. Dann sind sie erledigt. Ich mag nicht mehr.«

Er blickte Fandorin mit so schlecht gespielter Hartherzigkeit an, dass der lächeln musste. Der »vernünftige Egoist« war ihm sympathisch.

»Gut, ich versuche das zu klären. Allzu lange wird das nicht d-dauern.«

»Wirklich? Mein Lieber, mir fällt ein Stein vom Herzen.«

Colonel Star freute sich gewaltig und wurde hektisch, als fürchte er, der Detektiv könne es sich anders überlegen. Er eilte zu Fandorin, half ihm in den Gehrock und stieß ihn beinahe zur Tür.

»Dieser Scheck ist für Sie. Es ist, wie versprochen, die Entschädigung für Ihre Mühen. Dass Sie die Reise auf sich genommen haben. Und hier noch ein Scheck – Vorschuss und für Ihre Auslagen.« Er steckte ihn Fandorin in die Rocktasche. »Und wenn Sie den Fall abgeschlossen haben, rechnen wir endgültig ab, es wird Ihr Schaden nicht sein, darauf mein Wort. Sie müssen nach Splitstone, um

Pferde zu kaufen, anders kommen Sie nicht ins Dream Valley. Ich bleibe hier, habe viel zu tun, und was könnte ich Ihnen schon nutzen? Aber bis Splitstone werden Sie komfortabel fahren, ich leihe Ihnen meine Reisekutsche. Ein vorzügliches Transportmittel, Sie werden sehen! Kommen Sie, unterwegs erzähle ich Ihnen vom Besitzer des Tals …«

Als sie aus dem Tor traten, wartete dort schon die Kutsche. Fandorin hatte auf den ersten Blick den Eindruck, der zerstörte Salonwagen wäre auferstanden wie Phoenix aus der Asche. Das gleiche Goldemblem mit dem Stern, die lackglänzenden Flanken, die Kristalllaternen an den Ecken. Nur war das Gefährt etwas kleiner, und vorn befand sich keine Lokomotive, sondern vier Percherons waren vorgespannt. Dafür trug der Kutscher einen Zylinder und weiße Handschuhe.

»Da ist mein Schmuckstück«, erklärte der Colonel stolz. »Eine solche Kutsche finden Sie weltweit nicht zum zweiten Mal. Es ist eine Sonderanfertigung aus London. Man soll Sie in Splitstone respektvoll behandeln. Im Westen ist es wie überall: Der Mensch wird nach seiner Kleidung beurteilt. Die Leute dort sind händelsüchtig, Sie werden sehen … Und nun fahren Sie mit Gott, an den ich freilich nicht glaube. Helfen Sie unsern Landsleuten. Wer sollte das tun wenn nicht wir beide?«

Der Colonel drückte Fandorin kräftig die Hand. Dann lächelte er und sagte vertraulich: »Wissen Sie, als ich aus Russland weg bin, habe ich keinen Blick zurückgeworfen. Und ich war seitdem kein einziges Mal dort. Ich habe immer geglaubt: Wo du deine Arbeit machst, da ist deine Heimat. Aber in letzter Zeit ertappe ich mich bei einem seltsamen Gefühl.« Er senkte die Stimme, als wollte er etwas nicht ganz Schickliches gestehen. »Um Russland tut es mir leid. Und ich fühle mich irgendwie schuldig. Ich werde wohl alt. Und sentimental. Sie und ich, starke und glückhafte Männer, haben es verlassen. Und es geht uns prächtig. Und was aus Russland wird, ist egal.«

»Na, wir wollen die eigene Bedeutung mal nicht ü-übertreiben«, antwortete Fandorin ein wenig gereizt, denn das »seltsame Gefühl«, von dem der Colonel gesprochen hatte, war ihm nicht ganz fremd. »Russland hat den Mongolen Batu Chan überlebt und auch die Zeit der Wirren. Ohne uns beide. Russland ist eine D-Dame mit Charakter.«

Aber Colonel Star hatte ihm wohl nicht zugehört. Seine unbeständige Stimmung machte einen weiteren Zickzacksprung. Er blickte Fandorin über die Schulter an und kniff pfiffig die Augen ein, als sei ihm eine überraschende Idee gekommen.

»Apropos Dame mit Charakter«, flüsterte er. »Sehen Sie sich doch mal die rothaarige Schönheit dort an.«

Gegenüber dem Tor der Villa befand sich das Hotel Majestic, ein imposantes dreigeschossiges Gebäude von Pariser Architektur. Vor der Glastür stand eine abgenutzte, doch haltbar gearbeitete Kutsche, vor die zwei herrliche feuerrote Pferdchen gespannt waren. Daneben erging sich eine junge Dame in einem Straßenkleid nebst Hütchen, unter dem üppige Locken der gleichen feurigen Farbe hervorquollen. Sie rief den Hotelboys, die zahlreiche Bündel und Körbe in der Kutsche verstauten, Befehle zu und musterte dabei neugierig die Equipage des Colonels. Dann trat sie näher, berührte mit der Hand den blitzblanken Wagenschlag und schüttelte staunend den Kopf. Den Colonel und Fandorin, die im Schatten des Tors standen, sah sie nicht.

»Das passt ja bestens«, sagte der Colonel leise. »Das ist Miss Ashlean, die Tochter des alten Cork Callaghan, dem das Dream Valley gehört. Sie war wohl in Crooktown einkaufen und will jetzt zurück auf die Ranch. Vielleicht nehmen Sie die Dame mit? Warum soll sie sich in ihrer Karre durchrütteln und einstauben lassen?« Der Colonel zwinkerte. »Bei der Gelegenheit könnten Sie gleich den Kauf des Tals zur Sprache bringen. Es heißt, der Papa vergöttere seine Tochter. Na?«

»Ich bin doch nicht engagiert, um geschäftliche V-Verhandlungen zu führen«, antwortete Fandorin verdrießlich und versuchte zu erkennen, ob das Fräulein hübsch sei. Doch sie war zu weit weg und stand nicht einen Moment still.

»Das ist kein Auftrag, sondern eine Bitte«, sagte der Colonel gefühlvoll. »Wenn der Ire mir das Tal verkaufen würde, könnte ich dort Ordnung schaffen – mit dem Recht des Eigentümers. Es geht mir doch nicht um mich, sondern um die Landsleute.«

Endlich drehte das Fräulein ihnen das Gesicht zu. Sie hockte sich hin und rüttelte mit beiden Händen am Rad, um die Federung zu testen.

Masa, der Schönheit zu schätzen wusste, starrte sie unverwandt an. Also musste sie sehr hübsch sein.

»Gut, um der Landsleute willen«, versetzte Fandorin. »Aber wird Miss Callaghan bereit sein, zu einem fremden Mann in die Kutsche zu steigen?«

Die Perle der Prärie

Die Aufgabe war nicht einfach. Wie sollte man eine Dame ansprechen, ohne ihr vorgestellt zu sein?

Colonel Star entzog sich dieser heiklen Mission, indem er sich auf seine komplizierten Beziehungen zu Callaghan senior berief. Hastig wünschte er Fandorin Erfolg bei seiner edlen Aufgabe und zog sich ins Tor zurück.

Fandorin stand allein da. Er dachte: Wär doch toll, wenn Miss Callaghan etwas herunterfiele. Er würde es aufheben und sie ihm danken. Ein Wort würde das andere geben – und die Bekanntschaft wäre gemacht.

Aber Ashlean Callaghan hatte leider nicht vor, Fandorin seine Aufgabe zu erleichtern. Nach ihren sicheren, geschickten Bewegungen zu urteilen, ließ sie nicht oft etwas fallen.

Sie berührte mit dem Finger den bronzenen Löwenkopf an der Radnabe. Dann richtete sie sich auf und ging hinten um die Kutsche herum. Hier interessierte sie sich für das Gepäckfach. Stellte sich auf die Zehenspitzen. Als das nicht reichte, sprang sie etwas hoch.

Die jungen Ladys in Boston und New York und erst recht in Europa benahmen sich nicht so unbefangen auf der Straße. Fandorin überlegte: Und wenn er nun – so weit entfernt von den Herden der Zivilisation – einfach näher trat, den Hut lüpfte und etwas Unverfängliches sagte?

In diesem Moment fingen der Kutscher und Masa an, die Koffer an der Rückwand der Kutsche festzuschnallen. Miss Callaghan starrte neugierig den Japaner an, der so tat, als beachte er sie gar nicht. Dann drehte sie sich plötzlich um, bemerkte den unschlüssigen Fandorin und rief: »Ist das Ihr Chinese? Komisch sieht der aus! Und Sie, Sie fahren in der Kutsche von Colonel Star? Sind Sie mit ihm verwandt?«

Nur eine schöne junge Frau kann sich ein solches Benehmen erlauben, ohne unhöflich oder vulgär zu wirken, dachte Fandorin und trat ein paar Schritte vor.

Erstens lüpfte er den Zylinder. Zweitens stellte er sich vor. Drittens erklärte er, dass Masa kein Chinese, sondern ein Japaner sei. Viertens teilte er mit, dass er nach Splitstone fahre. Fünftens wollte er sagen, dass er ein Geschäftspartner von Mr. Star sei, kam jedoch nicht dazu, denn als die junge Dame von Splitstone hörte, klatschte sie in die Hände.

»Ach, wirklich? Da haben wir ja denselben Weg! Mein Vater hat bei Splitstone eine Ranch, ›Double-CC‹. Haben Sie bestimmt schon mal gehört. Nicht? Unsere Rinder tragen alle das Brandmal ›Zwei Halbmonde‹, das kennt hier jeder. Ich bin Ashlean Callaghan. Da wir denselben Weg haben, kann ich ja vielleicht in Ihrer Equipage mitfahren? Ich habe so viel darüber gehört!« Als der verdutzte Fandorin nicht gleich antwortete, fasste sie nach seiner Hand. »Ach, bitte!«

Fandorin brachte kein Wort heraus. Nicht aus Verlegenheit. Er war einfach perplex über ihre Schönheit.

Wenn jemand eine Fotografie von Miss Callaghan gesehen hätte, würde er sie kaum als Schönheit empfunden haben: etwas breite Backenknochen, der Mund fast afrikanisch dicklippig, dazu die Sommersprossen auf der Nase. Aber ein talentierter Maler, namentlich ein Impressionist, würde gewiss versucht haben, den Glanz dieses Gesichts einzufangen: die gefühlvollen hellgrünen Augen, die weiße Haut, die Ausstrahlung frohen, vollblütigen Lebens und natürlich die Aureole der ungebändigten roten Haare, die in der Sonne förmlich aufloderten. Ashlean war fast so hochgewachsen wie Fandorin, und die Finger, die sein Handgelenk pressten, konnten wohl mühelos eine Walnuss knacken.

Fandorin fiel ein Lied ein, das er vor etlichen Jahren in einem Pariser Tingeltangel gehört hatte. Es hieß »Die Perle der Prärie« und handelte von einem kühnen Bisonjäger, den eine rothäutige Herzensbrecherin zugrunde richtet.

Seh ich dich etwa niemals wieder?
Wie trag ich nur diesen Verlust?
Die rote Perle der Prärie
Schoss mir den Pfeil in meine Brust.

Er erinnerte sich, das Liedchen als dumm und kitschig empfunden zu haben, denn Perlen sind nicht rot, und sie finden sich bekanntlich auf dem Meeresgrund und nicht in den Prärien. Aber die Bekanntschaft mit Ashlean Callaghan zwang Fandorin, sein Urteil zu revidieren.

»Ich wollte Sie schon selber darum bitten«, sagte er mit einer Verbeugung. »Es wird mir eine Ehre und ein V-Vergnügen sein.«

Die junge Dame juchzte auf vor Freude.

»Wirklich, darf ich? He, Boy!« Sie winkte dem Kutscher. »Mach meine Pferdchen hinten fest. Sie sind friedlich, laufen hinterher ... Na los, Mr. Fendorin, geben Sie mir Ihren Arm!«

Sie stützte sich nur zum Schein auf Fandorins Ellbogen, denn sie hätte die Stufe auch ohne männliche Hilfe ersteigen können. Dabei dehnte sie die Berührung (ebenfalls ohne Notwendigkeit) ein wenig aus und drückte leicht Fandorins Unterarm, als wollte sie die Festigkeit der Muskeln prüfen. Als sie das Bein hob, rutschte der Rocksaum so hoch, dass Fandorin die Augen übergingen. Sie schenkte ihm ein engelhaftes Lächeln.

Erst nach all diesen virtuos ausgeführten Manövern flatterte sie federleicht durch die offene Tür.

Direkt vor Fandorins Nase schaukelte ihr wirkungsvoll von grüner Seide umspanntes rundes Hinterteil, und schon aus dem Innern der Kutsche tönte ein begeisterter Schrei: »Wow! Eine Diele mit Spiegel!«

Fandorin stieg in die Kutsche.

Tatsächlich, gleich hinter dem Tritt lag ein mit Moiré ausgeschlagenes Kämmerchen mit einem großen Spiegel, in dem der Detektiv sein leicht gerötetes Gesicht sehen konnte. Fandorin korrigierte die rechte Schnurrbarthälfte, die von der Symmetrie etwas abwich, und hörte ihre jauchzende Stimme: »Ein Bett! Und so was von weich!«

Das kann nicht sein, dachte Fandorin, blickte hinter die Portiere und sah, dass der prächtige Salon nicht nur einen Alkoven mit einem richtigen Bett besaß, sondern auch einen Tisch, Stühle, ein Sofa und sogar einen kleinen Kochherd mit Kupferrohr!

Der Kutscher knallte mit der Peitsche, die mächtigen Percherons zogen an, und die märchenhafte Kutsche fuhr los. Unter der Decke drehten sich lautlos die Flügel eines Ventilators, der seine Energie, wie Fandorin mit geübtem Blick feststellte, aus der Drehung der Räder bezog. Eine ausgezeichnete Ingenieurlösung!

Ja, solch eine Kutsche hatte Fandorin noch nie gesehen.

Solch ein Fräulein übrigens auch nicht.

Miss Callaghan fand keine Ruhe, bevor sie ihre Nase in sämtliche Schränkchen und Türchen gesteckt hatte. Hinter einer Tür entdeckte sie ein Wasserklosett, aber das machte die Perle der Prärie nicht verlegen, sondern löste nur einen weiteren Begeisterungsschrei aus: »Ein Porzellanklo! Aber wo bleibt die Kacke?«

Gottlob fand Ashlean selbst die Antwort auf diese Frage; das Rauschen strömenden Wassers wurde übertönt von einem nochmaligen »Wow!« nebst Händeklatschen.

Das ist kein Fräulein, dachte Fandorin. Das ist eine Wilde aus der Steppe oder ein Kind aus dem Volke. Zwar im Seidenkleid und mit goldener Uhr, aber ohne Erziehung und Anstandsbegriffe.

Er rief sich in Erinnerung, was der Colonel ihm über die Familie Callaghan erzählt hatte.

Der alte Cork Callaghan hatte als einfacher Cowboy angefangen und Herden von Texas nach Norden getrieben. Später hatte er sich eine eigene Ranch angeschafft. Er hatte Gold gefunden in einem Gebirgstal, das er den Indianern abkaufte und Dream Valley taufte, Traumtal. Aber die Fundstätte versiegte bald. Ein paar Jahre später wurde in der Nähe, in den Black Hills, eine reiche Ader entdeckt. Callaghan begriff, dass er aufs falsche Pferd gesetzt hatte, und verlor jedes Interesse am Dream Valley. Seitdem glaubte er nur noch an das »gehörnte Gold«, das ihn zum reichsten Viehhändler der Gegend gemacht hatte. Der Alte hatte drei erwachsene Söhne. Der Älteste unterhielt Rinderherden in Texas, der Mittlere leitete einen Schlachthof in Chicago, und der Jüngste baute eine Konservenfabrik in Minneapolis. Die Callaghans wollten die ganze Fleischindustrie in ihrer Hand haben, von den Weiden bis zur Ladentheke.

Was hatte der Colonel noch erzählt?

Um sein ehrgeiziges Projekt zu verwirklichen, hatte Callaghan große Bankkredite aufgenommen, er brauchte dringend Kapital und verlangte deshalb, wie der Colonel meinte, einen so unglublichen Betrag für das Dream Valley.

Über Callaghans Tochter hatte der Colonel kein Wort verloren, bis er sie vor dem Hotel Majestic sah.

Miss Ashlean schwatzte pausenlos, stellte Fragen, die sie selbst beantwortete, und ließ sich von Fandorins Wortkargheit nicht beirren.

»Sie sind Stotterer, nicht? Wie schade! Ein so imposanter Mann! Haben Sie das von Geburt an? Bei uns wohnt ein junger Bursche, Sammy, den Nachnamen hab ich vergessen, der hat angefangen zu stottern, als ein Mustang ihn mit dem Huf traf. Auch ein Mädchen im Pensionat stotterte, aber daran bin ich schuld. Ich hab mich bei Nacht in ein Laken gewickelt und in einen Kupferkrug gerufen: huhuuu! Suzy Shorthill, diese dumme Gans, ist da so erschrocken, dass sie nur noch bäh-bäh sagen konnte. Zum Totlachen! Ihr Alter wollte meinen Daddy bei Gericht anzeigen. Mr. Fendorin, haben Sie schon mal im Gefängnis gesessen?«

Was wäre diese Ashlean Callaghan nach russischen Begriffen?, überlegte Fandorin, indes er höflich nickte. Die Tochter eines schnell reich gewordenen Kaufmanns, eines sibirischen Bauern, der mit Pelzwerk oder chinesischem Tee eine Million zusammengerafft hat. Einiges hat sie irgendwo gelernt – ein bisschen Klavier klimpern, ein bisschen Französisch, aber bei ihr zu Hause herrschen Wildheit und urtümliche Sitten. Aus solchen neureichen Töchtern werden erstklassige Abenteurerinnen und Herzensbrecherinnen, denn sie kennen keine psychologischen Tabus und haben erst recht keine Herzensbildung, nur einen scharfen Instinkt und eine Gier auf neue Eindrücke. Wenn solch eine Perle sich aufmacht, um Moskau oder Petersburg mit einem Sack voll väterlichem Geld zu erobern, und wenn sie obendrein schön ist, erzeugt sie um sich herum ein babylonisches Durcheinander.

Binnen einer guten halben Stunde hatte Miss Callaghan ihrem

Reisebegleiter ihr ganzes zwanzigjähriges Leben erzählt: von Pferden und Rindern, von der eindrucksvollsten Erinnerung ihrer Kindheit, einem Shoshonen-Überfall, von dem grässlichen Jahr im Pensionat von Washington, wieder von Pferden und von Rindern.

Man hätte das Schnatterinchen als nettes Kind ansehen können, wenn ihr Benehmen nicht ein paar Besonderheiten gehabt hätte.

Obwohl der Ventilator das Wageninnere mit einem angenehmen Lüftchen kühlte, erklärte Miss Callaghan, sie sterbe vor Hitze, und öffnete ein paar Knöpfe, da zeigten sich im Ausschnitt ihres Kleides zwei ganz unkindliche wogende Halbkugeln. Und eine Viertelstunde später schliefen ihr die Beine ein, sie zog die Schuhe aus und legte die Füße aufs Sofa, neben Fandorin.

Daraus ließ sich folgern: Das junge Kätzchen spürte schon ihre weibliche Macht und erprobte sie enthusiastisch bei jedem halbwegs attraktiven Mann, um ihre Zähne und Krallen zu schärfen. Diese Koketterie durfte man keinesfalls ernst nehmen.

Masa, der neben dem Kutscher saß, steckte zweimal seine abgeplattete Nase durch die Samtportiere hinter Miss Callaghan, rollte die Augen himmelwärts und zwinkerte vielsagend zum Alkoven hin, aber Fandorin runzelte nur drohend die Stirn.

Wozu es verheimlichen, die harmlosen Manöver des schönen Mädchens ließen den Detektiv nicht gleichgültig. Zwar verbot er sich, in das aufgeknöpfte Kleid hineinzulinsen, aber als er einmal so tat, als ziehe er die Uhr aus der Westentasche, schielte er nach Miss Callaghans Füßen. Da sah er, dass sie sehr schlanke Fesseln hatte und höchst unkindliche schwarze Netzstrümpfe trug.

»Sehen Sie doch, die B-Berge!«, rief er und blickte hinaus. »Wie schön!«

Die Landschaft war in der Tat phantastisch schön. Der Himmel wechselte immer wieder die Farbe, wie um zu experimentieren, welche ihm am besten stand. Türkisblau ging ja noch. Aber Topas! Aber Smaragd! In der Ferne waren ebenso verschiedenfarbige Felsen zu erkennen, noch dazu von bizarrer Form. Im rechten Fenster war der Horizont von grünen Bergen gezackt, im linken abgerundet, und über die Steppe schien ein aus Goldfäden gewebtes Tuch gebreitet.

»Ja, das Gras ist dieses Jahr besonders gut«, pflichtete Miss Callaghan ihm bei. »Unsere Longhorns haben in der Saison je anderthalb Stone Gewicht erreicht, wirklich wahr. Und in den Gebirgstälern steht das Gras bis hier.«

Sie legte die Hand an die Büste, was ihrem Gesprächspartner die legale Möglichkeit bot, den Blick auf diesen hervorragenden Körperteil zu richten, aber Fandorin brachte die Willenskraft auf zu verzichten.

Im Gegenteil, als er das Wort »Gebirgstäler« hörte, entschied er, es müsse Schluss sein mit den Dummheiten. Und es sei an der Zeit, über Ernstes zu reden.

»Apropos G-Gebirgstäler. Ich will grade eines davon aufsuchen. Es heißt Dream Valley.«

Er hatte erwartet, dass Miss Callaghan ihn nach dem Ziel seiner Fahrt fragen würde.

»Dort leben Übersiedler aus Russland, Landsleute von mir«, fügte er erklärend hinzu.

»Ich hatte Sie für einen Engländer gehalten«, sagte sie in singend-gedehntem Ton, wie im Westen gebräuchlich. »Ihr Englisch klingt sonderbar, als ob Sie mit der Schere Pappe zerschneiden. Sie haben im Dream Valley Verwandte, ja?«

Und wie immer, ohne die Antwort abzuwarten, verkündete sie stolz: »Übrigens, das Tal gehört mir.«

»Sie meinen, Ihrem Vater?«

»Nein, mir. Papa sagt, das sei meine Mitgift. Er sagt, du bist mein dream girl, darum bekommst du das Dream Valley.« Das Fräulein verzog die schwellenden Lippen. »Er hätte auch was Besseres rausrücken können. Die Ranch, das Vieh, die Wertpapiere, das alles kriegen meine Brüder. Ich verstehe ja: Was er der Tochter gibt, ist raus aus dem Familienbesitz. Aber was mach ich mit dem Loch in den Bergen?«

»V-Verkaufen. Wenn sich ein Käufer findet«, sagte Fandorin vorsichtig.

Miss Callaghan prustete los.

»Sie sind aber ein miserabler Heuchler. Da fahren Sie in Mr. Stars Kutsche ins Dream Valley und tun so, als ob Sie nicht wüssten, dass der Colonel das Tal für Ihre Landsleute kaufen will für zehntausend Böcke.«

»Was denn für Böcke?«, fragte Fandorin verwundert, da er das Wort »bucks«* nicht kannte.

»So nennen wir im Westen die Dollars. Denn früher, als hier noch Jäger zugange waren, wurde für ein Fell grade ein Dollar bezahlt ... Ich würde das Tal ja verkaufen. Der Preis ist reell. Aber Papa will es auf keinen Fall. Wenn ich abkratze, sagt er, kannst du machen, was du willst, aber solange ich lebe, entscheide ich das. Das sagt er wegen Rattler**.«

Wieder zog Fandorin fragend die Augenbrauen hoch, da er nicht wusste, was die Schlange hier sollte. Wieder hiesiger Jargon?

»Rattler ist mein Bräutigam«, erklärte Miss Callaghan. »Ich liebe ihn und werde nur ihn heiraten. Denn einen Besseren habe ich noch nicht getroffen«, fügte sie nach einigem Überlegen hinzu. »Aber Papa will nicht, dass ich die Frau eines einfachen Tophands werde. Deshalb ist er so stur mit dem Preis. Hunderttausend für das Dream Valley! Darauf muss man erst mal kommen! Da kann ich ja eine alte Jungfer werden«, klagte sie.

»Wenn Sie Ihren Bräutigam lieben, brauchen Sie sich ja nicht um die Mitgift zu sorgen«, bemerkte Fandorin.

»Aha, ich soll wie meine verstorbene Mutter selber Kühe mel-

* (engl.) Bock.

** (engl.) Klapperschlange.

ken, Jungbullen kastrieren und Wasser vom Brunnen schleppen, ja? Damit ich mit dreißig eine alte Frau bin und mit vierzig, wenn das erste Geld fließt, an der Schwindsucht krepiere?« Miss Callaghan zog das Näschen hoch, und selbst dieser unromantische Laut geriet ihr anmutig. »So blöd bin ich nicht! Und Papa weiß das genau. Er sagt, wenn sich ein besserer Bräutigam findet, wird das Tal billiger.«

Dieser unvorhergesehene Umstand, von dem der Colonel nichts wusste, war bedenkenswert. Fandorin beschloss, Mr. Star gleich in seinem ersten Bericht mitzuteilen, warum das Tal nicht zu kaufen sei. Wahrscheinlich müsse man von dieser Idee überhaupt abstehen, denn Ashlean Callaghan sei mindestens so stur wie ihr Papa. Da beiße man auf Granit.

Während er so überlegte, musterte ihn das Mädchen ungeniert.

»Sind Sie verheiratet?«, fragte sie.

Fandorin schüttelte den Kopf.

»Das kann nicht sein! Sie sind doch ein so schöner Mann. Anfangs habe ich Sie für alt gehalten, weil Sie graue Schläfen haben. Aber jetzt sehe ich, dass Sie noch ganz passabel sind. Bestimmt waren Sie schon mal verheiratet. Aber Sie haben Ihre Frau verlassen, ja? Oder sie ist gestorben. Erzählen Sie! Es interessiert mich brennend. Wie hat sie geheißen?«

Fandorin verfinsterte sich, fasste sich an den Kragen und überlegte, wie er sich höflich um die Antwort herumdrücken könnte, aber es stellte sich heraus, dass das Mädchen nur gefragt hatte, um von ihrem Verlobten erzählen zu können.

»Mein Bräutigam heißt Rattler Ted. Schöner Name, nicht?«

»Aber w-warum erst der Nach- und dann der Vorname?«

Miss Callaghan lachte.

»Rattler ist doch ein Spitzname. Er ist so schnell wie eine angreifende Schlange. Und auch so tödlich«, fügte sie stolz hinzu.

Fandorin übersetzte im Stillen den Namen ihres Auserwählten und kam auf etwas wie Klapper-Theo.

»Ich habe mich auf den ersten Blick in ihn verliebt. Na, beinahe auf den ersten. Ich saß bei uns in Splitstone im ›Indianerkopf‹, das ist ein Saloon. Dort warte ich manchmal auf Papa, wenn er von einer entfernten Weide zurückkommt und ich von einer näheren. Der Saloon hat ein Hinterzimmer für Damen, na ja, kein richtiges Zimmer, eine Art Nische hinter einer Säule. Das ist sehr praktisch, man sitzt weitab von den Säufern und Schreihälsen und kann alles sehen. Ted ist mir sofort aufgefallen. Ein Bild von einem Mann und nicht so zerlumpt wie unsere Männer, sondern schick gekleidet. Sitzt da, trinkt Bier und liest Zeitung. In Splitstone war der schlimmste Raufbold damals Dakota Jim. Widerlicher Kerl! Er hatte im Indianerterritorium zwei Menschen umgebracht, das wussten alle. Und dieser Dakota stand an der Bar und legte sich mit Ted an. Denn Ted war so ordentlich anzusehen und stammte überhaupt nicht von hier. Ted hörte sich alles an und gab höfliche Antworten. ›Sie sollten nicht so reden, Sir.‹ – ›Ich möchte nicht mit Ihnen streiten, Sir.‹ Und alles so was. Ich hab mich sogar geärgert. So schön und dabei so feige. Da wurde Dakota ganz frech und spuckte Ted ins Bierglas. Komm mit raus, wenn du ein Mann bist und nicht ein Weib in Hosen, hat er gesagt. Da ist Ted aufgestanden und hat zu allen gesagt: ›Sie haben es gesehen, Gentlemen. Ich habe alles getan, um Blutvergießen zu vermeiden.‹ Dann sind sie alle hinausgegangen, und ich habe durchs Fenster zugeguckt. Solche Schnelligkeit hatte ich noch nie erlebt, wahrhaftig!« Die grünen Augen der Schönen weiteten sich bei der Erinnerung vor Begeisterung. »Dakota war noch nicht mal mit der Hand an seinem Halfter, da hatte er schon – peng peng peng! – drei Löcher im Kopf. Und da habe ich mich in Rattler verliebt. Und habe vor Gericht als Zeugin für ihn ausgesagt. Und obwohl er in Splitstone fremd war, wurde er freigesprochen. Denn niemand konnte Dakota leiden, und das Wort der Tochter von Cork Callaghan hat schließlich auch Gewicht.«

»Drei Kugeln in den K-Kopf?«, fragte Fandorin, den diese Anekdote aus dem Wilden Westen sehr interessierte. Blutgierige Sitten hatten die hier!

»Ja. Auf zehn Schritte! Ted ist nicht nur schnell, sondern auch treffsicher. Einmal, ist schon eine Weile her, habe ich eine richtige Schießerei in einem Korral gesehen. Sieben Männer haben wohl zwei Minuten lang aufeinander geballert, und immer nur vorbei. Einem wurde lediglich die Nasenspitze abgeschossen, und auch das von einem Querschläger. Aber Ted, wenn der die Waffe zur Hand nimmt, schießt nie daneben. Er arbeitet jetzt bei uns als erster Tophand, das ist der erste Gehilfe des Vormanns, der für die Herde verantwortlich ist. Mit den Rindern kommt Ted nicht so gut zurecht, aber die Leute hat er fest im Griff.« Miss Callaghan ballte ihre kleine, doch kräftige Faust. »Rustler wagen sich an unsere Herden nicht heran. Was gucken Sie so? Sie wissen nicht, was Rustler sind? Ihr aus dem Osten seid komische Leute. Rustler sind Diebe, die fremde Rinder stehlen und mit ihrem Brandzeichen markieren. Ach, schauen Sie!« unterbrach sie sich selbst. »Da ist schon Splitstone zu sehen! Ich steige an der Gabelung aus. Von hier ist es näher zu unserer Ranch. Danke fürs Mitnehmen. Sie sind sehr nett.«

Als sie schon in ihrem eigenen Gefährt saß, blickte sie auf einmal den neben ihr stehenden Fandorin ernst an.

»Wissen Sie was …« Sie verstummte, gleichsam unschlüssig. »Setzen Sie Ihren Zylinder auf, sonst verbrennen Sie sich den Kopf. Wir haben zwar schon September, aber die Sonne knallt noch ganz schön … Und noch was. Sie steigen doch in Splitstone ab? Was anderes gibt's ja auch nicht. Da sind die Hotels ›Indianerkopf‹ und ›Great Western‹. Nehmen Sie ein Zimmer im ›Great Western‹, ja?«

»Ist es das b-bessere Hotel?«

»Nein, das schlechtere. Aber so ist es besser«, antwortete sie nebulös. »Versprechen Sie es mir!«

»Aber warum soll ich im schlechteren absteigen?« Fandorin schmunzelte.

»Versprechen Sie's, und fertig. Geben Sie Ihr Ehrenwort als Gentleman.«

Ihre riesengroßen Augen sahen ihn fast flehend an. Er konnte nicht ablehnen.

»Gut, ich steig im ›Great Western‹ ab. Mein Ehrenwort.«

»Und gehen Sie nicht hinaus. Was Sie brauchen, wird Ihnen aufs Zimmer gebracht.« Miss Callaghan schüttelte ihre märchenhaften Locken und ruckte am Zügel. »Hey! Los, los!«

Zu guter Letzt rief sie ihm noch zu: »Wenn Sie Pferde brauchen, kommen Sie zu uns! Ich sag Bescheid, dass Ihnen ein reeller Preis gemacht wird!«

Die Stadt der Cowboys

»Stadt« ist ein stolzes Wort, das an Kreuzungen, Plätze, staatliche Einrichtungen und mindestens zwei- bis dreitausend Einwohner denken lässt. Splitstone hatte von alledem nichts. Die dem Dream Valley zunächst gelegene Stadt bestand aus einer einzigen Straße, über der gelber Staub wölkte. Zwei Reihen von Bretterhäusern, ebenerdig oder mit Obergeschoss, dahinter Pferdekoppeln und Scheunen.

Fandorin war auf den Bock gestiegen, um einen besseren Überblick zu haben, und musterte die Siedlung, die unwohnlich am Hang eines steilen Hügels klebte.

Der Kutscher hatte das Gesicht verzogen und sich von Splitstone abgewandt, um zu zeigen, dass ein so popeliger Anblick unter seiner Würde war.

Masa sagte: »Bei uns in Russland würde man ein solches Kaff nicht mal ›Dorf‹ nennen, denn es hat ja nicht mal ne Kirche.«

Eine Kirche gab es hier tatsächlich nicht, nur ein schäbiges Türmchen mit Glocke, doch ohne Kreuz. Zu Signalzwecken vielleicht?

»Früher mal haben hier bestimmt viele Menschen gelebt«, teilte der Japaner weitere Beobachtungen mit und zeigte auf einen ausgedehnten Friedhof, der mit eingesunkenen Grabsteinen gespickt war. »Aber die meisten sind gestorben.«

»Splitstone hat wohl bessere Zeiten gekannt?«, fragte Fandorin den Kutscher.

»Das bezweifle ich, Sir. Bessere Zeiten hat's hier nie gegeben und wird es kaum jemals geben.« Er spuckte angewidert aus. »Mit einem Wort: Cowboystadt.«

Vor der Einfahrt prangte ein von Kugeln durchlöchertes großes Schild:

SPLITSTONE

THE MOST PEACEFUL TOWN
ON THE PLAINS

Firearms Must be Checked at Marshal's Office

Diese ewige Großmäuligkeit war der Charakterzug der Amerikaner, der Fandorin am meisten auf die Nerven ging. Bei ihnen war alles most, greatest oder zumindest einfach great, als wollten sie sich selbst von ihrer eigenen Größe überzeugen.

Das einzige Sträßchen von Splitstone hieß selbstverständlich Broadway und begann beim Büro des Marshals, das auf dem Schild genannt war.

Ordnung muss sein. Fandorin betrat das ärmliche Gebäude und übergab dem Gesetzeshüter, einem widerlichen alten Zausel mit dunkelroter Nase, seinen Herstal. Der Marshal nahm den Revolver und krakelte sogar eine unleserliche Quittung hin, sah dabei aber höchst verwundert aus.

Diese sonderbare Reaktion wurde umgehend verständlich. Jeder Passant, den Fandorin aus dem Kutschenfenster erblickte, hatte ein Halfter umgeschnallt, selbst Halbwüchsige. Auf der Vortreppe eines Ladens mit dem Aushängeschild FÜHRENDES GESCHÄFT

VON MELVIN SCOTT saß, die Füße auf dem Geländer, ein Mann mit einer erloschenen Zigarre im Mund, der hatte sogar zwei Revolver am Gürtel. Unter dem tief in die Stirn gezogenen Hut hervor blitzten zwei Augen, die den Fremdling direkt anguckten.

Im Übrigen war kein Mangel an Neugierigen, welche die schicke Equipage bestaunten. Männer mit breitkrempigen Hüten und Sporenstiefeln folgten ihr mit den Augen. Viele lehnten sich aus den Fenstern. Der Plan des Colonels schien aufzugehen – sein Vertreter wurde nach dem Äußeren beurteilt. Doch schweigend – die Gaffer sagten kein Wort, sie mahlten nur mit den Kiefern und spuckten von Zeit zu Zeit braunen Tabaksaft aus.

Der Kutscher brachte die Percherons in der Mitte des Fleckens zwischen den beiden größten Gebäuden zum Stehen, die auch aus Holz gebaut waren, doch etwas anspruchsvoller und mit Schmuckelementen. Das Haus zur Linken (Saloon »Indianerkopf«) hatte Säulen und kleine Balkons, und das rechte (Restaurant, Saloon und Hotel »Great Western«) bestach durch Farbenpracht, denn an seiner Fassade wehten vier Stars-and Stripes-Banner plus eine riesengroße Fahne des Staates Wyoming: ein weißer Bison auf blauem Grund.

Eingedenk des Versprechens, das Fandorin der roten Perle der Prärie gegeben hatte, gebot er Masa, die Koffer nach rechts zu tragen. Der Kutscher verabschiedete sich, wendete mühsam sein sperriges Gefährt, wobei er fast die Vortreppe eines der Saloons weggeschoben hätte, und rollte majestätisch aus der jämmerlichen »Stadt der Cowboys«.

Fandorin wollte eben seinem Diener auf die Vortreppe des »Great Western« folgen, da hörte er hinter sich eine Stimme: »Erast Petrowitsch? Herr Fandorin?«

Auf den Stufen des »Indianerkopfs« stand ein älterer Mann mit schmuddeligem schütterem Bärtchen, der blickte den Ankömmling freundlich lächelnd an. Auch wenn er nicht russisch gesprochen hätte, wäre seine Nationalität zweifelsfrei klar gewesen. Unter einem formlosen weißen Panamahut, wie er von Sommerfrischlern in Jalta getragen wurde, hingen auf bäurische Art geschnittene Haare hervor; die Tolstoi-Bluse war von einem gemusterten Riemchen umgürtet; die baumwollsamtenen Hosenbeine steckten in den rindsledernen Glattlederschäften von Stiefeln, wie sie in Amerika nicht hergestellt wurden.

Fandorin verbeugte sich leicht, da lächelte der Unbekannte noch freundlicher.

»Willkommen in unserer Gegend! Lukow, Kusma Kusmitsch, Vorsitzender der Gemeinschaft ›Lichtstrahl‹.«

Der Landsmann kam über die Straße getrippelt und reichte Fandorin die für einen Farmer erstaunlich weiche weiße Hand.

»Ich freue mich ja so! Wir haben sehr auf Sie gewartet. Heute bin ich in die Kreisstadt gekommen, um im Laden eine *delivery* abzuholen und im Telegraphenamt ein *cable* von unserm hochverehrten Mawriki Christoforowitsch. Seit dem Morgen warte ich schon auf Sie. Im Restaurant habe ich einen üppigen *lunch* bestellt, mit Wein, als Zeichen unserer Gastfreundschaft.« Mit einer ausholenden Geste wies er auf den »Indianerkopf«. »Bitte zu Tisch nach der Reise. Es gibt drei Gänge und auch Wein!«

Als Fandorin Anstalten machte, sich vor dem »üppigen lunch« zu drücken, geriet Lukow in Erregung.

»Aber nein, aber nein! Das wäre nicht nach unserer russischen Art! Ich habe ja schon im Voraus bezahlt, aus Mitteln der Gemeinschaft, die Leitung hat es sanktioniert für den teuren Gast. *Full course*, drei Gänge, mit Wein!«

Er betonte wieder den Wein, als glaubte er, alle Privatdetektive wären erpicht aufs Zechen. Womöglich war das Essen mit Wein eine ernsthafte Kostenfrage für die Kommune. Diese Erwägung gab für Fandorin den Ausschlag.

»Vielen D-Dank«, sagte er und folgte Lukow in den »Indianerkopf«, damit brach er sein gegebenes Wort und verzichtete auf das köstliche japanische Mittagsmahl (Reisklöße, mariniertes Gemüse und grüner Tee), das Masa nun allein verspeisen würde.

»Warum wollen Sie für das Hotel Geld ausgeben?«, knurrte der Vorsitzende, eilte voraus und hielt die Türhälfte auf. »Sie können doch bei uns im Tal wohnen.«

»Hier ist der T-Telegraph«, erklärte Fandorin bündig und musterte die »Restauration«.

Das Etablissement gehörte zur Kategorie der völlig anspruchslosen. In Russland würde man es nicht mal Kneipe nennen, sondern Kaschemme oder Bierstube, denn den meisten Raum nahm eine lange Theke mit Flaschen und Gläsern ein.

Ein paar ungestrichene Tische mit derben Stühlen. Der Fußboden mit Sägespänen bestreut. An der Wand ein großer Spiegel, aber kaputt: genau in der Mitte ein Loch. An Schmuck nur von der Decke herabhängende Bündel von Zwiebeln und getrockneten Paprikaschoten sowie direkt über der Theke auf einem Regalbrett ein verstaubtes Glas mit einem zerzausten und schwarz angelaufenen eingelegten Kohlkopf.

Seitlich gab es freilich hinter einer offenen Plüschportiere ein etwas besseres Zimmerchen mit einem Schild »For Ladies«, wohl der Raum, von dem Ashlean Callaghan erzählt hatte.

Der Saloon war fast leer. Nur an einem Tisch saß eine kleine Gesellschaft von Kartenspielern – zwei Männer in einfachen karierten Hemden, ländliche Hüte auf dem Kopf, und zwei von städtischem Aussehen. Die Erstgenannten waren wohl Hiesige, beide bewaffnet. Bei einem der Gehrockträger war beim Zurücklehnen eine Ausbuchtung in der Achselhöhle zu sehen.

»Zweifelhafte Herren«, raunte Lukow mit einem Seitenblick zu den Spielern.

Fandorin blickte nicht hin, er hatte genug gesehen.

»Als ›zweifelhaft‹ kann man solche bezeichnen, die Z-Zweifel wecken«, sagte er und setzte sich an den mit einem Tuch bedeckten

Tisch, in dessen Mitte eine bauchige Flasche prangte, die allerdings nicht Wein, sondern Whiskey enthielt. »Hier ist jedoch alles klar. Die beiden mit Chemisette, die einander mit ›Sir‹ anreden und so tun, als hätten sie sich grade erst kennengelernt, sind Falschspieler. Nach ihren Waffen zu urteilen außerdem R-Raufbolde. Schauen Sie, der eine hat einen Haufen Münzen gewonnen, und der andere soll gar kein Glück haben? Die beiden hiesigen Männer sind die dummen Opfer. Sollen sie. Das geht uns nichts an. Erzählen Sie, was sich so tut in Ihrem Tal.«

»Nein, erst müssen Sie essen.« Lukow drehte sich zur Theke um und winkte. »Please, Mr.! Okay! Gleich kommt die Maissuppe. Dann ein dreipfündiges Steak. Als Nachspeise Kuchen mit Sirup. Aber trinken Sie doch! Ich schenke Ihnen ein.«

Aus Höflichkeit aß Fandorin einen Löffel von der unappetitlichen Suppe, kostete von dem zähen Steak, schnitt den Kuchen durch und schob ihn zur Seite. Den Whiskey führte er zum Mund und stellte ihn wieder hin. Der Fusel, mit dem ihn der Heizer auf der Lok bewirtet hatte, war verglichen mit diesem Gesöff geradezu Dom Perignon.

Kusma Lukow rieb sich die pummeligen Händchen, warf nervöse Blicke zu den Spielern und erzählte halblaut vom Unglück der armen Pazifisten.

»Wir sind friedliche Menschen, lehnen jede *violence* ab, wir haben keine Waffen und verjagen sogar die Krähen nur mit Geschrei aus den Gärten. Der Landbesitzer Mr. Callaghan (er wird hier ›Viehbaron‹ genannt) kann sich nicht über uns beklagen. Die *rent* bezahlen wir pünktlich, und wir bemühen uns, mit den Nachbarn, den Celestianern, Streit zu vermeiden, obwohl sie, um die Wahrheit zu sagen, Dunkelmänner und Grobiane sind, wie die Welt sie noch nicht gesehen hat.«

»C-Celestianer?«, fragte Fandorin. »Der Colonel sprach von Mormonen.«

»Es sind ehemalige Mormonen. Sie haben sich mit den Ihren zerstritten und sind vom Salzsee hierhergezogen. Celestial Brothers – Himmelsbrüder – so nennen sie sich, oder einfach Celestianer. Sie sind auch wirklich Brüder: der Apostel Moroni, der Älteste, und seine sechs jüngeren Brüder. Jeder hat Frauen und Kinder.«

»Haben sich die Mormonen nicht von der Vielweiberei losgesagt?«

»Die Mormonen schon, aber Moroni und seine Brüder nicht. Darum sind sie ja hierher in die Einöde gezogen, wo es, verzeih mir's Gott, weder Gesetz noch Ordnung gibt. Und was hatten wir durch die zu leiden, Erast Petrowitsch! Bis wir darauf kamen, unsere Hälfte des Tals mit einem Zaun abzugrenzen. Lebt bei euch, wie ihr wollt, aber rührt unser *privacy* nicht an. Das haben sie als Amerikaner kapiert ... Doch kaum hatten wir uns zusammengerauft mit den Kappen (die Celestianer tragen so komische Kappen, darum nennen wir sie unter uns ›Kappen‹), da kam neues Unheil über uns, tausendmal schlimmer als das vorige. Vor drei Wochen fing es an.«

Der Vorsitzende stützte nach Weiberart die Wange mit der Hand, seufzte und setzte dann seinen traurigen Bericht fort.

»Gegen Ende des Sommers, wenn das Gras unten hart wird, weiden wir unsere Schäfchen auf der Bergterrasse. Das Land dort ist auch unseres, im *agreement* verbrieft. Ein guter Platz, von der Steilwand durch einen Zaun geschützt. Eines Nachts plötzlich – pengpeng! – Schüsse. Ein Geballer wie im Krieg. Wir erschraken und schlossen uns in unsern Häusern ein. Da kam auch schon Chariton angelaufen, der Hirtenjunge. Am ganzen Leib hat er gezittert. Und sagte, aus der Dunkelheit sind Reiter gekommen, schwarze Tücher vor den Gesichtern, und haben losgeballert, er ist ihnen grade noch entwischt ... Am Morgen haben wir uns ein Herz gefasst und sind hinaufgestiegen, da lagen die Schafe alle da, tot. Nur drei Lämmer fehlten, die haben die Räuber mitgenommen. Die übrigen haben sie also aus reinem Übermut getötet. Hundertzwanzig Stück!« Lukow schluchzte auf. »Und ein Zeichen haben sie dagelassen: einen Stock mit einem Totenschädel darauf. Soll heißen: Kommt nicht wieder her, sonst bringen wir euch um ... Und dann kam es noch schlimmer. Die Bergterrasse reichte ihnen nicht, sie haben es jetzt auch auf unser Haferfeld abgesehen. Am helllichten Tag sind sie gekommen, fünf Mann, schwarze Tücher vorm Gesicht, und haben den Hafer angezündet, der war schon reif. Die Schober verbrannt. Die Korndarre nahebei auch. Und haben wieder den Stock mit Totenschädel in die Erde gesteckt. Der Hafer, na gut. Aber gleich dahinter ist der Bach, das Wasser, unsere Viehtränke. Die Frauen haben Angst, ihre Wäsche zu waschen. Vor allem aber: Wie geht das weiter? Wenn die *gunfighter* die Grenze noch weiter verrücken, sind wir gänzlich verloren.«

»W-Wer?«, fragte Fandorin.

»Die *gunfighter*. Das sind die übelsten Kerle unter den Amerikanern. Mordgesellen, würden wir sagen. Beim geringsten Anlass feuern sie mit Gewehren und Revolvern nach allen Seiten. Wir haben uns schon beim Marshal, dem hiesigen Polizeichef, beschwert und ans Gouvernement geschrieben, alles umsonst. Einzig der Colonel hat uns Hoffnung gemacht. Ich schicke euch einen guten Mann, hat er gesagt, einen Russen. Der wird das regeln.«

Lukow sah Fandorin hoffnungsvoll an und sagte schmeichelnd: »Es wäre natürlich wünschenswert, dass Sie ohne *violence* und Blut auskommen. Aber wenn es friedlich nicht geht, werden wir Sie nicht verurteilen.«

»D-Danke.« Fandorin nickte gelangweilt. Der Fall schien ihm noch immer bedeutungslos zu sein.

Kusma Lukow wurde auf einmal unruhig.

»Moment mal, Sie sind ja allein. Diese Banditen aber sind viele. Mit denen werden Sie nicht fertig.«

»Ich bin nicht allein«, beruhigte ihn Fandorin.

Die Doppeltür des Saloons ging auf und ließ einen Mann mit ins Gesicht gezogenem Hut herein. Er trug zwei Revolver und hatte eine erloschene Zigarre im Mund. Es schien derselbe zu sein, der vorhin auf der Vortreppe des »führenden Geschäfts« gesessen hatte.

Einer der Spieler im karierten Hemd drehte sich nach dem Mann um.

»Grüß dich, Mel«, rief er freundlich in dröhnendem Bass. »Wo hast du gesteckt? Warst du verreist?«

Die Frage hatte nichts Besonderes. Aber der Mann, der Mel genannt worden war, knirschte, ohne den Stummel aus dem Mund zu nehmen, zwischen den Zähnen hervor: »Du fragst zu viel, Ruddy. Neugier ist lebensgefährlich.«

Ruddy lief rot an, sprang auf und machte mit der Rechten eine Handbewegung, als wollte er sich an der Hüfte kratzen, aber der Beleidiger warf ihm einen Blick zu, da zog der Spieler die Nase hoch und setzte sich wieder.

Fandorin staunte. Erstens über die unbegreifliche Aggressivität des Eingetretenen und zweitens über die Zaghaftigkeit von Mr. Ruddy, der durchaus fähig schien, für sich selbst einzustehen. Die Faust, in der er die Karten presste, hatte die Größe eines kleinen Kürbis.

Der Grobian ging lässig zur Theke, warf seinen Hut darauf und zeigte mit dem Finger auf eine der Flaschen. Sie wurde ihm gereicht, und er nahm sogleich einen Schluck. Und setzte sich auf einen Stuhl.

Die anderen hatten ihn schweigend beobachtet. Dann fragte der eine Falschspieler, der ein fadendünnes Schnurrbärtchen hatte, ungeduldig: »Gentlemen, spielen wir oder spielen wir nicht? Ich verdoppele.«

Das Spiel ging weiter.

»Das ist Mr. Melvin Scott«, flüsterte Lukow. »Ein ehemaliger *outlaw* , ein großer Räuber. Später hat der Gouverneur ihn begnadigt, und nun arbeitet er für die Pinkerton-*agency.* Das ist hier ganz normal. Unter den Sheriffs, Marshals und Pinks sind eine Menge Kriminelle. Er ist ein schrecklicher Kerl. Aber man kommt an ihm nicht vorbei. Ihm gehört der einzige Laden in der Stadt.«

Fandorin sah sich daraufhin Melvin Scott genauer an. Der Brief von Robert Pinkerton, den er vielleicht noch benutzen musste, war an diesen Mann adressiert.

Ein Gesicht von der Farbe verbrannter Erde. Die Haare wie vertrocknetes Gras. Der Mund ein Spalt. Die Augen eingekniffen. Wohin sie blickten, war nicht zu erkennen. Er trug keinen Gehrock, nur eine Weste, aus deren Tasche eine massiv goldene Uhrkette hing. Auffallendes Detail: Trotz des warmen Wetters steckten die Hände in schwarzen Handschuhen aus gutem dünnem Leder. Ein ernstzunehmender Herr, das war zu sehen.

»Ich gehe ihn begrüßen«, sagte Lukow, »muss noch ein paar kleine Einkäufe machen. Für die Wirtschaft, den Haushalt. Ich habe hier eine ganze Liste.«

In diesem Moment ertönte von draußen Hufgetrappel und Geschrei.

Der Wirt räumte schleunigst die Gläser von der Theke und ließ nur die Flaschen stehen. Die Spieler und der »Pink« scherten sich nicht um den Lärm, aber Lukow wurde blass.

»Wissen Sie, wenn Sie fertig sind mit essen, kommen Sie lieber weg hier. Das sind die Hirten!«

Er sah so verängstigt aus, dass Fandorin sich nur wunderte. Hirten, Kühe, Schafe – das klang so friedlich, so harmlos, kurzum, so pastoral. Was gab's da zu fürchten?

»Gestern haben die Hirten – hier heißen sie Cowboys – eine Herde aus Texas hergetrieben. Jetzt werden sie randalieren. Ach, zu spät.«

Ein Dutzend Männer von höchst ungehobeltem Aussehen kam

mit Geschrei und Gejohle in den Saloon gestürmt. Sie alle trugen Hut, Hosen aus derbem blauem Stoff, spitze Stiefel und Revolver. Der Vorderste führte folgendes Ding vor: Er ließ schon von der Tür her die lange Lederpeitsche knallen, deren Schnurspitze sich um eine Flasche auf der Theke wickelte, und schon hatte er sie in der Hand.

Das Kunststück wurde mit freudigem Gebrüll belohnt.

Die ganze Horde stürmte zum Saufquell, und jeder forderte, aus vollem Halse brüllend, Gin, Whiskey oder Bier.

Melvin Scott stülpte sich gereizt den Hut auf, ergriff die Flasche und setzte sich in eine hintere Ecke. Auf dem Weg dorthin stieß er einen der Schreihälse mit der Schulter an, doch das hatte keine schlimmen Folgen, der Cowboy wich einfach aus. Die Hirten schienen den Agenten zu kennen.

»Ich werde mal draußen auf Mr. Scott warten«, murmelte der Vorsitzende, der es sichtlich eilig hatte zu verschwinden. »Er trinkt jetzt aus und kommt dann. Und Sie finde ich schon.«

Er nahm seinen Panamahut vom Tisch und ging. Fandorin griff nach einer Zigarre, entschlossen, die hiesigen Sitten noch ein wenig zu studieren.

Sehr bald, nach dem zweiten oder dritten Streichholz, wurde sein Bleiben durch eine höchst eindrucksvolle Szene belohnt.

Herein kam nämlich ein dunkelhäutiger Mann in mehr als abgetragenem Zeug: Hut mit hängender Krempe, die Kleidung mit Flick auf Flick und Fleck auf Fleck, an der Hüfte ein speckiges Halfter, aus dem ein mit Heftpflaster zusammengeklebter hölzerner Revolvergriff ragte.

Mit schlurfendem Gang näherte er sich dem Tisch der Spieler und starrte gierig auf den Haufen Silberdollars, die der Mann mit dem Schnurrbärtchen bei seinem Ellbogen liegen hatte.

Die Haare des Negers waren schon leicht ergraut, was sehr

schön aussah, wie silbriges Lammfell; sein Bärtchen hatte die gleiche Farbe.

Die Cowboys beachteten ihn nicht.

»Tag, Wash«, grüßten die Einheimischen.

»Wie geht's, Wash?«

Der schluckte nur. Die rotgeäderten Augen folgten gebannt den über den Tisch flatternden Karten.

Nach einer Weile warf der Falschspieler mit dem Schnurrbärtchen lässig hin: »Hau ab, Onkel Tom.«

Der Neger rührte sich nicht.

Der Falschspieler war schon leicht gereizt.

»Bei uns im Süden haben Schwarze zu anständigen Plätzen keinen Zutritt«, sagte er.

Die Karierten wechselten einen Blick.

»Sir, an Ihrer Stelle würde ich mich nicht mit Washington Reid anlegen«, bemerkte Ruddy halblaut.

Der andere zwinkerte ihm zu und stieß ihn unterm Tisch (Fandorin konnte es von der Seite sehen) mit dem Fuß an.

Ruddy griente und sprach nicht weiter.

Ein Weilchen klatschten die Karten in völliger Stille auf den Tisch. Dann berührte der Neger mit dem klangvollen Namen plötzlich den Schnurrbärtigen an der Schulter.

»Hey, weißer Held, was hast du da im Ärmel?«

Alle am Tisch erstarrten.

Der Falschspieler drehte sich langsam um.

»Willst du mir in den Ärmel gucken, Schwarzer? Dann musst du erst mal hierher gucken.«

Er öffnete den Gehrock und zeigte das Halfter mit dem Revolver.

»Weißer Held, ich habe dir eine Frage gestellt«, sagte Washington Reid und unterdrückte ein Gähnen. »Du musst sie beantworten.«

Jetzt wurde es auch an der Theke still. Die Cowboys hatten

mitbekommen, dass am Tisch etwas Interessantes vorging, und wandten sich den Spielern zu.

Der Falschspieler entblößte die gelben Zähne in einem unguten Lächeln und ließ kein Auge von dem Dunkelhäutigen.

»Was für eine Strafe bekommt man in Wyoming, wenn man einen aufdringlichen Nigger abknallt?«, fragte er.

Diese Sorte Menschen kannte Fandorin zur Genüge, die waren in allen Ländern gleich. Gleich würde ein Mord geschehen.

Er stand auf, bereit, sich einzumischen. Niemand sah zu ihm hin, alle Blicke waren auf den Falschspieler und den Neger gerichtet.

»Bei uns in Wyoming sind alle gleich, Sir«, sagte Ruddy laut, damit alle es hörten. »Ob ein Schwarzer abgeknallt wird oder ein Weißer – ganz egal. Hier dürfen sogar die Weiber wählen, schon gehört?«

Die Cowboys wieherten, das Wahlrecht der Frauen schien für sie ein beliebter Witzgegenstand zu sein.

Ruddy, dem die ihm zugefallene Rolle Spaß machte, verkündete:

»Ich habe hier einen Dollar.« Er zeigte die Münze herum. »Den werfe ich in die Luft. Wenn er auf den Tisch fällt, darf geschossen werden.«

Alle verschwanden sofort vom Tisch wie weggeblasen, nur der schnurrbärtige Falschspieler blieb sitzen.

Erstaunlich: Hinter ihm stand niemand, doch die hinter dem Neger standen, also in der Schusslinie, dachten nicht daran, wegzugehen; mehrere grienten sogar.

Fandorin setzte sich wieder hin und zündete die Zigarre an. Hier schien niemand seine Hilfe zu benötigen.

Das Silberscheibchen flog matt blinkend hoch und fiel klingend mit der Kante auf den Münzhaufen.

Die Hand des zugereisten Glücksritters flog unter den Gehrock und erstarrte wie plötzlich gelähmt. Direkt vor seiner Nase war die Mündung des alten zerkratzten Colt. Fandorin hatte gar nicht gesehen, wie Washington Reid die Waffe zog. Diese Schnelligkeit würde selbst einem gewieften japanischen Fechter beim Entblößen des Katanu Ehre gemacht haben.

»Was für ein weißer Held. Ganz weiß«, sagte der Neger mit einem Blick in dessen erbleichtes Gesicht.

Im Saloon war es sehr still.

Mit zwei Fingern zog Reid aus dem linken Ärmel seines Gegners eine Karte und warf sie auf den Tisch. Es war ein As.

Ruddy stieß einen Pfiff aus und machte einen Schritt zum Tisch. Aber der Partner des Falschspielers kam ihm zuvor.

»Meine Herren, das ist ein Betrüger!«, brüllte er. »Der hat mich um vierunddreißig Dollar erleichtert! Verdammter Schurke!«

Mit einem Satz war er bei dem enttarnten Gauner und schlug ihm die Faust ins Gesicht – der krachte mitsamt dem Stuhl zu Boden. Aber dem wütenden »Opfer« war das noch nicht genug. Er packte seinen Partner am Kragen, schleuderte ihn in die Mitte des Raums und jagte ihn unter allgemeinem Hetzgeschrei mit Fußtritten zur Tür hinaus, dann kehrte er, in gerechtem Zorn glühend, an den Tisch zurück.

Pfiffig, dachte Fandorin. So hat er den Kumpan vor Prügel, vielleicht gar vor dem Tode bewahrt.

Auf dem Platz des entlarvten Betrügers saß jetzt Washington Reid. Er scharrte die Münzen zu sich heran, nachdem er gefragt hatte: »Es hat doch keiner was dagegen?«

Es hatte keiner was dagegen, und das Spiel ging mit einem ausgewechselten Teilnehmer weiter.

Die übrigen Gäste ließen wieder die Gläser klirren und erörterten den Vorfall. Später kamen sie auf andere Themen zu sprechen, aber Fandorin verstand nur schlecht ihre breiige Redeweise, die zudem mit ihm unbekannten Wörtern gespickt war. Es ging um Rinder, um indianische Squaws, um lahmende Pferde und nicht bezahlten Lohn. Fandorin achtete nicht mehr auf das uninteressante

Geschwätz und wollte eben gehen, da ließ ihn eine Bemerkung aufhorchen.

»Sagtest du Dream Valley, Romero?«, fragte Washington Reid laut und drehte sich zur Theke um. »Was hast du da gemacht?«

»Ich hab bei den Mormonen die Jungbullen verschnitten«, antwortete einer der Cowboys. »Ich sag euch, lausig ist es dort. Der Kopflose Reiter hat sich wieder gezeigt. Die Bartmänner schlottern vor Angst und trauen sich nachts nicht mehr aus dem Haus.«

»Quatsch«, erwiderte ein anderer. »Ich glaub nicht an diese Märchen.«

»Ich ja.« Reid kratzte sich den Hinterkopf, während er in sein Blatt sah. »Ich habe immer gesagt, der kommt wieder. Solange er nicht gefunden hat, was er sucht, gibt er keine Ruhe. Und ich würde nicht darauf wetten, dass er sich auf das Tal beschränkt. Oh, das sieht nicht gut aus. Ich möchte ihm Gott behüte nicht übern Weg laufen. Einmal, das muss acht Jahre her sein, hab ich ihn auf seinem Schecken den Krummen Canyon entlangsprengen sehen. Wenn ich daran denke, läuft's mir kalt den Rücken runter.«

Viele lachten laut, und der Wirt des Saloon sagte: »Du flunkerst ganz schön, Wash.«

Der Neger drohte ihm mit der Faust.

»Wenn ich an deiner Stelle wäre, Sid Stanley, würde ich mucksmäuschenstill dasitzen und zu Gott beten. Du weißt doch, was der Gespaltene Stein braucht. Und wenn er nun Witterung aufnimmt und aus dem Tal zu dir hereinplatzt?«

Er zeigte mit dem Finger nach oben, doch wohin genau, konnte Fandorin nicht erkennen, denn in diesem Moment sprang die Saloontür mit lautem Krachen auf, als hätte jemand dagegen getreten.

So schien es auch zu sein. In der Türöffnung zeigte sich eine hohe, kräftige Gestalt. Die Cowboys lärmten und winkten.

»Grüß dich, Ted! Komm zu uns!«

»Rattler, toll, dass du kommst! Setz dich her!«

So sah er also aus, der Mann, der das Herz der jungen Miss Callaghan erobert hatte.

Fandorin musterte neugierig den Ankömmling.

Klapper-Theo

Ehrlich gesagt, er war enttäuscht. Der Auserwählte der rothaarigen Ashlean war zwar schön, aber irgendwie im Übermaß – wie übrigens alles hier im Westen. Hellblonde Locken bis auf die Schultern, das Kinn glatt rasiert, der Backenbart so ideal, dass er angeklebt wirkte, dazu pralle Lippen und eine wohlgeformte, ein wenig hoch gebogene Nase. Die Kleidung war effektvoll gewählt, aber auch etwas operettenhaft: schwarzer Sombrero mit Silberverzierungen, perlenbestickte Samtjacke, Gürtel aus Schlangenhaut, Hose mit Fransennähten, gelbe Stiefel mit gewaltigen Sporen. Die klirrten bei jeder Bewegung so hell, dass Fandorin in Gedanken den Mann in Klimper-Theo umbenannte.

Aber der Schönling hatte Augen, die eine ironische Einstellung zu ihm nicht aufkommen ließen. Sie waren hellblau und eiskalt und schienen die Menschen nicht anzusehen, sondern deren Festigkeit zu testen. Der Blick wanderte ohne Eile durch den Saal und blieb an Fandorin haften, was nicht erstaunlich war, denn in dieser Kaschemme sah man gewiss nicht oft einen Mann, vor dem weiße Handschuhe und ein seideglänzender Zylinder auf dem Tisch lagen.

Man kann das Fräulein verstehen, dachte Fandorin, ohne den Blick abzuwenden (mit solchen Leuten muss man nicht taktvoll sein). Verglichen mit den übrigen Cowboys sah Mr. Ted wie ein echter Prinz aus. In wen hätte sich das arme Mädchen mit dem heißen Herzen in diesem Umfeld sonst verlieben sollen?

Das Spiel »wer guckt als Erster weg« zog sich in die Länge. Zwei hellblaue Augenpaare blickten einander unverwandt an. Endlich hatte Fandorin genug von der Kinderei und betrachtete die Spitze seiner glimmenden Zigarre.

Doch da ertönte eine schallende Stimme: »Hey, Jungs, ich zeig euch was, ihr lacht euch tot!«

Das war so gesagt, dass alle es hörten.

Ted Rattler trat in die Mitte des Raums.

»Ich hab beim alten Ned O'Pery reingeschaut und gefragt: ›Grüß dich, Marshal, was gibt's Neues?‹ Da sagt er: ›Du wirst es nicht glauben, Ted. Zum ersten Mal in der Geschichte von Splitstone hat ein Idiot seine Waffe bei mir abgegeben. Ein Stutzer aus dem Osten …‹ Wartet noch mit dem Wiehern.« Rattler hob die Hand und blickte Fandorin an. »Ihr habt noch nicht die Mordwaffe gesehen. Da.«

Er legte den kleinen Herstal auf einen Tisch, und der nahm sich tatsächlich wie ein Spielzeug aus neben den gewaltigen Colts und Smith & Wessons an den Gürteln der Cowboys.

Die machten sogleich ihre Witze.

»Damit kann man sich in den Ohren stochern.«

»Gut für ein Weib, passt ins Strumpfband.«

Weitere lustige Vorschläge folgten. Ted trat zu Fandorins Tisch und fragte nun schon offen herausfordernd: »Sie wissen nicht zufällig, Sir, welchem Clown dieser Scherzartikel gehört?«

Fandorin seufzte betrübt.

Die Sache war klar. Der klirrende junge Mann hatte erfahren, dass seine Flamme von einem Fremden in einer Luxuskutsche hergebracht worden war, und aus Eifersucht suchte er jetzt Streit. Ein Duell mit einem einheimischen Othello hatte Fandorin grade noch gefehlt. So was Dummes. Er musste um der bevorstehenden Arbeit willen dem Konflikt aus dem Wege gehen.

»Der Revolver gehört mir«, sagte er. »Danke, dass Sie ihn mir gebracht haben, Sie sind ein hilfsbereiter Knabe. Da, für Ihre Mühe.« Er warf eine Zehn-Cent-Münze auf den Tisch.

Im Saloon lachte niemand, und es wurde sehr still, so wie zuvor beim Hinauswurf des Falschspielers. Streitereien und Schlägereien scheinen das einzige Vergnügen zu sein, für das die Eingeborenen Sinn haben, mutmaßte Fandorin. Er musste irgendwie die Situation retten, ehe es zu spät war.

Teds Gesicht zeigte ein triumphierendes Lächeln.

»Jungs, habt ihr alle gehört, wie er mich beleidigt hat? Einen Rotzer hat er mich genannt und einen Dime mir ins Gesicht geworfen, mir, dem Vormann der Ranch ›Zwei Halbmonde‹! Joe, hast du's gehört? Und du, Sleezy?«

»Wir haben's gehört, Rattler«, antworteten mehrere Stimmen. »Wir alle sind Zeugen. Nur ein Waschlappen würde solche Beleidigung verzeihen.«

Fandorin dachte daran, dass Miss Callaghan erzählt hatte, ihr Bräutigam sei ein höflicher und unwahrscheinlich friedliebender Mensch. So benahm sich Ted Rattler vielleicht in einer fremden Stadt, wo ihn niemand kannte und wo man für treffsicheres Schießen auf eine lebende Zielscheibe an den Galgen kommen konnte. Hier dagegen waren alle Zeugen von Anfang an auf seiner Seite, so dass er keine Umstände zu machen brauchte.

Der Eifersüchtige verbeugte sich formvollendet vor Fandorin, und das Publikum ließ sich zu begeistertem Gelächter hinreißen.

»Und Sie, Sir, sind Sie ein Waschlappen oder nicht?«, fragte er.

Fandorin, wütend auf sich selbst, sagte nichts.

»Sie schweigen? Also sind Sie ein Waschlappen?«

»Und was für einer«, antwortete Fandorin unbekümmert – nun war sowieso nichts mehr zu retten – und stand vom Tisch auf. »Wenn ich irgendwo Dreck sehe, wische ich ihn weg. Damit es sauber wird.«

Einer brummte laut, es war wohl der hiesige Pinkerton-Mann, der noch immer bei der Tür saß.

»Oho, noch eine Beleidigung!« Rattler wandte sich dem Pink zu und stellte sich ratlos. »Was sagst du dazu, Mel? Du bist doch in solchen Fällen eine Autorität und fast so was wie ein Gesetzesdiener.«

»Am besten zwei Hüte. Wenn du willst, nimm meinen«, antwortete Mel Scott nachdenklich. »Du bist der Beleidigte, also musst du die Entfernung bestimmen.«

Diese rätselhaften Worte stellten Rattler vollständig zufrieden.

»Also, Mr. Großmaul, nehmen Sie Ihre Kanone und kommen Sie mit an die frische Luft.«

Der Raufbold ging pfeifend als Erster. Einer der Cowboys warf Fandorin den Herstal zu.

Alle Patronen waren da. Der Schlagbolzen war unversehrt. Der Lauf in Ordnung. Die Trommel ließ sich drehen.

Die Sache schien auf ein Duell hinauszulaufen oder wie das hieß bei denen hier, wenn zwei männliche Idioten wegen eines Weibchens einander abzuknallen versuchten.

Kein Problem, überlegte Fandorin, ich schieß dem Bräutigam ein Loch in die Hand. Bis zur Hochzeit ist das wieder verheilt.

Alle sahen den Fremden erwartungsvoll an.

Der Wirt, die gute Seele, trat herzu und raunte: »Hinter der Theke ist eine Tür nach draußen.«

Die anderen waren weniger zartfühlend.

»Wir müssen dem Sargtischler Ron Bescheid sagen, dass es heute Arbeit für ihn gibt.«

»Hey, Fremder, sag wenigstens, wie du heißt.«

»Erast Fandorin«, sagte er und setzte vor dem durchlöcherten Spiegel den Zylinder auf.

»*What*? Schreib das lieber auf. Sonst kommen nachher deine Angehörigen, und auf dem Grab steht nicht mal dein Name, das wär doch nicht schön.«

Es wurde Zeit, das Theater zu beenden.

Fandorin ging hinaus und sah, dass Ted Rattler, die Klapperschlange, gar nicht dumm war.

Zwei Hüte, die als Barrieren dienten, waren in mindestens vierzig Schritten Abstand hingelegt worden. Für den Smith & Wesson, den der Herausforderer an der Hüfte hängen hatte, war das eine normale Distanz. Aber für Fandorins kurzläufiges Stadtrevolverchen, das für Schnellfeuer gedacht war, war die Entfernung zu groß, um noch zielsicher schießen zu können. Schon zum dritten Mal in den letzten Tagen erwies sich der Herstal als unzweckmäßig. Er war eine unamerikanische Waffe, und es musste eine stärkere angeschafft werden. Wenn das noch möglich war.

Rattlers scheinbar entspannte Haltung und die lässige Bewegung der Finger seiner rechten Hand (zum Anregen der Durchblutung vor dem Schießen) zeigten, dass er ein erfahrener und kaltblütiger Gegner war.

Zuschauer drängten auf die Terrasse des Saloons. Fandorin hätte einen von ihnen bitten können, ihm seinen Revolver zu leihen, aber nach ihrer Miene zu schließen, würde keiner darauf eingehen. Klapper-Theo war ihr Abgott. Die Cowboys wollten sehen, wie er den zugereisten Stutzer aus dem Osten erschoss. Das gab Gesprächsstoff im Saloon und auf der Ranch, mindestens für eine Woche.

Melvin Scott übernahm die Pflicht des Schiedsrichters oder auch des Sekundanten. Diese Rolle schien für ihn nicht neu zu sein.

Er zog einen seiner beiden Revolver, zielte nach irgendwo oben und verkündete: »Wenn es klirrt, können Sie sich frei fühlen, Gentlemen. Sie können laufen, springen, feuern. Aber es wird gebeten, nicht die Zuschauer zu treffen und keine Fensterscheiben zu zerschießen.«

Aus den Fenstern blickten viele Gesichter, deren Miene ihre Vorfreude und ihre gierige Schaulust verriet.

Aus dem ersten Stock des »Great Western« guckte Fandorins japanischer Diener auf seinen Herrn. Er zog eine Braue hoch. Das bedeutete: Wird Hilfe gebraucht?

Fandorin ruckte ärgerlich mit der Schulter: Geh zum Teufel. Da setzte sich Masa bequem aufs Fensterbrett, holte sein Pfeifchen hervor und stopfte es mit japanischem Tabak, der wie kleingeschnittenes Rosshaar aussah.

Fandorin sah nur einen Ausweg – er musste den Abstand verkürzen, musste mit ruckartigen Bewegungen, um den Kugeln auszuweichen, bis auf fünfzehn Schritte an den Gegner herankommen und dann schießen. Schlimm wäre, wenn Rattler ohne zu zielen aus der Hüfte schoss, dann konnte eine verirrte Kugel Fandorin treffen. Am sichersten wäre ein Dreifachsalto vorwärts, aber ein Anzug war schon hin, und den letzten wollte er nicht auch noch verderben. Da war's schon besser, etwas zu riskieren. Doch wohin zielte Melvin Scott? Nach einer Krähe?

Der Schuss knallte, übertönt sogleich von einem hallenden und nicht unangenehmen »Bomm!« – das Blei hatte die Glocke in dem Turm getroffen, den Fandorin anfangs nicht mit einer Kirche in Verbindung gebracht hatte.

Der Zweikampf begann.

Fandorin, der kein Auge von Teds rechter Hand ließ, machte sich sprungbereit. Er dachte an nichts mehr. Zwei seiner Blindenführer, Geist und Verstand, waren in den Hintergrund getreten, und nur einer war geblieben, der Körper, und der kannte seine Pflicht.

Aber Ted Rattler hatte es nicht eilig, zu schießen. Klar: Er wollte, dass sein Feind als Erster mit seiner Spielzeugpistole schoss, das würde man hinterher bei der Gerichtsverhandlung berücksichtigen.

Ein Schritt vorwärts. Noch einer. Und noch einer.

Rattler schien die Taktik zu durchschauen. Seine Hand machte eine blitzschnelle Bewegung und hielt schon den Revolver. Aber er schoss noch immer nicht. Die Mündung bewegte sich kaum erkennbar, sie folgte den ungleichmäßig nach rechts und nach links gesetzten Trippelschritten Fandorins.

Scheußlich. Dieser Othello war gefährlicher, als es zunächst ausgesehen hatte. Auf fünfzehn Schritte würde er Fandorin nicht heranlassen. Der würde seinen Anzug nun noch mehr beschmutzen müssen. Der Staub hier war rot, mit einer Beimengung von Lehm. Das würde Masa nicht wieder rauskriegen.

Er nahm den Zylinder ab, der nicht zerdrückt werden sollte, und schleuderte ihn beiseite. Der flog aufwärts, beschrieb einen Bogen und wäre genau auf dem Fensterbrett bei Masa gelandet, doch Rattler bewegte die Mündung, die einen Feuerstrahl ausspie, worauf die Kopfbedeckung mit einem Loch im Deckel sich überschlug und zu Boden fiel.

Dieser Schurke! Der zweite Londoner Zylinder in vier Tagen!

Ringsum Lärm und Beifall. Teds konzentriertes Gesicht zeigte ein kurzes selbstzufriedenes Lächeln.

Es war Zeit!

Noch ein winziger Moment, und der wütende Fandorin würde den Trick mit dem durchschossenen Hut mit seinem eigenen, noch effektvolleren Trick beantwortet haben: Schwerlich hatte man in Splitstone jemals den dreifachen Zickzack-Salto mit Schießen aus der Kopf-unten-Position gesehen, aber da ertönte von hinten rasendes Hufgetrappel.

»Ted! Teddy! Untersteh dich!«, schrie eine Stimme.

Rattler fiel der Kiefer herunter, seine Hand mit dem Smith & Wesson senkte sich.

Auf der Straße kam, eine Staubwolke hinter sich herziehend, Miss Callaghan angaloppiert. Die Reiterin riss ihr Pferd zwischen den Gegnern hoch und ließ es sich drehen.

Sie hatte sich umgezogen. Statt des Seidenkleids hatte sie Jacke und Hose an, statt des Hütchens trug sie einen weißen Sombrero. Erstaunlich, doch selbst dieser rustikale Aufzug stand ihr bestens.

»Sie hatten mir doch versprochen, dem ›Indianerkopf‹ fernzubleiben!«, schrie die Reiterin vorwurfsvoll. »Sie haben mir Ihr Wort als Gentleman gegeben. Ach, Sie!«

»Ja, ich w-wollte eigentlich …«

»Und dich verdammten Idioten liebe ich nicht mehr, dass du's nur weißt!«, schrie Ashlean Callaghan ihren Bräutigam an, ohne Fandorin zuzuhören. »Was hast du mir versprochen? Was seid ihr Männer doch für Lügner! Ich sag's Papa, dann schmeißt er dich von der Ranch! Richtig freuen wird ihn das!«

»Ash, was hast du? Was hast du denn?«, murmelte Rattler und wich vor dem zähnefletschenden Pferdemaul zurück. »Ich hab doch nur …«

»Halt den Mund, du Blödmann! Ich will dich nicht mehr sehen!«

Die Gaffer beobachteten den Streit der Liebenden mit der gleichen gierigen Schaulust wie zuvor das Duell. Mit Vergnügungen war es wohl sehr schlecht bestellt in Splitstone.

Das Mädchen tat Fandorin leid. Sie hätte einen besseren Bräutigam verdient als diesen Klapperwurm.

Die Zwei-Halbmonde-Ranch

Von hinten berührte ihn jemand an der Schulter.

Es war der Sekundant, Glockenschütze, Ladenbesitzer und örtliche Pinkerton-Agent.

»Nun, da Sie heute nicht gestorben sind und noch eine Zeitlang bei uns leben werden, ist es besser, Ihr Spielzeug gegen etwas Wirksameres zu tauschen«, sagte er höflich und zeigte auf den Herstal-Revolver. »Im ›Führenden Geschäft‹ von Mel Scott finden Sie alles, was Sie fürs Überleben und für den Komfort benötigen. Beliebige Waffen, Sättel, Geschirre, Fleischkonserven, Dynamit, Kleidung für …«

»Ich habe einen B-Brief von Mr. Robert Pinkerton«, fiel Fandorin ihm ins Wort.

Scott sah sich nach allen Seiten um und fasste Fandorin am Ellbogen.

»Ich habe gleich geahnt, dass Sie nicht von ungefähr hier sind. Gehen wir ein Stück. Hier ist zu viel Geschrei.«

Er las den kurzen Brief, der die Überschrift »An alle festangestellten und Reserveagenten« trug, zweimal. Dann musterte er Fandorin mit eingekniffenen Augen.

»Sie hätten gleich zu mir kommen sollen. Ich hätte Ihnen zumindest geraten, sich nicht mit Rattler anzulegen. Hier steht: ›jegliche Unterstützung‹. Was kann ich für Sie tun?«

»Statten Sie mich besser aus. Damit ich nicht wie ein Fremder aussehe, dem man nur möglichst viel Geld abknöpfen will. Ich bin neu in dieser Gegend, darum verlasse ich mich auf Sie.«

Der Pink kratzte sich die Nasenspitze.

»Das ist alles?«

»Einstweilen ja. Vielleicht werde ich Sie später noch um professionelle Hilfe bitten. Wenn meine Aufgabe schwerer sein sollte, als ich d-dachte.«

In Scotts Augen spielten lustige Fünkchen, doch ein Kommentar blieb aus.

»Na, kommen Sie mit in den Laden.«

Fandorin winkte den Kammerdiener herunter und folgte dem Pink.

»Wenn Sie nicht reden wollen, ist das Ihre Sache«, sagte der nach kurzem Schweigen. »Ich weiß auch so, warum Sie hier sind. Die Schwarzen Tücher, stimmt's? War nicht schwer zu erraten. Sie saßen ja vorhin mit dem russischen Komiker aus dem Dream Valley zusammen.«

»Ich bin auch Russe«, bemerkte Frandorin kühl.

»Ich wollte Sie nicht kränken. Wenn Sie achtgegeben haben, lag meine Betonung nicht auf ›russisch‹, sondern auf ›Komiker‹. Sie werden ja nicht bestreiten wollen, dass Mr. Kusma Lukow ein Narr ist, oder?«

Nein, das wollte Fandorin nicht bestreiten.

»Wenn Sie meine Meinung wissen wollen«, sagte Scott achselzuckend, »in dem Tal gibt's keine Bande. Die Schwarzen Tücher sind, nach allem zu urteilen, ernstzunehmende Jungs, wenn sie schon Züge angreifen. Was soll ihnen ein russisches Dorf? Was ist denn zu holen bei diesen Spinnern – russische Bücher? Es kommt ja öfters vor, dass eine Räuberbande an versteckter Stelle ein geheimes Lager anlegt. Aber wozu dann die Russen ärgern und triezen? Das sind alles Märchen, wie ich meine. Doch wenn Colonel Star das aufklären will, ist das sein Recht. Falls Sie mich brauchen, stehe ich zu Diensten. In dem Brief von Mr. Pinkerton wird Ihnen ein Nachlass von dreißig Prozent garantiert. Also werde ich Sie nur dreifünfzig pro Tag kosten.«

»Werd ich mir merken.«

Fandorin überlegte, ob er nach dem Dream Valley fragen sollte, entschied dann aber, dass es noch zu früh sei, drehte sich zu dem hinter ihm schnaufenden Masa um und erklärte ihm leise auf japanisch, um was es ging.

Auf der Vortreppe des »Führenden Geschäfts« wartete Lukow.

»Sie können Ihre Einkäufe m-machen, Kusma Kusmitsch. Wir müssen auch noch einiges anschaffen bei Herrn Scott.«

Diese Worte brachten den Vorsitzenden in Verlegenheit.

»Nein, nein«, rief er erschrocken. »Ich habe keine Eile, das mach ich später. Ich habe eine lange Liste.«

Die russischen Laute erheiterten Scott.

»Ihre Sprache klingt lustig, als ob Sie Kieselsteine im Mund wälzen.«

»Wieso steht Ihre Tür offen?«, fragte Fandorin, als sie den Laden betraten, der ein Schuppen voller Kisten, Schachteln und Warenballen war. »Wird in Splitstone etwa nicht gestohlen?«

»Und ob gestohlen wird. Nur nicht bei Mel Scott. Denn alle wissen: Ich finde den Dieb selbst unter der Erde und ziehe ihm das Fell ab.«

»Sind Sie schon lange bei der Agentur beschäftigt?«

Der Ladenbesitzer zog aus seiner Gesäßtasche einen Flachmann, den er wohl aus dem Saloon mitgenommen hatte, und trank einen tüchtigen Schluck.

»Vor zwanzig Jahren habe ich mit Mr. Pinkerton die Bande der Brüder James gejagt. Das waren goldene Tage. Jetzt zähle ich zur Reserve, bekomme das halbe Gehalt, fünfzig im Monat. Das ist knapp, darum halte ich den Laden. Alles, was Sie sehen, können Sie kaufen. Außer dem da.« Er zauste liebevoll die staubige Mähne eines Bisonkopfs an der Wand. »Früher hat solch ein Ding höchstens einen Dollar gekostet, denn in den Ebenen streiften Herden von Millionen Stück herum. Jetzt ist kein einziger Bulle mehr übrig, alle abgeknallt. Sie können ihn für vierhundert haben, weil Sie ein Kollege sind. Wollen Sie? Na, wie Sie meinen.«

Fandorin drehte sich nach Lukow um, der draußen geblieben war und das Gespräch nicht hören konnte, und fragte: »Und die Celestianer, kaufen die auch bei Ihnen?«

Scott zwinkerte pfiffig.

»Verstehe. Sie wollen eine kostenlose Information über das Dream Valley? Stellen Sie mich als Gehilfen ein, dann können Sie fragen, soviel Sie wollen.«

Er setzte den Flachmann wieder an und leerte ihn, griff unter den Ladentisch, holte eine weitere Flasche Whiskey hervor, öffnete sie, überlegte.

»Moment.«

Er nahm ein Gewehr, das an der Wand lehnte, ging zum Fenster, zielte aufwärts.

Fandorin blickte in die Richtung des Laufs – der Pink wollte wohl wieder nach der Glocke schießen.

Der Schuss knallte trocken. Lukow draußen sprang hoch, der Panamahut fiel ihm vom Kopf.

»Daneben.« Scott seufzte und stellte die Flasche zurück. »Also reicht's für heute. Ich kenne meine Norm. Ja, was kann ich Ihnen anbieten? Für den Anfang brauchen Sie menschliche Kleidung. Einen Hut mit breiter Krempe, damit die Sonne Sie nicht blendet. Spitze Cowboystiefel, damit Sie leichter in die Steigbügel kommen. Ihre Hosenbeine werden im Dorngestrüpp in Fetzen gehen, darum müssen Sie Jeans kaufen. Und ein paar Wolldecken. Reiseflaschen. Ein Beil oder Haumesser …«

Masa drehte sich schon vor dem Spiegel mit einem riesigen Hut, unter dem er kaum noch zu sehen war. Ihm gefielen auch Stiefel aus gepunztem Leder, mit Kupfernieten und schrägen Absätzen.

Fandorin aber mochte die Cowboysachen nicht. Als Reitzeug konnte er durchaus noch den mit Kohle verschmutzten weißen Anzug nutzen. Um die Hose zu schonen, erwarb er Knieschützer aus Leder mit Schnürbändern. Als Ersatz für den durchschossenen Zylinder griff er nach einem noch sehr anständigen Corkhelm britischer Herstellung, der seltsamerweise in diesen Kramladen geraten war.

»Prima, der Nachttopf liegt seit zehn Jahren bei mir rum. Ich dachte schon, den würde nie einer kaufen«, sagte Scott erfreut. »Der gehörte einem englischen Lord, als das hier noch Indianerterritorium war. Er war gekommen, um Bisons zu schießen. Die Shoshonen haben ihn skalpiert. Sehen Sie die braunen Flecke darin?«

Fandorin überlegte es sich anders und kaufte einen aschgrauen Hut, der zur jetzigen Farbe seines Anzugs passte.

»Ohne Gewehr dürfen Sie nicht in die Berge.« Scott stellte lange Kisten auf den Tisch und öffnete sie. »Welche Marke bevorzugen Sie? Die da kann ich empfehlen. Ausgezeichnete Schrotbüchse mit Drehtrommel für vier Patronen.«

Masa zog eben einen Stiefel an und hüpfte deshalb auf einem Bein.

»Remington, Kaliber 50. Zwei«, sagte er.

»Ein seriöses Gerät. Ihr Chinese hat einen guten Geschmack.«

»Japaner ist er.«

Scott legte zwei Büchsen, Patronentaschen und Munition auf den Tisch und ließ die Kugeln des Rechenbretts klappern.

»Jetzt die Revolver«, sagte er. »Da Sie Russe sind, rate ich zu Smith & Wesson, Kaliber 44, dem sogenannte Russian. Doppelte Wirkung, entwickelt im Auftrag Ihres Großherzogs Alexej, als der hier mit dem berühmten Buffalo Bill Bisons jagte. Bleikugel, 246 Gran, 23 Gran Schwarzpulver. Die Griffschalen aus Guttapercha, sehr bequem.«

»Ich w-weiß. Der Revolver gehört zur Bewaffnung der russischen Armee. Nehme ich.«

»Und für Ihren Japaner zwei?«, fragte Scott, da Masa eben einen gelben Gürtel mit zwei Halftern anlegte.

»*Chidari-no ho ni nuntiaku-o, migi-ni wakidsashi-o sasunda*«*, brummte der sich zufrieden unter die Nase.

»Nein, er braucht keine Revolver«, übersetzte Fandorin.

Der teuerste Einkauf war ein kompaktes Zeissglas mit 18-facher Vergrößerung. Damit war die Ausstattung komplett.

»Jetzt nur noch Pferde«, schloss Scott. »Dazu müssen Sie auf eine Ranch.«

Fandorin dachte an das Angebot von Miss Callaghan und fragte lässig: »Zur ›Zwei-Halbmonde-Ranch‹, ist das weit?«

»Sie wollen bei Cork Callaghan kaufen?« Scott nickte beifällig. »Recht so. Der Alte hat vorzügliche Gäule, nur verkauft er sie enorm teuer.«

»Mir wurde ein N-Nachlass versprochen.«

Bis zur Farm der Callaghans waren es von dem Städtchen nur anderthalb Meilen, darum schickten sie die Einkäufe ins Hotel und gingen zu Fuß.

* (jap.) Ins linke die nuntiaku. Ins rechte das Kurzschwert.

Masa schritt anfangs munter und sporenklirrend aus. Aber bald begann er zu stolpern, denn die hohen Absätze, beim Reiten zweifellos nützlich, waren für Spaziergänge weniger geeignet. Fandorin eilte schließlich voraus und durchschritt das Tor der Ranch allein.

Es war ein seltsames Tor. Ohne Zaun stand es da im Gelände. Links davon ein großes Schild: BESITZ VON CORK CALLAGHAN. RUSTLER WERDEN HIER AUF DER STELLE GETÖTET. Zwecks größerer Überzeugungskraft war darunter ein Baum mit einem Gehenkten abgebildet.

Rechts war eine Koppel zu sehen, auf der eine riesige Herde Langhornrinder weidete, die Herde wohl, die gerade aus Texas hergetrieben worden war. Links dunkle Bauten: Schuppen, Baracken, Lagerhäuser. Das Haupthaus lag in der Mitte. Es war ein großes Holzgebäude, verkleidet mit weißgestrichenen Brettern. Es gab sich alle Mühe, majestätisch auszusehen, dazu streckte es vier bauchige Säulen vor, reckte ein aufgesetztes Türmchen in die Höhe und prunkte vor der Freitreppe mit zwei steinernen Löwen, aber wie kann etwas majestätisch wirken, wenn es überall nach Dung riecht? Man durfte vermuten, dass die Bewohner von Callaghan House den Duft, der für eine städtische Nase so peinigend ist, nicht mehr wahrnahmen. Jedenfalls lag der Korral genau gegenüber der Fassade.

Fandorin musterte die Pferde (sie waren gut, eines wie das andere) und beobachtete, wie einer der Cowboys einen wilden Hengst zuritt. In Moskau hatte der ehemalige Beamte für Sonderaufträge als leidlicher Reiter gegolten, aber auf diesem Mustang würde er sich keine halbe Minute im Sattel gehalten haben.

Callaghans Cowboys, von denen sich wohl zwei Dutzend um den Korral herumdrückten, betrachteten derweil Fandorin nicht eben freundlich, doch auch ohne Dreistigkeit. Offenbar war einer von ihnen im »Indianerkopf« dabei gewesen und hatte den übrigen erzählt, dass der Stutzer mit der Krawatte für sich einzustehen wusste.

Nun kam auch Masa, er trug die Stiefel, mit einer Schnur zusammengebunden, über der Schulter. Neben ihm ritt langsam Ashlean Callaghan. Ihre schöne Rappstute, die Fandorin schon vorhin aufgefallen war, setzte spielerisch die wie gedrechselten Beine und ging mal mit der einen, mal mit der anderen Seite voran.

Zehn Schritte hinter ihr wippte Ted Rattler im Sattel, finster wie eine Gewitterwolke. Ohne Fandorin eines Blicks zu würdigen, sprang er aus dem Sattel, warf einem der Cowboys den Zügel zu und baute sich abseits auf. Er blickte nicht zu Fandorin, ging aber auch nicht weg.

»Ihr Boy hat gesagt, dass Sie hier sind!«, rief das Fräulein von oben. »Sie brauchen Pferde, ja? Selma, wo willst du hin, he?«, schrie sie ihr Pferd an, das zu Fandorin getreten war, die samtweichen Lippen nach ihm reckte und leise wieherte.

Er streichelte ihr die Blesse.

»Schönes Tier, sch-schönes Tier.«

»Ich hab noch nie gesehen, dass Selma zu einem Fremden zärtlich gewesen wäre«, sagte Ashlean staunend und schwang sich leichtfüßig zu Boden. »Mein Mädchen hat einen guten Geschmack. Na, genug, genug, geh jetzt!«

Sie schob die Rappstute weg, die Fandorin das Maul auf die Schulter legen wollte.

»Mancher nimmt sich ne Stute als Blaut«, sagte Masa rachsüchtig.

Diese Redensart kannte er sehr gut, weil sein Herr sie mehr als einmal ihm gegenüber gebraucht hatte.

»Ich möchte ein ausdauerndes Pferd kaufen, aber es darf nicht störrisch sein«, erklärte Fandorin. »Ich muss gestehen, ich bin kein besonders guter R-Reiter. Nicht so einer wie Ihre Boys.«

Genau in diesem Moment krachte im Korral der Zureiter zu Boden, den der Mustang abgeworfen hatte. Der wilde Hengst versetzte ihm noch einen Huftritt und schnappte mit den Zähnen nach seinem Kopf.

»Ich möchte ein Pony. Haben Sie Ponys?«, fragte Masa nervös.

»Die Zwei-Halbmonde-Ranch hat alles. Hey, Jungs, lasst Kid in Ruhe, das kennt er ja schon!«, rief Miss Callaghan. »Bringt die dreijährige Fuchsstute, die ich letzte Woche zugeritten habe. Und für den Boy von Mr. Fendorin holt das schöne Texas-Pony. Für alles zusammen, mit den Sätteln, nehme ich von Ihnen nur achtzig Dollar.« Letzteres sagte sie zu Fandorin. »Aber wenn Papa fragt, sagen Sie, hundertzwanzig. Kommen Sie, ich stell Sie ihm vor.«

»Freut mich, dass in der Umgebung meiner Tochter endlich ein richtiger Gentleman aufgetaucht ist. Sonst treibt sich da ewig nur Abschaum herum.«

Mr. Callaghan hatte große Ähnlichkeit mit seiner Tochter, doch alles, was bei ihr anmutig wirkte, war bei ihm hässlich: die Augen von trübem Flaschengrün, die Locken rostrot, und die Sommersprossen sahen in seinem Gesicht aus wie alter Dreck. Der Viehbaron hatte eine grobe und schallende Stimme und höchst unfeine Manieren (so schneuzte er sich zu Beginn der Mahlzeit einfach in seine Serviette und befahl der Dienerin, eine neue zu bringen). Aber dem Gast gegenüber gab sich der alte Ire große Mühe, liebenswürdig zu sein.

»Wo stammen Sie her?«

»Aus Moskau.«

Der Viehzüchter wunderte sich nicht.

»Ja, gewiss, ich war selber nicht dort, aber ich habe viel Gutes über Ihre Stadt gehört. Man sagt, dass dort die Brunnen selbst im Juli nicht austrocknen. Stimmt das?«

»Sehr r-richtig«, erwiderte Fandorin etwas erstaunt und schnitt sich ein Stück von dem riesigen bluttriefenden Beefsteak ab. Das Fleisch war erstklassig wie im besten Restaurant, nur ein wenig zu stark gepfeffert.

Callaghan schnalzte mit den Lippen, um die Moskauer Brunnen zu würdigen.

»Für Texas ist das sehr selten.«

»Was hat T-Texas damit zu tun?«

Da trat eine kurze Pause ein. Der Hausherr und sein Gast sahen einander verständnislos an. Callaghan begriff als Erster.

»Ah, Sie sind also nicht aus dem texanischen Moskau, sondern aus dem in Iowa? Das hatte ich ganz vergessen. Ich hatte mal einen Tophand, der stammte von dort. Der konnte fabelhaft das Lasso werfen.«

»Nein, Sir, ich stamme aus Moskau in Russland.«

Von dem hatte der Vater der roten Perle wohl noch nie gehört. Er mahlte konzentriert mit den kräftigen Kiefern und kam offenbar zu dem Schluss, dass es genug sei mit dem Geschwätz.

»Sie arbeiten für den Colonel?«, fragte er übergangslos. »Oder sind Sie ein Freund von ihm und wollen in den Bergen Ziegen schießen?«

»Ich arbeite für ihn.«

Fandorin schob den Teller weg und nippte von dem Whiskey mit Soda, der sehr gut, rauchig und mindestens zwanzig Jahre alt war.

»Was ist Ihr Beruf?«

»Ingenieur.«

Es wird sich ohnehin herumsprechen, dachte Fandorin.

»Aber hier bin ich in einer anderen Angelegenheit«, fügte er vorsichtig hinzu. »Mr. Star hat mich gebeten, herauszufinden, was im Dream Valley vor sich geht. Sie haben bestimmt gehört, dass dort seltsame Dinge geschehen.«

Vater und Tochter wechselten einen Blick.

»Es wird viel dummes Zeug geredet«, warf Callaghan gespielt gleichgültig hin. »Über Banditen mit schwarzen Tüchern, über ein kopfloses Gespenst … Aber den Leuten dort darf man nicht glauben. Die einen sind Heiden, die anderen gottlos.«

»Möchten Sie denn nicht die W-Wahrheit wissen? Das Tal gehört doch Ihnen.«

Callaghan kniff pfiffig ein Auge zu.

»Sie wollen mir Geld abluchsen? Daraus wird nichts. Ich habe Sie nicht angeheuert. Wenn der Colonel zahlt, ist das seine Sache. Hast du gesehen, Ash, wie geschickt er ist? Für eine Arbeit doppelt Cash.«

Das Mädchen, man muss gerecht sein, errötete leicht – sie genierte sich für ihren Papa.

»Mr. Fendorin ist nicht so einer.«

Der Vater machte eine wegwerfende Handbewegung – ich kenne die Menschen.

»Ich will Ihnen was sagen«, fuhr er mit gesenkter Stimme fort, »wenn Sie was dazu verdienen wollen, sagen Sie dem Colonel, dass Sie im Dream Valley eine Gesteinsart gefunden haben, die auf Silber oder Gold hindeutet. Ich kenne diese Feinheiten nicht. Sie sind Ingenieur, Sie wissen das besser. Dann können Sie auf meine Dankbarkeit rechnen. Kapieren Sie, worauf ich hinauswill?«

Der Viehzüchter starrte seinen Besucher erwartungsvoll an.

Der blickte zu Ashlean. Wie würde sie reagieren?

Kein Hauch von Verlegenheit. Sie saß da und lächelte strahlend. Der Apfel fiel nicht weit vom Stamm …

»Ich kapiere schon. Sie wollen, dass der Colonel mehr für das Tal bezahlt. Sie brauchen Geld für Ihre Geschäftserweiterung. Aber ich bin kein Bergbauingenieur und verstehe nichts von Lagerstätten. Erstens. Außerdem lüge ich niemals aus Eigennutz. Zweitens.«

Der Hausherr sah ihn eine Weile schweigend an und überlegte. Dann sprach er einen nicht ganz verständlichen Satz: »Well, es war angenehm, einen redlichen und mäßig gescheiten Menschen kennenzulernen.«

Doch es war zu sehen, dass Callaghan jegliches Interesse an seinem Gast verloren hatte. Gleich darauf stand er auf, berief sich auf eine dringende Angelegenheit und verließ das Esszimmer.

Die Dienerin wollte die schmutzigen Teller abräumen und den

Nachtisch servieren, aber Ashlean zischte sie an: »Geh, Sally! Du wirst jetzt hier nicht gebraucht.«

Kaum hatte sich die Tür hinter ihr geschlossen, rückte Ashlean mit bezaubernder Ungezwungenheit ihren Stuhl näher, beugte sich zu Fandorin und flüsterte: »Ich bin ja blöd! Sie haben schon in der Kutsche vom Dream Valley angefangen, und ich hab's überhört. Diese Gerüchte machen mir große Sorgen. Ich weiß ja, weshalb der Colonel Sie hinschickt. Wenn es stimmt, dass eine Bande sich im Tal eingenistet hat, kauft niemand mehr das Land, nicht mal für zehntausend. Dann bleibe ich ewig eine alte Jungfer! Mr. Fendorin, Sie sind ein kluger und erfahrener Mann. Helfen Sie mir! Lassen Sie ein armes Mädchen nicht zugrunde gehen! Sie sind doch ein wahrer Gentleman, zu hundert Prozent! Nicht nur den Manieren nach, wie andere, sondern ganz und gar!«

Welch ein Unterschied zwischen den affektierten Stadtfräuleins und Ashlean Callaghan! Sie sprach erst zum zweiten oder dritten Mal mit Fandorin, benahm sich aber, als wären sie schon seit Jahren befreundet. Während sie ihm fast ins Ohr hauchte, kitzelte eine rote Locke ihm die Wange, und er zog den Kopf nicht weg, nicht nur, weil das unhöflich gewesen wäre.

»Ich weiß doch, worum es dort geht«, sagte sie und sah sich immer wieder nach der Tür um. »Die Russen und Mormonen tun ja nur so, als ob sie einander nicht ausstehen können, in Wirklichkeit stecken sie unter einer Decke, da bin ich mir sicher! Sie setzen absichtlich hässliche Gerüchte in die Welt, damit Papa ihnen die Pacht herabsetzt. Dabei sind das Gelder, die mir gehören. Viel ist es nicht, so zweitausend im Jahr. Aber Papa rückt nicht mehr heraus, er steckt alles ins Business.« Ashlean presste die Hand an die Brust. »Schlimm wäre, wenn die Pächter recht haben. Dann verlassen sie womöglich das Tal, und neue herzulocken wird nicht gelingen. Wer braucht schon dieses Dream Valley? Wiesen und Weiden gibt's genug in der Umgebung, die ganze Prärie. Und außer den Russen und den Mormonen beackert hier niemand das Land. Und ich, soll ich vielleicht in Kleidern aus dem letzten Jahr rumlaufen? Lieber Mr. Fendorin, eines müssen Sie mir versprechen!«

Sie umklammerte mit heißen Fingern sein Handgelenk.

»Wenn die Mormonen mit den Russen gemeinsame Sache machen, müssen Sie sie überführen. Dream Valley darf nicht im Preis fallen!«

Ihr gerötetes Gesicht war ganz nahe. Fandorin atmete den Duft der Mädchenhaut ein und senkte den Blick. Doch es kam noch schlimmer.

Ihr oberster Blusenknopf war geöffnet, und Fandorin bot sich ein wundervoller Blick auf den erregt wogenden Busen des Mädchens. In der Kutsche hatte er sich nicht getraut, ihr ins Dekolleté zu linsen, darum entdeckte er erst jetzt ein hinreißendes Naturphänomen: Ihre Brüste waren gänzlich ohne Sommersprossen, und ihre Haut war mattweiß, wie Blondinen sie haben, Rothaarige aber praktisch niemals.

»Geben Sie mir Ihr Ehrenwort, nicht gegen mich zu spielen«, raunte sie, und ihre ein wenig geöffneten Lippen zitterten leicht.

Unter anderen Umständen wäre Fandorin zu dem Schluss gekommen, das Mädchen wolle geküsst werden. Aber er war sich voll bewusst, dass es ihr um die Mitgift ging. Sie wollte ihren Ted heiraten, die Klapperschlange.

»Ehrenwort«, sagte Fandorin und erhob sich.

Ein Lichtstrahl im finsteren Reich

Sie übernachteten in Splitstone und brachen in aller Frühe auf.

Ein paar Meilen hinter der Ortschaft stieß die Ebene an Felsen. Anfangs nicht hoch, stiegen sie dann immer höher bis hinauf zum Bergkamm mit seinen spitzen schartigen Gipfeln.

Die schmale Klamm Bottle Neck, Flaschenhals, erinnerte an einen Riss in einer Felswand. Eine Straße durch die Kluft zu bauen hatten die Pächter nicht für notwendig befunden (vielleicht auch nicht gewollt), darum kam man hier nur zu Fuß oder im Sattel vorwärts. Kusma Lukow hatte alle seine Einkäufe zwei Maultieren aufgebürdet, die er am Zügel führte. Fandorin ritt seine Fuchsstute, die wirklich ein sehr gutes und sanftes Tier war. Masa folgte auf einem dickbäuchigen zottigen Pony; von Zeit zu Zeit berührten seine eindrucksvollen Sporen einen Stein, das gab einen melodischen Klang.

Auf halber Strecke kam es zu einem kleinen Zwischenfall. Eines der Maultiere rutschte aus und wäre fast gestürzt, und die Last fiel zu Boden: eine neue Pflugschar und ein Stoffbündel. Der Pflugschar machte es nichts aus, aber das Bündel platzte auf, und alles Mögliche purzelte heraus: Zinngeschirr, Bücher, Kleidungsstücke, zwischen denen etwas erlesen Purpurrotes mit goldenem Schimmer aufblitzte.

»Was ist das?«, fragte Masa interessiert.

»Ein Buch.« Lukow stopfte alles flink zurück. »Von Tschechow. Ein neues wohl. Jewdokia hat es bestellt, sie hatte im vorigen Quartal die beste Arbeitsleistung, und da steht ihr eine Belohnung von der Leitung zu.«

»Nein, das da.«

Der Japaner zog den Gegenstand seiner Neugier wieder heraus. Es waren ein rotes Mieder mit schwarzen Trägern und ein rosa Spitzenhöschen.

Der Vorsitzende riss Masa die intime Damenwäsche aus der Hand und stopfte sie tiefer in das Bündel.

»Für die Kinderchen. Die Frauen zerschneiden das und nähen daraus Puppenkleidchen. Die Kinderchen sind unsere Zukunft, für sie ist uns nichts zu schade.«

»Puppenkleidchen? Aus Pariser W-Wäsche?«

Kusma Lukow richtete seine hellblauen Augen treuherzig auf Fandorin.

»Ach, ich verstehe ja nichts von diesen Sachen. Ich habe Mr. Scott gebeten, aus dem Gouvernement etwas Seidenes zu bestellen, unbedingt mit Bändern und schön bunt. Vielleicht hatten sie dort nichts anderes. Oder er will sich über uns lustig machen. Sie haben ja gesehen, er ist ein giftiger, taktloser Mensch.«

Darauf sagte Fandorin nichts. Schließlich ging ihn das nichts an.

Sie ritten weiter.

Das Dream Valley öffnete sich ohne Vorwarnung. Sie ritten um einen Felsblock von langweiligem Grau herum, da verbreiterte sich plötzlich der Raum wie ein gigantischer grüner Fächer. Die ovale Senke war auf allen Seiten von nicht hohen, aber steilen Bergen umgeben, deren Hänge dicht mit Kiefern bestanden waren. In die Hänge schnitten sich an mehreren Stellen schmale Canyons ein, geschmückt mit silbrigen Wasserfällen, am Grunde lagen gelbe und orangene Felder, hellgrüne Wiesen und dunkelgrüne Haine. Von Rand zu Rand war es wohl fünf Werst lang.

»Da ist es, unser Mütterchen«, rief Lukow gefühlvoll. »Wo die Roggenfelder und Wiesen sind, ist unsere Hälfte. Urbar gemacht, mit Schweiß und Tränen gegossen. Ein Paradies auf Erden. Ein Lichtstrahl im finsteren Reich! Da rechts, wo Mais und Weizen wachsen, sind die Celestianer. Sehen Sie den Streifen in der Mitte? Das ist die Grenze, der Zaun.«

»Ssön«, lobte Masa das Tal. »Mit Leis wär's noch ssöner. Wie ein Spiegel unter der Sonne.«

Am Ende der Klamm begannen zwei Straßen: Die nach rechts war mit Ziegeln gepflastert, die nach links ungepflastert, dafür liebevoll mit Birken umpflanzt. Nachdem sie hier eine Viertelstunde geritten waren, sahen sie einen hölzernen Bogen mit aus Sperrholz gesägten Buchstaben:

»Warum denn das?« fragte Fandorin argwöhnisch und zeigte auf die Blumengirlanden und russischen Fahnen, die dieses Architekturwerk schmückten.

Er fürchtete schon, die Siedler hätten zu Ehren ihres mutmaßlichen Befreiers einen feierlichen Empfang vorbereitet.

Das war gottlob nicht der Fall.

»Wir haben doch heute einen Feiertag.« Kusma Lukow machte eine einladende Geste. »Sie besuchen uns an einem bedeutsamen Tag. Nach unserm russischen Kalender ist heute der sechsundzwanzigste August. Der Tag von Borodino**. Da gibt es ein Festessen, Gesang und Tanz. Was denn sonst? Es war ein Triumph der russischen Waffen.«

Und richtig, der schwache Wind trug aus der Ferne Musikklänge herbei – Geigen, Trompeten, Harmonikas. Da wurde offenbar der Marsch des Preobrashenskojer Regiments gespielt – überraschendes Repertoire für Emigranten und Gewaltlose.

Der Vorsitzende führte die Gäste an schmucken Doppelhäusern vorbei.

»Hier haben wir den Kindergarten, wo die Kleinen erzogen werden«, erzählte er stolz. »Alle Kinderchen zusammen wie Radieschen im Beet, daher der Name Garten. Familiäre Tyrannei gibt es nicht, alle sind gleich. So viele Erwachsene – so viele Eltern. Dort ist die Schule, bei uns lernen Jungen und Mädchen zusammen. Dort ist die Leitung. Und dort zwei Männerwohnheime.«

Hinter einem großen Gebäude mit dem Schild »Haus der Freizeit« tönte Gesang. Der Chor aus Männer-, Frauen- und Kinderstimmen sang sehr harmonisch das Lied vom Knüppelchen.

»Unsere Leute sind sämtlich auf dem Dorfplatz und feiern«,

* (russ.) Lichtstrahl.

** Dorf im Gouvernement Moskau, am 7. September 1812 Schauplatz der Schlacht zwischen den Russen unter General Kutusow und der Grande Armee Napoleons, die eine Woche später Moskau einnahm. (Anm. d. Übers.)

erklärte der Vorsitzende. »Herzlich willkommen! Da werden sich alle freuen!«

Masa ging auf Erkundung, Fandorin folgte Lukow.

Auf dem kleinen Platz, an Tischen, die zu einem offenen Rechteck zusammengestellt waren, saßen etliche Dutzend Menschen, auf den ersten Blick gewöhnliche russische Bauern, etwas herausgeputzt aus dem feierlichen Anlass. Die Frauen trugen weiße oder bunte Tücher, die Männer waren bärtig und hatten das Haar rundgeschnitten. Doch bei genauerem Hinsehen wirkten die Bauern ein wenig seltsam. Viele trugen Brille oder Kneifer, und die Gesichter waren zumeist schmal und durchgeistigt, woran man in Russland unweigerlich den Intellektuellen erkennt, selbst wenn er in Bastschuhen und Bauernrock herumläuft.

Der Gesang schloss mit einem lauten »Uch«, und alle wandten sich zu dem Vorsitzenden und dem Fremden im schmutzigen Anzug und in Cowboystiefeln.

»Brüder und Schwestern! Ich lege ihn euch ans Herz: Erast Petrowitsch Fandorin, einer von uns, ein Russe. Unser Wohltäter, der Colonel Mawriki Christoforowitsch Starowosdwishenski, hat ihn zu uns gesandt als Schutz und Schirm. Bitte, lieber Gast, nehmen Sie Platz am Tisch. Stärken Sie sich nach der Reise, ruhen Sie sich aus. Jewdokia wird sich um Sie kümmern.«

Ein flinkes buckliges Frauchen mit Watschelgang (dem Namen nach wohl die Fleißige mit der großen *Arbeitsleistung*) platzierte Fandorin an den Haupttisch, legte ihm Piroggen, gesäuerten Kohl und Pelmeni auf den Teller und stellte einen Becher Kwass daneben. In den Jahren seines Exils war Fandorin aller dieser herrlichen Speisen entwöhnt und konnte es kaum erwarten, dass Jewdokia ihm aus einem Krug Wasser über die Hände goss. Er trocknete sich mit einem Leinentuch ab, auf das Hähne gestickt waren, und machte sich über das Essen her.

Es gab auch Spanferkel mit Meerrettich, Sülze und kalte grüne Kohlsuppe, nicht schlechter zubereitet als im berühmten Moskauer Gasthaus von Iwan Testow.

Masa, der neben ihm saß, hatte einen Korb mit seinen geliebten Mohnkringeln entdeckt, zog ihn zu sich heran und verputzte gleich zehn Stück, dann lehnte er sich zurück und ließ die Äuglein über die Gesichter der Frauen wandern.

Frauen gab es hier viel weniger als Männer. Die Ältesten waren wohl um die fünfzig, aber da waren auch ganz junge.

»Ach, wie schön!« sagte der Kammerdiener auf japanisch.

Das junge Mädchen mit dem roten Kopftuch war Fandorin auch schon aufgefallen. Der Blick blieb ganz von selbst an ihr haften. Frisches, lebhaftes Gesicht, perlendes Lachen, strahlende schwarze Augen – unter den faden Siedlerinnen wirkte die Schöne wie eine leuchtende Blume im vergilbten Gras. Links von ihr saß Lukow.

»Oi, Kusma«, rief sie schallend, »du weißt ja gar nicht, was mir heute passiert ist! Schrecklich!«

Die Mitglieder der Gemeinschaft redeten einander unabhängig vom Alter alle mit Du an, das hatte Fandorin schon bemerkt, darum wunderte er sich jetzt nicht. Erstaunlich war etwas anderes – Lukows Reaktion. Er ächzte auf und griff sich ans Herz.

»Was war denn, Nastja? Mach mir keine Angst!«

Sein Schreck war aufrichtig.

Die rosige Nastja wandte sich lachend den anderen Nachbarn zu, die nur Männer waren.

»Euch hab ich's schon hundertmal erzählt, darf ich noch mal?«

Alle versicherten ihr einstimmig, die Geschichte gern noch einmal hören zu wollen. Und ob! Mit solchem Stimmchen und solchem Gesichtchen hätte sie die Multiplikationstabelle hersagen können, und die Begeisterung des anderen Geschlechts wäre ihr sicher gewesen.

»Ich habe sie wieder gesehen, die Schwarzen Tücher!«

»Was sagst du da?« Lukow schlug nach Weiberart die Hände zusammen. »Wie? Wo? Haben sie dir auch nichts getan?«

»Lass mich ausreden!« Das Mädchen gab dem Vorsitzenden spielerisch einen Klaps auf die Hand. »Ich bin am Morgen zum Bach gegangen, um Blumen zu pflücken. Plötzlich ist mir's eiskalt den Rücken runtergelaufen. Ich dreh mich um, und da gucken mich von der andern Seite aus dem Gebüsch zwei Männer an! Mit schwarzen Gesichtern! Da bin ich vielleicht losgerannt, bis zum Dorf, ohne Besinnung, sogar einen Schuh hab ich verloren, den aus Saffian, den du voriges Jahr aus der Kreisstadt mitgebracht hast. Zum Glück ist Mischa kein Angsthase und hat ihn später geholt.«

Ohne die Finger von Lukows Hand zu nehmen, streichelte sie dem jungen Mann, der zu ihrer Rechten saß, die Schulter, guckte aber woanders hin.

»Mich sieht sie an«, flüsterte Masa und wandte der Schönen das Profil zu, damit sie sich daran freuen konnte.

Nicht dich, sondern mich, wollte Fandorin sagen, doch er schwieg.

»Ach nein, Blumen pflücken am Morgen«, zischte eine Frau, die in der Nähe saß. »Wir andern arbeiten alle auf dem Feld, und Nastja geht spazieren.«

Ein bejahrter Siedler in einer vorsintflutlichen Uniform mit den Schulterklappen eines Fähnrichs und der Medaille »Für die Unterwerfung Tschetscheniens und Dagestans« erhob sich, um einen Toast auszubringen.

»Liebe Freunde! Heute, am zweiundachtzigsten Jahrestag der Schlacht bei Borodino, möchte ich mein Glas mit Met erheben auf den Ruhm der russischen Waffen! Die Amerikaner haben noch nie einen Sieg errungen, außer den über die unglücklichen Mexikaner, aber wir haben sogar Napoleon bezwungen! Auf unser großes Vaterland!«

Und er schmetterte mit klirrender Stimme: »Siegesdonner, laut erschalle, und nun freu dich, kühner Russ!«

Mehrere fielen gefühlvoll ein, aber nicht alle.

Die Bucklige zum Beispiel, die keinen Moment zum Sitzen kam und dafür sorgte, dass Fandorin und Masa immer was auf dem Teller hatten, sang nicht mit.

»Borodino, das ist lange her«, bemerkte sie bissig. »Es wär an der Zeit, wieder mal jemanden zu besiegen, ist ja peinlich.«

Sie liest gern Tschechow, erinnerte sich Fandorin mit einem Blick in ihr kluges, schmallippiges Gesicht.

»E-Erlauben Sie, und der türkische Feldzug?«

»Da hat der Scheele den Blinden besiegt und selber ein Auge verloren.«

Fandorin dachte genauso über den Balkankrieg und widersprach ihr nicht.

»Essen Sie, essen Sie«, nötigte ihn Jewdokia. »Ich habe alles selber zubereitet. Ich bin hier eine Art ›Olivier‹. Wie ich gelesen habe, gibt es in Moskau ein berühmtes Restaurant, das so heißt. Wird da gut gekocht?«

»Früher mal. In den letzten Jahren geht man da weniger hin, um zu speisen, als vielmehr ...« er suchte nach dem richtigen Ausdruck »... um sich zu amüsieren. Da sind jetzt oben intime Zimmer.«

»Keine schlechte Idee«, sagte lachend Jewdokia, die nicht zur Prüderie neigte. »Die Männer werden angelockt mit dem Gefieder und festgehalten mit dem Futter. Das hab ich immer schon gewusst, darum hab ich Köchin gelernt. Bevor unsere Nastja« – sie nickte zu der Schönen mit dem roten Tuch hin – »in das Alter kam, hatte ich die meisten Männer bei mir.«

Das Gespräch, das eben eine interessante Richtung nahm, brach an dieser Stelle ab, denn eine dicke Dame mit bestickter Bauernbluse und Kneifer setzte sich zu Fandorin.

»Aus welchem Staat sind Sie hierher zu uns gekommen?«, fragte sie, vergeblich um volkstümliche Umgangssprache bemüht.

»Aus Boston.«

»Gibt's da viele von den Unsern?«

»Russen? Fast gar keine.«

»Sie leben also unter lauter Amerikanern?« Sie seufzte mitfühlend. »Sind Sie schon lange weg aus Russland?«

»Das vierte Jahr. Aber von Zeit zu Zeit fahre ich hin.«

Die Dicke wurde lebhaft.

»Und, ist es dort schlimm? Hunger, Armut?«

Fandorin beurteilte die Situation in der Heimat pessimistisch, aber damit mochte er seine Gesprächspartnerin nicht erfreuen.

»Nicht doch! Die Zeitungen schreiben, dass die Industrie wächst und der Rubel sich erholt. Armut gibt es noch, aber die Hungerzeiten sind vorbei.«

»Und das glauben Sie? Ist doch Propaganda.« Die Dame zog verächtlich das Gesicht schief. »Als ob in Russland einfache Bauern wie wir sich solche Bewirtung leisten könnten!« Sie zeigte ausholend auf den Tisch und schloss überzeugt: »Dort ist die Hölle, hier das Paradies. Und mit diesen Händen gebaut.«

Die Matrone zeigte Fandorin und Masa ihre pummeligen Finger und entfernte sich stolz.

»Kanots mo waru nai na«*, sagte Masa und schnalzte ihr hinterher.

»Ihr Chinese sagt, sie ist dumm?« Jewdokia schmunzelte. »Natürlich, Lipotschka hat das Pulver nicht erfunden, aber sie sagt die Wahrheit. Wir haben wirklich das Paradies. Besonders für solche wie mich.«

Masa seufzte. »Japaner bin ich.«

»Für solche wie Sie?«, fragte Fandorin. »Was meinen Sie, Jewdokia … Pardon, ich weiß Ihren Vatersnamen nicht.«

»Sagen Sie einfach Dascha. Wir achten hier nicht so auf die Form … Sie sind ja ritterlich. Als ob Sie nicht verstanden hätten. Ich meine meinen Buckel.« Sie streckte den unverhältnismäßig lan-

* (jap.) Auch eine schöne Frau.

gen Arm aus, klopfte sich auf den Rücken und lachte ohne Bitternis. »Ich bin ja nicht wie die anderen Jungen und Mädchen wegen Gleichheit und Brüderlichkeit hierhergekommen, sondern um als Frau mein Glück zu finden. Und bin nicht enttäuscht worden. Zu Hause hätte ich keine Familie und keine Arbeit gehabt. Mir blieb nur, ins Kloster zu gehen. Aber ohne an Gott zu glauben wäre das unanständig gewesen. Hier jedoch hatte ich mehrere Männer und habe vier Kinder geboren. Anfangs sind die Männer aus Menschenliebe zu mir gekommen. Denn auf einer Insel der Gerechtigkeit darf es keine Benachteiligten geben. Dann haben sie sich an mich gewöhnt und sind geblieben. Ich koche gut, kann zuhören und wenn nötig Trost spenden. Für die Männer gibt es nichts Wichtigeres.«

»Und so ist alles ungetrübt in Ihrem hiesigen L-Leben?«

Fandorin warf einen Seitenblick auf die laut lachende Nastja.

Dascha hatte ihn verstanden.

»Sie denken an Nastja?«, antwortete sie. »Schönes Mädchen. Und gescheit. Sie hat begriffen, dass sie bei ihrem Aussehen nicht zu arbeiten braucht. Die Hälfte der Männer ist verrückt nach ihr, besonders die Älteren, wie Kusma. Zwei Männer hat sie mir abspenstig gemacht, aber drei sind geblieben. Und auch die zwei werden zurückkommen, da bin ich mir sicher. Dieser zauberhafte Schmetterling wird sich nicht lange bei uns halten. Sie hat Sehnsucht und Langeweile. Möchte in die weite Welt fliegen und kann sich noch nicht entschließen. Schrecklich, wenn man im Leben nichts gesehen hat als das Traumtal.«

Ihm gefiel ihre Art zu reden – ohne Harm, ruhig.

»Obwohl, wenn es so weitergeht, wird bald niemand von uns mehr hier sein«, fügte sie traurig hinzu. »Die bösen Menschen mit den schwarzen Masken werden unsern Traum zerstören …«

Über die Angelegenheit wurde nach der Mahlzeit in der Leitung gesprochen. Außer dem Vorsitzenden nahmen zwei ältere Siedler an der Besprechung teil: der Fähnrich und ein magerer Mann mit blauer Brille, der sogleich mitteilte, sein Augenlicht sei geschädigt worden, als er wegen seiner Überzeugung in einer finsteren Kasematte saß.

Fandorin erfuhr nichts Neues von dem Trio, er hörte nur Gejammer und Klagen über das Schicksal. Zwar wurde ihm jegliche Hilfe versprochen – nur nicht die Teilnahme an gewaltsamen Aktionen.

Dann wurden Zeugen befragt. Leider fast ohne Ergebnis.

Nastja hatte ihrer Erzählung nichts hinzuzufügen.

Chariton, der Hirt, dessen Schafherde abgeknallt worden war, hatte kaum etwas sehen können, nur ein paar Reiter mit schwarzen Binden oder Tüchern vorm Gesicht. Die hatten Unverständliches geschrien und nach allen Seiten geballert. Er hatte Angst bekommen und war davongelaufen. Selbst die einfache Frage, ob bei den Räubern unter den Tüchern Bärte hervorgeschaut hätten, konnte er nicht beantworten.

Fandorin suchte den Schauplatz des Gemetzels auf, allein, da keiner der Siedler bereit war, die mit zwei Schädeln auf Stöcken markierte Grenze zu überschreiten. Auf der Wiese lagen da und dort tote Schafe wie schmutzig-graue Haufen, umwimmelt von unzähligen Aasfliegen. Fandorin hielt sich die Nase zu, weil es bestialisch stank, und stocherte ein paar Kugeln aus Bäumen, wo sie steckengeblieben waren. Es waren Gewehr-, Karabiner- und Revolverkugeln. Jedenfalls war die Geschichte mit dem Überfall nicht erfunden.

Dann untersuchte er die beiden Schädel. Das erbrachte auch nichts Nützliches. Der erste hatte ein Kugelloch im Scheitelbereich. Jemand hatte aus sehr geringer Entfernung und einiger Höhe von hinten geschossen, aus einem Hinterhalt wohl, von einem Baum oder einem kleinen Felsen. Das aber war vor fünfzehn oder zwanzig Jahren gewesen. Der zweite Schädel war noch älter. An

Beschädigungen zeigte er nur eine Messerspur. Wahrscheinlich war der Mann skalpiert worden, und der Täter hatte mit dem Messer zu stark aufgedrückt.

Hier auf den Gebirgspfaden lagen wahrscheinlich viele Menschenknochen, noch aus den Indianerzeiten.

Das Territorium, das früher den russischen Siedlern gehört hatte und von den Schwarzen Tüchern annektiert worden war, wimmelte von Hufspuren. Aber sie führten Fandorin nicht weit, nur bis zu den Felsen, wo der kahle Stein keine Hufabdrücke aufnahm. Um einer solchen Spur zu folgen, musste man über Fertigkeiten verfügen, die der Stadtmensch Fandorin nicht besaß.

Als er ins Dorf zurückkehrte, war es schon dunkel. Die Siedler standen dicht gedrängt und warteten, was der Fachmann ihnen zu sagen hatte.

Aber Fandorin erzählte nichts. Er hieß Masa, sich fertig zu machen, und stieg wortlos in den Sattel.

»Wo wollen Sie denn hin in der Nacht?«, fragte Kusma Lukow.

»Ein kleiner Sp-pazierritt. Ich will die Version Nummer eins überprüfen.«

Schneewittchen und die sieben Zwerge

Die Version Nummer eins war vorerst die Einzige. Und nach Fandorins Überzeugung die logischste.

Auf engem Raum existieren zwei Nachbarn, deren Verhältnis zueinander so zerrüttet ist, dass sie sich mit einem Zaun voneinander abgrenzen. Die russischen Siedler sind friedliche, nachgiebige Menschen, wohingegen die entwichenen Mormonen, wie berichtet wird, kämpferisch, streitsüchtig, unversöhnlich sind. Mit Fremden machen sie nicht viel Federlesens, und sie können bestens mit Waffen umgehen.

Über die Celestianer hatte Fandorin Folgendes herausgefunden:

Der Apostel Moroni und sechs seiner Brüder hatten den Staat Utah verlassen, das alte Bollwerk ihrer alttestamentarischen Religion, als die Väter der mormonischen Kirche unter dem Druck der Behörden zu überlegen begannen, ob sich ihre Gemeinde nicht von der Vielweiberei lossagen sollte. 1890 erließ der vierte Kirchenpräsident Wilford Woodruff ein Manifest, das den Mormonen verbot, mehr als eine Frau zu haben; da brachen die Celestianer die Beziehungen zu ihren einstigen Glaubensbrüdern endgültig ab.

Ihre Gemeinschaft isolierte sich von der Außenwelt noch mehr als der »Lichtstrahl«. Sie ließen niemanden auf ihr Territorium. Kusma Lukow hatte unterwegs erzählt, Moroni habe den Polizeichef von Splitstone vor die Wahl gestellt: Wenn er auf ihr Gebiet vordringe, werde er auf der Stelle erschossen, wenn er aber Abstand halte, bekomme er jeden Monat hundert Dollar. Und da das genau das Doppelte seines Gehalts sei, habe der Marshal gern eingewilligt (was sei von dem Helden mit der roten Nase auch anderes zu erwarten gewesen?) und erklärt, die Frage der Gerichtsbarkeit im Dream Valley sei strittig. Vielleicht unterstehe ihm das Tal gar nicht. Bevor das von kompetenten Instanzen entschieden sei, werde er sich nicht um das Dream Valley kümmern. Zugleich wies er auch jede Verantwortung für das Geschehen in der russischen Hälfte von sich, was ihm späterhin sehr zustatten kam, als dort die Bande auftauchte.

So geschah es, dass niemand die Celestianer anrührte und niemand sie hinderte, nach ihren Sitten und Gebräuchen zu leben.

Jeder der Brüder hatte mehrere Frauen, der älteste wohl gar ein Dutzend. In jeder Familie lebten an die zwanzig Kinder. Die Proportion zwischen Männern und Frauen wurde dadurch aufrechterhalten, dass nach Erreichen der Volljährigkeit nur der älteste Sohn das Recht erhielt, zu Hause zu bleiben. Man verheiratete ihn gleich mit zwei Bräuten, Kusinen. Die übrigen Söhne mussten »in die Welt« gehen und durften nur zurückkehren, wenn sie mindestens zwei neubekehrte Mädchen mitbrachten, sogenannte Täubchen.

Die Celestianer waren reich. An Büchern ließen sie ausschließlich das Alte Testament gelten. Sie waren fleißig. Abergläubisch. Ausgezeichnete Reiter. Trugen Hüte mit hohem konischem Oberteil, um die Gedanken himmelwärts zu lenken. Die Männer hatten keinen Schnurrbart, die Haare auf dem Kinn ließen sie jedoch wachsen, denn die bargen die Heiligkeit.

Deshalb hatte Fandorin den unbedarften Chariton gefragt, ob unter den schwarzen Tüchern der Räuber Bärte hervorgeschaut hätten.

Die Celestianer empfanden die russische Kommune sicherlich als Pfahl in ihrem Fleische. Wenn die Kommune das Dream Valley verließe, wäre das Tal eine absolut geschlossene Enklave, in der die Sektenmitglieder völlige Freiheit hätten.

Als die Langbärte von der Bande der Schwarzen Tücher hörten, von der sie noch kein Mitglied zu Gesicht bekommen hatten, beschlossen sie, die Chance zu nutzen. Die List war leicht zu durchschauen. Das Prinzip »Wem nützt es« war hier überflüssig. Es gab einfach keine anderen Verdächtigen. Auch der bescheidene Einfall von einem kopflosen Geist stammte gewiss von den Celestianern. Nach ihrer simplen Berechnung sollte das kindische Schreckgespenst die Spur verwischen und den Eindruck erwecken, dass sie auch Opfer wären.

Tja, im amerikanischen Westen war alles primitiv, selbst die Pläne der Verbrecher.

Mit dieser blöden Geschichte musste schleunigst Schluss gemacht werden, gleich heute Nacht. Dann konnte er zurückkehren und an der Vervollkommnung der Feststellbremse weiterarbeiten.

Fandorins Überlegungen wandten sich in eine interessantere Richtung. Das wahre Leben war dort, im Labor des technologischen Instituts von Massachusetts, wo die helle und vernünftige

Zukunft der Menschheit geschmiedet wurde, gegen welche die lächerlichen Geheimnisse von Dream Valley dummes Zeug waren.

Die Fuchsstute schritt gleichmäßig aus, schwebte lautlos über dem durchs Gras kriechenden Nebel. Ihre Hufe waren mit Lappen umwickelt, was die Geräusche dämpfte. Um die Tarnung war es schlechter bestellt. Bei Tageslicht sah Fandorins verschmutzter Anzug wohl nicht mehr weiß aus, aber in der Dunkelheit schimmerte er hell.

Dafür war Masa weder zu sehen noch zu hören. Er hatte sich irgendwo versteckt und hielt Fandorin den Rücken frei. Die Stiefel mit den Sporen hatte er im Dorf gelassen, trug stattdessen Fußlappen und Bastschuhe, mied den Weg und hielt sich im Schatten.

Eine Viertelstunde lang ritt Fandorin im Schritt an dem hölzernen Zaun entlang, der das Tal in zwei Hälften teilte, und suchte vergeblich nach einer Lücke. Eben erwog er hinüberzusetzen und nahm sogar das Gewehr aus dem Sattelfutteral, damit es beim Anlauf nicht dem Pferd gegen die Flanke schlug.

Da ertönte plötzlich ein sonderbares Rascheln, etwas Langes, Dünnes sauste durch die Luft, und ehe der Reiter begreifen konnte, was geschah, legte sich eine Seilschlinge um seine Schultern, und im nächsten Moment riss ihn ein mächtiger Ruck aus dem Sattel.

Die Remington flog klirrend zur Seite. Zwar hatte Fandorin früher mal die Kunst des weichen Fallens erlernt, doch mangels Praxis wieder vergessen. Er kam nicht dazu, einige Muskeln anzuspannen und andere zu lockern, und krachte auf die Erde, dass es ihm in den Ohren dröhnte. Im Übrigen hätte sich einer, der das Fallen nie geübt hatte, bei solchem Sturz wohl den Hals gebrochen.

Wegen des widerlichen Dröhnens in den Ohren konnte der Gestürzte sekundenlang nichts hören, doch er sah deutlich hinter dem Zaun zwei dunkle Flecke auftauchen. Holz knarrte, und die Flecke verwandelten sich in flinke Schatten.

Fandorin lag regungslos und hielt den Arm unnatürlich verdreht, als wäre er ohnmächtig. Wenn ihm nur Masa jetzt nicht zu Hilfe eilte! Das tat er nicht, er war ein erfahrener Mann.

Nach den Bewegungen und den Stimmen zu urteilen, waren die vorsichtig Näherschleichenden ganz jung.

»Ob ich schieße?«, fragte der eine in angespanntem Diskant.

Der Zweite antwortete nicht sofort.

»Hast du die Silberkugel drin?«

»Was denn sonst?«

Sie standen drei Schritte entfernt, als trauten sie sich nicht näher heran.

»Warte.« Das Geräusch eines Pfropfens, der aus einer Flasche gezogen wird. »Erst mal mit Weihwasser besprengen.«

Fandorin bekam kalte Spritzer ab. Was war das für ein Theater?

Die Bürschchen, die höchstens zwanzig waren, murmelten miteinander ein Gebet: »Und führe uns nicht in Versuchung, sondern erlöse uns von dem Übel. Amen.«

»Hat er einen Kopf?«, fragte der Erste und zog die Nase hoch.

»Ich glaub schon. Aber wer weiß das so genau bei den Gespenstern … Hast du gesehen, wie er über der Erde geschwebt ist? Wie durch die Luft. Grausig!«

»Ich fühl mal.« Ein Gewehrlauf berührte den Kopf des Liegenden. »Ja, er hat einen!«

Na, das war zu viel.

Fandorin, ohne aufzustehen, ließ seine Beine kreisen wie verrückt gewordene Uhrzeiger auf dem Zifferblatt, und der eine Angreifer polterte mit einem Schrei zu Boden. Den Zweiten packte Fandorin, der sich etwas aufgerichtet hatte, mit der Linken an der Gürtelschnalle und riss ihn zu sich, um ihn mit der rechten Faust auf die Nasenwurzel zu schlagen. Nun musste er sich nur noch zu dem Ersten hinüberschnellen, bevor der sich berappelte, und ihm einen Hieb ins Genick zu versetzen.

Schon lagen sie beide mucksmäuschenstill nebeneinander.

Fandorin klopfte sich ab und stand auf. Ärgerlich streifte er das Lasso von den Schultern und warf es weg.

»Masa, verdammt noch mal, wo steckst du?«

Der Japaner kam sogleich aus der Dunkelheit, er führte die Fuchsstute am Zügel.

»Du gibst mir ja schöne Deckung!«, bellte Fandorin ihn an und rieb sich den beim Sturz geprellten Ellbogen. »Und wenn sie nun nicht die Leine geworfen hätten, sondern aus zwei Läufen geschossen, was dann?«

»Ich hätte Sie glausam gelächt, Herr«, antwortete sein Helfer sorglos. »Lassen Sie uns lasch nachsehen, wel diese Leute sind. Ich bin neugielig.«

Während Fandorin seine Taschenlampe aus der Satteltasche holte, fesselte Masa die Gefangenen und drehte sie auf den Rücken.

Schwarze Tücher trugen sie nicht, was Fandorin nicht ohne Enttäuschung vermerkte, als der Lichtstrahl die Gesichter der nächtlichen Räuber beschien. Beide waren tatsächlich halbwüchsige Jungs. Der eine hatte auf Kinn und Wangen langen komischen Flaum wie Entendaunen. Bei dem Zweiten waren die Haare etwas länger und storrer, dafür aber viel weniger.

»Wo sind denn die berüchtigten k-konischen Hüte?«, murmelte Fandorin.

Masa machte sich jenseits des Zauns auf die Suche und fand im Gebüsch die ungewöhnlichen Kopfbedeckungen; eine davon stülpte er sich gleich auf.

»Nimm das wieder ab«, sagte Fandorin angesichts der kompakten gerundeten Silhouette seines Kammerdieners, die sich nun nach oben hin verjüngte. »Du siehst aus wie eine E-Einlaufspritze.«

»Und Sie, Herr, haben sich von zwei glünen Bengels mit dem Lasso fangen lassen«, sagte der Japaner beleidigt.

»Schon gut, schon gut. Hilf mir mal.«

Sie warfen die besinnungslosen Celestianer auf die Fuchsstute.

»Blingen wir sie dorthin?« Masa nickte in Richtung des russischen Dorfes.

»Nein, dorthin.« Fandorin zeigte zum Celestianerdorf. »Und du verschwinde. Wenn was ist, du weißt ja Bescheid.«

Masa wich mit einer Verbeugung zurück und löste sich in der Dunkelheit auf.

Mit einem Fußtritt stieß Fandorin ein Stück des Zauns um und führte die Fuchsstute über das Feld, hinter dem Lichter zu sehen waren.

Die Siedlung der abgespaltenen Mormonen schmiegte sich in eine Einbuchtung eines gewaltigen Felsens. Damit war ihre Rückseite sicher gedeckt durch die steilen Wände, die bis in den Himmel aufstiegen, während vorn ein Zaun aus angespitzten Baumstämmen Schutz gab. Diese Palisade war sehr gründlich gebaut worden: Rechts und links stieß sie an den Berg, und über dem massiven Tor in der Mitte ragte ein Wachturm empor. Der Raum vor dieser Festung, die geschaffen worden war mit den vereinten Kräften von Natur und Menschen, war beleuchtet von Fackeln, die in der Erde steckten. Da war nicht unbemerkt heranzukommen.

Aber Fandorin wollte auch nicht unbemerkt bleiben.

Er betrat die beleuchtete Fläche und stellte sich für alle Fälle, damit der Wachposten nicht schoss, hinter sein Pferd.

»Hey, ihr da auf dem Turm!«, rief er laut.

Die gefesselten Jünglinge waren schon zu sich gekommen. Sie zappelten und ächzten, denn Masa hatte nicht vergessen, ihnen einen Knebel in den Mund zu stecken.

»Wer da?«, klang eine zitternde Stimme vom Turm. »Bist du ein Mensch oder ein Geist? Brüder, Brüder!«

Der Wächter schlug die Signalglocke an, worauf hinter der Palisade Schreie und das Trappeln vieler Füße ertönten.

Fandorin musste ein Weilchen warten.

»Still, hört auf zu zappeln«, sagte er zu den Gefangenen. »Wenn ihr gehorcht, lass ich euch bald frei.«

Zwischen den spitz behauenen Balkenenden zeigten sich Köpfe mit konischen Hüten; Gewehrläufe blinkten.

»Sagt, wer ihr seid«, befahl Fandorin und befreite die Gefangenen von den Knebeln.

»Wir sind's, wir!«, riefen die jungen Männer folgsam.

»Wer ist wir?«, tönte eine tiefe Stimme. »Wenn ihr nächtliche Geister seid, geht lieber eurer Wege! Wir haben Silberkugeln und Weihwasser!«

»Wir sind Jesaja und Absalom! Man hat uns gefesselt.«

»Wer hat das getan?«

Fandorin meinte, jetzt vortreten zu können.

»Ich! Mein Name ist Erast Fandorin. Ich bin durchs Tal geritten. Diese Lümmel haben mich ohne Vorwarnung überfallen. Ich hätte sie töten können. Oder zum Marshal bringen. Aber sie haben mir leid getan. Sie sind ja noch ganz jung.«

Auf der Palisade wurde beraten. Dann rief der Bass: »Erast – das ist ein guter Name. Bist du einer von uns, ein Mormone?«

»Nein, ich bin Russe, zu Besuch bei meinen Landsleuten. Was mach ich nun mit den beiden Räubern? Wenn sie nicht von euch sind, bring ich sie nach Splitstone.«

Wieder Getuschel, das länger dauerte. Dann knarrte das Tor.

»Es macht nichts, dass du Russe bist. Alle Menschen sind Brüder. Komme herein, guter Mann. Du hast barmherzig gehandelt.«

Auf dem dreieckigen Platz zwischen der Palisade und der Felswand standen sieben feste Häuser mit Obergeschoss, jeweils mit Wirtschaftsgebäuden. Etwas abseits lagen Speicher, ein großer Kuh- und ein Schweinestall, eine Schmiede und ein Korral. Überall brannten Öllampen, und es war zu sehen, wie liebevoll und sorgfältig hier mit jedem Stückchen Land umgegangen wurde. In der

Mitte blinkte das dunkle Wasser eines idyllischen kleinen Teichs. Blumenbeete dufteten. Über ein mit Steinen eingefasstes Bächlein führte eine winzige Brücke.

Schon wieder eine Abart des irdischen Paradieses für die eigenen Leute, dachte Fandorin angesichts der Himmelsbrüder, die aus ihren Häusern strömten.

Allerdings waren es hauptsächlich Schwestern. Sie alle trugen weiße Schürzen, und ihre Gesichter waren unter den riesigen Spitzenhauben kaum zu sehen. Die Frauen standen in Grüppchen bei der Vortreppe ihres Hauses, sahen zu und überließen das Handeln den Männern.

Es waren höchstens zwanzig Männer unterschiedlichen Alters, doch einheitlich gekleidet: spitz zulaufende Hüte, dunkle Anzüge, weiße Hemden ohne Krawatte. Alle trugen Vollbart, der bei einigen bis unter den Gürtel reichte.

Die Anordnungen traf ein niedrig gewachsenes Männlein mit dichten Augenbrauen um die fünfzig, bekleidet mit einem braunen Gehrock und mit einem Hut, den eine Silberschnalle zierte; er war es wohl, der vom Wachturm herab mit Fandorin geredet hatte. Fandorin dachte, dies müsse der Apostel sein, doch er erkannte bald, dass er sich irrte.

Während die Celestianer die Jünglinge mit den biblischen Namen losbanden und ausfragten, verschwand das Männlein, kam dann zurück und führte Fandorin beiseite.

»Im Namen des Apostels Moroni und unserer ganzen Gemeinschaft spreche ich dir unsere aufrichtige Entschuldigung aus, guter Wanderer. Vergib unseren unvernünftigen Brüdern. Sie haben das aus eigenem Antrieb getan und werden streng bestraft werden. Ich bin der Älteste Rasis. Die übrigen Ältesten und der Apostel persönlich bitten dich zu einem Gespräch.«

Er zeigte mit einer Verbeugung auf das größte Haus, auf dem ein geschmiedetes schwarzes Kreuz aufragte.

»Ich d-danke.«

Bevor er dem Ältesten folgte, drehte er sich um und ließ den Blick rasch über die Palisadenspitzen gleiten.

Und richtig, ganz in der Ecke, an der Felswand, war zwischen den Zacken ein rundes Fleckchen zu erkennen – Masa auf Beobachtungsposten.

In dem geräumigen Zimmer mit den geweißten Wänden war kein Mensch. Fandorin wandte sich um, aber Rasis, der ihm den Vortritt gelassen hatte, war verschwunden. Achselzuckend trat Fandorin über die Schwelle und hielt Umschau.

Die Einrichtung war bescheiden, doch auch feierlich – das eine schloss das andere seltsamerweise nicht aus. Ein langer Tisch mit sieben hohen Holzsesseln, deren einer, der mittelste, mit seiner reichgeschnitzten Lehne an einen Thron erinnerte. Ihm gegenüber stand ein einzelner Stuhl, offenbar für den Gast bestimmt. Oder für den Angeklagten?

An Raumschmuck gab es nur die große Gravüre einer gotischen Kathedrale, in der Fandorin den berühmten Tempel der Mormonen in Salt Lake City erkannte.

Mehr war in dem Zimmer nicht zu sehen. Fandorin, gelangweilt, setzte sich auf den Stuhl, und sogleich, als hätte man diesen Moment abgewartet worden, ging die weiße Doppeltür ihm gegenüber auf.

Herein kamen sieben Männer, alle im braunen Gehrock wie Rasis, mit überlangen Bärten, und nahmen feierlich Platz. Sie waren durchweg klein und kräftig und hatten zottige Augenbrauen, und man sah sofort, dass sie leibliche Brüder waren.

Auf den mittelsten Sessel setzte sich ein robuster Grauhaariger mit rosigen Wangen und sehr breitem, finster eingekniffenem Mund. Er trug wie die anderen einen Hut mit Schnalle, doch die war bei ihm nicht aus Silber, sondern aus Gold. Das war nun gewiss der Apostel Moroni, wer sonst.

Eine Begrüßung erfolgte nicht. Die sieben Brüder starrten den Mann im weißgrauen Anzug durchdringend an. Auch Rasis, der den Russen doch schon vorher hatte beaugenscheinigen können.

Fandorin musterte seinerseits die Ältesten der Celestianer. Ich komme mir vor wie Schneewittchen bei den sieben Zwergen, dachte er und biss sich auf die Lippe, um nicht zu schmunzeln.

»Wir leben in schrecklichen Zeiten«, sagte Moroni mit knarrender Stimme, und die Übrigen nickten schweigend. »Jesaja und Absalom sind tapfer, doch unvernünftig. Sie wollten auf eigenes Risiko den Teufel aufspüren, der sich gegen unsere friedliche Gemeinschaft verschworen hat. Nach ihren Worten kam aus dem Dunkel eine weiße Gestalt zu Pferde lautlos hervorgeschwebt. Da haben sie Unrat gewittert.«

»Ich bin nicht auf eurem Land geritten, sondern auf der russischen Hälfte.«

»Die Jungs haben einen Reiter mit Gewehr gesehen. Alle wissen, dass die Russen Feiglinge sind und keine Waffen führen. Wer bist du wirklich?«

Fandorin erklärte kurz den Auftrag, den er von Colonel Star erhalten hatte, wobei er die Gesichter der Ältesten im Blick behielt. Die hörten ihm sehr aufmerksam zu. Als er die Schwarzen Tücher erwähnte, lächelten einige, doch nicht verschlagen oder schadenfroh, sondern eher verächtlich.

»Du bist ein sehr mutiger Mensch, wenn du nachts allein durchs Tal reitest!«, rief Rasis. »Das würde keiner von uns wagen. Selbst die dummen Grünschnäbel Absalom und Jesaja sind zu zweit durchs Tor gegangen.«

»Soll ich vielleicht die B-Banditen fürchten? Ich bin ja nicht gekommen, um mich vor ihnen zu verstecken, sondern um sie zu finden. Mr. Star ist bereit, sich mit ihnen gütlich zu einigen.«

Er machte eine beredte Pause, doch Moronis Antwort war überraschend: »Der Älteste Rasis spricht nicht von Banditen. Erstens gibt es in diesem Tal keine, sonst wüssten wir das. Und zweitens fürchten wir Celestianer keinen der irdischen Bewohner und erst recht nicht jämmerliche Räuber.«

»Wen fürchtet ihr dann?« Fandorin lächelte. »Doch nicht etwa den kopflosen Reiter?«

Seine scherzhaft gemeinte Frage setzte die Brüder in Verwirrung. Sie tuschelten untereinander, wobei die außen Sitzenden sogar aufsprangen, um an der Erörterung beteiligt zu sein.

Fandorin blickte taktvoll weg, aber er spitzte die Ohren. Worum sich der Streit drehte, blieb unverständlich, die Meinungen schienen jedoch geteilt.

»Du weißt von dem Kopflosen und machst dennoch einen nächtlichen Spazierritt?«, fragte der Apostel ungläubig.

»Ja, ich habe davon gehört.« Es wollte Fandorin nicht in den Kopf: Glaubten diese erwachsenen und lebenserfahrenen Männer ernsthaft an ein Gespenst?

»Weißt du auch von dem Indianer auf seinem Schecken?«, fragte Moroni in dem gleichen Ton.

Es wurde Zeit, herauszufinden, was hinter alldem steckte. Im Saloon hatte der dunkelhäutige Washington Reid alle erschreckt, und jetzt unkten hier die sieben Zwerge.

»Ich wäre euch sehr verbunden, wenn ihr etwas ausführlicher von dem Kopflosen R-Reiter erzähltet.«

Der Apostel machte dem rechts von ihm sitzenden Ältesten ein Zeichen.

»Erzähl's ihm, Jeremia, wie nur du es kannst.«

Das ließ sich der graubärtige Jeremia nicht zweimal sagen. Er schien in der Gemeinschaft den Ruf eines begnadeten Erzählers zu genießen.

Laut räusperte er sich die Kehle frei, was schon recht unheilvoll klang, dann hob er an mit den Grimassen und Modulationen eines Provinztragöden.

»Am dreiundzwanzigsten August jährte sich der Schreckenstag zum dreizehnten Mal. Genau zum dreizehnten Mal!«

»Genau zum drrreizehnten Mal!« Er krächzte es förmlich heraus. Die Brüder bekreuzigten sich.

»In der Zeit des Goldrauschs gab es in dieser Gegend keinen schlimmeren Mordbuben als den Häuptling Gespaltener Stein vom Indianerstamm Dakota. Er war sieben Fuß hoch und ritt einen riesigen Schecken, der sich an den Kämpfen mit den Vorderhufen beteiligte. Die Siedler bezeichnete Gespaltener Stein als ›bleiche Heuschrecken‹, betrachtete sie nicht als Menschen und tötete sie wahllos, auch Frauen und Säuglinge. Der blutrünstige Wilde glaubte, von den Weißen gebe es so viele, weil ihre Getöteten wieder auferstünden und von neuem in das Indianerland zurückkehrten. Darum durchstach er seinen Opfern das Trommelfell, denn ein Medizinmann hatte ihm gesagt, dann ginge die Seele in die Erde und kehrte nicht zurück. Du hast natürlich davon gehört, dass ein gewaltiges Indianerheer 1876 das 7. Kavallerieregiment unter General Custer aufrieb und keinen einzigen Mann am Leben ließ?«, fragte Jeremia. »Damals wurde viel über dieses entsetzliche Rätsel gesprochen.«

»Ich habe von dem Gemetzel am Little Big Horn gehört. Aber ich hörte auch, dass George Custer seinerzeit die Militärakademie als schlechtester Absolvent seines Jahrgangs abschloss. Sicherlich erklärt dies das ›entsetzliche Rätsel‹.«

»Ich spreche nicht von der Ursache der Niederlage, sondern von der grausigen Entdeckung der Scouts, die als Erste das Schlachtfeld fanden.« Jeremia verfiel in angsteinflößendes Flüstern. »Bei allen zweihundertsechsundsechzig Soldaten und Offizieren war das Trommelfell durchstochen. So einer war Gespaltener Stein. Kein Wunder, dass man mit ihm den Kindern von Colorado bis Montana Angst einjagte. Die anderen Häuptlinge waren längst geschlagen oder hatten sich ergeben und waren in die Reservate gegangen, nur Gespaltener Stein durchstreifte noch die Prärien und Gebirge mit seinen Rothäuten und säte überall Tod und Angst. Ein paarmal entkam er wie durch ein Wunder den Fallen und Hinterhalten. Jedes Mal brachte ihn sein Schecke vor den Verfolgern in Sicherheit. Aber auch Gespaltener Stein fand sein Ende. Ihn richtete – wie viele starke Männer – eine Frau zugrunde.«

Die Ältesten nickten. Sie als eingefleischte Polygamisten durften in dieser Frage als Experten gelten.

»Sie hieß Hellblaue Eichelhäherin. Eine gewöhnliche Squaw, nichts Besonderes. Ich habe sie später im Reservat gesehen. Mager, hier nichts und hier nichts.« Jeremia zeigte es an sich. »Aber Gespaltener Stein war verrückt nach ihr. Und als die Scouts von Colonel McKinley sein Lager am Cotton Creek (das ist fünfzehn Meilen von hier) umstellten, ließ er sich mit der Kavallerie auf Verhandlungen ein, was er zuvor nie getan hätte. Früher hätte er seinen Kriegern befohlen, Frauen und Kinder im Stich zu lassen, hätte wie ein Wirbelwind angegriffen und wäre davongesprengt auf seinem scheckigen Satan. Jetzt aber zauderte er wegen seiner Eichelhäherin. Er ergab sich zu ehrenhaften Bedingungen: Keiner der Indianer wird angerührt, alle werden ins Reservat gebracht. Der Colonel persönlich bekräftigte die Absprache, indem er Gespaltenem Stein die Hand drückte. Und er hielt auch Wort – fast. Beim ersten nächtlichen Biwak, dort beim Snake Canyon« – der Erzähler zeigte zur Seite und nach oben –, »während Colonel McKinley schlief oder wenigstens so tat, zerrten Freiwillige den Häuptling zur Kante der Schlucht und hängten ihn auf – für alle seine Bluttaten und besonders für die durchstochenen Ohren. Den Schecken wollte keiner haben, obwohl es ein erstklassiges Pferd war, sie erschossen das Tier und zogen ihm nicht mal das Fell ab. Die übrigen Gefangenen wurden, wie versprochen, ins Reservat geschafft. Gespaltener Stein ist also am dreiundzwanzigsten August achtzehnhunderteinundachtzig gehenkt worden, so an die fünfhundert

Schritt von hier. Wenn wir gewusst hätten, dass hier eine so finstere Tat geschehen ist, hätten wir uns hier nicht angesiedelt.«

»Wahrlich«, sagte Moroni seufzend, und die anderen sprachen ihm nach: »Wahrlich.«

»Das ist natürlich eine spannende G-Geschichte, aber was hat der kopflose Reiter damit zu tun?«

»Ja, das hast du vergessen, Jeremia«, sagte der Apostel mit leichtem Vorwurf zu dem Bruder.

»Das habe ich mir zum Schluss aufgehoben.« Jeremia beugte sich vor und flüsterte, schon nicht mehr schauspielernd, sondern wirklich vor Angst zitternd. »Dort am Rande der Schlucht stand ein dürrer Baum, der steht heute noch da ... Die Freiwilligen legten dem Indianer einen langen Strick um den Hals und stießen ihn hinunter. Sein Körper aber war mächtig und schwer. Die Halswirbel hielten nicht stand, und am Strick baumelte nur der abgerissene Kopf mit dem Hals. Der alte Neger Washington Reid, der dabei war und alles mit angesehen hat, sagte gleich: ›Das bedeutet nichts Gutes. Der Indianer wird seinen Kopf holen.‹ So war es auch. Der Häuptling ist zurückgekommen. Er streift durchs Tal und sucht, was er verloren ...«

Der Apostel murmelte zum Schutz vor dem Bösen einen Psalm, und die Ältesten fielen ein.

»Hat einer von euch den kopflosen Reiter mit eigenen Augen ges-sehen?«, fragte Fandorin, nachdem er das Ende des Gebets abgewartet hatte.

»Das erste Mal in der Nacht zum dreiundzwanzigsten August«, bestätigte Moroni und wandte sich dem links von ihm Sitzenden zu. »Juda, du warst dort.«

Der besaß im Gegensatz zu Jeremia kein Erzähltalent.

Er kraulte sich den wuscheligen Bart und knurrte widerwillig: »Ich hab's schon so oft erzählt ... Nu, ich konnte nicht schlafen. Bin spazieren gegangen, hab den Mond angeguckt. Oberhalb der

Schlucht ist es schön, da weht leichter Wind. Plötzlich Getrappel. Wer mag das sein?, denk ich. Direkt am Rand der Schlucht ER.« Juda erschauerte. »Ohne Kopf. Das Pferd gescheckt wie eine Kuh. Aufgebäumt hat es sich, unmittelbar überm Abgrund, beim dürren Baum. Dann ist es weggaloppiert. Nu, da ist mir Gespaltener Stein eingefallen. Das Herz hat's mir abgedrückt. Ich hab's kaum bis nach Hause geschafft.«

Der Bericht verdiente zweifellos Aufmerksamkeit, denn Menschen wie Juda verstehen sich nicht aufs Lügen und Ausdenken.

»Hat den Reiter nur Mr. Juda gesehen oder noch wer?«, fragte Fandorin.

»Außer ihm noch der junge Saul. Das heißt, wir nehmen an, dass er ihn gesehen hat«, war Moronis unverständliche Antwort.

»Er muss ihn gesehen haben!«, bemerkte einer der Ältesten.

»Weil er nicht auf seinen Vater gehört hat!«, rief ein anderer und schluchzte auf. Die neben ihm nahmen ihn in die Arme, sprachen ihm Trost zu.

»Saul war der Sohn von Methusalem«, erklärte der Apostel traurig mit einem Blick auf den Weinenden. »Der verwegenste von unseren jungen Leuten. Er kannte keine Angst. Jetzt wissen wir nicht, was wir mit ihm machen sollen. In geweihter Erde beisetzen oder einfach verscharren?«

Fandorin hörte stirnrunzelnd zu. Die Geschichte mit dem Kopflosen Reiter war weniger spaßig, als zuerst angenommen.

»Was ist geschehen?«

»Komm mit. Sieh selbst.«

In einem kalten Keller, der sonst wohl zur Aufbewahrung von Lebensmitteln diente, stand auf dem Fußboden ein unbehobelter Sarg. Darin lag, von allen Seiten mit Eisstücken gekühlt, ein Toter. Nur sah er nicht aus, als hätte er Ruhe gefunden. Auf dem violetten Gesicht war eine Grimasse unaussprechlichen Entsetzens erstarrt, und die Augen, obzwar mit Silberdollars bedeckt, waren, nach den hochgerutschten Brauen zu urteilen, aus den Höhlen getreten.

»Sieh hierher.« Moroni leuchtete mit der Petroleumlampe. »Erst die eine Seite, dann die andere.«

Beide Ohren des Toten waren schwarzverkrustet von Blut.

»Die T-trommelfelle wurden durchstochen?« fragte Fandorin leise und schüttelte sich unwillkürlich. »Das darf man nicht auf sich beruhen lassen, das muss man aufklären.«

Der Apostel seufzte verzagt.

»Wie soll man teuflische Ränke aufklären?«

»Genauso wie menschliche.« Fandorin zog, die Zähne zusammenbeißend, das Leichenhemd herunter, um Verletzungen zu finden. »Wir müssen die möglichen Versionen des Tathergangs feststellen und sie dann nacheinander abarbeiten.«

Der Körper wies keinerlei Wunden auf.

»Wodurch ist der T-Tod eingetreten?«

Die Ältesten tuschelten. Sie schienen wieder zu streiten.

»Vor Entsetzen«, antwortete Moroni. »Wir haben Saul am Morgen in der Nähe des Snake Canyon gefunden. Er lag mit dem Gesicht nach unten. Kein Kratzer, nur die Ohren durchstochen.«

Er hob die Hand, damit seine Brüder verstummten.

»Sag an, Russe, glaubst du vielleicht nicht an Gott?« fragte der Apostel, aber nicht verurteilend, sondern irgendwie hoffnungsvoll.

»Das ist eine schwierige Frage, eine kurze Antwort gibt es nicht.«

»Aha, ich hatte recht!«, rief der Älteste Rasis. »So kann nur ein Gottloser reden! Wenn du nicht an Gott glaubst, glaubst du auch nicht an den Teufel?«

»Nein«, gestand Fandorin.

»Ich sage euch, die Vorsehung hat ihn uns geschickt!«

Rasis flüsterte wieder mit den anderen Ältesten. Fandorin hörte nur den Halbsatz: »Das ist immer noch besser als …«

Es blieb unklar, wovon Rasis seine Brüder überzeugen wollte, indes gelang es ihm nicht.

»Es bleibt bei dem, was ich beschlossen habe!«, sagte Moroni mit erhobener Stimme. »Schluss mit dem Streit!«

Er holte eine Uhr aus der Tasche, ließ vielsagend den Deckel klicken, und die Diskussion hörte auf.

»Mitternacht ist vorbei, und wir müssen früh aufstehen«, sagte er höflich, doch fest zu Fandorin. »Wir danken dir, aber unser Statut verbietet uns, Andersgläubigen Obdach zu geben. Sag, wo finden wir dich? Vielleicht werden wir uns mit einer Bitte an dich wenden.«

»Im russischen Dorf oder im ›Great Western‹ Hotel«, sagte Fandorin. »Es ist wirklich schon spät.«

Draußen brachte man ihm sein Pferd und äußerte noch einmal Entschuldigungen und Dankbarkeit, doch schon in großer Eile.

Interessant, dachte Fandorin, und bevor er aufsaß, wischte er sich die Stirn mit dem Handrücken, was in der geheimen Gebärdensprache der Ninjas bedeutete: Bleib, wo du bist.

Mindestens dreimal hatten ihm die Celestianer gesagt, er müsse vom Tor nach links reiten, das sei der kürzere Weg zum Grenzzaun. Sie hatten ihm auch hartnäckig einen Begleiter angeboten, doch das hatte er abwimmeln können.

Er wandte sich tatsächlich nach links, schlug aber nach zweihundert Schritten einen weiten Bogen und kehrte zur Palisade zurück, doch nicht zum Tor, sondern zur hintersten Ecke, wo sie an den Felsen stieß. Dessen Schatten nutzte er beim Annähern aus.

»Hierher, Herr, hierher«, rief Masa flüsternd.

Er hatte drei Baumklötze übereinandergestellt, die beim Bau der Palisade übriggeblieben waren, und darauf Posten bezogen, sodass er alles sehen konnte, was in der Celestianerfestung vorging.

»Na, was gibt's da?«

Fandorin setzte sich auf die Erde und lehnte den Rücken an einen der Stämme.

»Sie hasten herum. Laufen hin und her. Das Licht in den Fenstern geht nicht aus.«

»Sie erwarten noch wen, denn sie haben mich sehr eilig hi-hinauskomplimentiert. Wer mag das sein, zu so später Stunde? Warten wir's ab.«

Schweigen.

Dann flüsterte der Japaner wieder: »Herr, in dieser Siedlung gibt es viel mehr Frauen als Männer. Warum?«

Die Erklärung fand sein lebhaftes Interesse.

»Wenn ich mein Leben lang in diesem Tal bleiben müsste«, sagte er versonnen, »würde ich nicht bei den Russen leben wollen, sondern würde ein Himmelsbruder werden. Und Sie, Herr?«

Fandorin stellte sich vor, er wäre Siedler oder Celestianer, und ihn schauderte.

»Dann schon lieber der Kopflose Reiter.«

Und er erzählte seinem Gehilfen von der Legende und der eisgekühlten Leiche. Masa schüttelte den Kopf und schnalzte mit der Zunge.

»Ja, so was gibt's. In der Stadt Edo* ist in der Zeit des Shogun Tsunaoshi etwas Ähnliches passiert. Herr Tsunaoshi liebte seine Hunde mehr als seine zweibeinigen Untertanen, darum wurde er der Hunde-Shogun genannt. Er ließ im ganzen Land Garküchen und Übernachtungshöfe für streunende Hunde errichten, und wer einem Hund was zuleide tat, war des Todes. Eines Tages hatte ein armer Ronin** namens Bakamono Rotaro das Pech, mit dem Schwert einen Hofhund zu töten, der ihm gegen den Kimono gepinkelt hatte, noch dazu auf das Wappen seiner Familie. Der Ronin wurde natürlich zum Harakiri verurteilt, und er führte den Befehl der Behörden auch aus, aber vor dem Tod schwor er, sich für die Entehrung furchtbar zu rächen. Seither geht in den Straßen der Osthauptstadt ein

* Früherer Name von Tokio. (Anm. d. Übers.)

** Samurai, der seinen Herrn und seine Ehre verloren hat. (Anm. d. Übers.)

schrecklicher Werwolf um. Von den Füßen bis zu den Schultern ist er ein Samurai, doch darauf sitzt ein Hundekopf. Sobald er einen Hund erblickt, egal ob streunend oder mit Herrchen, zieht er sein Schwert und zerhackt ihn in kleine Stücke. Nur heißen Hündinnen tut er nichts. Da ist er wohl zu sehr Rüde, und er …«

Masa verschluckte sich mitten im Satz und hob warnend die Hand – er hatte etwas gehört. Seine Ohren waren besser als die seines Herrn.

»Kommt jemand geritten?«, fragte Fandorin flüsternd, doch gleich darauf vernahm er selber fernes Hufgetrappel.

Masa spähte auf einen Punkt.

»Ein Mensch«, meldete er. »Trägt was Helles. Auf einem Pferd. Reitet langsam.«

Er verstummte plötzlich, wankte auf seinem wackligen Piedestal, vermochte sich nicht zu halten und stürzte herunter. Fandorin konnte gerade noch die runden Klötze auffangen, sodass sie keinen Krach machten. Masa selbst landete weich, darauf verstand er sich bestens.

»Was hast du?«, zischte Fandorin, aber der Japaner sperrte nur Mund und Augen auf und stieß den Finger in den Raum.

Fandorin drehte sich um und war im ersten Moment genauso perplex.

Aus dem Dunkel schwebte ein graues Pferd, auf dem ein ebenfalls grauer Reiter wippte. Über seinen Schultern war nichts, nur Schwärze.

»Das ist er, Gespaltener Stein!« knirschte Masa, bekreuzigte sich wie ein Rechtgläubiger und murmelte ein buddhistisches Gebet.

»Wohl kaum«, bemerkte Fandorin. »Der Häuptling reitet einen Schecken und nicht einen Grauen. Außerdem, sieh doch, die Celestianer öffnen ihm in aller Ruhe das Tor.«

Der Reiter hob den Arm, und da zeigte sich, dass er auch keine Hand hatte.

»Seid mir gegrüßt!«, schrie der Kopflose mit heiserer Stimme, die Fandorin bekannt vorkam. »Da bin ich, wie versprochen!«

Das Gespenst näherte sich den Fackeln, und nun war zu sehen, dass der Mann sowohl einen Kopf hatte als auch Hände, nur waren sie schwarz. Es war Washington Reid, der dunkelhäutige Spieler aus dem Saloon.

»Schäme dich«, sagte Fandorin zu dem Japaner, stellte flink die Klötze aufeinander und kletterte hoch.

Masa, schuldbewusst schnaufend, baute sich ein gleiches Postament, solche Klötze lagen hier reichlich herum.

Sie sahen den Neger durchs Tor reiten. Auf dem Hof erwarteten ihn die sieben Brüder und etwas entfernt, in respektvollem Abstand, die übrigen Siedler.

Reid saß ab, flüsterte seiner grauen Mähre, die rund war wie ein Fass, etwas ins Ohr, da trottete sie allein zur Anbindestange, stieß das Maul in den Hafersack und begann zu schnurpeln.

»Ich sehe, in dieser Gegend sind die Pferde bedeutend klüger als die Menschen«, versetzte Masa finster; er litt noch immer unter seinem Missgeschick.

»Psst, stör mich nicht.«

Die Celestianer sahen Dunkelhäutige wohl nicht als Brüder an, denn Reid wurde nicht ins Haus gebeten, auch unterblieb ein Händedruck, und das Gespräch wurde im Freien geführt. Aber worüber die Ältesten mit dem sonderbaren Besucher plauderten, konnte Fandorin nicht hören. Sie sprachen leise, und die Entfernung betrug an die fünfzig Schritte.

Fandorin nahm das Fernglas vor die Augen.

Reid sollte offensichtlich zu etwas überredet werden, und er wollte nicht. Sein Gesicht war mürrisch oder gar verängstigt. Er kratzte sich hinter den Ohren (er trug keinen Hut) und schüttelte den Kopf. Da reichte ihm Moroni kleine Papiere. Fandorin stellte das Glas schärfer.

Es waren zwei Zwanzig-Dollar-Noten. Ein Glas mit achtzehnfacher Vergrößerung ist was Gutes.

Für einen zerlumpten Mann wie Washington Reid waren vierzig Dollar viel Geld, und doch schüttelte der Schwarze wieder den Kopf. Der Apostel legte einen dritten Schein dazu.

Reid ächzte, spuckte aus, brummte etwas und nahm die Scheine. Dann pfiff er seinem Pferd. Es zog das Maul aus dem Sack und trabte herbei. Leichtfüßig schwang Reid sich in den Sattel, legte zwei Finger an die Stirn und ritt im Schritt zum Tor hinaus. Die Ältesten sahen ihm nach und bekreuzigten die Luft.

Fandorin sprang federnd zu Boden und befahl: »Folge ihm. Er reitet langsam, das schaffst du. Schlimmstenfalls läufst du ein bisschen, das kann dir nicht schaden.«

»Und wo treffen wir uns, Herr?«

»Ich spreche mit den russischen S-Siedlern und reite nach Splitstone. Bin dann im Hotel.«

Aus der Dunkelheit, in der der Reiter verschwunden war, tönten wehmütige Töne – Washington Reid sang ein nächtliches Lied.

Mit den Bastschuhen raschelnd, rannte Masa ihm hinterher.

Der Spezialist

Schon von weitem, als die Gebäude der russischen Siedlung gerade in Sicht kamen, hörte Fandorin Geschrei, und als er näher heranritt, sah er zwischen den Häusern Silhouetten hasten. Offenbar war die gesamte Bevölkerung einschließlich der Kinder heraus ins Freie geströmt.

Fandorin hatte sich gedacht, dass die Siedler seine Rückkehr ungeduldig erwarteten, aber dieser stürmische und zahlreiche Empfang verwunderte ihn doch. Noch dazu vernahm er Schluchzen!

Der Nachtwind trug deutlich wehklagende Laute zu ihm, und

nun spornte er sein Pferd an, denn in der Siedlung musste ein Unglück geschehen sein.

Wenn er zusammenfasste, was er von einem guten Dutzend Erzähler gehört hatte, und die Emotionen, Tränen und Zornesrufe beiseite ließ, ergab sich folgendes Bild.

Am späten Abend, nach dem Essen und den Tänzen, die im »Lichtstrahl« bei jedem Gemeinschaftsfest dazugehörten, hatte die schöne Nastja in Begleitung eines jungen Mannes namens Sawwa einen Spaziergang zum Fluss unternommen. Plötzlich waren vom anderen Ufer her zwei Berittene, schwarze Tücher vorm Gesicht, durch die Furt gesprengt. Sie hoben das Mädchen in den Sattel, versetzten ihrem Kavalier einen Schlag über den Kopf und verschwanden.

Als Fandorin auf sein Verlangen zu dem Zeugen geführt wurde, fügte der nur wenig hinzu. Der hübsche Junge mit den flachsblonden Haaren und den veilchenblauen Augen lag auf dem Bett. Sein Kopf war mit einer Binde umwickelt, durch die Blut sickerte. Im Zimmer drängten sich zahlreiche Siedler beiderlei Geschlechts; sie hörten zu – nicht zum ersten und nicht zum zweiten Mal.

»Wir haben im Gras gesessen und uns unterhalten.« Sawwas Stimme bebte, seine Lippen zuckten, er hatte die Erschütterung noch nicht verwunden. »Wir haben sie nicht kommen hören. Dann Getrappel, Geplätscher … Ich schrie noch: ›Was macht ihr? Lasst sie los!‹ Da hat er mich mit dem Griff …«

»Du bist selber schuld, selber!«, schrie Lukow händeringend. »Wieso hast du Nastja zum Fluss geführt? Welches Recht hast du, ihr den Hof zu machen? Du bist doch minderjährig! Kennst du die Regeln nicht?«

Der Vorsitzende war ganz außer sich. Die Beschuldigungen gegen Sawwa wiederholte er noch mindestens dreimal, dann brach er in Schluchzen aus.

»Was ist zu tun, Erast Petrowitsch? Was ist zu tun?«, fragte er schniefend und griff nach Fandorins Hand. »Sie müssen Nastja retten! Holen Sie sie zurück!«

Alle anderen sagten das Gleiche. Als Fandorin jedoch genauer hinsah, fiel ihm auf, dass die weibliche Hälfte der Gemeinschaft weniger jammerte als die männliche. Von den Vertreterinnen des weichherzigen Geschlechts wischte sich nur Dascha die Augen.

Als sie dann das Wort nahm, verstummten alle. Die Meinung der Buckligen schien hier Gewicht zu haben.

»Nastja tut mir leid«, sagte sie. »Das arme Mädchen! Aber was kann Erast Petrowitsch ganz allein gegen eine Bande ausrichten? Denn wir, liebe Schwestern, wollen unsere Männer doch nicht den Kugeln der Banditen aussetzen?«

»Das fehlte noch! Um nichts auf der Welt!«, schrien die »Schwestern«, und eine, mit Brille, rief schrill: »Gewalt bringt nie was Gutes!«

Die Bucklige hob die Hand, damit sie verstummten.

»Freunde, eines ist klar. Wir müssen von hier weg. Je eher, desto besser. Wir können nicht in dem Tal bleiben.«

Die Menge lärmte wieder los, aber jetzt waren es vorwiegend Männerstimmen.

»Wie weg? Wohin? Alles aufgeben?«

Ein paar Männer murrten empört: »Und Nastja? Nastja im Stich lassen? Prinzipien hin und her, aber das ist einfach gemein!«

Auf den, der den letzten Satz gesagt hatte, fuhr eine der Siedlerinnen los, die nicht eben zur Intelligenzia zählte: »Halt den Mund, du Bock! Achtzehn Jahre hab ich dich gefüttert und dein Zeug gewaschen, und du rennst zu dieser Steißwacklerin! Recht ist ihr geschehen!«

Nun redeten alle wild durcheinander, fielen einander ins Wort, fuchtelten mit den Händen. Offensichtlich waren die Fragen der Familie und der Sexualität in der Gemeinschaft noch nicht endgültig geklärt.

»Können Sie gehen?«, fragte Fandorin leise den Verbundenen. »Kommen Sie. Ich will sehen, wo das passiert ist.«

Unbemerkt von den erhitzten Streithähnen, schlichen sie aus dem Haus. Der Einzige, der sich ihnen anschloss, war der Vorsitzende Lukow.

Draußen graute schon der Morgen, und als sie den Fluss erreichten, war es ganz hell.

»Nicht nahe herangehen«, befahl Fandorin den Begleitern. »Wo befanden Sie sich?«

»Dort haben wir gesessen, unter dem Strauch.«

Dem zerdrückten Gras nach zu urteilen, hatten sie nicht gesessen, sondern gelegen, erkannte Fandorin, doch er behielt diese Entdeckung für sich, damit Lukow nicht wieder in Hysterie verfiel. Der war ohnehin kaum noch zurechnungsfähig.

»Ich weiß schon!«, schrie er. »Ich kann's mir denken! Sie glauben nicht an die Schwarzen Tücher, stimmt's? Sie denken, die Mormonen wollen uns hier vergraulen! Ich habe das aus Ihrem Verhalten geschlossen. Und jetzt sehe ich, Sie haben recht! Die waren das, die langbärtigen Wilden! Sie haben Nastja in ihren Harem geholt!«

»Das glaube ich nicht«, sagte der hockende Fandorin. »Nein, das glaube ich nicht …«

An dieser Stelle hatten die beiden Reiter den Fluss durchquert. Der Abdruck eines schmalen Frauenfußes – Nastja war wohl aufgesprungen und hatte zu fliehen versucht. Eine Delle, ein paar Blutstropfen – hier war Sawwa betäubt zu Boden gestürzt.

Fandorin ging durch die Furt ans andere Ufer.

So. Im Gebüsch hatten zwei Männer gelegen, ziemlich lange. Sechs Zigarettenstummel lagen herum, doch nicht von der letzten Nacht, sondern schon länger. Damit entfielen die Celestianer, denn für sie war Tabak »teuflischer Schwefel«.

Etwas weiter weg waren die Pferde angebunden gewesen – Hufspuren, beknabberte Zweige.

Fandorin erinnerte sich, was Nastja von ihrem Morgenspaziergang erzählt hatte – zwei Männer hätten sie vom anderen Ufer her beobachtet. Sie hatten die Beute ausgespäht, waren dann zurückgekehrt, um sie zu holen, und die leichtsinnige Schöne hatte den Jägern ihre Aufgabe erleichtert, sie war wieder zum Fluss gekommen. Zu derselben Stelle – kein Wunder, eine malerische Lichtung, Weiden am Wasser.

Einige Zeit folgte er der Spur. An einem Strauch fand er ein Fetzchen Seide vom Kleid des geraubten Mädchens, es war an einem Dorn hängengeblieben.

Aber da, wo das Gras endete und der Boden felsig wurde, verlor sich die Spur, wie auch beim letzten Mal. Nachdem er da und dort gesucht hatte, gab er auf. Robert Pinkerton hatte recht gehabt, als er sagte: »Als Städter kommt man ohne die Hilfe eines örtlichen Spezialisten nicht zurecht.«

Also musste er den Spezialisten mobilisieren.

In Splitstone ging er zuerst ins Hotel, um sich frisch zu machen, das Hemd zu wechseln und um seinen Diener nach Neuigkeiten zu fragen.

»Da ist ein Zettel mit Krakelschrift von Ihrem Chinesen«, sagte der Portier.

»Japaner ist er.«

Der Zettel enthielt in säuberlichen Schriftzeichen folgende Nachricht:

8 Uhr 45 am Morgen des achten Tags des neunten Monats.

Schwarzer Mann ist im Schuppen, wo sein Pferd lebt. Er scheint auch da zu wohnen. Hat eine Flasche amerikanischen Sake ausgetrunken und schläft. Ich halte Wache. Der Schuppen ist hinter dem Glockenturm.

Ihr treuer Vasall Shibata Masahiro.

Fandorin trank im Erdgeschoss einen Kaffee (scheußlich wie überall in Amerika), dann begab er sich zu dem genannten Ort. Der Weg war nicht weit, vom »Great Western« wohl hundert Schritte.

Den Japaner würde er sicherlich nicht gefunden haben, wenn der nicht aus einem Heuschober gezischt hätte: »Herr, ich bin hier. Er ist dort.«

Aus dem Gewirr dürrer Halme tauchte eine Hand und zeigte mit kurzem dickem Finger auf einen wackeligen kleinen Schuppen, hinter dem schon die Prärie anfing.

Fandorin ging lautlos zu dem Schuppen und spähte durch eine Ritze.

Zunächst konnte er nach dem hellen Sonnenlicht nichts erkennen, er hörte nur ein gleichmäßiges Schnarchen mit pfeifenden Untertönen. Dann hatten sich seine Augen an das Halbdunkel gewöhnt, und er erblickte in einer Ecke das graue Pferd; es war nicht angebunden und schnurpste Heu. Dabei wedelte es mit dem langen Schweif, um seinem Herrn, der friedlich bei seinen Hinterbeinen schlief, die Fliegen zu verscheuchen und für Frischluft zu sorgen.

Plötzlich hörte das Schnurpsen auf, das Pferd stellte die Ohren hoch und schielte mit vorquellendem Auge zu Fandorin. Es blähte die weichen Nüstern, drehte sich um und prustete dem Schläfer direkt ins Gesicht. Im selben Moment öffnete Washington Reid die Augen und setzte sich auf, und seine Hand hielt schon den Revolver.

Fandorin wich sacht von der Schuppenwand zurück.

»Was hast du denn, Alte?«, hörte er Reid knurren. »Langweilst dich wohl? Ich werd noch ne Runde pennen, in der Nacht kommen wir nicht zum Schlafen.«

Raschelnd legte er sich wieder hin.

»Nicht aus den Augen verlieren«, flüsterte Fandorin, am Schober vorbeigehend. »Am Abend komm ich wieder.«

Der Spezialist hatte bis zu Ende zugehört, gab aber keine Antwort. Er lehnt ab, dachte Fandorin und beobachtete, wie in dem von der Sonne verbrannten Gesicht Melvin Scotts die hellen Augenbrauen auf und ab gingen.

Der Pink nahm einen Zug aus der Flasche (die zum Glück noch mehr als halbvoll war) und öffnete endlich den Mund.

»Das geht nicht. Mr. Pinkerton schreibt in seinem Brief von Konsultation und Beratung. Hier aber kann man sehr leicht eine Kugel einfangen. Nein, nein, bitten Sie mich nicht.« Er schlug mit der Faust auf die Theke. »Wenn es um meine Haut geht, gibt es keinen dreißigprozentigen Rabatt. Fünf Dollar pro Tag, gleich auf die Hand und ohne wenn und aber. Gemacht?«

»Gemacht«, sagte Fandorin rasch. »Ich leg noch was d-drauf, wenn Sie mich zum Schlupfwinkel der Bande bringen. Aber wir müssen uns beeilen, um das Mädchen herauszuholen.«

Der Pink nahm einen Schluck.

»In solchen Fällen gilt: Eile mit Weile. Zumal ich aus Ihren Worten schließe, dass die Schöne nicht mehr ganz ein Mädchen ist. Also hat sie nicht viel zu verlieren.«

Fandorin musste sich zusammennehmen, um nicht aufzubrausen.

»Wie können Sie so r-reden? Sie ist schon zwölf Stunden in den Klauen der Banditen. Man weiß ja nicht, was sie dort mit ihr machen.«

»Doch, das weiß man«, entgegnete Scott kaltblütig und grinste. »Na schön, Sie brauchen mich nicht anzufunkeln. Was man tun kann, werden wir tun.«

Man muss gerecht sein – er war sehr schnell bereit zum Aufbruch.

Zwanzig Minuten später verließen zwei Reiter Splitstone und nahmen Kurs auf die Felsen. Sie ritten nicht schnell, doch daran war nicht der Pink schuld, sondern Fandorin, denn seine Fuchsstute wollte nicht im Trab gehen.

Den ganzen Weg über schwadronierte Scott und sprach dem Whiskey zu. Als die Flasche leer war, holte er eine neue hervor.

»Und merken Sie sich, Freund: Ich bin nur engagiert, um der Spur zu folgen. Mit den Schwarzen Tüchern zu kämpfen habe ich nicht vor. Früher, in jungen Jahren, hat mir so was alles nichts ausgemacht, doch jetzt muss ich ans Alter denken. Wenn man gleich hin ist, na schön, aber wenn man zum Krüppel wird? Wer braucht schon einen einbeinigen Invaliden? Zu viele davon hab ich im Leben gesehen. Ich will nicht in der Gosse krepieren wie ein herrenloser Hund.«

»Wie würden Sie denn gern k-krepieren?«, erkundigte sich Fandorin.

Scott lächelte träumerisch.

»In einem weichen Federbett. Meine Frau soll mir die Hand halten, und in der Tür sollen sich schluchzende Kinder drängen. Und wenn sie mich auf den Friedhof karren, soll kein einziger Hundesohn in der Beerdigungsprozession einen Revolver am Gürtel tragen. Ach, Freund! Es wird erzählt, dass es auf der Erde Orte gibt, wo die Leute unbewaffnet durch die Straßen gehen und wo viele, viele Frauen leben, noch dazu anständige. Mein Pech ist, dass ich es nie verstand, Geld zurückzulegen, sondern alles verpulvert habe. Einmal einen richtigen Batzen kriegen, fünf Riesen oder zehn … Da würd ich von hier verschwinden. Und mir eine Familie anschaffen. Bloß wo bekomm ich einen solchen Haufen Geld her?« Er lachte auf. »Ob ich einen Zug ausraube? Das würde ich hinkriegen. Nur würd ich nicht längs der Gleise reiten und nach allen Seiten ballern wie diese Holzköpfe mit den schwarzen Tüchern. Ich würde eine krepierte Kuh auf die Schienen legen, dann bliebe die Lok von selbst stehen. Das Weitere wäre einfach. Lokführer und Heizer würden nicht stören, wozu sollten sie sich Ärger einhandeln? Die Fahrgäste zu rupfen machte auch keinen Sinn, was ist von denen schon zu holen? Man müsste gleich zum Postwagen, und wenn die Postler nicht im Guten öffnen, Dynamit an die Tür. Die Säcke mit dem Siegel vom Schatzamt nehmen, und nichts wie weg. Einfacher geht's nicht. Das Problem ist nur, vernünftige Kumpels zu finden. Wie viele gute Leute sind aufgeflogen wegen Idioten, die nicht das Maul halten konnten und zu viel soffen.« Scott grämte sich so sehr, dass er fast ein Viertel des Flascheninhalts trank. »Mit Ihnen würde ich's probieren. Man sieht sofort, dass Sie kein Schwätzer sind und dass Ihre Nerven funktionieren.«

Er zwinkerte, also meinte er es wohl nicht ganz ernst.

Sie ritten seitlich um das russische Dorf herum, um keine Zeit zu verlieren. Melvin Scott unterhielt seinen Begleiter jetzt mit einem Vortrag darüber, wie man eine Bank ausrauben muss. Das sei noch einfacher, als einen Postwagen auszuweiden.

Aber kaum hatten beide die Stelle erreicht, wo Fandorin die Spur verloren hatte, verstummte der Pink, sprang vom Pferd und beugte sich dicht über die Erde, um etwas zu betrachten.

Er lief zur Seite, wo zwischen zwei Felsblöcken ein enger Gang hindurchführte, und schnupperte wie ein Hund.

»Riecht nach Pferdeschweiß ... Hier kommt ein Pferd nicht durch, ohne den Stein mit der Kruppe zu streifen. Nehmen Sie meins am Zügel. Und halten Sie Abstand.«

Zu beobachten, wie ein richtiger Profi arbeitet, ist immer ein Genuss.

Wo war der zynische Trunkenbold geblieben, der Fandorin zwei geschlagene Stunden lang mit sinnlosem Geschwätz genervt hatte?

Scotts Bewegungen wurden sparsam, geschmeidig, ja, graziös. Er lief ein paar Schritte vor, blieb wieder stehen, schnoberte nach rechts, nach links.

Nie im Leben würde Fandorin eine kaum erkennbare Scharte auf einer Felsplatte beachtet haben, doch die hatte, wie der Pink sagte, ein Hufeisen geschlagen, und zwar in der letzten Nacht. Später zeigte Scott mit dem Finger auf einen abgebrochenen Zweig und bog nach links ab, wo ein ausgetrocknetes Bachbett den Fährtensucher aufwärts führte, auf einen gewundenen Pfad, höher und immer höher. Auf der einen Seite war der steile Felshang, auf der anderen öffnete sich der Blick auf das Tal.

Von hier aus glich es einer riesigen Schüssel Sauerampfersuppe, in der wie ein Eigelb das Roggenfeld der Kommune »Lichtstrahl« schwamm. Fandorin zügelte seine Fuchsstute am Abgrund, um dieses Meisterwerk der natürlichen Kochkunst zu genießen. Scotts Brauner trippelte unruhig auf der Stelle und zerrte am Zügel, der an Fandorins Sattelknauf gebunden war. Plötzlich bäumte er sich wiehernd hoch auf und sprang zur Seite – unter seinen Hufen hervor schoss eine lange gefleckte Schlange ins Gebüsch. Der unerwartete Ruck ließ auch die Stute zurückprallen, und der Betrachter der schönen Landschaft konnte gerade noch den Zügel fassen, ehe er kopfüber zum Abgrund flog.

Nun, Abgrund oder nicht, aber an die hundert Meter leeren Raum hatte der hilflos hängende Fandorin unter sich, und der Absturz schien unvermeidlich. Verzweifelt stöhnend stemmte die Fuchsstute alle vier Hufe in den Pfad, aber den Mann konnte sie nicht halten, und mit den Hufen über den Fels rutschend, geriet das Tier immer näher an die Kante.

Fandorin musste den Zügel loslassen. Warum sollte er das unschuldige Geschöpf mit in die Tiefe reißen?

Ein richtiger Mann gibt niemals auf, selbst wenn die Niederlage unausweichlich ist. Diese Erwägung, den Tod hinauszuschieben, ließ Fandorin eine aus der Felswand ragende Wurzel ergreifen; und der Zügel glitt aus der Hand.

Die Wurzel war dürr und tot und konnte die Last natürlich nicht lange halten. Sie brach nicht ab, zog sich aber aus der Erde. Sand und Steinchen rieselten abwärts. Fandorin versuchte, mit der Stiefelspitze einen noch so kleinen Vorsprung zu ertasten, aber der Fuß glitt immer wieder ab.

In den vergangenen Jahren hätte der Weg des Hätschlings Fortunas schon Dutzende, wenn nicht Hunderte Male abbrechen können, noch dazu unter vernünftigeren Umständen, aber das Schicksal folgt bekanntlich eigenen Erwägungen, und mit ihm zu hadern macht wenig Sinn. Jetzt würde er ein dummes Ende finden, doch zumindest ein schönes: Im Fluge zu sterben und dem Leben noch »danke« und »lebwohl« zu sagen ist nicht das scheußlichste Finale.

»Danke …«, murmelte er, kam jedoch nicht weiter, denn über ihm zeigte sich die finstere Visage von Melvin Scott, und seine kräftige Hand packte den todgeweihten Fandorin am Gelenk.

»Zwecklos«, krächzte der durch die zusammengebissenen Zähne, »ich zieh dich mit runter …«

»Ich halte mich an einem Stein fest«, antwortete der Pink ebenso gepresst.

Aus seiner Westentasche hing schwankend und blitzend ein goldenes Kettchen, schön wie das entgleitende Leben.

Endlich fand der Fuß einen festen Halt, an einem Stein wohl.

»Jetzt langsam, ohne Ruck.« Scott zog Fandorin hoch. »Sachte, sachte …«

Gleich darauf saßen die beiden am Rande des Abgrunds, ließen die Beine baumeln und atmeten schwer. Scott blickte nach unten, Fandorin nach oben. Wieder einmal war der Tod ausgeblieben.

»Danke«, sagte er laut, »ohne dich wäre ich abgestürzt.«

»Mit einem ›danke‹ kommst du nicht davon.« Der Pink stand auf, klopfte sich die Hose ab. »Ich habe was gut bei dir. Für den heutigen Tag musst du die doppelte Taxe zahlen. Ich finde das gerecht. Was meinst du?«

Fandorin nickte. Er war erschüttert. Noch nie war sein Leben auf fünf Dollar veranschlagt worden.

Scott lächelte erfreut.

»Na prima. Außerdem hast du mir einen Aufschlag versprochen, wenn ich dich zu der Bande führe. Ich glaube, ich weiß, wo ihr Schlupfwinkel ist. Komm, ist nicht weit.«

Etwa eine halbe Stunde stiegen sie den Pfad bergan, der führte sie auf ein schmales Plateau: Rechts war noch immer der Abgrund, aber bis zur nächsten Bergstufe erstreckte sich eine ebene Fläche voller Findlinge. Vorn ragten die Felsen wie eine dichte Wand empor, anzusehen wie die Türme einer gotischen Kathedrale.

»Ich hatte recht. Sie stecken in der alten Goldmine. Gemütliches Plätzchen. Streck nicht den Kopf raus!« Scott drückte Fandorin nieder und blieb selber in der Deckung eines Steins. Die Pferde hatten sie hinter der letzten Wegbiegung gelassen. »Da ist ein Posten.«

»W-Wo denn?«

»Siehst du die beiden Finger?«

Fandorin sah in der Felswand so etwas wie eine Lücke, zu deren Seiten zwei schmale Steinsäulen das Zeichen V bildeten, das die Amerikaner so gern mit ihren Fingern zeigen.

»Schau durch dein Fernglas. Nein, weiter unten.«

Fandorin war seit langem nicht mehr gewohnt, die Rolle des Dilettanten zu spielen. Er hatte vergessen, wie wohltuend es ist, einen erfahrenen Menschen bei sich zu haben, der besser weiß, was zu tun ist.

Mit dem Glas suchte er die graue Felswand ab und stieß auf ein schwarzes Fleckchen. Er fokussierte das Bild.

Ein Hut. Ein schwarzes Tuch vor dem Gesicht. Ein blinkender Gewehrlauf.

Der linke »Finger« hatte in der Mitte eine Einbuchtung, darin saß der Wachposten. Ohne den Pink würde Fandorin ihn nicht bemerkt haben.

»Die Arbeit ist getan«, erklärte Scott zufrieden. »Ich kriege von dir fünfzehn Böcke: fünf für den Tag, fünf für die Lebensrettung und fünf für das Resultat. Dort hinter den Beiden Fingern ist ein enges Tal, in dem Cork Callaghan früher seine Goldmine hatte. Ein fabelhaftes Zufluchtplätzchen. Bestimmt stehen da noch irgendwelche Hütten, also haben sie ein Dach überm Kopf. Wasser gibt es auch. Und die Hauptsache, niemand kann rein. Aus der Position lässt sich eine ganze Armee abwehren.«

Er hatte recht. Von den beiden Steinsäulen aus konnte man den gesamten freien Raum überblicken und beschießen. Ein Wunder, dass der Posten sie nicht bemerkt hatte – dank dem vorsichtigen Scott.

»Ist denn da gar nichts zu machen?«, fragte Fandorin besorgt. »Gibt es keinen anderen Zugang?«

Scott grinste.

»Nein, hier nicht, aber du hast ins Schwarze getroffen, Freund. Man kann sie dort belagern wie den Bären in seiner Höhle. Hinter diesen Steinblöcken da werden Schützen postiert, die den Spalt im Visier halten. Dazu braucht es so vierzig bis fünfzig Mann. Und dann kann man Verhandlungen führen. Die Trümpfe wären in unserer Hand. Dies eben war eine zusätzliche Konsultation. Macht insgesamt zwanzig Dollar.«

»Achtzehn fünfzig. Für Konsultationen sind dreißig P-Prozent Rabatt vorgesehen«, antwortete Fandorin im gleichen Ton; er spürte, wie er allmählich ein richtiger Amerikaner wurde.

Wieder im Dienst

»Das Dream Valley ist nicht mein Gebiet«, wiederholte der Stadtmarshal Ned O'Peary bestimmt zum zwanzigsten Mal. »Wenden Sie sich an den Bundesmarshal in Crooktown.«

»Dazu ist keine Zeit«, sagte Fandorin zum einundzwanzigsten Mal. »Wir müssen das Mädchen retten.«

Melvin Scott saß auf dem Fensterbrett und trank ab und zu aus der Flasche. An dem Gespräch beteiligte er sich nicht, er hatte Fandorin zu dem Splitstoner Gesetzeshüter gebracht und sah damit offenbar seine Mission als erfüllt an.

»Nur wird der Bundesmarshal nicht tätig werden.« O'Peary blickte mit schmalen Augen nachdenklich auf eine summende Fliege. »Es ist niemand getötet worden. Ein Weib wurde entführt, na wennschon. Vielleicht will jemand sie heiraten.«

Der Pink griente, sagte aber nichts. Der Marshal blickte sichtlich neidisch auf dessen Flasche.

»Und überhaupt, Gentlemen, es wird langsam Abend, meine Dienstzeit ist zu Ende. Ich gehe in den Saloon, etwas essen.«

O'Peary stand würdevoll auf.

»Du hast bloß Schiss, du alter Spitzbube«, sagte Scott und verkorkte die Flasche. »Aber wenn du deinen Hals nicht selber riskieren willst, dürfen vielleicht andere es tun?«

Der Marshal war kein bisschen beleidigt, ganz im Gegenteil. Sein Gesicht hellte sich auf, und er setzte sich wieder.

»Aber gern.« Er zog den Tischkasten auf und legte zwei Blechsterne hin. »Also, heben Sie beide die rechte Hand und sprechen Sie mir nach: ›Ich schwöre, die Bundesgesetze und die Gesetze des Staates Wyoming einzuhalten. Ich schwöre, die mir erteilten Vollmachten nicht zu überschreiten. Ich schwöre …‹«

»Halt's Maul«, unterbrach ihn der Pink und schob die beiden Sterne zu Fandorin hin. »Nun kannst du dich zum Teufel scheren.«

O'Peary schnappte seinen Hut und sprang zur Tür hinaus.

»Was b-bedeutet das?«

Fandorin nahm einen der Sterne und betrachtete ihn. Darauf stand »Deputy Marshal«.

»Ein Marshal hat das Recht, eine beliebige Anzahl von Deputy Marshals zu vereidigen, das sind Hilfsmarshals. Die wiederum können die Possies einberufen.«

»Was können sie einberufen?«

»Die Possies. Na, die freiwillige Bürgerwehr.«

Das nette Wort kommt wohl vom lateinischen posse comitatus, mutmaßte Fandorin.

Scott spuckte dem entwichenen Marshal hinterher.

»Mehr hätten wir bei Ned sowieso nicht erreicht. Aber auch das nützt nicht viel.«

»Warum nicht?«

»Weil niemand mit dir gehen wird. Du bist hier fremd.«

Sie gingen hinaus auf die Straße und ließen die Tür zum Kontor offen. Zu stehlen gab es hier ohnehin nichts.

»Und mit dir?«

»Mit mir würden sie schon gehen. Wenn ich guten Lohn verspreche und obendrein anständig was zu trinken. Aber ich kann nicht Hilfsmarshal sein. Erstens dürfen wir Pinks das nicht. Zweitens habe ich dir schon gesagt, ich setz mich nicht den Kugeln aus. Zu zweit gegen eine ganze Bande? Für kein Geld.«

Wie viel Zeit schon verloren ist, dachte Fandorin. Die Rückkehr aus dem Tal, die Versuche, den Marshal zu überreden. Und in zwei Stunden wird es dunkel.

»Nicht zu zweit. Erstens. Den Kugeln brauchst du dich nicht auszusetzen. Zweitens. Und du bekommst dreifachen L-Lohn. Drittens. Also, reiten wir.«

Scott sah ihn neugierig an.

»Ich sehe, du bist wieder der Chef. Na ja, dein ›erstens, zweitens, drittens‹ klingt nicht schlecht. Aber ich finde, heute ist es schon zu spät.«

»Macht nichts, den Ausgang aus dem Engpass kann man auch bei Mondschein belagern.«

Statt einer Antwort zog Scott einen Revolver mit langem Lauf, zielte nach oben und schoss. Der Glockenklang blieb aus.

»Ich sag doch, zu spät. Wir reiten morgen früh los, wenn ich den Rausch ausgeschlafen hab.«

Fandorins Mundwinkel zuckte gereizt, aber da war nichts zu machen. Er war von diesem Mann abhängig.

»Um wie viel U-Uhr?«

»Ich habe keine Uhr.«

»Und das da?« Fandorin zeigte auf die Goldkette, die dem Pink aus der Westentasche hing.

»Für die Kette habe ich das Geld zusammengespart«, sagte Scott traurig, »aber für die Uhr reicht es noch nicht. Wenn die Sonne aufgeht, treffen wir uns beim letzten Haus.«

Er gähnte, winkte zum Abschied und ging, die Füße nachziehend, in Richtung seines Ladens.

Der Portier, als er den Logiergast erblickte, sprach die nämlichen Worte wie beim letzten Mal: »Da ist ein Zettel mit Krakelschrift von Ihrem Chinesen.«

»Japaner ist er«, antwortete Fandorin mechanisch und entfaltete das Blatt.

Diesmal war die Notiz ganz kurz: »Wir sind in der Sakaya.«

Sakaya ist eine Stätte, wo Sake verkauft wird. Also war wohl der Saloon gemeint.

Der ehemals weiße Anzug war vom Staub und besonders vom Gezappel am Rande des Abgrunds ruiniert. Fandorin musste den schwarzen anziehen.

In der letzten Nacht hatte er kein Auge zugetan, und er hatte den ganzen Tag keinen Krümel gegessen. Ob er kommende Nacht würde schlafen können, stand dahin, doch warum sollte er nicht was essen?

Er wusch und rasierte sich und ging über die Straße zum »Indianerkopf«.

Dort war es voll und laut, an der Theke johlten und beschimpften sich die Cowboys, aber Fandorin sahen sie ohne Feindseligkeit an, denn war er auch keiner der Ihren geworden, so war er doch nicht mehr fremd.

Der Wirt, der am Gürtel seines Gastes das nagelneue Halfter sah, sagte beifällig: »Ein Russian? Das ist was anderes. Man sieht gleich, ein richtiger Mann. Was nehmen Sie?«

Das einzige unverdächtige Angebot der schmierigen Speisekarte waren Eier. Fandorin bestellte ein halbes Dutzend rohe Eier (das beste Mittel zur Wiederherstellung der Kräfte), dazu Brot und ein Glas Tee.

»Sie sollten sich ein Beispiel nehmen an Ihrem Chinesen.« Der Wirt nickte respektvoll zu Masa hin, der in der hintersten Ecke tat, als ob er schlief, das heißt, er saß zurückgelehnt und hatte den Hut über die Augen gezogen. »Er hat zwei Steaks verdrückt, dazu einen Ring gebratene Wurst und zehn Bagel. Jetzt pennt er.«

»Japaner ist er«, sagte Fandorin und setzte sich zu seinem Kammerdiener.

Washington Reid war auch da, er saß zwei Tische weiter und würfelte mit einem Cowboy. Vor dem Neger lagen auf dem Tisch drei armselige Münzen, vor seinem Partner jedoch ein Haufen Silbergeld und Scheine.

»Genug g-geschnarcht. Mit deiner Visage und deinem Appetit klappt die Konspiration nicht.«

Masa richtete sich auf.

»Lassen Sie mich melden, Herr. Der schwarze Mann hat im Schuppen bis drei geschlafen. Dann ist er gleich hierher. Anfangs hatte er viel Geld. Dann gar keins. Dann hat er bisschen gewonnen. Jetzt verliert er wieder.«

»Ist das alles?«

»Ja, Herr.«

Die Eier wurden gebracht. Fandorin trank sie eins nach dem anderen aus. Aß ein Stück Brot dazu. Roch am Tee und ließ ihn stehen. Stand auf.

»Deinen v-verquollenen Augen nach hast du dich auch ausgeschlafen. Ich aber kann k-kaum noch stehen. Ich geh ins Hotel.

Das Fenster lass ich offen. Wenn was Interessantes ist, gib ein Signal.«

»Den *Ruri*, gut?«

Ruri, das ist ein kleiner japanischer Vogel von schönem Lasurblau. Sein Zwitschern klingt nicht besonders angenehm, dafür ist es unverwechselbar, zumal es in Wyoming keine Ruri gibt.

Der Ruri zwitscherte zu ganz unpassender Zeit, er hinderte Fandorin, seinen wundersamen Traum zu Ende zu schauen: Er lebt als Bruder der Celestianer friedlich in dem paradiesischen Tal, umgeben von all den Frauen, die ihm in verschiedenen Jahren seines Lebens ihre Liebe geschenkt haben. Sie gehen schwesterlich zärtlich miteinander um, und sie haben es gemeinsam sehr schön.

Fandorins diszipliniertes Bewusstsein hatte das Wachwerden verweigert, als vor dem Fenster Pferde wieherten oder besoffene Cowboys aufeinander eindroschen, aber auf das leise und wenig angenehme Zwitschern der falschen Blaumeise reagierte es sofort.

Fandorin setzte sich im Bett auf, öffnete die Augen und sah, dass tiefe Nacht war.

Wieder pfiffelte das japanische Vögelchen.

Fandorin beugte sich aus dem Fenster.

Draußen keine Menschenseele. Stockfinster. Selbst in den Fenstern des Saloons kein Licht.

Aus dem Dunkel noch zwei kurze, ärgerliche Triller. Sie bedeuteten: Schnell, Herr, was trödeln Sie?

Da Fandorin in Kleidern und Schuhen geschlafen hatte, schwang er sich einfach übers Fensterbrett hinaus.

Kurzer, erfrischender Flug vom ersten Stock hinunter. Die abgefederte Landung machte Fandorin endgültig munter.

Schon stand, wie aus dem Boden gewachsen, Masa vor ihm.

»Herr, er hat alles verspielt. Hat allein getrunken. Den Saloon als vorletzter verlassen. Als letzter ich. Der Wirt hat nach mir zugesperrt.«

»Warum bist du Reid nicht nachgegangen?«

»Weil er bald zurückkommt. Als fast keiner mehr im Saloon war und der Wirt mal wegguckte, hat der schwarze Mann heimlich den Fenstergriff herumgedreht, aber das Fenster zugelassen. Damit er später von draußen reinklettern kann.«

Fandorin wurde ärgerlich.

»Reid hat kein Geld zum Saufen. Er wird eine oder zwei Flaschen stibitzen wollen, wenn der Wirt nicht da ist. Und deshalb hast du mich geweckt? Dabei hab ich grad geträumt, ich wär ein Himmelsbruder.«

Worauf Masa neidisch mit der Zunge schnalzte.

»Pst!« zischte Fandorin ihn an und drückte sich an die Wand. »Er kommt!«

Vor der Terrasse des Saloons ein Rascheln, ein flinker Schatten schwang sich übers Geländer. Der Fensterrahmen knarrte.

Minutenlang war es still. Dann kam der Mann wieder herausgestiegen, doch bewegte er sich jetzt langsam und vorsichtig und drückte einen großen und offenbar ziemlich schweren Gegenstand an die Brust. Als er damit das Fensterbrett streifte, gab es ein Gluckern und Klirren.

»Oho, er hat einen ganzen Ballon Sprit gemaust«, wisperte Masa. »Jetzt wird er sich zu Tode saufen.«

Der Dieb hockte sich hin und verstaute seine Beute in einem Sack, den er wohl vorher bereitgelegt hatte.

»*Danna, sore wa doosyta no?*«*

»Ich w-weiß nicht. Aber das klären wir jetzt.«

Fandorin überquerte rasch die Straße und knipste die Taschenlampe an.

* (jap.) Herr, warum macht er das?

Washington Reid, von dem grellen Licht geblendet, fuhr herum, seine Augen klapperten verwirrt.

»Hey, Bursche, wer bist du? Ich kann dich nicht sehen. Nicht schießen! Sieh her, mein Revolver steckt im Halfter, und hier sind meine Hände. Du hast doch bestimmt schon gezogen?«

»Nein, aber mein Partner hat Sie im Visier.« Fandorin trat näher heran. »Los, zeigen Sie, was Sie da haben.«

Reid blieb hocken, bewegte sich sacht von dem Sack weg.

»Ich erkenne Sie an der Stimme. Sie sind der Gentleman aus dem Osten mit dem drolligen Pistölchen. Hören Sie, Sir, ich habe nichts Böses getan. Ich wäre Ihnen sehr verbunden, wenn der kleine Vorfall unter uns bleiben könnte. Ich werde hier von allen nicht schlecht behandelt, aber wenn die Leute auf die Idee kommen, dass ich ein Zauberer bin … Für einen Schwarzen ist das Leben unter Weißen auch so schon nicht ganz einfach …«

Während er das sagte, bewegte er das Kinn hin und her, um den zweiten Mann zu sehen.

»Masa, gib mal L-Laut, sonst denkt Mr. Reid, dass ich bluffe, und versucht mich umzubringen. Mit dem Revolver weiß er sehr gut umzugehen.«

Aus der Dunkelheit tönte ein drohendes Räuspern.

»Sie sollten nicht so von mir denken, Sir! Der alte Washington Reid hat noch keinen Menschen umgebracht. Ich bin kein Mörder. Wahr ist, ich kann gut schießen. Aber selbst im Krieg, als ich bei den Scharfschützen war, hab ich immer nur auf die Beine gezielt. Ich bin seit dreißig Jahren im Westen, habe mehr als ein Dutzend Hände durchschossen, wenn sie die Waffe ziehen wollten, aber keinen Einzigen getötet, da können Sie fragen, wen Sie wollen.«

»Genug geschwatzt!«, schnauzte Fandorin ihn an. »Zeigen Sie, was Sie gestohlen haben!«

Reid bekreuzigte sich und holte aus dem Sack den großen

Glasballon, der im Saloon über der Theke gestanden hatte, umrahmt von Zwiebel- und Paprikabüscheln.

»Wozu brauchen Sie denn eingelegten K-Kohl?«

Fandorin richtete die Taschenlampe auf den Ballon und wich unwillkürlich einen Schritt zurück.

Es war kein Kohl, sondern ein menschlicher Kopf. In dem grauen Gesicht mit den leidvoll geschlossenen Augen waren eine breite Hakennase und ein großer Mund zu sehen. Die schwarzen Haare hingen in Strähnen herab, der Hals endete in zerrissenen Hautfetzen.

»Was ist das?«

»Weiß man doch«, antwortete Reid in andächtigem Flüstern. »Der ›Indianerkopf‹. Von Gespaltenem Stein. Er steht seit dreißig Jahren im Saloon über der Theke. Glauben Sie ja nicht, ich hätte ihn zum Zaubern geholt. Nein, man kann sagen, zu einem guten Zweck. Aber wenn Sie wollen, stelle ich ihn zurück.«

Na, nun klärte sich das Bild. Dafür also hatten die Celestianer sechzig Dollar bezahlt.

»Glauben Sie etwa an das Gespenst, das den verlorenen Kopf s-sucht? Oder wollten Sie nur an dem Aberglauben verdienen?«

»Man hat den Häuptling gesehen! Mehr als einmal! Wissen Sie eigentlich, dass er schon einen der Mormonen in die Hölle geholt hat?«

Tatsächlich, dachte Fandorin. Der kopflose Reiter ist vielleicht ein Hirngespinst, aber der Tote im Eiskeller war echt. Was für eine Teufelei!

Der Neger sah sich um und sagte: »Und das ist erst der Anfang, denken Sie an meine Worte! Er wird uns nicht in Ruhe lassen, ehe er hat, was er will! Man muss Gespaltenem Stein seinen Kopf zurückgeben. Dann wird er sich davonmachen. Ich habe den Langbärten versprochen, ihnen den Kopf vor Tagesanbruch zu bringen. Denn der Kopflose zeigt sich immer in der Stunde des Frühnebels. Sie werden mich doch nicht verraten, Sir?«

Die wilde Geschichte hatte keinen direkten Bezug zu dem Auftrag von Colonel Star. Überdies stand morgen ein schwieriger Tag bevor. Aber Fandorin mochte keine ungelösten Rätsel. Besonders wenn sie mystisch waren.

Gottlob hatte er ein wenig schlafen können, und auch seine Fuchsstute hatte sich ausgeruht.

»Ich verrate Sie nicht. Mehr noch, ich reite m-mit.«

»Wirklich?«, rief Reid erfreut. »Ach, wär das schön! Ehrlich gesagt, mir rutscht das Herz in die Hose, wenn ich daran denke, dass ich diese Last durchs ganze Dream Valley schleppen soll, noch dazu in der Nacht … Aber wozu wollen Sie sich das aufladen? Sie machen sich bloß lustig über den alten Wash, oder?«

»Keineswegs. Ich will sehen, wie Gespaltener Stein seinen Kopf an sich n-nimmt«, sagte Fandorin mit ernster Miene. »Das wird gewiss ein einzigartiges Erlebnis.«

Der Schwarze schien tatsächlich Mut zu schöpfen.

»Zu zweit ist es halb so schlimm. Um die Wahrheit zu sagen, wenn ich nicht beim Spiel verloren und die Langbärte mir nicht einen Hunderter versprochen hätten, würde ich ihnen was gehustet haben … Aber in guter Gesellschaft ist das ganz was anderes. Wenn Sie erlauben, will ich nach meiner Peggy pfeifen. Gesattelt ist sie schon.«

»Hole meine Fuchsstute«, sagte Fandorin auf japanisch. »Und vergiss nicht, meine Büchse an den Sattel zu schnallen. Bei Tagesanbruch triffst du dich am letzten Haus mit dem Pinkerton-Agenten. Wir sehen uns im russischen Dorf.«

»*Hai.*«

Masa kam aus seiner Deckung und verbeugte sich. Wenn andere dabei waren, hielt er sich immer streng an die Etikette gegenüber seinem Herrn.

»Und noch was. Wir sind wieder im Staatsdienst. Als zeitweilige Gehilfen des hiesigen Polizeichefs. Diese Abzeichen heftest du morgen an unsere Sachen.«

Masa vergötterte wie alle Japaner die Attribute der Macht und nahm die beiden Blechsterne mit großer Ehrfurcht entgegen.

»Sie hätten uns lieber Uniformen und Säbel geben sollen. Aber was willst du von Amerikanern schon erwarten? Ich werde diese Wappen wienern, dass sie heller glänzen als Gold«, versprach der Kammerdiener.

Der kopflose Reiter

»Na, da bin ich in den Norden abgehauen, ich hatte es satt, auf den Pflanzungen für umsonst den Buckel krumm zu machen. Als der Bürgerkrieg anfing, habe ich die roten Hosen angezogen und mich ins Erste South Carolina Regiment eingeschrieben, in dem nur Schwarze dienten. Danach bin ich in den Westen gefahren und habe Herden getrieben. In Texas wimmelt es von schwarzen Cowboys, und hier starren sie mich an.«

Washington Reid saß seitlich im Sattel und hatte sogar ein Bein übers andere geschlagen. Sein kluges Pferd Peggy ging zügig, doch fast ohne seinen Herrn zu schaukeln, und spielte nur mit den Ohren, als lauschte es der Erzählung. Fandorin kam der Gedanke, dass Reid es mit seinem Geplauder erfreute, auch wenn keine anderen Zuhörer in der Nähe waren.

»Ich habe eine Zeitlang Gold geschürft, in Bächen ausgewaschen und im Bergwerk danach gegraben. Von dem gelben Dreckzeug ist viel durch meine Hände gegangen, aber kein Krümel hängengeblieben. Alles verspielt, mit Karten und mit Würfeln, verdammt sollen sie sein. Ich bin eigentlich ein Kerl mit Köpfchen, doch das ist stärker als ich. Das Spiel ...« Reid breitete poetisch die Arme aus. »Es ist wie Glück. Oder wie eine besonders schöne Frau, die dir einen einzigen Blick, ein Lächeln schenkt. Du weißt zwar, dass sie niemals dein wird, und doch hoffst du und magst andere Weiber nicht mehr anschauen. Nach solch einem Lächeln ist alles andere Dreck und Asche. Tja …« Er lächelte traurig und holte seine Pfeife hervor, die aus einem Maiskolben gemacht war. »Nur einmal im Leben hatte ich richtig Dusel. Ich hab mich an den Tisch gesetzt mit zwei Goldbarren im Wert von hundertfünfzig. Und als ich aufstand, hab ich ganze dreitausend in meinen Hut gerafft. Das war vierundsiebzig, in den Black Hills, auf dem Höhepunkt des Goldrauschs. Ich bin nach Hause geritten, in die Savanne, wo ich als Sklave nie hingekommen bin. In einer weißen Kalesche bin ich rumkutschiert, hatte eine Perle im Schlips wie dein König. Und ich hab um das wunderbarste schwarze Mädchen im ganzen Staat gefreit, eine gewisse Miss Florence Dubois Franklin. Eine Schönheit! Die hätten Sie mal sehen sollen. Sei nicht eifersüchtig, Peggy, du warst damals noch gar nicht auf der Welt.«

Er gab dem Pferd einen scherzhaften Klaps auf den Hals, da schüttelte es den Kopf.

»Hat sie abgelehnt?«, fragte Fandorin.

Sie ritten eben durch den Flaschenhals, Reid war etwas zurückgeblieben, denn zum Nebeneinanderreiten war es zu eng.

»Eingewilligt hat sie. Ich hab damals anders ausgesehen als heute. Fröhlich, fesch, Medaillen auf der Brust (später allesamt im Poker verspielt). Da hab ich ihr gesagt, ich reite nach Westen, halte Ausschau nach einer Ranch für uns und lass dich dann nachkommen. Mach das, hat sie geantwortet, ich warte so lange wie nötig … Ach, gleich in der ersten Stadt, ich mag nicht mal den Namen nennen, habe ich das ganze Geld verspielt, dazu die Kutsche, die Perle aus dem Schlips und den Schlips auch. Seitdem war ich nie mehr in der Savanne und werd wohl kaum wieder hinkommen. Ich hoffe nur, dass Florence Dubois Franklin nicht zu lange auf mich gewartet hat …«

Er ließ den Kopf hängen und seufzte, und sein Pferd prustete, als spürte es die Wehmut seines Herrn.

»Wie kommt es, dass Sie ohne Sporen und Steigbügel reiten?«

Diese Merkwürdigkeit war Fandorin schon vorher aufgefallen. »Auch verspielt?«

»Bei einem so klugen Tier wie Peggy brauch ich das nicht. Ich fasse auch den Zügel kaum jemals an. Es genügt, wenn ich Peggy sage, was sie tun soll. Nicht mal sagen muss ich's, sie weiß es selbst. Das glauben Sie nicht? Wetten wir um einen Dollar. Ich sag ihr: Peggy, bleib bei dem Stein dort stehen, dann bleibt sie stehen.«

Fandorin lachte.

»Na, meine Alte.« Reid beugte sich zum Ohr seines grauen Pferdes. »Siehst du den großen Brocken dort, der wie der Kopf eines Bullen aussieht? Da bleib stehen.«

Es mochte ein Trick dabei sein, vielleicht berührte Reid mit dem Absatz die Flanke des Tiers oder tat sonst was, jedenfalls an der genannten Stelle blieb der Gaul stehen wie angenagelt.

Der Neger umhalste Peggy und gab ihr einen Kuss.

»Auf der ganzen Welt ist sie das einzige Wesen, das mich versteht und liebt. Wissen Sie, wovor ich schreckliche Angst hab? Dass ich vor ihr sterbe. Wer kriegt meine Peggy dann? Wie wird man sie behandeln?«

Die Felsen traten auseinander. Hinter dem Wäldchen begann schon das Land der Celestianer.

In dieser nächtlichen Stunde hing über dem Traumtal eine besondere, ungute Stille. Kein Laubrascheln, kein Wasserplätschern – kein Laut zu hören, nur das Trappeln der Hufe.

Reid hielt immer öfter Umschau, sein Pferd beschleunigte den Gang und verfiel in einen plump schaukelnden Trab.

Als auf einem Zweig direkt über den Reitern ein Uhu losheulte, griff sich der Neger ans Herz.

»Peggy, steh! Uff …« Fandorin hörte Reids Zähne klappern. »Wissen Sie was, Sir, bringen *Sie* ihnen den Glasballon. Die hundert Dollar teilen wir uns. Immerhin hab ich das Ding aus dem Saloon geholt. Abgemacht? Ich reite nicht weiter. Mein Herz spürt, dass dies kein gutes Ende nimmt.«

Fünf oder auch zehn Minuten dauerte es, ihn zum Weiterreiten zu überreden.

Aber bei dem Maisfeld, als eine große schwarze Gewitterwolke über den Himmel kroch, fing Reid wieder an zu schlottern.

»Machen Sie, was Sie wollen, aber ich kehr um! Hier haben Sie den Sack. Sie können das ganze Geld haben, ich will's nicht!«

Fandorin gab sich alle Mühe, doch er brachte ihn nicht vom Fleck.

Da kam ihm der rettende Einfall.

»Hören Sie, Reid, haben Sie Spielkarten dabei?«

»Karten nicht, aber Würfel. Wozu?« Reid versuchte zum wiederholten Mal, Fandorins Finger vom Zügel seiner Peggy wegzuzerren. »Lassen Sie los!«

»M-Machen wir ein Spielchen? Wenn Sie gewinnen, können Sie zurückreiten nach Splitstone. Ich bringe den Kopf zu den Celestianern, und die hundert Dollar sind Ihre.«

Reid schluckte laut.

»Sie sind ein Teufel. Schlimmer als der Kopflose ... Aber wie wollen wir im Dunkeln würfeln?«

»Sie wissen doch, ich hab eine Taschenlampe.«

Bald ritten sie weiter. Den Becher samt den beinernen Würfeln hatte Fandorin eingesteckt, sie würden ihm noch zupass kommen.

Bis sie in das Tal hineinritten, hatte Reid pausenlos geschwatzt, doch jetzt war's, als hätte er den Mund voll Wasser. Wenn er die Lippen bewegte, dann lautlos, als ob er Gebete oder Verwünschungen spräche. Aber zu desertieren versuchte er nicht mehr, denn das wäre der Wortbruch eines Spielers gewesen. Selbst wenn er die eigene Seele gesetzt und verspielt hätte – Schulden werden durchs Bezahlen erst schön.

Das Tor der Celestianer-Festung stand weit offen. Die sieben Ältesten stürmten dem vornweg reitenden Reid entgegen.

»Warum so spät?«, schrie Moroni. »Bald wird es Tag! Hast du ihn?«

Da bemerkte er Fandorin und stutzte.

Achtet nicht auf mich, bedeutete ihnen Fandorin, saß ab und blieb abseits.

Die Ältesten wechselten Blicke.

»Das ist sogar besser«, sagte Rasis. »Der Ungläubige kann von Nutzen sein.«

Der Apostel machte einen ungeduldigen Schritt auf den Neger zu.

»Hier ist dein Geld. Zeig her!«

»Da, viel Spaß damit.«

Reid setzte behutsam den Sack auf die Erde, nahm die Geldscheine und schob sie ungeprüft ins Hemd, worauf er sich abwandte. Selbst im trüben Schein der Fackeln war zu sehen, wie seine Lippen bebten.

Fandorin vermied es auch, den Glasballon mit seinem schaurigen Inhalt anzuschauen (der war wenig attraktiv). Viel mehr interessierte ihn die Reaktion der Celestianer. Und er wurde nicht enttäuscht.

Moroni öffnete den Sack, nahm das Glasgefäß heraus und schrie auf.

Glas zersplitterte, etwas plätscherte, und ein schwerer Gegenstand kullerte über die Erde. Die Ältesten sprangen zur Seite.

In der unheilvollen Stille ertönte Reids wehmütige Stimme.

»Ihr habt den Kopf von Gespaltenem Stein fallen lassen, ihr Idioten! Na, nun macht euch auf was gefasst! Häuptling, du weißt, dass ich nichts dafür kann. Im Gegenteil, ich habe hergebracht, was du suchst!«

Der Apostel hatte sich wieder in der Gewalt.

»Ruhe! Den Ballon hätten wir sowieso zerschlagen müssen. Gebt mir einen Lappen. Und holt ein Gefäß, in das wir ihn legen können, einen Korb vielleicht. Nein, in der Kapelle steht eine Silberschale, das ist respektvoller!«

Einer lief schleunigst hinters Tor, ein anderer hob den Kopf auf und wischte ihn trocken.

Die übrigen stimmten einen Psalm an.

»Hey, Schwarzer! Für wie viel bringst du den Kopf zum Snake Canyon?«, fragte Rasis schmeichelnd. »Für dreihundert ... nein, fünfhundert Dollar? In Gold, na?«

Reid berührte sein Pferd, da sprang es überraschend flink zwanzig Schritte beiseite.

»Ihr seid ja pfiffig!«, rief er aus sicherer Entfernung. »Und wenn der Kopflose mich wiedererkennt? Ich war ja als einziger Schwarzer dabei, als sie ihn aufhängten! Zwar habe ich abseits gestanden, aber doch ... Nicht für alles Gold der Welt! Wenn das für euch notwendig ist, bringt ihn selber hin!«

»Tausend!«, riefen die Ältesten verzweifelt, aber Reid ritt weitere zehn Schritte weg und löste sich fast in der Dunkelheit auf.

Fandorin schwankte. Es kommt nicht oft vor, dass man tausend Golddollar auf so einfache Weise verdienen kann, nämlich mit einem kleinen Spazierritt, wenngleich mit wenig appetitlichem Gepäck. Aber sich an der Angst der abergläubischen Menschen bereichern? Das tut ein feiner Mann nicht.

Doch da kam ihm eine bessere Idee, an der selbst Konfuzius kaum etwas auszusetzen gehabt hätte.

»Meine Herren, wenn Sie das D-Ding mit einer Serviette zudecken, bin ich bereit, es zum Snake Canyon zu bringen. Geld will ich nicht dafür, aber eine Gefälligkeit ist die andere wert. Am Morgen unternehme ich eine Expedition gegen die Banditen. Ich brauche dafür tüchtige *Possies* – Männer, die mit der Waffe umgehen können. Wenn Sie mir fünfzehn bis zwanzig Leute mitgeben ...«

»Wir sind achtundzwanzig erwachsene Männer!«, rief Rasis. »Wir gehen alle mit!«

Ein anderer unterstützte ihn.

»Wir können auch die Jungs über fünfzehn mitnehmen, das wäre für sie nützlich. Dann kommen wir auf fast vierzig Reiter.«

So kann ich zwei Fliegen mit einer Klappe schlagen, dachte Fandorin. Sogar drei. Das Mädchen retten, die Räuber aus dem Tal vertreiben und die Beziehungen zwischen den Nachbarn in Ordnung bringen. Colonel Star wird zufrieden sein.

Aber die Ältesten waren sich nicht einig.

»So geht das nicht«, sagte der Vater des jungen Mannes, dem das Gespenst zum Verhängnis geworden war. »Gespaltener Stein wird sich dem Gottlosen nicht zeigen. Und obendrein böse werden. Und die Folgen werden wir zu tragen haben.«

Moroni beendete den Streit.

»Methusalem hat recht. Wir Menschen des Glaubens dürfen nicht die Hilfe eines Gottlosen in Anspruch nehmen. Und auch der Neger hat recht. Wir müssen den Kopf hinbringen und werden es tun.«

Dem Apostel sich zu widersetzen, wagte niemand. Der Beschluss war gefasst.

»Aber wer von uns soll es tun?«, fragte Rasis.

Alle blickten ängstlich auf den Kopf in der großen Silberschale, deren Rand im Widerschein der Flamme in bösartigem Rot flackerte.

»Ich«, sagte Moroni kurz und schlug das Kreuz. »Wer kommt mit?«

Fandorin sah ihn respektvoll an. Wohl nicht grundlos hatten die Celestianer den graubärtigen Zwerg als Apostel anerkannt und waren mit ihm von den angestammten Plätzen ans Ende der Welt gezogen. So musste ein richtiger Führer handeln.

»Falls ich … Falls ich nicht zurückkomme …« Moroni bemühte sich nach Kräften, fest zu sprechen. »Dann übernimmst du das Ruder, Rasis. Und ihr, Brüder, schwört, dass ihr ihm gehorchen werdet wie mir.«

Die Männer sahen ihn andächtig an und verbeugten sich tief zum Zeichen des Gehorsams.

Alle zusammen gelangten sie zu einem Wäldchen, hinter dem sich bis zu dem Snake Canyon ein Feld erstreckte. Jenseits des Canyons türmten sich Felsen auf, deren Gipfel im grauen Dämmerlicht verschwammen. Der Morgen hatte noch nicht begonnen, war jedoch nicht mehr fern.

»Da ist er, der dürre Baum«, sagte Reid und zeigte hin.

In dreihundert Schritt Entfernung ragte eine schwarze Silhouette auf – dort war wohl der Rand des Canyons.

Moroni, bleich und feierlich, stand hoch aufgerichtet und hielt vor sich die Schale mit dem dunklen abgerissenen Kopf. Wie ein Empfangskomitee mit Brotlaib, dachte Fandorin. Nur das Salznäpfchen fehlt.

»Das Wichtigste – keine Gebete sprechen und den Namen Christi nicht erwähnen«, instruierte Reid den Apostel. »Ansonsten verschwindet er, ohne den Kopf mitzunehmen, und morgen fängt alles von vorne an. Legen Sie den Kopf unter den Baum und dann schnell wieder weg. Sie können ruhig rennen, das macht nichts. Ach richtig, vergessen Sie nicht zu sagen: ›Nicht wir haben ihn genommen, aber wir bringen ihn zurück‹.«

Moroni wedelte den Ratgeber weg.

»Brüder, das Gewehr! Wenn was ist, ich ergebe mich nicht kampflos.«

Man reichte ihm eine altertümliche Muskete mit trichterförmig erweiterter Mündung, und der Apostel schob eine große Silberkugel in den Lauf. Dabei schlotterten ihm die Hände, und Fandorin stellte ein übriges Mal die Richtigkeit der Maxime fest: Wahrer Mut ist nicht Furchtlosigkeit, sondern Überwindung der Furcht.

»Kein Gewehr!«, rief Reid flehend. »Das macht es nur noch schlimmer!«

Aber der Apostel hörte nicht auf ihn.

»Betet jetzt nicht«, sagte er seinen Brüdern zum Abschied. »Das könnt ihr später.«

Dann ging er allein übers Feld. Der überm Boden wabernde Nebel reichte ihm zuerst bis an die Knie und dann bis zum Gürtel, und es sah aus, als durchquerte Moroni die Furt eines Milchflusses.

»Die Hälfte hat er geschafft«, sagte Reid, »noch fünf Minuten, und ...«

»Aaah!«, schrie einer der Ältesten und zeigte zur Seite. »Da ist er! Da!«

Alle fuhren herum, und es ertönte ein gemeinsamer krampfhafter Seufzer.

Von der Seite her, aus der Dunkelheit, sprengte ein schwarzer Reiter mit wehendem Umhang. Er ritt ein mächtiges geschecktes Pferd, war selbst unnatürlich groß, und über den riesenbreiten Schultern war – nichts!

Selbst dem kaltblütigen Fandorin wurde bei diesem Anblick unheimlich. Die Celestianer aber stürmten heulend und stöhnend davon. Bei Fandorin blieb nur Washington Reid.

»Wirf den Kopf hin, wirf ihn hin!«, brüllte er Moroni zu. »Wirf ihn hin, sonst bist du verloren!«

Der Apostel drehte sich um, auf den Ruf oder das Getrappel hin, sah das auf ihn zu sprengende Gespenst und erstarrte.

»Nicht stehen bleiben! Schmeiß die Schale hin und lauf!«, schrie Reid mit überkippender Stimme.

Der Apostel wollte zurück, aber der Kopflose schnitt ihm den Weg zum Wäldchen ab. Da lief Moroni geradeaus weiter, hielt aber die Schale noch immer vor sich. Die Muskete mit der Silberkugel hatte er wohl vergessen.

Fandorin stürzte zu seinem Pferd und riss die Büchse aus dem Futteral.

Der Neger fiel ihm in den Arm.

»Was soll das? Sind Sie verrückt?«

Es war auch gar keine Zeit mehr zu zielen.

Moroni rannte bis zu dem Baum, doch er war dem Kopflosen nur wenige Augenblicke voraus. Er drehte sich um, hob die Schale über den Kopf, ertrug jedoch den grausigen Anblick nicht – wich ein paar Schritte zurück, wankte und stürzte mit seiner Last in den Abgrund.

Fandorin und Reid schrien auf.

Am Rande des Canyons riss der unheimliche Reiter sein geschecktes Pferd hoch und herum. Wie ein schwarzer Schatten sprengte er an der Schlucht entlang und verschwand im Nebel.

»Er wollte den Kopf holen«, lispelte Reid. »Wenn Sie geschossen hätten, wär das unser Ende gewesen.«

Fandorin stieß ihn zurück und lief zum Baum.

Hinter den Berggipfeln hervor floss rosiges Licht, der Nebel löste sich zusehends auf.

Aber am Grunde des Canyons hielt sich noch die Dunkelheit. Fandorin beugte sich vor und starrte lange hinunter, doch den Körper des unglücklichen Moroni konnte er nicht sehen. Irgendwo tief drunten rauschte schnell fließendes Wasser.

Washington Reid stand etwas abseits. An den Baum traute er sich nicht heran.

»Was sagen Sie zu den Spuren hier?«, fragte ihn Fandorin und zeigte auf die deutlichen Hufabdrücke.

Reid kam vorsichtig näher und spuckte sicherheitshalber über die Schulter.

»Hufnägel mit Vierkantköpfen?«, sagte er. »Damit haben im Krieg die Dakotakrieger ihre Pferde beschlagen. Gehen wir, ja?«

»Seit wann beschlagen die Indianer ihre Pferde?«, fragte Fandorin verwundert.

Aber das mochte der Alteingesessene besser wissen.

Die Hufspuren führten längs des Canyons, verschwanden aber dann auf felsigem Boden. Wäre Melvin Scott hier gewesen, so hätten sie wohl die Suche fortsetzen können, doch Reid brachte wenig Nutzen. Er trottete auf seiner Peggy hinterher und redete andauernd von Umkehr.

Fandorin musste schließlich aufgeben.

»Jetzt ist Rasis Apostel, mit ihm werden wir's leichter haben als mit Moroni«, sagte er, als sie auf das sperrangelweit offene Tor zu ritten. »Wir werden den Toten aus dem Canyon holen müssen und natürlich auch den Kopf. Wenn das Wasser ihn nicht weggetragen hat. Morgen in aller Frühe werden wir das Experiment wiederholen. Ich selbst werde mich damit besch-schäftigen. Und heute besuche ich die Schwarzen Tücher. Die Celestianer werden mir helfen. Auch Sie sollten sich uns anschließen. Ein erfahrener Helfer kann nicht schaden. Ich zahle Ihnen die dreifache Taxe, so wie Mr. Scott: fünfzehn Dollar am Tag.«

»Gemacht«, stimmte Reid leichthin zu.

Je höher die Sonne stieg und der Abstand zum Snake Canyon sich vergrößerte, desto mehr heiterte er sich auf.

»Wo stecken die denn alle? Ob sie sich vor Angst unter den Betten verkrochen haben?« Reid zeigte lächelnd die weißen Zähne.

Tatsächlich, im Hof der Festung war keine Menschenseele.

Die Haustüren standen offen, da und dort lagen überraschende Gegenstände herum, die gemeinhin nicht auf der Erde liegen: ein Kinderhäubchen, ein Hut mit konischem Oberteil, eine Kasserolle, ein abgewetztes Gebetbuch.

Keine Stimme war zu hören, aber aus den Rinderställen drang langgedehntes verständnisloses Muhen.

»Sie sind abgehauen!«, ächzte Reid, sprang vom Pferd und stürmte in das erste Haus.

Gleich darauf guckte er aus dem Fenster.

»Sie haben alles stehen- und liegenlassen und sind weg! Wegen dem Kopflosen! Das ist ein Ding! Ein ganzes Mormonendorf hat er verscheucht!«

Sie durchsuchten die gesamte Siedlung und entdeckten überall die Spuren eiliger Flucht. Öfen qualmten, auf einem Herd zischte übergekochte Milch. In einem der Häuser schwebten Daunen aus einem aufgeschlitzten Oberbett, in dem wohl etwas Wertvolles versteckt gewesen war.

»Wer kriegt jetzt die ganze Habe?« Reid sah sich um.

Die verlassenen Behausungen ängstigten ihn. Es war auch ein bedrückender Anblick.

»Wahrscheinlich niemand«, antwortete der Schwarze sich selbst. »Nach der schrecklichen Geschichte wird kaum jemand hier leben wollen. Auch Sie und ich sollten uns davonmachen, solange wir noch heil und gesund sind. Wissen Sie was, Sir, behalten Sie Ihre fünfzehn Dollar. Ich hab's mir anders überlegt. Einen Hunderter hab ich, der reicht für ein paar Spielpartien. Ich setze keinen Fuß mehr in dieses Dream Valley.«

Fandorin durfte ihn auf keinen Fall gehen lassen. Jetzt, nachdem die Celestianer so plötzlich desertiert waren, war jeder Helfer Gold wert. Besonders wenn er mit der Waffe umgehen konnte.

»Hundert Dollar haben Sie also?«

Fandorin holte den Becher nebst Würfeln aus der Tasche.

Die Possies

Von weitem sah Fandorins Possietruppe aus wie eine ganze Streitmacht.

Vornweg ritten die beiden offiziell bevollmächtigten *Deputy Marshals*: Fandorin und Masa. Ihnen folgten zwei weitere Berittene, Melvin Scott und Washington Reid. An der Haltung im

Sattel, an den lässig schräg aufgesetzten Hüten war zu sehen – ernstzunehmende Leute, richtige *gunfighter*. In gehörigem Abstand hinter der berittenen Avantgarde gingen in Kolonne die Hauptkräfte. Das war die gesamte erwachsene Bevölkerung der Kommune »Lichtstrahl«, siebenundvierzig Gewehre, genauer gesagt, Holzknüppel, denn eine Waffe in die Hand zu nehmen, lehnten die Siedler entschieden ab, sodass die Armee dem Gegner nur aus der Entfernung imponieren konnte. Die Frauen hatten Hosen angezogen und gingen als Letzte, und sie alle trugen spitz zulaufende Hüte, von denen in dem Celestianerdorf genügend zurückgeblieben waren.

Nach der Berechnung des Generalstabs, der aus Fandorin und Scott bestand, konnte die List funktionieren, wenn die »Infanteristen« einen äußeren Blockadering bildeten und sich nicht zeigten. Hauptsache, es kam gar nicht erst zum Kampf.

Fandorin war finster und in sich gekehrt, er spürte die Bürde der Verantwortung für die Pazifisten, die er in eine verdammt gefährliche Sache hineingezogen hatte. Dafür strahlte Masa auf seinem Pony wie der Vollmond. Ihm gefiel das alles: die Cowboytracht, die wunderschöne Landschaft, der Spazierritt an der frischen Luft und am meisten der Marshalstern. Eine geschlagene Stunde lang hatte er sich mit den beiden Blechdingern abgemüht, und jetzt funkelten sie so, dass es den Augen weh tat.

Das Paar, das dem Ritter von der Traurigen Gestalt und seinem lebensfrohen Waffenträger folgte, sah ähnlich aus: der Pink blass und finster (nicht wegen moralischer Leiden, sondern weil er verkatert war), der Neger fröhlich und lächelnd – am Tag schlafen die Gespenster, und Banditen fürchtete er nicht. Reids Teilnahme an der Expedition hatte Fandorin mit zweimal Würfeln erreicht: Nach dem ersten Mal war der Schwarze seine hundert Dollar los gewesen, und nach dem zweiten hatte er zu den Freiwilligen gehört. Den Hunderter hatte er zurückbekommen – als Trost.

Doch schon auf halbem Wege geriet der Feldzugsplan ins Wanken.

Washington Reid, der eben einen Gassenhauer trällerte, verstummte plötzlich und sprang aus dem Sattel.

Er bückte sich und zeigte mit zitterndem Finger auf einen Hufabdruck.

»Da, viereckige Nägel! Der Kopflose ist hier geritten! Vor kurzem!«

Scott hockte sich hin, betastete die Spur.

»Ein großes Pferd. Aber woher weißt du, dass es der Kopflose war?«

»Ich weiß es …«

Er flog am ganzen Leibe. Sein Gesicht sah grau aus.

»Er ist mit den Schwarzen Tüchern im Bunde!«

Das geht schief, begriff Fandorin.

»Na großartig!«, rief er gespielt munter. »Da treffen wir zwei Vögel mit einem Stein.«

Reid wich rückwärts.

»Aber ohne mich. Mit dem Kopflosen zu kämpfen, habe ich mich nicht verpflichtet. Peggy, Alte, wir hauen ab!«

Ohne auf Zureden zu hören, rannte er den Pfad hinunter. Das graue Pferd trabte hinterher.

»Hey!« schrie Fandorin. »Vielleicht würfeln wir? Ich setze, was Sie wollen!«

»Weiche, Satanas!«, schallte es hinter der Biegung hervor.

Somit hatte sich Fandorins Kavallerie um ein Viertel vermindert.

Dem Kampfgeist der Abteilung war der Vorfall nicht förderlich. Gleichwohl ging es weiter.

Auf dem schmalen Bergsteig bewegten sich die *Possies* im Gänsemarsch. Aber vor dem Plateau sammelte Fandorin alle um sich und erklärte nochmals die Aufgabe.

»Damen und H-Herren! Jeder von Ihnen hat eine Nummer.

Die geraden gehen nach rechts, die ungeraden nach links. Am Rande des Plateaus liegen große Steinblöcke. Sie nehmen dahinter Deckung, zu zweien oder dreien, halten die Knüppel hoch und zeigen sich auf keinen Fall, was auch geschieht. K-Klar?«

»Klaar! Verstanden!«, antwortete ein holperiger Chor, in dem sich vor allem Frauenstimmen hervortaten.

Fandorin war beklommen zumute, er hatte böse Vorahnungen. Aber den Plan zu ändern war es zu spät.

»Vorwärts!«, sagte er zu den Reitern und holte ein weißes Tuch hervor.

Jetzt kam der gefährlichste Moment der Operation. Wenn der Posten angesichts der drei Reiter und der hinter ihnen gehenden Infanteristen das Feuer eröffnete, konnte es Opfer geben. Fandorin hoffte auf die Wirkung der weißen Fahne.

Er sprengte vorwärts und schwenkte das Tuch.

»Nicht schießen!«, schrie er. »Nicht schießen! Wir wollen reden!«

Der Posten schoss, aber wohl nicht auf die Parlamentäre, sondern in die Luft – als Alarmsignal.

»Los, absitzen!« Scott zeigte auf den großen Felsblock mitten auf dem Plateau.

So war es abgesprochen. Die drei sprangen von den Pferden. Scott scheuchte sie mit einem schrillen Ruf zurück, sie wurden nicht mehr gebraucht.

Fandorin schmiegte sich an den von der Sonne erwärmten Stein, sah sich um und atmete auf.

Die erste Etappe der Operation war ohne Zwischenfälle verlaufen.

Den strategischen Punkt, von dem aus sie die Verhandlungen führen würden, hatten sie besetzt. Die russischen Siedler lagen unversehrt in Deckung, nur ihre Hutspitzen und ihre Knüppel ragten heraus, die sahen selbst von hier wie Gewehrläufe aus und erst recht von den Felsen dort vorn.

»Wir warten noch etwas«, flüsterte Scott. »Ihr Oberster soll kommen. Wir wollen ja nicht mit dem Wachposten verhandeln.«

Durchs Fernglas war der Kopf des Vorpostens hinter einem Stein gut zu sehen: breitkrempiger Hut, schwarzes Tuch vorm Gesicht. Die Mündung seiner Winchester wanderte hastig von rechts nach links – er war nervös.

Fünf Minuten später erschienen neben ihm zwei weitere Hüte.

»Dann mal los«, sagte Scott, dessen eingekniffene Augen so scharf waren wie das Zeissglas. »Willst du selber reden?«

»Lieber du, dich kennen sie bestimmt.«

Der Pink hielt jetzt ein ledernes Sprachrohr in der Hand. Er räusperte sich, nahm einen Schluck aus der Flasche und brüllte dann so laut, dass es Fandorin die Ohren verstopfte.

»Hey, ihr Bastarde!«, schrie er. »Hier spricht Melvin Scott von der Pinkerton Agency. Bei mir sind zwei Hilfsmarshals und ein halbes Hundert *Possies*! Ihr sitzt in dieser Mausefalle fest! Kommt einzeln raus, mit erhobenen Händen!«

Keine Antwort. Zwei Hüte verschwanden, einer blieb.

»Das mit den erhobenen Händen war überflüssig«, sagte Fandorin missmutig. »Darauf gehen die niemals ein. Wir hatten das doch besprochen! Sie sollen das Mädchen herausgeben und das Tal v-verlassen!«

»Belehre mich nicht, wie ich mit Banditen verhandeln soll!« Scott schüttelte ärgerlich die Flasche – es war nur noch wenig Whiskey drin. »Wenn du einen Dollar forderst, bekommst du einen Cent. Gesetz des Handels.«

Hinterm Felsen wurde ein Lappen geschwenkt.

»Hey, Scott! Wenn du ein ernsthaftes Gespräch willst, dann komm mit noch einem herauf! Zu zweit!«

»Warum zu zweit?«, fragte Fandorin.

»So wird das immer gemacht. Der eine feilscht, der andere geht zu seinem Obersten und berichtet. Wir könnten natürlich sagen, sie sollen selber herkommen, aber das wäre riskant. Gott verhüte, dass sie mitkriegen, was für *Possies* wir haben, es wäre das Ende.«

Diese Überlegung war richtig.

»Wenn zwei hingehen sollen, dann ich mit Masa. Du bleibst hier.«

»Einverstanden. Wir können ja nicht den Chinesen als Obersten hier lassen.«

»Japaner ist er.«

»Was macht das für einen Unterschied? Nur eines merke dir: Die dürfen auf keinen Fall merken, dass du unser Kommandeur bist. Sonst lassen sie euch nicht wieder gehen. Sie sollen denken, dass Melvin Scott die *Possies* hergeführt hat.«

Fandorin und Masa verließen die Deckung und schritten langsam auf die Zwei Finger zu.

»Wie gut, dass hierzulande zwei Parlamentäre gerufen werden«, sagte der Kammerdiener. »Vielleicht werden wir selber mit den Schwarzen Tüchern fertig. Wenn es weniger als zehn sind.«

Es zeigte sich, dass in den Felsen, in dem der Posten seinen Ausguck hatte, grobe Steinstufen geschlagen waren.

»Die Waffen legt ihr auf die Erde, ich will sie sehen!«, schrie es von oben. »Und dann kommt rauf!«

Fandorin legte den »russischen« Revolver hin, Masa das Kurzschwert.

»Hey, Schlitzauge, und im zweiten Halfter?«

»Da hab ich Stäbchen, zum Leis essen.«

Masa nestelte das Halfter auf und zeigte die herausschauenden Stäbchen.

Sie stiegen hinauf.

»Keine Tricks! Ich will immer die Hände sehen! Ich hab euch im Visier!«, schrie von oben dieselbe Stimme.

Die Einbuchtung im Felsen zwanzig Meter über der Erde, wie

ein Loch in einem faulen Zahn, war eine vorzügliche natürliche Deckung. Sie war erweitert und ausgebaut worden, sodass sie dem Wachposten idealen Schutz und beste Aussicht bot. Da standen ein Holzstuhl und eine Feldflasche mit Wasser; Zigarettenstummel lagen herum. An der Wand lehnte ein Gewehr.

Der Mann mit dem tief herabgezogenen Hut hielt in jeder Hand einen Revolver, und beide waren auf die Unterhändler gerichtet. Die braunen Augen oberhalb des schwarzen Tuchs blickten wachsam.

»Dorthin, hintereinander, und sachte, sachte.«

Er zeigte mit dem Kinn zur Seite. Unten waren Stufen zu sehen.

Fandorin betrat sie als Erster.

Der Ausguck des Wachpostens befand sich auf halber Höhe des Anstiegs. Die auf der Rückseite in den Felsen gehauenen Treppenstufen waren von der Ebene her nicht zu sehen, sie führten ganz nach oben.

Von dort war, von den Zwei Fingern bewacht, der Eingang zu einem schmalen Durchbruch, der sich wie eine Zunge in den Berg schnitt. Am hinteren Ende waren eine Bretterbaracke, ein Korral mit Pferden und ein in den Berghang geschlagenes schwarzes Loch zu sehen, wohl der Eingang in den verlassenen Stollen.

Die Treppe führte hinauf zu einer kleinen Fläche von einem Dutzend Schritte Durchmesser, umgeben von einer Art Geländer. Dort warteten zwei Männer, ebenfalls mit schwarzem Tuch vorm Gesicht: der eine blauäugig, mit reiner Jünglingsstirn, der andere mit nur einem Auge, das schwarz und bösartig war. Statt des anderen gähnte eine leere Augenhöhle.

»Schlecht hast du sie durchsucht, Dick«, sagte der Einäugige. »Der Hübsche hat unter der Jacke eine Derringer-Pistole. Und der Chinese hat im Stiefel ein Messer und im rechten Halfter irgendwelches Zeug.«

»Ich bin kein Kinese.« Masa zog das Stilett aus dem Schaft, den

Nunchaku aber versuchte er wieder als Essstäbchen auszugeben, was bei dem Einäugigen jedoch nicht zog.

»Reis kannst du später fressen«, sagte er unter dem Gelächter des Jüngeren. »Wenn du dann noch lebst. Mach den Gürtel ab. Wirf ihn runter. So.«

Den Herstal musste Fandorin aus dem hinteren Halfter nehmen und zur Seite werfen. Die drei Banditen hielten die Parlamentäre in Schach, da war nichts zu machen.

Schlimmer war etwas anderes.

Von hier, vom Felsengipfel, war das ganze Plateau bestens zu übersehen: der hinter dem Stein sitzende Melvin Scott ebenso wie die im Halbkreis gelagerten russischen Siedler. Ein guter Schütze hätte von hier aus jeden von ihnen treffen können.

Außerdem: Hier waren drei der Räuber, und im Korral standen mindestens anderthalb Dutzend Pferde. Wo steckten die übrigen Banditen?

Aber Fandorin stellte eine andere Frage.

»Was ist mit dem Mädchen? Lebt sie noch?«

»Und ob sie lebt«, antwortete der Einäugige.

Die beiden anderen Räuber wieherten freudig, ganz besonders der jüngere mit den hellblauen Augen.

»Ich habe noch nie einen Chinesen mit Sheriffstern gesehen!«, rief er mit klangvoller, noch halb kindlicher Stimme und lachte wieder schallend. »Jorge, schau doch nur!«

»Japaner ist er. Und das ist kein Sheriff-, sondern ein Marshalstern. Wir sind Gehilfen des Marshals und haben umfangreiche Vollmachten.« Fandorin sprach möglichst offiziell. Die übertriebene Heiterkeit gefiel ihm nicht. »Sie sehen selber, wie viele wir sind. Geben Sie das Mädchen heraus, dann kann ich vielleicht erreichen, dass Ihnen der Abzug aus dem Tal gestattet wird. Die Celestianer sind sehr böse wegen Ihres Scherzes mit dem Kopflosen Reiter, aber ich will's v-versuchen.«

Er schwieg, um die Reaktion auf seine Worte abzuwarten.

Die Reaktion: Der Blauäugige bog sich vor Lachen, der Braunäugige prustete, und der schwarzäugige Jorge kniff sein einziges Auge schmaler.

»Wir sind Ihnen sehr dankbar für Ihre Großmut, Señor«, sagte er mit komischem Ernst. »Sie haben viele Leute, das stimmt. Aber was nützt es? Wir sind hier nicht zu besiegen, das sehen Sie ja. Wasser haben wir im Lager, Nahrungsmittel auch. Schlimmstenfalls essen wir Pferdefleisch, das reicht für ein Jahr.«

»Was du redest, Jorge! Pferdefleisch!«, wieherte der Jüngere. »Ich lach mich schief!«

Fandorin sagte rasch auf japanisch: »Das ist eine Falle. Sie schinden Zeit.«

Masa lächelte.

»Sie werden uns wohl gleich angreifen. Ich nehm den Einäugigen auf mich, der ist gefährlich. Sie, Herr, kümmern sich um die beiden anderen. Das ist doch redlich geteilt.«

Aber der Japaner irrte. Niemand attackierte die Parlamentäre. Unten krachten Schüsse.

Fandorin drehte sich um und sah, dass aus dem steilen Berghang, wie im Märchen, nacheinander Männer aufs Plateau sprangen. Es mochten ein Dutzend sein. Die Gesichter waren von schwarzen Tüchern verhüllt.

Im Laufen schießend, rannten sie auf Melvin Scott zu.

Auf die falschen »Celestianer« achteten die Räuber nicht, hatten deren Verkleidung wohl durchschaut.

Der Pink sprang auf, zog beide Revolver und konnte sogar noch ein paarmal schießen, doch dann stürzte er vornüber zu Boden. Einige der Männer gingen zu ihm. Einer hielt sich die durchschossene Schulter.

Selbst hier oben war zu hören, wie wütend er Flüche hervorsprudelte. Er trat den Daliegenden mit dem Fuß und feuerte eine ganze Trommel auf ihn leer. Zwei andere packten den Toten an den Füßen und zerrten ihn zum Abgrund.

Derweil waren die Siedler, nachdem sie die nutzlosen Hüte und Knüppel weggeworfen hatten, Hals über Kopf davongelaufen in Richtung des Pfades. Ihre Flucht war von verzweifeltem Frauengekreisch begleitet. Die Banditen ballerten ihnen ein paarmal hinterher, aber wohl mehr zur Abschreckung.

Die ganze Schlacht hatte keine halbe Minute gedauert.

Wie sie den toten Pink in den Abgrund warfen, mochte Fandorin nicht sehen, er wandte sich ab.

Auf ihn und Masa waren drei erhobene Läufe gerichtet. Sogar vier, denn der Einäugige hatte Revolver in beiden Händen.

»Señores, möchten Sie lieber erschossen oder gehängt werden?«, fragte Jorge mit höhnischer Höflichkeit. »Das Erste ist zwar weniger qualvoll, aber auch die zweite Variante hat ihre Vorzüge. Bis die Jungs hier sind, machen wir die Schlingen fertig … Das bedeutet mindestens eine zusätzliche halbe Stunde Leben.«

Der braunäugige Dick sagte: »Noch nie hab ich Gehilfen eines Marshals gehängt. Und du, Billy?«

»Nee. Ich bin gespannt, wie sie strampeln.«

Der Jüngere prustete schon wieder.

Fandorin und Masa wechselten einen Blick und machten dann die gleiche Bewegung: legten die rechte Hand auf den Blechstern.

»Ihr wollt sie abnehmen? In den Ruhestand gehen?«, fragte Jorge. »Zu spät, Señores.«

Den Blauäugigen amüsierte diese Bemerkung dermaßen, dass er sich lachend vorbeugte. Damit erleichterte er Fandorin seine Aufgabe, denn mit zwei Gegnern zu kämpfen ist komplizierter als mit einem.

»Iti-ni … san!*«, sang Masa.

Der eine Stern flog gegen Dicks Stirn, der andere gegen Jorges

* (jap.) Eins, zwei … drei!

Kehle. Dann sprangen Fandorin und Masa voneinander weg zur Seite.

Dick kam nicht zum Schuss – er griff mit beiden Händen nach der verletzten Stirn. Fandorins Berechnung erwies sich als richtig. Zwar waren die Ränder der Sterne scharf geschliffen (nicht umsonst hatte Masa sich so lange mit den Blechdingern abgegeben), aber eine Arterie war mit dieser Waffe nicht zu zerschneiden, sie war ja nicht aus Stahl. Doch den Gegner für einen Moment betäuben, das ging, wenn der Wurf kräftig genug war.

Jorge hingegen, wenn auch mit angekratzter Kehle, feuerte mit beiden Revolvern. Es war also durchaus sinnvoll gewesen, zur Seite zu springen.

Dem Japaner helfen konnte Fandorin jetzt nicht, er hatte selber genug Sorgen. Erstens musste er den jungen Lacher ausschalten. Der hatte sich wieder aufgerichtet, riss die himmelblauen Augen auf und hatte den Finger am Abzug. Aber mit einem blitzschnellen Sprung war Fandorin bei dem Banditen und traf ihn mit der Handkante unterm Ohr. Das reichte.

Dick verschmierte das strömende Blut im Gesicht, fletschte die Zähne und riss die Waffe hoch. Der Kugel wich Fandorin mit einem Ruck zur Seite aus, dann verhinderte er, dass der Gegner ein zweites Mal abdrückte. Die »Falkenkralle« ist ein grausamer Griff, den man nur im äußersten Falle anwenden darf. Die gespreizten Finger stoßen in das Gesicht des Gegners, sodass mit einem Schlag fünf lebenswichtige Punkte angegriffen werden: die Nasenwurzel, beide Augen und die Nervenzentren unterhalb der Jochbeine. Der Tod tritt auf der Stelle ein.

Nun konnte Fandorin auch dem Japaner helfen. Aber Masa bedurfte dessen gar nicht. Mit einem kehligen Schrei brachte er den Einäugigen zu Fall, indem er sich ihm gegen die Beine warf. Dann richtete er sich auf und stieß ihm die eiserne Faust genau gegen das Herz, sodass die Rippen knirschten.

»Der Schurke hat mich in den Oberschenkel getroffen!«, klagte Masa im Aufstehen.

Auf seinem Hosenbein aus derbem blauem Gewebe breitete sich rasch ein dunkler Fleck aus.

»Straff abbinden!«, gebot Fandorin missmutig.

Alles war schiefgelaufen! Und die größten Unannehmlichkeiten lagen noch vor ihnen.

Die Schwarzen Tücher, die das Schießen gehört hatten, kamen zu den Zwei Fingern gerannt. Fandorin griff sich eines der Gewehre und schoss. Sie warfen sich hin, schossen aber zurück. Kugeln knallten gegen die Steine, ein Querschläger zwitscherte an Fandorins Ohr vorbei.

Alle Banditen waren nicht im Auge zu behalten, der eine oder andere würde gewiss durchschlüpfen, und dann kamen er und Masa nicht mehr von dem Teufelsfelsen herunter. Und Masa würde verbluten.

»Und da soll man noch Vertrauen haben zu den Spezialisten«, schimpfte Fandorin auf den gefallenen Pink. »›Es gibt keinen zweiten Ausgang, es gibt keinen zweiten Ausgang.‹ Wir müssen schleunigst weg von hier. Steig als Erster runter, Hinkebein!«

Er schoss noch ein paarmal zwischen den Steinen hindurch, konnte aber nicht mehr richtig zielen. Die Schwarzen Tücher waren schon ganz nahe, feuerten ununterbrochen und, das musste man ihnen lassen, ziemlich treffsicher.

Während Masa ächzend die Stufen hinabkletterte, beugte sich Fandorin über den Blauäugigen. Der lag bewusstlos da, den Kopf zurückgeworfen.

An seinem Hals zuckte schutzlos der Adamsapfel.

Mochte er leben, zum Teufel mit ihm.

Fandorin hob seinen Herstal auf und schoss ein paarmal hinunter, um die Banditen noch etwas aufzuhalten. Dann rannte er seinem Diener hinterher.

Es gab nur einen Weg – in den Felsspalt hinab, zu dem Stollen.

Sie erreichten die Holzbaracke, in der wohl früher die Goldsucher gewohnt hatten.

»Nastja? Wo stecken Sie?«, rief Fandorin und stieß die Tür auf.

Ein langer schmutziger Raum. Auf dem Fußboden Decken, Sättel, leere Flaschen. Hier hauste wohl die Bande. Aber sie waren alle ausgeflogen.

Das Mädchen war nicht da.

»Herr, kommen Sie!«, schrie Masa von draußen.

Er stand bei dem Korral.

»Erkennen Sie's?«

Der Japaner zeigte auf ein großes Pferd, von Natur wohl ein Schimmel, doch man hatte große Flecke darauf gemalt. Mit Kohlenasche, wie aus der Nähe zu erkennen war.

»Der Schecke des Kopflosen Reiters.« Fandorin nickte. »Aber woher kennst du es? Du warst doch nicht im Snake Canyon?«

Masa wunderte sich.

»Über den Kopflosen Reiter kann ich nichts sagen, aber dieses Pferd hat der Anführer der Räuber geritten, die unsern Zug angriffen.«

Richtig! Das Pferd hatte die gleiche Statur, die gleiche Kopfhaltung.

»Und da ist das Leichenhemd unseres G-Gespenstes.«

Fandorin hob vom Boden einen langen Poncho auf, in dessen Schulterpartie ein Holzgestänge mit einem Reifen eingebaut war. Das Gewebe hatte vorn eine Öffnung zum Sehen. Wenn der Reifen auf die Stirn gesetzt wurde, entstand eine gewaltige Silhouette ohne Kopf. Aus der Ferne betrachtet, noch dazu bei Nacht oder Morgengrauen, konnte sie schon Grauen erregen.

Aber es war keine Zeit für lange Überlegungen.

Sie mussten das Mädchen suchen und dann noch zusehen, wie sie aus dieser Sackgasse herauskamen. Die Banditen waren ja auch durch den Berg ins Freie gelangt!

»Wohin jetzt, Herr?«, fragte Masa. »Hören Sie? Die schießen nicht mehr. Wir sollten uns beeilen.«

»Dorthin.« Fandorin zeigte auf den dunklen Eingang des einstigen Bergwerks.

Einen anderen Weg gab es nicht.

Unter der Erde

Seinen Gehilfen ließ Fandorin am Eingang zurück. Wenn die Verfolger aus dem Felsspalt auftauchten, würden ein paar Gewehrschüsse ihren Eifer für eine Weile dämpfen.

So verwahrlost und dreckig die Baracke war, so sauber und gepflegt sah die Höhle aus, die in den Berg geschlagen war.

Fandorin betrachtete verwundert die hölzerne Wandtäfelung, den mit frischen Sägespänen bestreuten Fußboden, die Öllampen an Haken. In den Ecken des Raums gab es ein paar abgetrennte Gelasse mit glatt gehobelten Wänden und richtigen Türen.

Hier wohnt höchstwahrscheinlich der Anführer, separat von seinen Halsabschneidern, dachte Fandorin, da bemerkte er plötzlich im hintersten Teil der Höhle eine von außen verriegelte Tür.

»Nastja, sind Sie da drin?«, rief er und schob den Riegel zurück.

»Ja, ja! Wer ist da?«, tönte hinter der Tür eine zarte Mädchenstimme.

Fandorin riss die Tür auf und holte gleichzeitig die elektrische Taschenlampe hervor, um den dunklen Raum zu beleuchten.

Aber der Raum war keineswegs dunkel.

In dem recht geräumigen Zimmer brannte eine Petroleumlampe mit Stoffschirm. Auf dem Fußboden lagen ein paar Bisonfelle. Es gab einen Schrank mit Spiegel, einen ordentlichen Tisch und ein paar Sessel. Die Gefangene saß nicht auf einem Haufen fauligen

Strohs, sondern auf einem großen Eisenbett zwischen weichen Kissen.

Die geraubte Nastja sah nicht eben verhärmt aus.

Dennoch freute sie sich über ihren Retter. Sie sprang vom Bett, kreischte jubelnd auf, fiel Fandorin um den Hals und küsste ihn schallend ab.

»Sind Sie w-wohlauf?«, fragte er für alle Fälle, obwohl er sah, dass sie bei bester Gesundheit war. »Dann kommen Sie schnell. Wir müssen weg. Die Banditen können jeden Moment hier sein.«

Wie zur Bestätigung dieser Worte tönte vom Eingang her ein Schuss, noch einer. Masa fluchte auf japanisch, er hatte wohl daneben geschossen.

Als Antwort krachten mehrere Schüsse, gedämpft durch die dicken Wände.

»Wohin denn?«

Die Schöne rührte sich nicht vom Fleck, blickte aber den besorgten Fandorin zärtlich an.

»Hier muss irgendwo noch ein Ausgang sein. Wissen Sie was davon?«

Nastja zuckte die Achseln.

»Im Hintergrund der Höhle habe ich einen Stollen gesehen. Aber dahin geh ich nicht. Da ist es bestimmt dreckig. Da sind Fledermäuse und anderes Ungeziefer.«

Er sah sie verblüfft an.

»Aber wir können sie nicht lange abwehren! Mein Gehilfe hat nur noch wenig M-Munition!«

»Dann wehren Sie sie nicht ab. Fliehen Sie. Aber mich lassen Sie hier.«

»Warum denn das?«

Nastja verzog das hübsche Gesichtchen.

»Wieder zu meinen Siedlern?« fragte sie langgedehnt. »Die können mich! Hier ist es lustiger. Und die Kavaliere sind interessanter.«

Sie rekelte sich wohlig und ähnelte nun einer verwöhnten Katze.

Das sind sie, die Früchte der sozialistischen Erziehung, dachte Fandorin schaudernd. Erst jetzt entdeckte er auf dem Tisch eine Flasche Wein, eine Schale mit Obst und eine Schachtel Schokoladenkonfekt.

»Die Jungs sind natürlich ein bisschen grobschlächtig«, fuhr das Mädchen nachdenklich fort. »Aber das macht nichts. Man kann sie dressieren. Eine kluge Frau, allein unter Männern, kann sich stets gut einrichten. Wenn sie nicht die Geistesgegenwart verliert. Schauen Sie, was ich geschenkt bekommen habe!« Sie zog unterm Kleid ein Nugget am Kettchen hervor. »Das ist besser als die Spitzenwäsche von Kusma Lukow.«

Wieder krachte ein Schuss.

»Herr, ich habe nur noch drei Patronen!«, rief Masa. »Tragen Sie das Mädchen, wenn sie nicht gehen kann! Wir müssen weg!«

»Einen Moment noch!«, antwortete Fandorin laut. »Aber Nastja, wie soll das mit Ihnen w-weitergehen? Haben Sie mal daran gedacht?«

»Aber ja.« Sie lächelte zauberhaft. »Ich sammle noch mehr Geschenke wie dieses. Hier sind zwei oder drei sehr nette junge Männer. Davon suche ich mir den aus, der am sympathischsten ist. Mit dem geh ich weg. Das Leben hat so viel Interessantes zu bieten!«

Fandorin sah die berechnende Schöne mit Abscheu an. Von wegen Traum der Vera Pawlowna*! Der Apfel war doch sehr weit vom Baum mit der schönen Seele gefallen. Um dieses kleine Raubtier zu retten, hatten sie solche Anstrengungen unternommen, mehrere Menschen hatten das Leben verloren, darunter der arme Melvin Scott, der nun doch nicht ins Gelobte Land gelangt war, in dem die Menschen unbewaffnet durch die Straßen gehen.

Ein Samurai im Mittelalter würde das Flittchen in zwei Hälften

* Vera Pawlowna – Romanfigur aus Tschernyschewskis «Was tun?« Der Autor (1828–1889) entwirft darin die Idee vom »neuen Menschen«. (Anm. d. Übers.)

zersäbelt und dies als edle Tat angesehen haben. Fandorin beschränkte sich darauf, einen Schritt rückwärts zu treten.

Nastja missverstand seine Bewegung.

»Aber ich ändere meinen Plan, wenn Sie mir versprechen, mich mit sich zu nehmen«, gurrte sie. »Mit einem Mann wie Ihnen gehe ich bis ans Ende der Welt. Da krieche ich sogar in einen Keller mit Fledermäusen.«

»Nein, nein, bleiben Sie nur.« Er stockte. »Ich wünsche Ihnen ein interessantes Leben, Gnädigste.«

Masa schnaufte ungeduldig vor der Tür.

»Wo ist das Fräulein?«, fragte er. »Wir werden sie tragen müssen.«

»Das w-werden wir nicht. Wir gehen ohne sie.«

Fandorin schritt rasch in die Tiefe der Höhle, wo es nach Nastjas Worten einen Stollen geben sollte. Aber von hinten erreichten ihn Worte, die ihn zwangen, stehenzubleiben.

»Das ist gut, Herr. Denn zwei zu tragen wäre selbst für einen so ausdauernden Mann wie Sie zu schwer.«

Der Japaner stand an die Wand gelehnt und hielt sein verwundetes Bein hoch. Er war sehr blass und taumelte leicht.

»Tut mit leid, Herr, aber ich habe kein Gefühl mehr im Bein. Bitte erlauben Sie mir, mich auf Ihre Schulter zu stützen.«

Fandorin kehrte um und legte Masa den Arm um die Hüften. Halb humpelnd, halb hüpfend drangen sie in die dunkle Tiefe des Bergwerks vor.

Ein kurzer, matt beleuchteter Korridor führte zu einem Schacht, der senkrecht nach unten ging, über eine stabile hölzerne Treppe aus Querbalken. Parallel zu ihr liefen zwei Seile über eine Scheibe. Ein Aufzug aus früheren Zeiten?

Masa heiterte sich auf.

»Sehr gut, Herr. Jetzt kann ich allein weiter.«

Er hielt sich an den Seilen fest und hangelte sich geschickt wie ein Affe in die Tiefe. Fandorin, der sich wie gewohnt mit den Füßen bewegte, blieb zurück.

Die Treppe endete auf einer Bretterplattform, unter der ein weiterer Schacht begann.

Dunkel war es nicht. An der Wand des Schachts waren in regelmäßigen Abständen Öllampen aufgehängt, die ein trübes, doch gleichmäßiges Licht spendeten.

Sie stiegen noch ein paar Etagen tiefer, dann blieb Fandorin stehen und horchte auf die Laute von oben. Nach dem hallenden Echo zu urteilen, waren die Banditen bereits in die obere Höhle eingedrungen.

»Herr, kommen Sie schnell runter«, rief Masa von unten. »Hier ist es so schön!«

Wie meinte er das? Fandorin warf einen Blick durch die Luke, sah aber nur die abwärts führenden Stufen.

Er setzte den Abstieg fort und betrat nach weiteren drei Etagen endlich den Steinfußboden.

Masa stand auf einem Bein und leuchtete mit einer Lampe, die er vom Haken genommen hatte, nach allen Seiten.

»Schauen Sie nur«, rief er immer wieder.

Eine ziemlich geräumige Kammer, die, nach den frischen Spuren von Spitzhacken zu urteilen, erst kürzlich in den Felsen geschlagen worden war. Aber Fandorins Aufmerksamkeit erregten nicht die Schrammen in der Felswand und nicht die Haufen abgeschlagenen Gesteins.

Auf einer der Quarzwände funkelte in voller Höhe ein sonderbares strauchähnliches Muster, als hätte jemand dort aus Metallfolie einen unbrennbaren Busch ausgebreitet.

Längs der anderen Wände waren Kisten gestapelt, hohe und flache.

Masa hob den Deckel einer flachen Kiste.

»Dynamit!«, rief er freudig. »Viel!«

Er steckte ein paar Stangen ein und vergaß auch nicht die Zündschnüre.

»Das ist gut!«,- sagte er zufrieden. »Das wird uns zupasskommen.«

Fandorin beugte sich über eine der hohen Kisten, die nicht zugenagelt war. Sie enthielt nicht Dynamit, sondern Leinwandsäckchen, die erstaunlich schwer waren.

Auf der Treppe oben polterte es bedrohlich, viele Leute kamen heruntergestiegen.

»Wie viele Patronen haben Sie noch in Ihrem kleinen Revolver?«, fragte Masa.

Fandorin kippte die Trommel aus und zählte.

»Nur drei.«

»Das ist zu wenig. Ich habe gar keine Waffe. Kämpfen kann ich nur, wenn einer nahe an mich herankommt. Lassen Sie uns rasch den Ausgang suchen, wenn es einen gibt.«

Fandorin holte die Taschenlampe hervor, drehte sich auf der Stelle und leuchtete nach allen Seiten. In der Mitte war eine flache Grube in den Stein geschlagen. An drei Wänden häuften sich Quarzbrocken. Die vierte Wand glitzerte wieder magisch, aber für Schönheit hatten sie jetzt keinen Sinn.

»Noch einmal in die Ecke dort leuchten!« sagte der Japaner und nahm seinen Herrn beim Ellbogen.

Fandorin leuchtete in die Ecke und erblickte, was er das erste Mal übersehen hatte: hinter dem Gesteinshaufen ein schwarzes Rechteck.

Ein Loch? Ein Gang?

So oder anders, sie mussten es überprüfen.

Einander festhaltend, humpelten die beiden Hilfsmarshals in die Ecke. Ein Leinwandsäckchen hatte Fandorin eingesteckt, um es später zu untersuchen.

Der schmale Gang war dunkel, da half auch die Taschenlampe

nicht, in dem Lichtstrahl tanzten nur Stäubchen. Aber wozu war der Gang geschlagen worden?

Fandorin lud sich Masa auf den Rücken – so kamen sie schneller vorwärts. Der Japaner litt sehr darunter, dass er seinem Herrn Mühe machte, und bat immer wieder um Verzeihung für seine Unachtsamkeit. Wie blamabel für einen erfahrenen Mann von vierunddreißig, sein Bein einem Stück Blei auszusetzen! Unbegreiflich und unverzeihbar! Ein Mann wie Fandorin-dono war genötigt, seinen nichtsnutzigen Vasallen auf den Schultern zu schleppen. Lieber sollte er ihn zurücklassen, damit er sich mitsamt den gemeinen amerikanischen Räubern in die Luft sprenge!

»Halt den Mund«, knurrte Fandorin. »Mir reicht's.«

Er sog mit der Nase die Luft ein. Zugluft, wahrhaftig, Zugluft!

Nach weiteren hundert Schritten schimmerte vorn schwaches Licht.

Fandorin hielt den Atem an.

»Von hier haben sie also den A-Ausfall gemacht. Her mit dem Dynamit.«

Sie legten die Stangen mit der angebrannten Zündschnur in den Tunnel und humpelten eilig weiter.

Die Explosion war nicht von schlechten Eltern, aber sie reichte nicht aus. Der Gang stürzte nicht völlig ein, füllte sich nur mit abgesprengtem Gestein.

Immerhin würden die Verfolger eine Weile zu tun haben, den Gang frei zu räumen. Inzwischen mussten sie die Stelle erreichen, wo sie die Pferde zurückgelassen hatten.

Da, wo das Heer der Rechtsordnung so schmählich geschlagen worden war, lagen Knüppel und Celestianerhüte. Die Pferde waren nicht mehr auf dem Weg. Sicherlich hatte die Schießerei sie vertrieben, oder sie waren von der allgemeinen Panik angesteckt worden.

Also würden die beiden Männer auf ihren vier, das heißt, drei Beinen ins Tal hinuntersteigen müssen.

Obwohl die Zeit drängte, mussten sie eine Pause machen, um den Druckverband abzunehmen und den Blutkreislauf in Masas verwundetem Bein wiederherzustellen.

Masa biss die Zähne zusammen und gab keinen Laut von sich, als das Gefühl zurückkehrte. Der Knochen schien unversehrt zu sein, aber die Wunde gefiel Fandorin nicht, denn sobald er die Abbindung lockerte, strömte das Blut so stark wie zuvor.

Es half nichts, er musste wieder fester abbinden. Sie begannen den Abstieg.

Anfangs kamen sie gut voran, denn Masa konnte allein gehen, doch dann wurde sein Bein erneut taub, und Fandorin schleppte ihn.

Sie mussten das russische Dorf erreichen, ehe die Banditen sie einholten.

Die würden kaum allesamt im Tunnel bleiben, um die Steine wegzuräumen, zumal mehr als zwei dort nicht arbeiten konnten. Die Übrigen würden eilig nach oben zurückkehren, um im Korral ihre Pferde zu besteigen.

Auf keinen Fall würden sie die beiden Flüchtlinge aus dem Tal herauslassen, denn die kannten jetzt das Geheimnis des Bergwerks.

Sie würden der Spur folgen, darauf verstanden sie sich. Und im Herstal steckten nur noch drei Patronen.

Schweißüberströmt trug Fandorin seinen Gehilfen zum Fuß des Berges. Nun mussten sie noch die Wiese und das Flüsschen hinter sich bringen, dann war es bis zum »Lichtstrahl« nur noch ein Katzensprung.

Dort würde Masa Hilfe finden. Dort waren Pferde.

Aber was nützen uns Pferde?, fragte sich Fandorin.

Sollten sie wegreiten und die Landsleute den Schwarzen Tüchern überlassen? Ausgeschlossen. Doch womit sie schützen, diese Idioten, die keinerlei Waffen besaßen?

Das Ziel des Gewaltmarschs durch die Berge, das Rettung verheißen hatte, verblasste, obwohl es noch gar nicht erreicht war.

In der Gemeinschaft »Lichtstrahl« erwarteten sie, wie die Amerikaner gern sagen, zwei Neuigkeiten: eine gute und eine schlechte.

Die gute bestand darin, dass Fandorin der Verantwortung für den Schutz der waffenlosen Menschen enthoben war. Es war niemand mehr da, der des Schutzes bedurfte. Wie zuvor die Celestianer waren die Siedler bis auf den Letzten aus der Siedlung geflohen und hatten ihre Habe zurückgelassen. Im Pferch blökten Schafe, Hühner spektakelten hysterisch, und ein Hahn krähte überlaut zur Unzeit. Hunde bellten freilich nicht, man hatte sie mitgenommen. Die Katzen auch.

Das war natürlich rührend, aber die Siedler hatten auch die Pferde weggeführt, darunter Fandorins Fuchsstute und Masas Pony – das war die schlechte Neuigkeit. Gewiss: sie hatten geglaubt, Fandorin und sein Gehilfe wären tot oder zumindest gefangen.

Das ist wohl das Ende, dachte Fandorin. Bis zum Ausgang aus dem Tal können wir unmöglich humpeln. Und selbst wenn wir's schaffen, holen sie uns im Flaschenhals ein. Und dann …

Aber ein richtiger Mann überlässt sich in keiner Situation der Verzweiflung, denn Handeln ist niemals sinnlos.

»Herr, ich habe einen guten Vorschlag«, sagte Masa. »Sie lassen mir Ihren kleinen Revolver hier und fliehen. Warum sollen zwei sterben, wenn einer sich retten kann? Sie kommen mit Waffen wieder, vielleicht auch mit Verstärkung. Dann können Sie mich rächen, und das wird mir im Jenseits gefallen.«

»Aber mir missfällt es im Diesseits.«

Im Hof lag ein umgekippter Schubkarren. Immerhin ein Transportmittel.

Fandorin wuchtete den protestierenden Diener in den Karren und schob ihn, zunächst im Schritt, dann immer schneller.

»In diesem Karren haben sie Dung gefahren«, klagte der Diener. »Herr, ich möchte nicht vollgeschmiert mit Kuhscheiße sterben.«

»Dann stirb eben nicht.«

Das muss, von oben betrachtet, ein sonderbares Bild sein, dachte Fandorin. Ein Mann in einem anständigen, wenn auch etwas staubigen Anzug schiebt einen Karren übers Feld, in dem ein japanischer Cowboy sitzt. Von hinten folgen ihnen, schnell näher kommend, Reiter. Das erinnert an ein absurdes, doch spannendes Knabenspiel.

Er stolperte über einen Stein und stürzte. Der Karren schlug um, Masa plumpste in den Staub.

Schwer atmend sprang Fandorin zu ihm hin.

Der Japaner lag bewusstlos da. Von dem verdammten Karren war das Rad abgegangen.

Jetzt waren sie tatsächlich am Ende.

Die Verfolger waren einstweilen nicht zu sehen, doch in der Nähe murmelte der Bach. Immerhin etwas. Er konnte trinken und sich in Ordnung bringen. Und Masa ein wenig säubern, der war ja so penibel.

Fandorin löschte seinen Durst, wusch sich gründlich, machte sein Taschentuch nass und kehrte zurück zu Masa, um ihn in den Schatten zu ziehen, da hörte er plötzlich Hufgetrappel.

Merkwürdig, dem Geräusch nach war das nur ein Pferd, und es bewegte sich gemächlich im Schritt.

Fandorin griff nach dem Herstal, drehte sich um und sah die graue Stute Peggy, die Mähne schüttelnd, aus den Büschen kommen. Hinter ihr erschien, die Hände in den Taschen, pfiffelnd Washington Reid.

»Ich wollte mal nachsehen, wie das da bei Ihnen ausgegangen ist«, verkündete er vergnügt. »Ich habe am Eingang des Flaschenhalses gesessen und mir Sorgen gemacht. Plötzlich kommen die Russen angelaufen. Retten Sie sich, schreien sie, die Banditen bringen alle um. Ich frag: Und der Kopflose? Darauf sie: Es gibt keinen Kopflosen, uns verfolgen die Schwarzen Tücher. Und sind weitergelaufen. Ich schreie ihnen nach: ›Wo sind denn Melvin Scott und Mr. Fendorin? Und der Chinese?‹ – ›Tot, alle tot!‹ Dann nur noch eine Staubwolke. Da wollte ich mit Peggy mal nachsehen, zumal es den Kopflosen gar nicht gibt. Ist doch interessant.«

Reid schwatzte und schwatzte, erfasste aber die Situation ohne lange Erklärungen.

Er half, den ohnmächtigen Masa in den Sattel zu heben, und band ihn mit einem Lasso am Hals des Pferdes fest.

»Und Scott? Haben sie den wirklich abgeknallt?«, fragte er erst jetzt.

»Ja. Sie werden jeden M-Moment hier sein.«

Der Neger flüsterte dem Pferd etwas ins Ohr und gab ihm einen sachten Klaps auf die Kruppe, und Peggy trabte los, unschön die Beine werfend, doch dabei so gleichmäßig, dass Masa kaum im Sattel schwankte.

»Sie bleibt erst stehen, wenn sie den Saloon erreicht hat«, sagte Reid. »Irgendwer wird den Doc rufen. Alle wissen, dass es Ihr Chinese ist.«

»Japaner ist er.«

Darauf machte Reid eine philosophische Bemerkung.

»Meinen Urgroßvater haben weiße Männer aus Senegambia hergebracht. Hat mich jemals einer ›Senegambier‹ genannt? Wir sind ja für euch immer nur ›Neger‹ – bestenfalls. Andererseits, wenn Sie nach Afrika kommen, wird Sie auch kaum jemand als ›Russen‹ bezeichnen. Ich habe gehört, dass die Afrikaner alle Weißen ›Fersengesichter‹ nennen oder, höflicher, ›Handgesichter‹.«

Fandorin blickte zu den Bergen hinüber.

»Mr. Reid, können wir nicht schneller gehen?«

Reid ruckte mit den Schultern, um den Riemen seines Karabiners zu richten.

»Wozu? Da ist ja schon der Engpass. Ein Katzensprung.«

»Dort finden wir keinerlei D-Deckung.«

Aber der Schwarze dachte nicht daran, den Schritt zu beschleunigen, und das Gefühl der eigenen Würde verbot Fandorin, darauf zu bestehen. Keiner wollte das Gesicht verlieren.

Sie waren im Flaschenhals noch keine fünfhundert Schritte gegangen, da hörten sie hinter sich das Trappeln vieler Hufe, Geschrei und Gejohle.

Fandorin drehte sich um und erblickte eine Staubwolke, in der dunkle Reitersilhouetten zu sehen waren.

Flucht wäre sinnlos gewesen. Er holte den Herstal hervor und duckte sich hinter einen großen Stein, nicht um sich zu verstecken, sondern um die Verfolger auf die Distanz eines Revolverschusses herankommen zu lassen.

Neben ihm hockte Reid sich hin, der auch in dieser Situation seinen Gleichmut nicht verlor. Er nahm den Karabiner von der Schulter, sah nach dem Korn, zog den Kammerstengel zurück.

»Schießen Sie erst, wenn die ganz nahe sind«, sagte Fandorin warnend. »Sonst bin ich für Sie keine H-Hilfe.«

»Wozu brauch ich Hilfe?«

Reid zielte und schoss.

Der vorderste Reiter stürzte mitsamt seinem Gaul, raffte sich aber gleich wieder auf und verkroch sich hinter einem Felsvorsprung.

»V-Verdammt! Daneben!«

Wieder bellte der Karabiner.

Ein weiterer Reiter in der Staubwolke stürzte mit seinem Pferd und versteckte sich, so flink, dass er wohl nicht mal verwundet war.

Die Übrigen zerstreuten sich und verschwanden aus dem Blickfeld, um sich vor den Kugeln zu schützen.

»Sie haben ja wieder nur das Pferd getroffen!«, schalt Fandorin den Schützen.

»Ich schieß doch nicht auf Menschen«, antwortete der Neger. »Vielleicht erschieße ich einen, und er war ein anständiger Kerl. Oder ich mach ihn zum Krüppel, und er hat Familie. Außerdem, Sie reisen wieder ab, und ich muss hierbleiben.« Er drückte noch zweimal ab, jetzt schon ohne zu zielen. »Macht nichts. Die lassen sich hier nicht mehr blicken, wollen schließlich auch leben.«

Und wirklich. Sie ballerten zwar wie verrückt, doch die Kugeln gingen nach oben. Die Banditen schienen nicht zu wissen, von wo die Schüsse gekommen waren – das Echo hatte sie verwirrt.

»Wir können allmählich weitergehen.«

Geduckt glitt er hinter dem Stein hervor. Fandorin folgte ihm.

Hinter der nächsten Biegung konnten sie sich aufrichten. Das Schießen wurde nicht weniger, war aber nicht mehr so ohrenbetäubend.

»Na, beruhigt?«, fragte Reid, der sich überraschend scharfsinnig gezeigt hatte. Fandorin begann erst jetzt zu glauben, dass er das Traumtal lebend verlassen würde. »Dann erzählen Sie, was dort los war.«

Nachdem Reid alles erfahren hatte, schluckte er.

»Zeigen Sie mir doch mal das Säckchen, das Sie mitgenommen haben«, sagte er mit seltsam dumpfer Stimme.

Er schüttele kleine gelbgraue Klümpchen und Körnchen in seine Hand, leckte an einem, probierte mit der Zunge. Sein Gesicht zerfloss in Falten.

»Ist es das, was ich v-vermute?«

»Gold!«, hauchte Reid. »Für ein Steinchen wie das hier kann man einen ganzen Monat in den besten Etablissements von Crooktown trinken und prassen! Wie viele Kisten sind dort?«

Fandorin überlegte.

»An die dreißig«, sagte er. »So groß ungefähr.«

»Und die ganze Wand ist voller Einsprengsel? Vom Boden bis zur Decke? Und der Stamm wird nach unten hin breiter?«

»Ja.«

»Und wie viel taubes Gestein?«

»Na, vielleicht ein Dutzend Haufen, die mir bis zum G-Gürtel gehen.«

Reid rechnete, klopfte sich auf den Oberschenkel.

»Unwahrscheinlich! Solchen Feingehalt gab's nicht mal am Eagle Creek, wo ich einmal an einem Tag zweieinhalb Kilo rausgeholt hab!« Er spuckte auf eines der Nuggets, rieb mit dem Finger. »Und diese Reinheit! Ich will verdammt sein, wenn das nicht mindestens neunhundertfünfziger Gold ist! Davon verstehe ich was!«

Ziehen wir Bilanz

»Ihr Schürfer hat mit seiner Spucke eine ziemlich genaue Analyse erstellt«, sagte der Experte mit zurückhaltendem Lächeln und kam nun zum Wesentlichen. »Die Laboruntersuchung der Proben hat ergeben, dass es sich um neunhundertneunundfünfziger Gold handelt, also Gold ›mit sehr hohem Feingehalt‹. Die Nuggets wurden einer Mineralader entnommen und stimmen in ihrer chemischen Zusammensetzung mit dem Golderz überein, das in den Bergwerken von Owen in den Black Hills gewonnen wurde.«

»Das waren die ergiebigsten Bergwerke im ganzen Mittleren Westen – bevor sie erschöpft waren!«, rief Colonel Star enthusiastisch. »Aber um Himmels willen, Doktor Fobb, sprechen Sie weiter!«

Der Experte rückte die Brille zurecht und blickte in sein Notizbuch.

»Wie Sie wissen, ist das Gold in den Gruben von Owen nicht versiegt. Es war nur so, dass ab tausend Fuß Tiefe die Produktion nicht mehr profitabel war, darum wurde der Abbau eingestellt. Höchstwahrscheinlich entstammen die untersuchten Erzproben einer anderen Zunge derselben Ader, die an anderer Stelle zutage tritt.«

Doktor Fobb, der als Fachmann für Erzuntersuchungen bei der Star Company angestellt war, räusperte sich und nickte zu Fandorin hin.

»Wenn wir den Aussagen des Augenzeugen glauben wollen«, sagte er mit besonderem Nachdruck, »ist die Ader mindestens acht bis zehn Fuß mächtig und liegt nicht tiefer als hundert Fuß. Das bedeutet, man kann ein paar hundert Fuß in die Tiefe gehen und doch eine hohe Rentabilität erzielen. Nach äußerst vorsichtiger Schätzung könnte die Fundstätte in etwa zehn Tonnen Metall ergeben ...«

Colonel Star stieß einen jungenhaften Pfiff aus, und der Geologe beeilte sich hinzuzufügen: »Aber eine genauere Prognose ist erst möglich, wenn ich Proben nehmen und vor Ort Vermessungen machen kann. Mr. Star, Sie sagen, das sei einstweilen unmöglich?«

»Einstweilen ja. Aber in Kürze werden Sie mit Ihrem Mitarbeiterstab dorthin übersiedeln können.«

Das Gespräch fand im Hotel »Great Western« zu Splitstone statt, das der umsichtige Egoist ganz gemietet und dessen Personal er durch eigenes ersetzt hatte. Der Gegenstand der Erörterung machte strikte Geheimhaltung erforderlich. Am Vortag hatte der Colonel Fandorins Telegramm »Sofort kommen« erhalten, hatte alles stehen- und liegengelassen und war in seiner Wunderkutsche aus Crooktown herbeigeeilt. Sein unfehlbares Gespür, mit dessen Hilfe der russische Immigrant zum amerikanischen Magnaten geworden war, hatte ihm gesagt, dass etwas Außergewöhnliches vorgefallen sei.

Schon fünf Minuten nach dem ersten Gespräch mit Fandorin hatte er telegraphisch Doktor Fobb aus dem Hauptkontor angefordert. Am Abend desselben Tages lag der Inhalt des Leinensäckchens auf dem Tisch des Feldlabors. Gegen Morgen war die Expertise fertig.

»Ich danke Ihnen, Doktor. Ruhen Sie sich aus, Sie haben eine schlaflose Nacht hinter sich«, sagte der Colonel zu dem Geologen.

Auch er hatte die ganze Nacht nicht geschlafen, sah aber nicht müde aus. Seine Augen strahlten in fieberhaftem Glanz, seine Bewegungen waren energisch und ungestüm.

»Na, Erast Petrowitsch, ziehen wir Bilanz?«, sagte der Millionär, als sie allein geblieben waren, und rieb sich die Hände. »Ihre Ermittlungen haben den Grund der geheimnisvollen Vorgänge im Dream Valley zutage gebracht. Die Bande hat sich in den Bergen festgesetzt und in dem alten Bergwerk reiche Goldvorkommen entdeckt, die nach industrieller Förderung verlangen. Alle nachfolgenden Aktionen der Banditen verfolgten nur ein Ziel: die Fundstätte in die Hand zu bekommen. Ich vermute, die Legende von den Räubern, die nie die schwarzen Tücher vom Gesicht nehmen, wurde vorsätzlich gestreut – zur Abschreckung. Die beiden Überfälle auf die Eisenbahn waren auch eine Demonstration: viel Lärm schlagen, Angst einjagen. Hab ich recht?«

»W-Wahrscheinlich. Die mussten alle Bewohner aus dem Tal vertreiben. Erstens. Und zweitens den Preis für die ›verfluchte Gegend‹ herunterdrücken, um Callaghan das Dream Valley auf legale Weise für einen Apfel und ein Ei abzukaufen und dann den industriellen Abbau in Angriff zu nehmen. Die Schwarzen Tücher würden spurlos verschwinden, da sie nicht mehr gebraucht wurden. Dafür würden rechtmäßige Eigentümer in Erscheinung treten, höchst ehrenwerte Gentlemen. Ich möchte doch wissen, wer …« Fandorin lachte auf. »Einfallsreiche Herrschaften, alles was recht ist. Die ängstlichen russischen Siedler mit Räubern eingeschüchtert, die furchtlosen Celestianer mit dem Kopflosen Reiter. Psychologie!«

»Und ob!«, rief der Colonel. »Sie haben ja erreicht, was sie wollten. Das Tal ist menschenleer, niemand mehr ist ihnen im Wege. So viel Aufsehen und Gerüchte, dass keiner auch nur zehn Dollar dafür zahlen würde. Callaghan bekommt keine Pachtgelder mehr. Jetzt wird er froh sein, die Last loszuwerden. Ohne Sie wäre der Plan glänzend aufgegangen. Sie haben Ihren Job ganz hervorragend gemacht.«

»A-Aber die Siedler haben alles verloren, was sie besaßen.«

Colonel Star lächelte gutmütig.

»Um die machen Sie sich man keine Sorgen. Ich habe für unsere Idealisten ein vorzügliches Gelände in Montana gefunden. Das überschreibe ich ihnen als Eigentum. Und statte sie mit allem Notwendigen aus, gebe ihnen Reise- und Umzugsgelder … Sie werden das Dream Valley vergessen wie einen schrecklichen Traum.«

Der Gedankengang des vernünftigen Egoisten war klar.

»V-Verstehe.« Fandorin betrachtete missvergnügt den staubigen Ärmel seines Gehrocks – wenn Masa nicht da war, säuberte niemand die Kleider. »Sie können die Siedler im Tal auch nicht mehr gebrauchen. Aber was machen Sie mit den Schwarzen Tüchern? Ohne Gebirgsartillerie kriegen Sie die aus ihren Nestern nicht heraus. Das ist eine uneinnehmbare Festung.«

Der Colonel zeigte sich unbeeindruckt.

»Ach was. Ich red mit dem Gouverneur. Wenn Artillerie gebraucht wird, krieg ich sie. Wir Bürger zahlen schließlich Steuern, damit der Staat mit all seiner Macht unser Eigentum schützt.«

»*Unser*?«

Über Stars Gesicht glitt ein triumphierendes Lächeln.

»Ich habe die ganze Nacht mit Cork Callaghan gefeilscht. Habe ihm gesagt: ›Das Dream Valley ist für niemanden mehr von Nutzen. Aber ich bin trotzdem bereit, es zu kaufen.‹ Er hat mir geantwortet: ›Ich habe meinen Preis genannt: hunderttausend.‹

Und da habe ich zugegebenermaßen einen Bock geschossen. Ich

hätte schreien sollen: ›Wo dort Banditen und Gespenster ihr Unwesen treiben? Dafür hunderttausend? Hier hast du fünfhundert, sag danke schön.‹ Dann hätten wir uns auf sechs- oder siebentausend geeinigt. Stattdessen sagte ich dummerweise: ›Okay. Also hunderttausend.‹ Sie werden's nicht glauben, der alte Spitzbube war erst mal still und hat mit den Augen geklappert. Dann hat er gesagt: ›Ich hab's mir anders überlegt. Unter vierhunderttausend geb ich's nicht her.‹« Der Colonel lachte schallend. »Frecher Hund, was?«

»Ich hätte nicht gedacht, dass es ihm dermaßen leid tut, sich von seiner Tochter zu trennen«, bemerkte Fandorin darauf.

Der Colonel überhörte diese Worte.

»Na ja, wir haben uns per Handschlag auf dreihunderttausend geeinigt«, schloss er aufgekratzt. »Heute Nachmittag um drei treffen wir uns beim Notar in Crooktown. Ich wollte erst noch das Schlussgutachten abwarten.«

Hunderttausend waren ihm nicht genug für das Glück seiner Tochter, doch dreihunderttausend, das ist schon was anderes, dachte Fandorin. Nun wird sich die rothaarige Ashlean ihren Traum erfüllen und ihren Ted heiraten, die Klapperschlange. Ach, die Ärmste.

Der Colonel konnte keine Sekunde still sitzen. Er zog die Uhr, ließ den Deckel aufschnappen.

»Ich muss wohl los. Hauptsache, Callaghan bekommt nicht Wind von der Sache. Mit Ihrem Neger habe ich gesprochen. Habe dem Spitzbuben fünftausend versprochen, wenn er den Mund hält. Auszuzahlen nach Geschäftsabschluss.«

Doch dann stockte er und sah Fandorin mit einer Miene an, die dem sehr missfiel.

»Hm, Erast Petrowitsch ...« Colonel Star errötete leicht und hatte es auf einmal sehr eilig. »Wir haben noch nicht über Ihre Vergütung gesprochen. Der Vorschuss war tausend Dollar. Für den

Abschluss der Ermittlungen erhalten Sie viertausend.« Er zog einen ausgefüllten Scheck aus der Tasche. »Und noch fünfhundert für die Behandlung Ihres Chinesen. Übrigens, wie geht es ihm?«

»D-Danke. Meinem *Japaner* geht es schon besser.«

Fandorin sah den Colonel fragend an, er spürte, dass der gleich mit dem Wichtigsten herausrücken würde.

»Sie wundern sich über die Bescheidenheit der Vergütung trotz Ihrer Entdeckungen?« Colonel Star lächelte verstehend und war nicht mehr verlegen. »Für das Bergwerk erhalten Sie eine Sonderprämie. Zwanzigtausend!« Er hob den Finger, um die Höhe der Summe zu unterstreichen. »Sofort nach Unterzeichnung des Vertrags mit Callaghan. Handschlag?«

Er drückte Fandorin flüchtig die Hand.

»So, ich muss los. Das Hotel bleibt zu Ihrer Verfügung. Beliebig lange. Ihr Diener kann sich in aller Ruhe kurieren. Wenn notwendig, schicke ich meinen Leibarzt, dazu Medikamente …«

»Nicht nötig, bei Masa heilt alles von allein, wie bei einem H-Hund. Ich kenne ihn. Er schläft zwei Tage und Nächte, isst dann anständig und ist wieder wie neu.«

»Ausgezeichnet, ausgezeichnet!«, tönte es schon aus dem Korridor.

Unten klappte die Tür. Jungenhaft flink lief der Colonel aus dem Haus, hinein in seine Luxusequipage, auf den hinteren Wagentritt sprangen seine beiden Diener mit umgehängter Winchester, und die Kutsche rollte in einer Staubwolke davon, begleitet von den begeisterten Blicken der Einwohner von Splitstone.

Allein geblieben, holte Fandorin eine Zigarre hervor, hielt sie ein Weilchen in der Hand und legte sie wieder weg. Das Tabakrauchen ist zwar eine schädliche Angewohnheit, aber auch eine Meditationsübung und verlangt eine besondere Stimmung, im Idealfall völligen inneren Frieden.

Im Hotel war es still. Masa schlief unter Aufsicht des städtischen Arztes. Der Geologiefachmann schlief wohl auch den Schlaf des Gerechten nach den Anstrengungen der Nacht. Aber Fandorin war scheußlich zumute.

Es berührte ihn unangenehm, in welche Aufregung das Gold den vernünftigen Egoisten versetzte. Erstens.

Der Hinweis, dass die zwanzigtausend Dollar Sonderprämie erst nach der Vertragsunterzeichnung gezahlt würden, hatte ihn gekränkt. Sollte er nicht in Versuchung geraten, das Geheimnis an Callaghan auszuplaudern? Damit stellte der Colonel ihn eigentlich auf eine Stufe mit dem »Spitzbuben« Washington Reid, nur dass er für das Schweigen mehr zu zahlen bereit war. Zweitens.

Und endlich, drittens, das Bedrückendste. War nicht er, Fandorin, nunmehr an einem Betrug beteiligt? Cork Callaghan hatte ja keine Ahnung, wie wertvoll das Dream Valley wirklich war. Gegen die mutmaßlichen zehn Tonnen Gold waren dreihunderttausend Dollar lächerlich. Und rief man sich in Erinnerung, dass das Dream Valley die Mitgift für Ashlean war, so ergab sich, dass das eigentliche Opfer des zweifelhaften Geschäfts das Mädchen sein würde. Jetzt schwebte sie zwar noch im siebenten Himmel des Glücks, aber bald würde sie die Wahrheit erfahren, das war unausweichlich. Was würde Miss Callaghan dann für eine Meinung von dem russischen Gentleman haben?

Und vor allem, was für eine Meinung würde er selbst von sich haben?

Fandorin beugte sich über den Schreibtisch, tunkte die Stahlfeder ins Tintenfass und schrieb schwungvoll ein paar kurze englische Sätze: Er bedauere, doch die Teilnahme an geschäftlichen Operationen zweifelhaften Charakters sei nicht Bestandteil seines Vertrags, daher verzichte er auf die zwanzigtausend und betrachte sich als frei in seinen Handlungen.

Ob er die bereits erhaltenen viertausend zurückgeben sollte?

Aber wieso eigentlich? Er hatte seine Aufgabe erfüllt, und sie war nicht einfach gewesen.

Er schickte die Notiz telegraphisch direkt an das Crooktowner Notariatsbüro. Mit dem Zusatz: »Für Mr. Maurice Star. Dringend. Persönlich«.

Das heißt, er handelte wie ein richtiger Mann. Konfuzius wäre mit ihm zufrieden.

Das riskanteste Abenteuer des Erast Petrowitsch Fandorin

Die Zwei-Halbmonde-Ranch war fast menschenleer. Im großen Korral nahe beim Haupthaus waren nur drei Cowboys zu sehen, die mit einem am Zaun hängenden Geschirr befasst waren. Dem näher reitenden Mann im schwarzen Anzug blickten sie unter schirmender Hand hervor entgegen, da hinter ihm die Sonne strahlte, erkannten ihn und tuschelten miteinander. Sie blickten nicht eben freundlich, aber auch nicht herausfordernd. Der eine war sehr jung, die anderen waren etwas älter.

Fandorin ritt auf sie zu und grüßte. Sie antworteten nicht, wandten sich obendrein ab.

Da er wusste, dass eine leise Stimme auf schlecht erzogene Menschen stärker wirkte als Geschrei, grüßte er nochmals, kaum hörbar. Und lehnte sich erwartungsvoll im Sattel zurück.

Diesmal antworteten die beiden Älteren. Sogar höflich.

»Ihnen auch, Sir.«

Der Jüngere nickte schweigend und zupfte das rote Halstuch zurecht.

Fandorin hatte nicht vor, den Kerlen Anstand beizubringen, er wollte nur fragen, ob Mr. Callaghan oder seine Tochter zu Hause seien, aber dessen bedurfte es nicht.

Es ertönte ein lautes freudiges Wiehern, und vom hinteren Ende des Korrals kam, das fein gezeichnete Maul erhoben, die schöne Rappstute Selma auf den Besucher zugesprengt. Die Nüstern gebläht, berührte sie Fandorins Schulter zärtlich mit den Zähnen, und er streichelte ihr die Blesse.

Nun, zumindest Ashlean ist zu Hause, dachte er, und da erhob die Perle der Prärie auch schon ihre Stimme.

»Mr. Fendorin, Sie?«, rief sie.

Sie stand am offenen Fenster und blickte ihn mit großen Augen an. Ihr Gesicht hatte sich gerötet, ihre Brust wogte.

Was hatte sie denn?

Er tippte an die Krempe seines Huts, denn hier im Westen pflegte man bei der Begrüßung einer Dame nicht den Hut abzunehmen. Es geriet ihm recht elegant.

»Wie Sie sehen, sind Sie hier willkommen«, sagte Miss Callaghan und nickte nach einer Pause zu Selma hin. Und lachte über ihren so nett zweideutigen Scherz. »Treten Sie ein, treten Sie ein! Wir haben viel von Ihnen gesprochen.«

Er stieg die Vortreppe hinauf.

Ashlean empfing ihn in der Diele und geleitete ihn ins Nebenzimmer, den Salon, von dem eine Tür, soweit er sich erinnerte, ins Esszimmer führte. Die beiden Flügel standen ein wenig offen und klapperten sacht von einem leichten, angenehmen Zugwind; vor den besonnten Fenstern flatterten weiße Vorhänge.

Das Mädchen war irgendwie verwirrt, was so gar nicht zu ihrem Charakter passte. Was mochten ihr Erröten, ihre flatternden Wimpern, ihr beschleunigter Atem zu bedeuten haben? Fandorin verscheuchte entschlossen die für sein Selbstbewusstsein schmeichelhafteste Vermutung.

Und er tat recht daran.

Für Miss Callaghans Erregung fand sich sogleich die Erklärung.

»O Gott, ein richtiges Wunder ist geschehen!«, rief sie und fasste den Besucher an der Hand. »Haben Sie schon gehört? Der Colonel zahlt Papa für mein Tal dreihunderttausend! DREIHUNDERTTAUSEND! Jetzt bin ich die reichste Braut in ganz Wyoming! Ich bin meine eigene Herrin! In einem Monat werde ich volljährig und kann heiraten, wen ich will!«

»G-Gratuliere!« Fandorin setzte sich aufs Fensterbrett, näher zur frischen Brise. »Beim letzten Mal waren viele Leute auf Ihrer Ranch. Heute ist es hier so leer.«

»Die Jungs haben eine Herde zur Eisenbahn getrieben, und Papa ist eben nach Crooktown gefahren, zum Notar. Um drei wird das Geschäft abgeschlossen, und er will vorher noch zur Bank, damit sie ihm ein Schließfach bereithalten. Colonel Star hat versprochen, die Hälfte der Summe in bar zu bezahlen.«

Edle Taten verlangen eine gewisse Theatralik und Formvollendung. Darum versagte sich Fandorin nicht das Vergnügen, die Dramatik seiner Mitteilung noch zu verstärken.

»Mein Fräulein, ich bringe Ihnen wichtige Neuigkeiten«, begann er mit finsterer Miene, dann fiel ihm im rechten Moment der amerikanische Scherz ein. »Eine schlechte und eine gute. Welche zuerst?«

Sie sah ihn erschrocken an – wie es sich gehörte.

»Lieber die schlechte.«

»Sie werden nicht die reichste Braut in ganz Wyoming.« Er zog die Brauen zusammen und verbiss mit aller Kraft ein Lächeln.

»Ach!«, rief Miss Callaghan.

»Sie werden die reichste Braut in ganz Amerika.«

»Oh!«, rief Miss Callaghan.

Nun lachte Fandorin frei heraus. Der Scherz war anspruchslos, aber er beeindruckte das Auditorium.

»Ihr Vater muss ein Telegramm bekommen«, schloss Fandorin. »Wenn Mr. Star das Dream Valley kaufen will, soll er einen richtigen Preis zahlen. Ich bin kein Fachmann, aber es wird wohl um mehrere Millionen gehen.«

Im Esszimmer klirrte etwas, und Miss Callaghan legte rasch den Finger an den Mund.

Sie eilte zu der angelehnten Tür.

»Sally!«, rief sie ärgerlich. »Geh jetzt! Abräumen kannst du später!«

Sie schloss die Tür und drehte sich um.

Es war reizvoll, das eigensinnige, selbstsichere Mädchen so verwirrt zu sehen.

»Ich ... ich bin nicht sicher, ob ich richtig verstanden habe«, lispelte sie. »Wie viel, sagten Sie? *Zehn Tonnen*?«

»Das ist nur die erste und wohl sehr vorsichtige Schätzung ...«

Ein Luftzug wehte Fandorin kitzelnd die Gardine ins Gesicht. Er zog das leichte Gewebe beiseite, warf einen zerstreuten Blick nach draußen und stockte mitten im Satz.

Die drei Cowboys standen am Zaun des Korrals und unterhielten sich.

»Verdammt!«, murmelte Fandorin. »Wie konnte ich ...«

»Was?«, fragte sie verwundert. »Was haben Sie gesagt?«

»Entschuldigen Sie, bin gleich wieder da.«

Er schwang die Beine übers Fensterbrett und sprang hinaus.

»Hey, Boy!«, sprach er amerikanisch familiär den Jungen mit dem roten Tuch um den Hals an. »Warum hast du mich vorhin nicht gegrüßt?«

Die beiden anderen traten vorausschauend zur Seite. Der Junge wurde blass und klapperte mit den blauen Augen. Er öffnete den Mund, brachte aber keinen Ton heraus.

»Los, sag irgendwas. Ich will deine Stimme h-hören.«

Der Blauäugige wich zurück, lehnte den Rücken an den Zaun.

»Hey, Sir.«, versuchte einer der Cowboys, ihn in Schutz zu nehmen. »Was wollen Sie von Billy? Er hat doch nichts ...«

Fandorin hörte nicht hin, er riss dem Blauäugigen das Tuch vom Hals. Und richtig! Unterhalb des linken Ohrs war ein länglicher blauroter Bluterguss zu sehen, die Spur von Fandorins Handkantenschlag, der *yumesasou* heißt, »Einladung zum Schlaf«.

»Grüß dich, Junge.« Fandorin klopfte dem verstummten Billy auf die Schulter. »Ich habe dich nicht umsonst am Leben gelassen. Ich kuck, die Augen kenn ich doch. Du sagst nichts und hast dir was um den Hals gebunden. Na, r-reden wir?«

Ohne die Rappstute wäre Fandorin kaum auf den Gedanken gekommen, sich umzudrehen, denn die Begegnung mit dem Cowboy nahm sein Interesse gefangen. Aber Selma, die das Maul über das Gatter nach ihm streckte, bäumte sich plötzlich auf, wieherte unruhig und sprang nervös zur Seite, sodass Fandorin unwillkürlich den Kopf wandte. Aus dem Augenwinkel nahm er eine Bewegung hinter sich wahr.

Er drehte sich um.

Und erstarrte.

Auf der Vortreppe standen Schulter an Schulter drei Männer: Ted Rattler, Washington Reid und (unglaublich) Melvin Scott, der für einen Toten gar nicht so schlecht aussah.

Ted hielt die Hand am Halfter, der Pink hatte die Hände auf seinen beiden Waffen links und rechts. Reid rieb sich nervös die Hände und sah etwas verlegen aus. Aus dem Fenster guckte Ashlean Callaghan, ihre grünen Augen glühten hasserfüllt, und diese Metamorphose war am schlimmsten.

Die drei Cowboys rannten möglichst weit weg von Fandorin, sie wollten keine Kugel einfangen. Selma hetzte durch den Korral, bäumte sich immer wieder auf, doch wie konnte sie dem Auserwählten ihres Pferdeherzens helfen?

»Ich sehe, Miss Callaghan, Ihre Sally hat das Geschirr schon abgeräumt«, sagte Fandorin, damit die nicht glaubten, ihm wäre die Zunge am Gaumen angetrocknet. »Grüß dich, Mel. Hast du dich auch nicht gestoßen, als du in den Abgrund fielst? Hattest du da ein Federbett hingelegt?«

Bravour ist ja ganz schön, aber um ihn stand es nicht besonders. Im hinteren Halfter steckte der Herstal, doch in der Trommel waren grade noch drei Patronen. Überdies wusste Fandorin, dass es sinnlos gewesen wäre, mit diesen Meistern in Schnelligkeit zu wetteifern.

»Idiot!«, zischte Ashlean. »Hättest beinahe alles verpatzt.«

Ted und Melvin kamen, weich auftretend, die Stufen herunter. Beide hatten den gleichen Katzengang und blickten den Gegner mit dem gleichen Ausdruck an: kalt und sehr aufmerksam.

Washington Reid holte die beiden ein.

»Wenn er verspricht zu schweigen«, sagte er hastig, »hält er sein Wort. Ich kenne ihn. Lasst mich mit ihm reden!«

»Nein!«, schnitt Rattler ihm das Wort ab.

Scott zuckte die Achseln.

»Wozu ein Risiko eingehen?«

Ashlean beendete die Diskussion.

»Genug geschwatzt! Macht Schluss mit ihm!«, schrie sie und wandte sich ab.

Ted und Mel zogen blitzschnell und eröffneten das Feuer mit drei Revolvern. Aber aus fünfzig Fuß Entfernung und noch dazu aus der Hüfte ist es nicht so einfach, ein Ziel zu treffen, zumal wenn es sich bewegt. Und es war ganz unvorstellbar beweglich. Das, Mr. Klapper-Theo, ist was anderes als auf einen gleichmäßig fliegenden Hut zu schießen.

Fandorin setzte nicht auf Schnelligkeit, sondern auf Treffsicherheit. Darum versuchte er, während er so verwirrende Bewegungen machte, dass es seinen Opponenten vor den Augen flimmerte, so gut wie möglich zu zielen. Zum ersten Mal in letzter Zeit kamen die Kampfqualitäten des Herstal – der weiche Abzug und der geringe Rückstoß – voll zur Geltung.

Ted verfehlte dreimal, der Pink sogar viermal das flirrende Ziel, bevor das ungleiche Duell vorüber war – durch zwei Schüsse aus dem kleinen Meisterwerk der belgischen Waffenschmiede.

Die erste Kugel, die Fandorin aus der Position »linke untere Terz« abfeuerte, durchschlug Teds rechten Ellbogen, denn es wäre unschön gewesen, einen Mann am Vorabend seiner Hochzeit zu töten. Die zweite (aus der oberen Terz rechts) traf Melvin Scott mitten in die Stirn. Gemeinheit zahlt sich schließlich nicht aus und beidhändiges Schießen auch nicht, und überhaupt: wenn tot, dann richtig.

Die dritte Kugel blieb in der Trommel, denn Washington Reid hatte seinen vielerfahrenen Colt im Halfter stecken lassen.

Miss Callaghan drehte sich auf den Lärm hin um.

»O my God!«, schrie sie.

Ihre Verblüffung war begreiflich.

Eben noch hatten vier Männer da gestanden: ein zum Tode Verurteilter und drei Vollstrecker. Jetzt war keiner mehr zu sehen außer dem unbeweglich daliegenden Scott, den seine Seele bereits verlassen hatte.

Ted Rattler war, den verletzten Ellbogen haltend, um die Hausecke geflohen, und Fandorin war ihm nach kurzem Zweifel, ob es dafür stand, gefolgt.

Reid hatte es ebenfalls für besser gehalten, das Weite zu suchen, und war in die andere Richtung gelaufen, wo vermutlich die treue Peggy auf ihn wartete.

Ach ja. In respektvoller Entfernung von der Schlacht standen wie angewurzelt die drei Cowboys und hatten für alle Fälle die Hände erhoben. Aber sie erklärten dem verstörten Fräulein nichts.

Ted Rattler einzuholen oder zumindest ihm die letzte Kugel zu geben wäre nicht schwer gewesen.

Ted lief schnell, brauchte aber ein Weilchen, bevor er im Sattel seines großen Hengstes saß. Das Pferd war weiß, hatte aber Rußspuren auf der Kruppe. Fandorin zielte, drückte jedoch nicht ab.

Der ehemalige Schecke galoppierte davon und hinterließ eine Staubwolke sowie eine Kette charakteristischer Spuren – die Hufeisen hatten Nägel mit viereckigen Köpfen.

Ich hätte dem Reiter doch noch den Kopf abreißen sollen, seufzte Fandorin. Miss Callaghan konnte sich bedanken. Zwar hatte sie geschrien: »Macht Schluss mit ihm!«, sich dann aber abgewandt, war wohl noch nicht ganz verdorben.

Es wäre interessant, das Gespräch zu Ende zu bringen, doch das Fräulein würde sich kaum darauf einlassen.

Aber da irrte Fandorin.

Wenn an etwas – an Frechheit jedenfalls gebrach es der schönen Perle nicht. Sie dachte nicht daran, sich zu verstecken. Nein, sie erwartete Fandorin da, wo er sie verlassen hatte – im Salon.

Und ging sofort zum Angriff über.

»Du wirst hängen!«, schrie sie, kaum dass er auf der Schwelle stand. »Du hast einen Pinkerton-Agenten erschossen – vor sechs Zeugen! Und auf dein Geschwätz wird niemand etwas geben!«

Keine Frage, die Wut stand ihr bestens zu Gesichte. Besonders schön waren die zerzausten feuerroten Locken. Na, und natürlich die Flammen sprühenden Augen.

»Sie haben sechs Zeugen, ich aber fast fünfzig.« Fandorin wischte sich mit dem Taschentuch die Stirn, denn er war vom Springen und Laufen in Schweiß geraten. »Und sie alle haben gesehen, wie Mr. Scott schon einmal erschossen und obendrein in den Abgrund gestoßen wurde. Ihr schlauer Plan ist gescheitert, mein Fräulein. Beinahe hätten Sie den Colonel und mich um den Finger gewickelt. Aber Konfuzius hat recht: ›Richtige Taten führen stets zum richtigen Resultat‹.«

»Wer ist dieser Konfuzius?«, fragte sie argwöhnisch und überlegte fieberhaft.

»Ein weiser Mann aus Ch-China.«

»Schade, dass deinem Konfuzius nur das Bein durchschossen wurde!«

Sie stampfte wütend mit dem Fuß auf und fand offenbar nichts, um die Situation zu ihren Gunsten zu wenden.

Fandorin machte eine spöttische Verbeugung und wandte sich zum Gehen, ohne das reizvolle Geschöpf aus den Augen zu lassen. Womöglich schoss sie ihm in den Rücken, zuzutrauen war's ihr.

»Wo wollen Sie hin?«, rief sie mit zauberhafter Inkonsequenz und stürzte hinter ihm her.

»Zum Telegraphen. Ich muss Colonel Star ein Telegramm schicken. Eines habe ich ihm schon geschickt. Ich denke, man wird sie ihm zusammen aushändigen.«

Er trat auf die Vortreppe.

Ihre Augen sprühten nicht mehr Blitze, sie blickten seltsam nachdenklich.

»Leben Sie wohl, Miss. Ich hätte nicht gedacht, dass unsere Bekanntschaft sich so aufregend gestalten würde.«

Fandorin trat vorsichtig eine Stufe tiefer.

»Du ahnst nicht mal, *wie* aufregend sie werden kann …«, flüsterte Ashlean.

Er glaubte sich verhört zu haben, zumal sie sich im nächsten Moment abwandte.

»Hey, ihr Holzköpfe!«, schrie sie wütend die Cowboys an. »Was steht ihr untätig rum? Schafft den Kadaver weg!« Sie wies mit dem Zeigefinger angewidert auf Scotts Leiche. »Bringt ihn irgendwohin und scharrt ihn ein! Und wir, Billy, sprechen uns noch!«

Die Cowboys liefen zu der Leiche, fassten sie an Händen und Füßen und hoben sie auf. Dabei fiel aus Scotts Westentasche das Goldkettchen und dann eine Uhr, auch aus Gold.

Wenn ein Mensch ein eingefleischter Lügner ist, zeigt sich das sogar in Kleinigkeiten, dachte Fandorin philosophisch, als ihm einfiel, dass der Verblichene gesagt hatte, er kriege das Geld für eine Uhr einfach nicht zusammen.

Einer der Cowboys hob nach einem verstohlenen Rundblick das goldene Ding auf und betrachtete es.

»Solch ein schönes Stück und kaputt«, sagte er und spuckte aus.

Fandorin trat interessiert näher. Die Uhr hatte kein Glas mehr, die Zeiger waren verbogen, und die Rückseite hatte eine Delle von einer Kugel. Das Kaliber kannte er genau, es war eine Herstal-Kugel gewesen.

Nun war die logische Kette lückenlos geschlossen. Die Geschichte hatte keine weißen Flecke mehr.

Das auf Deduktion trainierte Gehirn des Fahnders brauchte nur Sekunden, um die Abfolge der Ereignisse zu rekonstruieren.

Cork Callaghan brauchte dringend Geld, viel Geld. Der Colonel hatte erzählt, dass der alte Ire bei der Erweiterung seines Viehhandelsimperiums seine Kredite tüchtig überzogen hatte. Die jämmerlichen zehntausend, die Maurice Star ihm für das Dream Valley geboten hatte, konnten ihm nicht weiterhelfen. Aber da entstand eine Idee. Ob sie von ihm stammte oder von seiner unternehmungslustigen Tochter oder von der Schlange Ted Rattler war unerheblich. Wie auch immer, die drei arbeiteten Hand in Hand. Zuerst musste der Eindruck erweckt werden, eine geheimnisvolle Macht wolle um jeden Preis alle Bewohner des Tals vertreiben. So entstand die Bande der Schwarzen Tücher, rekrutiert aus den verwegensten Cowboys von Callaghans Ranch. Gleichzeitig erschien der Kopflose Reiter.

Die Verschwörer, die den Colonel kannten, waren überzeugt, dass der seine Landsleute in ihrer Not nicht im Stich lassen und nachforschen würde, wem sie im Wege waren. Da lag die Vermutung nahe, dass der Colonel den gewiegtesten Fahnder der Gegend, Melvin Scott, um Hilfe bitten würde. Und mit dem war alles rechtzeitig abgesprochen worden. Er würde den Plan der »Banditen« glänzend enthüllt und seinem Auftraggeber die Entdeckung der Goldader gemeldet haben, und Star würde für das Tal statt der zehntausend viel mehr geboten haben.

Aber die Schlauköpfe hatten eines nicht bedacht: Die Kommune »Lichtstrahl« wollte keinesfalls einen Amerikaner in ihre Nähe lassen. Und nun schrieben die Zeitungen auch noch von einem genialen russischen Detektiv. Als der Colonel diesen Fremdling für die Ermittlung anzuheuern beschloss, geriet die ganze Intrige in Gefahr.

Aber die Einladung war über die Kanäle der Agentur Pinkerton abgeschickt worden, und die Callaghans erfuhren davon, wahrscheinlich durch Melvin Scott, der im New Yorker Office Freunde hatte.

Der Ruhm des Bostoner Fahnders, von den Journalisten aufgebauscht, erschreckte die Verschwörer dermaßen, dass sie sich entschlossen, den gefährlichen Mann schon vor Beginn der Ermittlungen auszuschalten. Zu diesem Zweck wurde Scott nach New York abkommandiert, der dort versuchte, Fandorin durch einen Schuss in den Rücken zu töten, dabei aber seine Uhr einbüßte. Deshalb war der Pink so wütend geworden, als ein Spieler im Saloon ihn fragte: »Wo hast du denn gesteckt? Warst du verreist?«

Als klar wurde, dass dem Mann aus Boston nicht so leicht beizukommen war, wurden die Spießgesellen noch nervöser. Den Waggon, in dem Fandorin von Cheyenne nach Crooktown reiste, überfiel bereits die ganze Bande. Und wieder ohne Resultat!

Nun schloss sich Miss Callaghan der Operation an. Ohne Zweifel wuselte sie absichtlich vor dem Haus des Colonels herum, und ihre Freude über die Fahrt in dem Wundergefährt war absolut echt. Wahrscheinlich hatte es zu der Aufgabe der jungen Dalila gehört, den zugereisten Samson zu berücken oder jedenfalls dafür zu sorgen, dass er mit Klapper-Theo zusammentraf. In einem so gesetzlosen Städtchen wie Splitstone war es nicht weiter schwierig, einen Streit mit einem Fremdling zu arrangieren, und ein Verdikt von Geschworenen hatte man nicht zu fürchten.

Aber nachdem die gescheite Ashlean sich den berühmten und entsetzlichen »Fendorin« angesehen hatte, begriff sie, dass er gar nicht so entsetzlich war. Mehr noch, der kluge Kopf war für die Sache bestens zu gebrauchen. Der Colonel würde seinem Landsmann gern vertrauen.

Das war der Grund, warum das prachtvolle Fräulein das Duell mit Ted verhinderte, warum Scott seinen Partner nicht in den Abgrund stürzen ließ, warum die Schwarzen Tücher ihn nur so lasch verfolgten, nachdem er das »Geheimnis« des Bergwerks enthüllt hatte.

In dem halbdunklen Stollen eine »Goldader« an die Wand zu malen und die oberste Kiste mit richtigen Nuggets zu füllen war nicht allzu schwierig.

Der sympathische Washington Reid, den sie Fandorin so geschickt untergejubelt hatten, war zum Glück ein erfahrener Goldsucher. Es konnte ja sein, dass der Dilettant aus der Stadt nicht von selbst darauf kam, dass er im Schacht Gold gesehen hatte.

Das bis ins Kleinste durchdachte Spektakel wurde aufs beste aufgeführt.

Fandorin spielte glänzend die Rolle der Marionette (bei diesem Gedanken lief er rot an vor Wut).

Der Geologe lieferte die richtige Expertise.

Der Colonel schluckte gierig den Köder.

Das Einzige, was die Puppenspieler nicht vorausgesehen hatten, war die Pedanterie der Marionette. Aber die Panne war entschuldbar, schließlich konnten die nicht wissen, mit wem sie es zu tun hatten …

Dieser ganze Wirbel von Schlussfolgerungen raste blitzschnell durch Fandorins Kopf, während die Cowboys den Leichnam wegschleppten – ohne besonderen Respekt, doch zumindest in Grabesschweigen.

Da kam Selma an den Zaun und reckte den Schwanenhals Fandorin entgegen.

»Danke, du Sch-schöne«, sagte er ernsthaft und küsste die Rappstute auf die samtene Wange.

Von der Vortreppe tönte helles Gelächter.

»Du küsst wohl nur Stuten?«

Miss Callaghan stand da, die Hände in die Hüften gestemmt, und sah ihn von oben herab an. Von der Morgensonne beschienen, ging ein Strahlen und Glitzern von ihr aus, als bestünde sie aus geschmolzenem Gold.

Ein schlichter Wechsel der Taktik, dachte Fandorin schmunzelnd, genoss aber doch den Anblick.

»Komm her. Oder fürchtest du dich vor mir?«

Sie streckte ihm die schmalen Hände mit den langen und krallenartig zugespitzten Fingernägeln entgegen.

Ich glaube schon, dachte er.

»Miss, ich verstehe ja, dass Sie nach dem Vorgefallenen keine besonders hohe Meinung von meinen geistigen Fähigkeiten haben. Dennoch würde ich an Ihrer Stelle ein bisschen raffinierter vorgehen.«

Ashlean warf den Kopf zurück und lachte schallend.

»In den Beziehungen zwischen Frau und Mann ist Raffinesse sinnlos. Sie schadet nur. Meinst du, ich verstelle mich? Ich locke dich an, um dir meine Zähne in die Gurgel zu schlagen?«

»So etwa. Noch vor wenigen Minuten haben Sie mich mit einem anderen Gesichtsausdruck angesehen. Ehrlich gesagt, zum Hassen haben Sie mehr Talent als zum Verführen.«

Das stimmte keineswegs. Während er diese höchst vernünftigen Worte sprach, trat er immer näher, als zöge ihn ein unsichtbarer, doch fester Faden zu ihr hin.

Sie lief ihm entgegen, ohne die sieghaft glänzenden Augen von ihm abzuwenden, blickte nun aber nicht mehr von oben herab, sondern von unten herauf.

»Ja, vor wenigen Minuten habe ich dich verachtet und Ted Rattler geliebt. Jetzt ist es umgekehrt. Er ist getürmt wie der letzte Feigling. Er ist schwächer als du. Einen solchen Bräutigam kann ich nicht gebrauchen. Ich will dich!«

Verdammt, sie meint es ja wirklich so, begriff Fandorin. Er fühlte sich geschmeichelt und zugleich eingeschüchtert.

»Heirate mich«, sagte das kühne Fräulein und griff nach seiner Hand. »Einen Besseren als dich finde ich sowieso nicht. Und du wirst auf der ganzen Welt keine wie mich finden. Sieh mich nur richtig an, aber nicht mit den Augen des Verstandes, sondern mit denen des Herzens. Ich bin die Frau, die du brauchst. Jeder Tag deines Lebens wird ein Kampf und ein Fest sein. Mit mir wirst du dich niemals langweilen. Und was für Kinder wir haben werden! Jungen wie Löwen, Mädchen wie Panther!«

Die Amerikaner sind wirklich Meister der Reklame, sie verstehen eine Ware an den Mann zu bringen, versuchte Fandorin noch zu ironisieren, aber um seine Sache stand es schlecht. Zum Beispiel hätte er gern, schon aus Selbsterhaltungstrieb, die Augen abgewandt, doch das war unmöglich. Ihr Blick hielt ihn fest und entließ ihn nicht aus der smaragdgrünen Gefangenschaft.

Je länger, je schlimmer.

Miss Callaghan stellte sich auf die Zehenspitzen und küsste ihn rasch auf den Mundwinkel, als ob sie einem Mustang ein Brandmal aufdrückte. Fandorin jedenfalls fühlte sich versengt.

Wirklich, was sollte man davon halten, eine Frau zu haben, die Löwen und Panther zur Welt bringt? Er sah sich als Raubtierdresseur, der jeden Tag den Käfig betritt, in den Händen eine Peitsche und ein Stück rohes Fleisch.

»Neben allem anderen bin ich auch noch eine sehr vermögende Braut«, gurrte die Verführerin. »Dreihunderttausend Mitgift!«

»Mir wären schon zehn recht. Mehr ist dein T-Tal nicht wert«, antwortete er ein wenig heiser und dachte, dass solch ein Mädchen überhaupt keine Mitgift brauchte.

Sie wandte sich heftig ab.

»Dafür ist mir kein Bräutigam recht, dem zehntausend recht wären! Such dir aus: ich und dreihunderttausend, oder geh zum Teufel!«

Fandorin übernahm die Rolle des Dresseurs und knallte mit der imaginären Peitsche.

»Such du dir aus: ich und ein ehrliches Geschäft, oder geh du zum T-Teufel!«

Die Löwin stürzte sich knurrend (nicht im bildlichen Sinne, sondern richtig knurrend) auf ihn, um ihm die Krallen ins Gesicht zu schlagen – er bekam gerade noch ihre Handgelenke zu fassen.

Miss Callaghan wand sich in seinen starken Armen, sie wollte dem Beleidiger das Knie in den Unterleib rammen und setzte schon zum Stoß an, aber der blieb aus. Das schlanke Bein hob sich langsam, bis der Seidenrock spannte, und umfing Fandorin von hinten.

Noch nie hatte ein Fräulein im Seidenrock Fandorin so behandelt. Vor Überraschung lockerte er die Finger.

Ashlean nutzte die zurückgewonnene Freiheit, umarmte ihn heftig und saugte sich an seinen Lippen fest – ob das ein Kuss war oder ein Biss, ließ sich nicht ergründen, aber auf jeden Fall floss Blut. Dieser Beigeschmack verlieh der Liebkosung erst die richtige Schärfe.

»Nein?«, flüsterte sie und ließ für einen Moment los.

»Nein«, antwortete er. »Ehrlich oder gar nicht.«

»Idiot!«

Es folgte ein neuer Kuss, noch ungestümer und länger als der erste.

Dann machte sie eine Pause, um Luft zu schnappen.

»Nicht übel«, sagte sie. »Einen Trottel will ich nicht zum Mann, aber für einen *One-Night-Stand* bist du geeignet.«

Fandorin begriff nicht gleich, was das bedeutete, doch als er es erriet, sah er zur Uhr.

Fünf nach zehn. Star und Cork Callaghan wollen sich um drei treffen. Das konnte er schaffen – dank dem Telegraphen.

Was machst du?! bäumte der Verstand sich auf. Geh weg, solange du noch heil und gesund bist! Dieses Raubtier wird dir mitten in der Umarmung die Kehle durchbeißen. Das soll dreihunderttausend wert sein?

Der zweite Blindenführer, der Geist, schwieg sich aus. Miss Callaghan interessierte ihn nicht.

Fandorin versuchte, dem ersten Blindenführer zu widersprechen: Wenn die Umarmung ihr gefällt, beißt sie nicht.

Aber ein solcher Opponent ist nicht zu überlisten. Also wird sie zubeißen, wenn die Umarmung beendet ist, parierte der Verstand, und er hatte natürlich zu hundert Prozent recht.

Ich muss sofort weg, sagte sich Fandorin.

Doch Ashlean Callaghan presste sich an ihn, und ihr geschmeidiger Körper glühte und bebte. Auf diese zauberhafte Vibration reagierte sogleich der dritte Blindenführer, der die beiden anderen wegstieß und verdrängte. Im Kopf blitzte die wahrhaft russische, absolut nicht konfuzianische Maxime auf: Ach, komme was da wolle!, und Fandorin stürzte sich furchtlos in das riskanteste Abenteuer seines Lebens.

Die Gefangene im Turm
oder
Der kurze, aber schöne Weg der drei Weisen

Die Gefangene im Turm
(Aus den Aufzeichnungen von John Hamish Watson)

I

Das Paketboot fuhr in die Bucht von Saint-Malo ein wie in den offenen Rachen des biblischen Leviathan. Die Kette steiniger, von alten Forts gekrönter Inselchen sah aus wie ein geblecktes Raubtiergebiss, jederzeit bereit, unser kleines Schiff zu zermalmen. Die aus dem grauen Nebel ragende Spitze der Kathedrale Saint-Vincent wirkte wie ein Stachel. Ich stand an Deck, betrachtete die unwirtliche Landschaft und fröstelte in meinem Mantel aus festem, kautschukgummiertem Stoff. Es war nasskalt, und der Wind wehte uns salzige Tropfen ins Gesicht. Der trübe Tag, vor kaum einer Stunde angebrochen, schien rasch wieder zur Neige gehen zu wollen.

Übrigens war es kein gewöhnlicher Tag – es war der letzte des Jahres, womöglich sogar des Jahrhunderts. In dieser Hinsicht waren Holmes und ich verschiedener Ansicht. So oft ich ihm auch klarmachte, dass das ganze folgende Jahr noch zum achtzehnten Jahrhundert gehören würde – er blieb bei seiner Meinung. Mit dem Jahr 1899 endet die alte Zeit, sagte Holmes. »Achtzehnhundert … das sind Byron und Napoleon, Krinoline und Lorgnette, ›Der Barbier von Sevilla‹ und ›Rule, Britannia‹. Mit dem 1. Januar beginnt das Zeitalter ›Neunzehnhundert‹, und da wird alles anders sein.« Damit hatte er zweifellos recht.

Eine Bemerkung von Holmes, der neben mir stand und mit sichtlichem Behagen die kalte Luft einsog, riss mich aus meinen Gedanken.

»Ich gestehe, ich bin froh, dass wir aus London geflohen sind. Ich kann die Silvesternacht nicht ausstehen. Das ist die schlimmste Zeit des Jahres, noch schlimmer als Weihnachten! Nicht einmal Verbrechen werden verübt. Die meisten Unholde sind sentimental – sie sitzen gern bei Kerzenschein am gedeckten Tisch und singen mit süßlicher Stimme ›Jingle Bells‹.« Er seufzte schwer. »Wissen Sie, Watson, nie fühle ich mich so einsam wie zu Silvester. Ich schließe mich zu Hause ein, lösche das Licht und kratze auf meiner Geige … Früher nahm ich Zuflucht zu Opium. Aber seit man mir die schädliche Wirkung der Alkaloide auf die analytische Funktion des Gehirns wissenschaftlich bewiesen hat, bin ich der einzigen Möglichkeit, wenigstens für eine Weile die lästige Bürde der Erdanziehung abzuwerfen, beraubt. Schauen Sie nur, was für ein herrlicher Anblick!«, rief er, und ich staunte wieder einmal, wie eng in diesem Mann unbeirrbare Rationalität und rigorose Stimmungsschwankungen nebeneinander lagen.

Der Anblick der grauen Stadt, die mit dem aschgrauen Meer und dem ebenso fahlen Himmel verschmolz, erschien mir keineswegs herrlich. Es war eine in den Felsen einer kleinen Insel gehauene Festung. Hinter den düsteren Mauern, an deren Fuß sich die Wellen brachen, ragten die Dächer eng aneinandergedrängter Häuser hervor. Ihre nassen Ziegel glänzten wie Drachenschuppen. Im Sommer, bei schönem Wetter, mochte Saint-Malo freundlicher aussehen; an diesem trüben Dezembertag aber wirkte es recht unheilvoll, und mein Herz zog sich zusammen – ob vor seltsamer Erregung oder von einer unguten Vorahnung, hätte ich nicht sagen können.

»Ich wusste gar nicht, dass Saint-Malo auf einer Insel liegt«, bemerkte ich beiläufig, verärgert über meine Empfindsamkeit. Sie stand einem Mann von siebenundvierzig Jahren, der in seinem Leben schon einiges gesehen hatte, nicht gut zu Gesicht. Zumal ich ja mehrfach Gelegenheit gehabt hatte, mich zu überzeugen, wie wenig sogenannten Ahnungen, die meist von Blutdruckschwankungen oder Verdauungsstörungen herrührten, zu trauen war.

»Es ist eine Halbinsel, Watson. Sie ist durch eine schmale Landzunge mit dem Festland verbunden. Eine uneinnehmbare Festung, die wir Engländer im Laufe der Jahrhunderte immer wieder vergebens zu stürmen versuchten«, belehrte mich mein Freund dozierend. »Hier befand sich ein Nest kühner Korsaren, die feindliche Schiffe auf allen Meeren und Ozeanen überfielen. Sie bezeichneten sich nicht als Franzosen, sondern als Malouinen, eine eigene Nation, die keine andere Macht als Gott und den Erfolg anerkannte. Wissen Sie, was ›schwarzer Humor‹ ist?«

»Eine dekadente, äußerst unangenehme Richtung der Literatur«, erwiderte ich in der Gewissheit, in der schönen Literatur nun doch bewanderter zu sein als Holmes. »Wenn Schreckliches als komisch dargestellt wird.«

»Ganz recht. Nun, Saint-Malo kann als Heimat des schwarzen Humors gelten.«

»Tatsächlich?«

Angesichts der düsteren Bastion des einstigen Korsarennests schien das wenig glaubwürdig.

»Man muss sich nur die Namen der hiesigen Straßen ansehen. Eine heißt zum Beispiel Tanzender Kater. Im achtzehnten Jahrhundert verursachten unsere Landsleute beim Versuch, die Stadt zu erobern, vor ihren Mauern eine gewaltige Explosion, bei der das Meerwasser sich über hundert Meter auftürmte und den Grund bloßlegte. Erstaunlicherweise kam niemand in der Stadt zu Schaden – bis auf einen Kater, der von der Druckwelle mehrmals herumgewirbelt und schließlich zerschmettert wurde. Und dort, links neben dem Dom, befindet sich eine Straße, in der im siebzehnten Jahrhundert ein verliebter Kapitän zu Tode kam. Es war streng verboten, nachts das Haus zu verlassen, auf den Straßen liefen scharfe, auf Menschen abgerichtete Wachhunde herum. Doch der kühne Kapitän riskierte es. Er brach zu einem Rendezvous auf und wurde von den Hunden in Stücke gerissen. Boccaccio hätte aus dieser traurigen Geschichte eine zu Tränen rührende Novelle gemacht, Shakespeare eine Tragödie. Die Malouinen aber verewigten den unglücklichen Romeo auf ihre Art: Seit jener Zeit heißt die Gasse ›Straße der dicken Wade‹.«

»Mein Gott, Holmes!«, rief ich. »Ich staune immer wieder, wie viele unglaubliche Informationen Ihr Gedächtnis enthält. Bis hin zu den Straßennamen einer kleinen bretonischen Provinzstadt!«

Er antwortete nicht sofort, und als er es tat, richtete er den Blick zur Seite, auf die vagen Umrisse der menschenleeren Küste.

»Wie Sie wissen, Watson, war meine Großmutter Französin. Hier ganz in der Nähe stand ihre Villa, ich kenne die Gegend also. Aber wir legen an. Haben Sie Ihren prächtigen Koffer schon gepackt?«

Ich eilte in meine Kajüte hinunter. Da wir die Nacht angezogen verbracht und im Sessel geschlafen hatten, war es nicht nötig gewesen, den Koffer auszupacken, doch ich hatte mir nicht das Vergnügen nehmen lassen, einen Teil seines Inhalts auf dem Tisch auszubreiten. Das großartige Stück der Firma Waverly hatte ich am Tag zuvor erworben, als Weihnachtsgeschenk für mich selbst, und ich schwöre, der Koffer war seine sechs Pfund und sechs Shilling wert. Er war aus ausgezeichnetem hellem Leder, hatte versilberte Schlösser und Beschläge, mehrere Innenfächer, eine integrierte Schatulle für diverse Kleinigkeiten und sogar eine Extratasche für eine Thermosflasche. Noch nie hatte ich einen so prächtigen Koffer besessen! Am tiefsten beeindruckt aber war ich vom erlesenen Geschmack der Hersteller, die dieses strahlende Meisterstück des

Täschnerhandwerks mit einer bescheidenen karierten Hülle versehen hatten, um seine Oberfläche vor Kratzern zu schützen. Auf die Gefahr hin, lächerlich zu erscheinen, versichere ich, dass darin für mich etwas wahrhaft Britisches lag, so ganz anders als die kontinentale Blendsucht. Die Franzosen und Italiener machen es umgekehrt: Bei ihnen ist die Hülle stets von besserer Qualität als der Kern.

Bevor ich wieder auf das zugige Deck hinaufging, nahm ich aus meiner Thermosflasche einen Schluck Tee mit Rum und las noch einmal das Telegramm, das Holmes mir für mein Archiv überlassen hatte. Es war am Abend zuvor gekommen.

UM ALLES IN DER WELT AUSRF NÄCHTLICHEM PAKETBOOT NACH SAINT-MALO PKT HONORAR ZWANZIG PKT DES ESSARTS.

Ich begriff nicht viel vom Inhalt dieser Depesche (eigentlich überhaupt nichts), doch Holmes rüstete sich sofort zur Reise. Er war glücklich wie ein Kind, das weihnachtliche London verlassen zu können. Auf meine Fragen zuckte er nur die Achseln und erklärte, die Sache verspreche amüsant und kurz zu werden, und zwanzigtausend Francs seien ein netter Lohn für einen kleinen Ausflug über den Ärmelkanal. Zwar hatte ich für den 31. Dezember eigene Pläne, doch wie hätte ich dieser Versuchung widerstehen können?

Zwei Stunden später saßen wir bereits im Zug nach Southampton, gingen Punkt Mitternacht an Bord des Paketboots und erreichten nach weiteren elf Stunden Saint-Malo.

II

Als ich an Deck kam, war die Gangway bereits herabgelassen. Holmes stand an der Bordwand und wartete, bis die ungeduldigsten Passagiere an Land gegangen waren. Mein Freund verabscheute von jeher Gedränge und Menschenmengen. Sein Reiselaboratorium (einen recht großen Lederkoffer) und seinen Geigenkasten hatte er an die Reling gelehnt.

Ich stellte mich neben ihn.

Holmes musterte die Abholenden und bemerkte knapp: »Übrigens, Watson: Die Des Essarts' sind eine der ältesten und reichsten Familien von Saint-Malo.«

Das erklärte zum Teil, warum er das verworrene und hysterische Telegramm so ernst nahm. Ich wollte ihn fragen, ob er den Absender der Depesche womöglich kenne, doch die nächste Äußerung meines Freundes zeigte, dass dem nicht so war.

»Wer von den Herren mag wohl unser Klient sein?«, fragte Holmes. »Ich vermute, der da drüben, mit dem italienischen Hut und der Pelerine.«

Am Kai standen mehrere respektable Gentlemen, Holmes aber hatte sich für einen Mann entschieden, der meiner Ansicht nach am wenigsten als Repräsentant einer »der ältesten und reichsten Familien« taugte. Doch durch meine Erfahrung geschult, dachte ich nicht daran, die Scharfsicht des großen Diagnostikers menschlicher Seelen in Zweifel zu ziehen.

Der mutmaßliche Klient war ein beleibter, pausbäckiger Herr mit runder Hornbrille. Unter dem breitkrempigen Garibaldi-Hut hingen lange, zur Hälfte ergraute Haare herab. Monsieur Des Essarts (wenn er es war) winkte eifrig jemandem zu, offensichtlich voller Ungeduld, ja, sogar leicht auf der Stelle tänzelnd.

»Eine schillernde Gestalt«, bemerkte ich.

Und als ich sah, welchem Passagier der Herr so enthusiastisch zuwinkte, wusste ich, woran Holmes unseren Klienten erkannt hatte.

Der Herr lief auf einen unserer Reisegefährten zu, einen Weinhändler aus Portsmouth, packte ihn am Arm, lüpfte den Hut und redete aufgeregt auf ihn ein. Der Weinhändler legte für alle Fälle ebenfalls die Hand an die Mütze, betrachtete den Franzosen jedoch verwirrt.

»Ja, ja.« Holmes nickte. »Schuld ist die Mütze mit den zwei Schirmen. Seit die illustrierten Zeitungen mich ausschließlich mit dieser Kopfbedeckung abbilden, trage ich sie nicht mehr. Doch das kann Monsieur Des Essarts nicht wissen. Nun, Watson, was sagen Sie nach dem ersten Eindruck zu unserem Klienten?«

Ich bemühte meine ganze Beobachtungsgabe und mobilisierte meine bescheidenen psychologischen Kenntnisse.

»Der Mann ist gut über fünfzig, aber von der Art, die man als ›großes Kind‹ bezeichnet. Zu hektische Bewegungen für sein Alter ... Er ist vermutlich etwas wunderlich, besitzt jedoch ein gutes, empfindsames Herz. Im Augenblick ist er sehr aufgeregt, aber er ist generell leicht erregbar und unterliegt raschen Stimmungsschwankungen. Wahrscheinlich hat er künstlerische Ambitionen, davon zeugt seine Kleidung. Brillantring, prächtiger Spazierstock – er ist reich. Aber das wissen wir ohnehin. Ja, das ist wohl alles.«

»Stimmt fast alles genau«, lobte mich Holmes. »Was das Alter angeht, bin ich anderer Ansicht. Der Mann ist jünger, als er aussieht – um mindestens zehn Jahre. Auch hinsichtlich der künstlerischen Ambitionen bin ich nicht sicher. Seine Kleidung zeugt eher von dem Wunsch, nicht provinziell zu wirken, und von seiner Liebe zu allem Modernen. Ich nehme an, wir haben es mit einem großen Anhänger des technischen Fortschritts zu tun. Vermutlich ein Pferdenarr, doch er reitet nicht selbst. Er ist mit einer leichten offenen Kalesche ohne Kutscher gekommen. Von Westen. Die Fahrt dauerte etwa eine Viertelstunde.«

Ich glaubte, mein Freund mache sich einen Scherz mit mir (so etwas war schon vorgekommen), und schnaubte.

»Vielleicht wissen Sie auch noch die genaue Adresse?«, erkundigte ich mich spöttisch.

»Selbstverständlich. Ich nehme an, er kam aus dem Château du

Vaux Garni, dem Stammsitz der Familie Des Essarts«, erwiderte Holmes vollkommen ernst. »Und erlauben Sie mir eine weitere Korrektur Ihrer Beschreibung. Unser Klient ist nicht bloß aufgeregt. Er ist zu Tode erschrocken. Das sieht vielversprechend aus. Aber wir müssen gehen.«

Sogleich ging er von Bord, begrüßte den emotionalen Herrn und stellte mich als seinen Assistenten vor.

»Sehr, sehr ... Ich hatte nicht zu hoffen gewagt ... Sie sind meine Rettung, ja, meine Rettung!«, schnatterte Des Essarts mit einem heftigen Akzent, wobei er wild gestikulierte und mal nach meinem Koffer, mal nach Holmes Reiselaboratorium, mal nach dem Geigenkasten griff. »Hier ist meine Karte, Sie erlauben ... Mein Gott, Sie sind gekommen, Mr. Holmes! Ich bin übermäßig, ich meine, außerordentlich froh. Wir sind gerettet!«

Holmes warf einen Blick auf das rechteckige Stück Karton, lächelte flüchtig und reichte es mir. Darauf stand:

MICHEL-MARIE CHRISTOPHE DES ESSARTs
DU VAUX GARNI

Ehrenvorsitzender des Ponyclubs

Präsident der Gesellschaft der Freunde der Elektrizität

Ordentliches Mitglied des Clubs der Nachfahren
der Korsarenkapitäne

Hektisch umherblickend führte uns der Inhaber all dieser klangvollen, wenngleich wenig soliden Titel zu einer offenen Kalesche. Bevor er auf dem Kutschbock Platz nahm, holte er zwei Möhren aus der Manteltasche und gab sie den glattgestriegelten, wohlgenährten Pferden.

Ich mutmaßte, dass Holmes vom Schiff aus mit seinen scharfen Augen das Möhrengrün hatte aus der Tasche ragen sehen und daraus auf die Pferdeliebe unseres Klienten geschlossen hatte. Dass

Monsieur Des Essarts kein Reiter war, verriet sein nervöser, plumper Gang. Ein solcher Tolpatsch würde sich keine fünf Minuten im Sattel halten. Blieb noch die Liebe zur Elektrizität, das heißt, zum Fortschritt … Da bemerkte ich, dass der prächtige Spazierstock unseres Klienten unterm Knauf mit blauem Leinenband umwickelt war, wie es Elektriker zum Isolieren von Stromleitungen oder wie das heißt benutzen (ich gestehe, ich verstehe nicht viel von diesen Dingen).

»Ihre deduktive Gabe beruht zu einem großen Teil auf Ihrer Weitsichtigkeit«, flüsterte ich meinem Freund zu, während ich mich neben ihn setzte und meinen Koffer auf den Schoß nahm. Ich hätte ihn auch hinten festschnallen können, aber es bereitete mir Vergnügen, den knarrenden, nach neuem Leder riechenden Griff zu spüren.

»Sie ahnen nicht, wie aufgeregt ich war!« Des Essarts ergriff die Zügel, wandte sich aber mit dem ganzen Oberkörper zu uns um. »Ich habe die ganze Nacht kein Auge zugetan. Aber nun wird alles gut, nun wird alles, wie man bei Ihnen sagt, capital. Habe ich mich richtig ausgedrückt?«

»Nach Ihrem Telegramm zu urteilen, ist die Angelegenheit dringend«, erwiderte Holmes trocken. »Verlieren wir also keine Zeit. Kommen Sie zum Kern der Sache. Vorerst ohne Details.«

»Zum Kern? Sie haben recht, ja, ja, Sie haben recht! Sofort …«

Der Franzose überlegte, rückte seine Brille zurecht und sprudelte hervor: »Vor Ihnen steht ein weiteres Opfer des schlimmsten Verbrechers der Gegenwart!«

»Der schlimmste Verbrecher der Gegenwart war Professor Moriarty«, erklärte ich. »Doch der liegt dank Mr. Holmes bereits seit acht Jahren auf dem Grund der Reichenbachfälle. Von wem sprechen Sie also?«

»Von wem ich spreche?« Unser Kutscher machte einen kleinen Hüpfer auf seinem Sitz. »Natürlich von Arsène Lupin!«

Offenbar war meine Miene recht beredt – in den hellen Kinderaugen von Monsieur Des Essarts, die mich durch dicke Brillengläser ansahen, spiegelte sich ungläubiges, ja fast beleidigtes Erstaunen.

»Sie haben noch nie von Arsène Lupin gehört?«

Daraufhin erlaubte sich Holmes eine recht taktlose Bemerkung über mich.

»Wissen Sie, Sir, mein Assistent ist ein echter Engländer. Er liest ausschließlich britische Zeitungen und interessiert sich nicht für Nachrichten vom Kontinent. Nehmen Sie also zur Kenntnis, Watson: Arsène Lupin ist ein kriminelles Genie. Ich würde sogar sagen, ein Wunderkind, denn er ist erst fünfundzwanzig Jahre alt. Ungeachtet seines jugendlichen Alters hat er bereits eine Vielzahl einfallsreicher, kühner Diebstähle verübt. Er ist der Held der Pariser Boulevardblätter, an die er mitunter sogar Briefe und Mitteilungen schickt. Lupin ist überhaupt ein großer Freund des Theatralischen. Seine Glanznummer, die ihm immer wieder den Beifall des Publikums einbringt, besteht darin, eine Million zu stehlen und dann einen kleinen Teil der Beute mit großer Geste irgendeinem armen Teufel zu schenken. Und natürlich die Zeitungen davon zu informieren. Doch dieser Robin Hood agiert auch mit Erpressung, Menschenraub und skrupelloser Gewalt. Ich verfolge seine Karriere seit langem und freue mich, dass sich unsere Wege endlich kreuzen. Meine Vorahnung hat mich also nicht getäuscht! Ich wusste, dass diese Reise interessant wird.«

Unser Klient begleitete diese an mich gerichtete Erklärung mit gemurmelten Kommentaren wie »Schuft! Halunke!« und ähnlichen.

Er hatte eine interessante Art, die Kutsche zu lenken. Er wollte die Fahrt offensichtlich beschleunigen, griff aber kein einziges Mal zur Peitsche – er ruckte nur an den Zügeln und sagte: »Plus vite, mes fillettes, plus vite!«*

* (franz.) Schneller, Mädchen, schneller!

»Fahren Sie fort, Sir. Ich bin ganz Ohr.«

Das musste Holmes nicht zweimal sagen. Des Essarts drehte sich nun ganz zu uns um, überließ die Pferde sich selbst und rief: »Eine Höllenmaschine! In meinem Haus ist eine Höllenmaschine versteckt! Heißt das so, ja? Wenn ich bis heute um Mitternacht nicht mein gesamtes Geld herausgebe, fliegt das Schloss in die Luft! ›Beim letzten Stundenschlag des alten Jahrhunderts‹ – so steht es in dem Brief!«

Er verschluckte sich vor Aufregung, und Holmes bemerkte belehrend: »Sehen Sie, Watson, Mr. Lupin ist ebenfalls der Meinung, dass das neunzehnte Jahrhundert heute endet.«

»Gratuliere zu diesem Gleichgesinnten«, parierte ich; doch wie immer, wenn mir eine geistvolle Antwort gelang, tat Holmes, als hätte er sie überhört.

Die Kalesche rumpelte anfangs über Kopfsteinpflaster, vorbei an bescheidenen, verwitterten Häusern, dann bog sie auf einen Hochuferweg ein. Irgendwo läutete eine Kirchenglocke, die Luft roch nach Meer, frischem Backwerk und Kerzenwachs.

Nachdem Des Essarts sich abgehustet hatte, endete er klagend: »Er droht, mein Haus in die Luft zu sprengen. Irgendwo ist eine Bombe mit einem Uhrwerk versteckt. Mir bleiben nur noch wenige Stunden, und ich weiß nicht, was ich tun soll. Da haben Sie den Kern, ohne Details ...«

Nun war es an der Zeit, Fragen zu stellen, doch Holmes schwieg und trommelte mit den Fingern auf seinem Geigenkasten herum.

Also musste ich eingreifen.

»Verzeihen Sie, womöglich ist das ein Bluff, die Höllenmaschine mit dem Uhrwerk? Vielleicht will Lupin Sie nur einschüchtern?«

Der Klient seufzte schwer.

»Im Brief heißt es: ›Lupins Ehrenwort‹, und jeder weiß, dass das Ehrenwort dieses ehrlosen Menschen in höchstem Maße ernst zu nehmen ist.«

Wir fuhren einen hübschen Landweg entlang, vorbei an einer Steinmauer, über der alte Ulmen die Zweige schüttelten.

»Sie haben selbstverständlich nach der Bombe gesucht?«, fuhr ich fort.

»Ich habe zusammen mit Monsieur Bosquot, das ist mein Verwalter, das ganze Château auf den Kopf gestellt.«

»Und wo ist der Brief dieses … Wie hieß er gleich … Lupin?«

»Zu Hause. Wir sind fast da.«

Tatsächlich bog die Kalesche nach links ab und hielt im nächsten Augenblick vor einem schmiedeeisernen Tor mit Familienwappen.

»Ich schließe gleich auf.« Des Essarts stieg ächzend ab und klapperte mit Schlüsseln. »Ich habe den Torhüter nach Hause geschickt, auch die übrige Dienerschaft. Wozu das Leben der Leute aufs Spiel setzen? Nein, nein, sie wissen nichts von der Bombe. Ich habe gesagt, sie sollten das neue Jahr im Kreise ihrer Familie feiern. Nur Monsieur Bosquot ist geblieben. Freiwillig. Er weiß Bescheid. Ich habe ihn im September eingestellt, nach dem Tod des alten Verwalters. Eine äußerst glückliche Wahl! Monsieur Bosquot ist ein trefflicher Mensch und zudem sehr mutig.«

Die Pferde passierten das offene Tor und blieben stehen. Von dem kleinen Platz, hinter dem ein alter Park begann, gingen zwei Alleen ab – eine nach rechts, eine nach links. Der Hausherr schloss das Tor ab, setzte sich wieder auf den Kutschbock und lenkte das Gefährt nach links.

»Die rechte Allee führt direkt zum Haus, die linke zu den Nebengebäuden«, erklärte er. »Wir schauen kurz beim Verwalter vorbei. Vielleicht gibt es ja Neuigkeiten.«

Dichte Büsche säumten den Weg, und über uns berührten sich die Kronen hoher Eichen und Lärchen. Der ohnehin trübe Tag schien nun noch dunkler.

Zwischen dem Dickicht blitzte eine breite Rasenfläche auf, dahinter die düstere Silhouette des Château du Vaux Garni: Ein kastenförmiger Bau mit hohem, eckigem Dach und runden Türmen. Die Fenster waren dunkel und blind. Mich dünkte, als habe das Haus in ängstlicher Vorahnung seines baldigen Todes die Augen zusammengekniffen. Obendrein schrie ganz in der Nähe auch noch heiser ein Rabe.

Ich erinnerte mich an meine üble Vorahnung vor einer Stunde, als ich noch nichts von der Höllenmaschine wusste, und fröstelte.

III

Des Essarts brachte die Pferde vorm Pferdestall zum Stehen, einem hübschen Anbau, einer Art verkleinerter Kopie des Haupthauses – mit Türmchen und Greifen an den Dachecken.

»Monsieur Bosquot!«, rief der Schlossherr mit dünner Stimme. »Monsieur Bosquot!«

Und noch etwas Fragendes, das ich nicht verstand, denn meine Französischkenntnisse lassen zu wünschen übrig.

In einem Fenster im ersten Stock, wo offenbar Wohnräume lagen, erschien ein dürrer Mann. Vor dem dunklen Hintergrund hinter der Fensterscheibe erkannte ich nur die Ecke einer Hemdbrust mit schwarzer Krawatte und einen übermäßig großen Kopf – nein, es waren lange, nach allen Seiten abstehende Haare. Die Silhouette des Verwalters erinnerte mich an eine Pusteblume.

»Quelqu' un a appelé?«*, rief der Schlossherr (das verstand ich.) Bosquot schüttelte den Kopf, seine üppige Haarpracht wippte.

Dann zeigte Des Essarts auf uns.

»Monsieur Sherlock Holmes! Docteur Watson!«

«Sie sind gekommen, nun wird alles gut«, übersetzte mir Holmes halblaut das Weitere. »Bleiben Sie am Apparat.«

* (franz.) Haben Sie angerufen?

Bosquot nickte seinem Herrn zu, verbeugte sich vor uns und verschwand. Die ganze Zeit über sagte er nicht ein Wort.

»Das ist die Bedingung dieses Halunken«, erklärte Des Essarts, und wir fuhren wieder los. »Jemand muss ständig in der Nähe des Telefons bleiben. Bei mir ist alles auf dem neuesten Stand der Technik. Zwischen der Wohnung des Verwalters und dem Haus gibt es eine Telefonverbindung. Eine Kurbeldrehung, und es klingelt. Ich weiß gar nicht, was ich ohne Bosquot machen würde.«

Die Kalesche hielt vor dem Haupteingang, der in einem hübschen spitzwinkligen Turm lag.

Nun konnte ich das Schloss aus der Nähe betrachten und stellte fest, dass das Gebäude gar nicht so alt war, sondern nur Altes imitierte.

»Im Stil Ludwigs XIII.«, bemerkte Holmes, ein ausgezeichneter Kenner der Architektur. »War in den vierziger Jahren in Frankreich sehr populär, unter dem Einfluss der Musketier-Romane.«

»Ja, mein Papa schwärmte für Alexandre Dumas«, bestätigte der Schlossherr.

Ich hatte mich bereits an die Eigenarten von Monsieur Des Essarts gewöhnt und wunderte mich nicht über das kindliche Wort »Papa«, das so wenig zum Alter und zum grauen Haar unseres Klienten passte.

In der eichengetäfelten Diele betätigte er stolz einen großen Porzellanschalter, und helles Licht flammte auf.

»Ich habe eine großartige elektrische Beleuchtung«, erklärte Des Essarts stolz. »Schauen Sie: noch eine Schalterdrehung, und alle Lampen im gesamten Erdgeschoss brennen.«

»Aber es ist noch gar nicht dunkel«, sagte ich.

Mit offenkundigem Bedauern löschte der Schlossherr das Licht wieder und führte uns durch eine Flucht kalter Räume voller klobiger antiker Möbel.

In einem großen Saal, in dem Gott sei Dank ein Kamin brannte, setzten wir uns an einen langen Tisch. Unter einem großen weißen Tuch zeichneten sich die Umrisse von Flaschen und Schalen ab.

»Nun denn. Jetzt werde ich Ihnen die ganze schreckliche Geschichte ausführlich erzählen, mit allen Details«, versprach Des Essarts. »Ich weiß, für Ihre Arbeit sind Details das Wichtigste. Ich beginne bei meinem verstorbenen Papa ...«

Da diese Einleitung nicht sehr spannend klang, gestattete ich mir eine kleine Ablenkung und schaute mich um.

Der Raum war recht interessant. Nach den Anrichten und dem langen Tisch zu urteilen, diente er als Speisesaal. Auf sämtlichen Flächen – dem Kaminsims, den Kommoden und separaten Tischchen – standen Modelle von Segelschiffen, einige von beeindruckender Größe. An den Wänden hingen Ahnenporträts. Eines davon weckte meine besondere Aufmerksamkeit.

Das Bild zeigte einen verwegenen Kapitän mit langer Lockenperücke und einem Fernglas in der Hand. Hinter ihm blähten sich weiße Segel und stieg Pulverqualm auf. Der Maler hatte sich sichtlich bemüht, dem stupsnasigen, wilden Gesicht des Seemanns edle Züge zu verleihen, es aber nicht recht vermocht.

»Da hängt das Porträt von Papa«, sagte indessen der Schlossherr. »Nein, Doktor, Sie sehen in die falsche Richtung! Das ist Jean-François, unser Urahn, einer der kühnsten und edelsten Kapitäne des Sonnenkönigs. Er brachte eine ganze Truhe voller Schmuck aus der Südsee mit und kaufte dieses Anwesen. Papa ist der Dritte von rechts.«

Ich lenkte den Blick in die angegebene Richtung.

Von der Leinwand schaute ein rundlicher bebrillter Herr in der Uniform der Nationalgarde mit dem Modell einer Fregatte in der Hand auf uns herab. Von seinem Urahn hatte der Des Essarts senior die Stupsnase und den wilden Glanz der Augen geerbt; dem Sohn hatte er das runde Gesicht und die Kurzsichtigkeit vermacht.

»Das ist alles sehr interessant, aber könnten Sie bitte zur Sache kommen«, sagte Holmes ungeduldig. »Erzählen Sie uns lieber, wie und wo Sie nach der Bombe gesucht haben.«

»Aber das will ich ja gerade! Wenn ich Ihnen nicht von Papa erzähle, können Sie nicht verstehen, warum wir nichts gefunden haben!«

Des Essarts schaute auf die Kaminuhr, schlug die Hände zusammen und sprach mit doppelter Geschwindigkeit weiter: »Wissen Sie, er war ein außergewöhnlicher Mann. Ein Original, wie man damals sagte, modern ausgedrückt: ein komischer Kauz. Er hatte ein großes Vermögen geerbt und hat es für alle möglichen Absonderlichkeiten ausgegeben. Stellen Sie sich vor, wir hatten ein eigenes Tiergehege im Park! In den Käfigen lebten Wölfe, Füchse, Wildschweine, ja, sogar ein Bär. Papa hatte sie selbst gefangen. Sein Kammerdiener, erinnere ich mich, war ein kleiner schwarzer Pygmäe aus Afrika – ich hatte schreckliche Angst vor ihm. Vor unserem Haus stand eine Kupferkanone vom Schiff unseres Urahns, und an Feiertagen feuerte Papa persönlich daraus einen Salut. Das führte auch zu seinem vorzeitigen Tod. Am 8. Juli 1860, an meinem siebten Geburtstag, explodierte die Kanone, und Papa war auf der Stelle tot.«

Der Schlossherr machte eine dem traurigen Anlass gemäße Pause, und ich staunte nach einer simplen arithmetischen Operation wieder einmal über die Exaktheit von Holmes' Einschätzungen: Er hatte gleich gesagt, dass unser Klient jünger sei, als er auf den ersten Blick wirkte.

»Ich könnte noch lange die Absonderlichkeiten meines Vaters aufzählen und seine exzentrischen Handlungen, aber ich beschränke mich auf eine, die für uns wichtigste.« Des Essarts beschrieb mit dem Arm eine Art Kreis. »Ich spreche von diesem Haus. Papa hat unseren Stammsitz bis auf die Grundmauern abgerissen und umgebaut, ihn vollgestopft mit diversen Bagatellen … das heißt, mit allem Möglichen: Geheimgängen, verborgenen Nischen, singenden Fußböden, in die Wände eingemauerten Röhren, die bei einer bestimmten Windrichtung seufzten und heulten ... Mütterchen hasste diese Dinge aus tiefstem Herzen. Nach Papas tragischem Tod zerstörte sie, was sie konnte. Doch sie fand bei weitem nicht alles. Vor acht Jahren zum Beispiel, als im kleinen Boudoir die Tapeten erneuert wurden, entdeckten wir in der Wand eine Nische mit unanständigen Büchern. Letztes Jahr gab es in der Schlucht an der Parkmauer« – Des Essarts wies mit der Handbewegung vage nach links – »einen Erdrutsch, und der entblößte im Hang einen unterirdischen Gang, der früher offensichtlich zum Haus geführt hatte, inzwischen aber eingestürzt war. Und vorletzten Herbst ...«

»Sie brauchen nicht fortzufahren. Es ist schon alles klar«, unterbrach ihn Holmes, wobei er energisch die Finger zusammenpresste und wieder öffnete, was bei ihm stets ein Zeichen äußerster Erregung ist. »Die Bombe ist an einem geheimen Ort versteckt, von dem Ihre Mutter nichts wusste und Sie schon gar nicht.«

»Ja, ja, genau das wollte ich ... Irgendwo muss es tatsächlich ein Geheimversteck geben, das mir nicht bekannt ist. Fragen Sie mich nicht, woher Lupin davon weiß – das verwirrt mich am meisten. Offenbar kennt dieser gemeine Dieb das Haus besser als sein Besitzer!«

»Verzeihen Sie, Sir«, konnte ich mich nicht enthalten – »trotz Ihrer Versicherung, das Ehrenwort dieses Erpressers sei unumstößlich, glaube ich, er will Sie einfach nur einschüchtern. Höchstwahrscheinlich gibt es gar kein Geheimversteck.«

»Doch!«, rief Des Essarts. »Dieser unverschämte Brief enthält sogar einen Code, mit dessen Hilfe man die Bombe finden kann!«

Nun verstand ich überhaupt nichts mehr, während Holmes gutmütig meinte: »Ich denke, Watson, es ist an der Zeit, einen Blick auf dieses verhängnisvolle Dokument zu werfen.«

Widerwillig, als handele es sich um eine Kröte, nahm der Schlossherr ein Blatt Papier vom Kaminsims und reichte es meinem Freund.

Ich blickte über seine Schulter und sah, dass der Brief in schwungvoll eleganter Schrift auf hellblauem Papier mit dem Monogramm »*A L*« geschrieben war.

Holmes überflog den Text, lachte auf und las ihn laut vor, wobei er ihn ins Englische übersetzte:

30. Dezember 1899

An den Besitzer des Anwesens du Vaux Garni

Verehrter Herr,

Arsène Lupin erlaubt sich, Sie mit einer Reichtumssteuer zu belegen.

Wenn Sie mir mit dem letzten Stundenschlag des alten Jahrhunderts nicht 1750000 Franc übergeben, haben Sie mein Ehrenwort, dass Ihr Schloss <u>mit allem, was darin ist</u>, in die Luft fliegen wird. Morgen Abend spätestens um halb zwölf verlassen Sie das Haus oder schließen sich, wenn Ihnen das lieber ist, in Ihrem Kabinett ein, das Sie nicht vor Anbruch des zwanzigsten Jahrhunderts verlassen dürfen. Die Tasche mit dem Geld deponieren Sie im Speisezimmer.

Wagen Sie nicht, auch nur eine einzige meiner Bedingungen zu missachten. Und Gott behüte Sie davor, sich an die Polizei zu wenden – in diesem Fall wird der Mechanismus der Höllenmaschine vorzeitig in Gang gesetzt, und Sie tragen die Verantwortung dafür. Nicht ich bin dann ein Mörder, sondern Ihre Habgier.

Als Anreiz zum Nachdenken hier ein kleines Rätsel, ein verschlüsselter Hinweis auf den Ort, an dem ich die Bombe versteckt habe.

24b. 25b. 18n. 24b. 23b. 24b.

Wenn Sie das Rätsel lösen und die Bombe finden – Ihr Glück. Dann können Sie Ihr Geld behalten, denn ein scharfer Geist verdient Lohn. Das Uhrwerk ist mit einer einfachen Linksdrehung des roten Hebels abzuschalten.

Also, wie die Lotterieverkäufer immer sagen: »Spielen Sie, gewinnen Sie!«

Seien Sie meiner tiefen Hochachtung versichert

A. L.

»Was für eine Gemeinheit!«, entfuhr es mir. »Er spielt mit Ihnen Katz und Maus! Sie haben recht daran getan, sich an uns zu wenden. Holmes, mein Freund, Sie müssen das Rätsel unbedingt lösen. Der Gauner muss leer ausgehen!«

»Das ist jetzt meine ganze Hoffart«, flüsterte Des Essarts, vermutlich »Hoffnung« meinend. Er sah den Detektiv voller Angst und Erwartung an.

Holmes runzelte konzentriert die Stirn.

»Drei Fragen, mein Herr. Die erste: Warum genau eine Million siebenhundertfünfzigtausend? Normalerweise verlangen Erpresser runde Summen. Die zweite: Was bedeutet das Unterstrichene ›mit allem, was darin ist‹. Die dritte: Wieso redet er von Mord? Können Sie mir diese Fragen beantworten?«

Des Essarts seufzte traurig.

»O ja, mein lieber Mr. Holmes. Das kann ich nur zu gut. Auf meinem Bankkonto liegen genau eine Million siebenhundertfünfzigtausend Francs. Das ist mein ganzes Kapital. Wir Des Essarts' sind leider nicht mehr so sagenhaft reich wie früher. Papas Marotten und Mütterchens Unbeholfenheit haben beträchtlich an unserem einst so bedeutenden Vermögen gezehrt. Der Familienschatz aus der Truhe von Jean-François« – er wies auf das Porträt des stupsnasigen Urahns – »wurde zu Geld gemacht und größtenteils ausgegeben. Ich vermute, Lupins Interesse an du Vaux Garni wurde ursprünglich durch die Gerüchte über die Truhe des Korsaren geweckt. Aber wie Sie sehen, verlangt er in seinem Brief keine Brillanten und Smaragde. Er weiß also, dass sie nicht mehr existieren. Die pedantisch exakte Summe soll zeigen, dass er über meine finanzielle Lage vollkommen im Bilde ist. Er will mich komplett ruinieren!«

»Dann erlauben Sie mir noch eine weitere Frage.« Holmes schaute sich im Raum um. »Wie viel kostet dieses Haus?«

»Ich denke, an die dreihunderttausend.«

Wir sahen uns an.

»Hören Sie, Sir«, sagte ich mit einem unwillkürlichen Lächeln, »der Preis des Hauses beträgt doch nur ein gutes Sechstel der geforderten Summe. Was hat es für einen Sinn, viel wegzugeben, wenn man sich auf ein kleines Opfer beschränken kann? Zumal Immobilien in zivilisierten Ländern üblicherweise versichert sind.«

»Das Schloss ist versichert, die Versicherungssumme beträgt dreihunderttausend«, bestätigte Des Essarts, und ich verstand gar nichts mehr.

»Warten Sie, Watson.« Holmes berührte meinen Arm. »Monsieur Des Essarts hat die beiden anderen Fragen noch nicht beantwortet.«

Dem Schlossherrn traten Tränen in die Augen. Er zog ein Taschentuch hervor, schnäuzte sich laut und stöhnte. Dann brachte er hervor: »Es geht gar nicht um das Haus! Nein, ich kann nicht ... Kommen Sie, dann sehen Sie es selbst.«

Er sprang von seinem Stuhl auf und eilte in einen schmalen, beiderseits mit Schränken vollgestellten Flur. Wir wechselten einen Blick und folgten ihm.

IV

Der Flur führte zu einer Treppe, über die wir in den zweiten Stock gelangten, in einen großen Raum – der Schlossherr nannte ihn das Diwanzimmer. Tatsächlich standen dort an allen Wänden Sofas und Sessel. Keuchend vom anstrengenden Treppensteigen, sank Des Essarts in einen davon und schnappte nach Luft.

»Gleich ... Einen Augenblick ... Das Herz ...«

Holmes schaute sich um, zeigte auf eine Tür am hinteren Ende des Raums und fragte: »Wenn ich das richtig sehe, ist das der Eingang zu dem großen Turm an der Nordseite des Hauses? Führen Sie uns dorthin?«

»Ja. Dort befindet sich die Bibliothek. Aber Sie werden ohne mich hineingehen. Ich kann nicht.« Der Hausherr klopfte sich die rundlichen Seiten – eine Geste, die mir seltsam erschien. Aber die Erklärung folgte sogleich. »Der Eingang ist zu eng. Auch so ein Einfall von Papa. Mütterchen war korpulent, er selbst dagegen von schlanker Gestalt, also hat er sich einen Zufluchtsort geschaffen, an den er sich bei Ehestreitigkeiten zurückzog. Nach Papas Tod ist alles so geblieben. Mama wollte den Eingang erweitern lassen, doch der Architekt meinte, das könnte Risse im Gemäuer verursachen …« Des Essarts lächelte traurig. »Es gab einmal eine Zeit, da auch ich mich vor dem Zorn meiner Frau in der Bibliothek verkroch, doch seit rund fünfzehn Jahren passe ich nicht mehr durch diesen – ich habe das Wort vergessen – goulot.«

»Flaschenhals«, sagte Holmes, der mit interessierter Miene gelauscht hatte. »Aber fahren Sie bitte fort!«

»Jetzt verkriecht sich meine Tochter dort, wenn ich schreie und schimpfe. Ich bin recht unbeherrscht und habe der Ärmsten allzu oft mit Vorwürfen zugesetzt, meist übertrieben und ungerecht …«

Er klapperte mit den Wimpern, und Tränen strömten aus seinen Augen. Des Essarts barg sein Gesicht hinter einem Taschentuch.

»Warum sprechen Sie in der Vergangenheit? Was ist geschehen?«, fragte ich.

»Vor drei Tagen hatten wir wieder Streit«, ertönte seine dumpfe, von Schluchzen unterbrochene Stimme hinter dem Taschentuch. »Ich verfolgte Eugénie bis hierher, und als sie in die Bibliothek schlüpfte, rief ich ihr kränkende Worte nach. Dabei weiß ich gar nicht mehr, warum ich so über sie gefallen bin.«

»Hergefallen«, korrigierte ich ihn automatisch.

»Ja, hergefallen … Um das Ende des Sturms abzuwarten, wollte Eugénie ein Buch lesen. Sie rückte die Leiter an die Regale – sie reichen bis zur Decke. Und fiel herunter! Von ganz oben! Es war schrecklich! Ich hörte das Krachen und ihre Schreie und konnte nicht zu ihr – mein verdammter Bauch …«

Bevor er weiterredete, entlud er sich erneut in heftigem Schluchzen.

»Die Ärmste ist auf Kopf und Rücken gefallen. Als die Diener sie hochheben wollten, schrie sie vor Schmerz so laut, dass ich befahl, sie liegenzulassen. Früher wäre ich auf den hiesigen Doktor angewiesen gewesen. Doch wie Sie wissen, gibt es im Haus ein Telefon, und seit dem letzten Jahr existiert eine Verbindung ins Fernmeldenetz. Ich konnte mit Professor Lebrun sprechen, dem berühmtesten Pariser Neurochirurgen. Ein Hoch auf den Fortschritt! Nachdem sich der Professor meinen zugegeben recht verworrenen Bericht geduldig angehört hatte, stellte er nur eine einzige Frage: Ob der Boden in dem Raum aus Stein sei. Als ich erwiderte, er sei aus Holz, sagte Monsieur Lebrun: ›Ausgezeichnet. Sie wird sich also nicht erkälten. Heizen Sie den Raum gut und betten Sie das Mädchen möglichst eben. Sie darf sich auf keinen Fall bewegen, und legen Sie ihr nichts unter den Kopf. Geben Sie ihr kein Wasser und nichts zu essen. Ich komme mit dem nächsten Zug.‹«

»Mein Gott«, flüsterte Holmes. »Das ist entsetzlich!«

»Ja, eine Wirbelsäulenverletzung ist kein Scherz«, bestätigte ich. »Ich hatte in meiner Praxis schon mit sehr schweren Fällen zu tun …«

»Ach, Watson, ich rede nicht von der Verletzung!«, unterbrach mich der Detektiv mit einer Emotionalität, die mich überraschte. »Ihre Tochter ist also noch immer dort, Sir?«

»Ja, das ist ja das Schlimme! Sie darf auf keinen Fall fortgetragen werden! Der Professor hat sie untersucht und gesagt: ›Sie braucht absolute Ruhe. Mindestens zwei Wochen lang. Dann besteht die Chance, dass die gebrochene Wirbelsäule wieder zusammenwächst, ohne das Rückenmark einzuklemmen. Anderenfalls bedeutet das die vollständige Lähmung.‹ Monsieur Lebrun ist ein Heiliger!

Nicht genug, dass er sich bereit erklärt hat, die gesamten zwei Wochen bei Eugénie zu bleiben und sie zu pflegen; als ich ihm von der Höllenmaschine erzählte (das konnte ich ihm schließlich nicht verschweigen), sagte er: ›Wir können die Patientin nicht auf eine Trage legen – sie würde nicht durch die Tür passen. Sie bleibt also hier. Und ich bleibe auch, ich habe den Eid des Hippokrates geschworen.‹ Er entließ die Pflegerin, die ihm assistierte, und blieb. Was für ein Mensch!«

»In der Tat«, sagte Holmes und runzelte die Stirn. »Ist der Professor auch jetzt dort?«

»Aber ja. Sie können selbst mit ihm sprechen.« Des Essarts putzte seine Brille, ohne die sein rundes Gesicht noch hilfloser wirkte. »So, nun wissen Sie Bescheid. Ich kann das Haus nicht opfern, und das weiß Lupin ganz genau. Sie sind also der letzte Strohhalm, an den ich mich klammere. Doch der Bankdirektor hält das Geld bereit. Sollten Sie Lupins Rätsel nicht lösen, gebe ich ihm alles, was ich habe … Dann werde ich den Stammsitz verkaufen und mit meiner Tochter ganz bescheiden leben. Hauptsache, Eugénie muss nicht im Rollstuhl sitzen … Ach ja, noch eins!«, besann er sich, »meine Tochter weiß nichts von der Höllenmaschine. Der Professor hat verboten, ihr davon zu erzählen. Die Kleine darf sich nicht aufregen.«

»Alles klar. Kommen Sie, Watson.« Holmes öffnete die Tür und verharrte vor dem schlitzartigen, etwa zehn Fuß langen und keinen Fuß breiten Gang. »Ich komme hier gewiss durch, aber Sie müssen aufpassen, dass Sie nicht stecken bleiben. Sie werden sich seitlich durchzwängen müssen. Tja, das ist die Kehrseite Ihrer Leidenschaft für Porter und Porridge.«

Dieses Wortspiel war erstens nicht sehr geistreich und zweitens ungerecht. Natürlich bin ich nicht so dünn wie manch anderer, aber dank meiner regelmäßigen sportlichen Betätigung habe ich keine Unze überflüssigen Fetts an mir. Das wusste Holmes sehr wohl.

Bereit, seinen langen, schmalen Leib in den Spalt zu zwängen, drehte Sherlock Holmes sich noch einmal um und sah den Hausherrn in Richtung Ausgang gehen.

»Wo wollen Sie hin, Sir? Warten Sie hier. Wir könnten Sie für Auskünfte brauchen.«

Des Essarts trat verlegen von einem Bein aufs andere.

»Es ist gleich ein Uhr«, murmelte er, den Blick abgewandt. »Ich muss zum Zug aus Paris ... In einer halben Stunde bin ich zurück. Wenn etwas ist, können Sie den Verwalter anrufen. Sie müssen nur einmal die Kurbel drehen, und er ist am Apparat.«

»Was wollen Sie am Zug aus Paris?«, fragte ich erstaunt. »Erwarten Sie noch jemanden?«

»Mr. Erast Fandorin. Einen berühmten amerikanischen Detektiv. Ich habe in der Zeitung gelesen, dass er sich zur Zeit in Paris aufhält, und ihn um Hilfe gebeten«, stammelte Des Essarts errötend. »Erstens war ich nicht sicher, ob Mr. Holmes kommen würde ... Und zweitens sind zwei Köpfe besser als einer. Habe ich mich richtig ausgedrückt?«

Wütend schrie ich: »Also wissen Sie, das ist ja unerhört! So geht man mit Sherlock Holmes nicht um! Wo wollen Sie hin? Kommen Sie sofort zurück!«

»Ich bin bald zurück ... In einer halben Stunde«, blökte unser Klient und retirierte zur Tür. »Im Salon ist der Tisch gedeckt. Wein und ein kalter Imbiss. Wir setzen uns nachher zusammen und bereden alles.«

Damit huschte er in den Flur und war verschwunden.

Schäumend vor Empörung, drehte ich mich zu Holmes um – er lachte lautlos in sich hinein.

»Wir sind also doch nicht der letzte Strohhalm für Monsieur Des Essarts. So ist ein wahrer Franzose, Watson! Er setzt nie auf nur ein Pferd.«

»Ich schlage vor, wir rufen den Kutscher und fahren zum Hafen«, sagte ich. »Der Verlust seines gesamten Bankguthabens wird diesen Frechling lehren, wie man Sherlock Holmes behandelt. Wir werden ja sehen, ob dieser Amerikaner ihm helfen kann!«

»Erast Fandorin ist kein Amerikaner, er ist Russe.«

»Umso besser.« Ich zuckte die Achseln. »Russe! Bestimmt ein schöner Detektiv. Für das russische Verbrechen des Jahrhunderts: Ein Bär hat einem Bojaren ein Fass Wodka gestohlen. Wirklich Holmes, wir sollten fahren.«

»Um nichts auf der Welt! Das macht die Aufgabe für mich nur spannender. Fandorin ist ein äußerst erfahrener Detektiv, ich verfolge seine Leistungen seit langem. In den letzten Jahren hat er in Amerika gelebt und dort einige hochinteressante Operationen durchgeführt. Was ich bei der Detektivarbeit am meisten vermisse, ist der intellektuelle Wettbewerb. Mit wem soll ich mich denn messen, etwa mit Inspector Lestrade?« Er rieb sich voller Vorfreude die Hände. »Und Sie meinen, ich soll auf einen solchen Fall verzichten! Da ist zum einen der gerissenste Verbrecher Frankreichs und ein von ihm aufgegebenes Rätsel, und zum anderen ein ebenbürtiger Konkurrent! Also, verlieren wir keine Zeit. Wir haben eine halbe Stunde Vorsprung vor Fandorin. Die sollten wir nutzen!«

Damit schlüpfte Holmes in den Gang.

Ich überwand diese Enge weniger gewandt als er. Mein Freund war bereits in der Bibliothek, als ich mich noch immer seitwärts durch den Gang zwängte. Die Knöpfe meines Gehrocks schabten an der Wand entlang, einer riss ab, und ich gestehe, dass ich den seligen Des Essarts senior mehrfach mit derben Worten bedachte.

Doch als ich endlich das Innere des Turms erreicht hatte, vergaß ich bei dem Anblick, der sich mir bot, schlagartig meinen Ärger.

Im ersten Moment konnte ich die Einrichtung des runden Raums nicht gleich ausmachen, ich bemerkte nur, dass im Kamin ein Feuer brannte und dass sämtliche Wände mit Ausnahme der Fensternischen von Bücherregalen eingenommen wurden. Aber ich schaute mich nicht weiter um. Meine Aufmerksamkeit wurde ganz gefangengenommen von der auf dem Boden liegenden Gestalt. Dieses Bild werde ich nicht so bald vergessen!

Das mit einem leichten Plaid bedeckte Mädchen war auf dem Boden ausgestreckt, als sollte es gevierteilt werden. Schreckeinflößende Mechanismen mit Drehscheiben und Kurbeln standen an Kopf- und Fußende der Liegenden. Die mit Watte gepolsterten Handgelenke und Knöchel des Mädchens waren mit Stricken gefesselt, sodass sie beim besten Willen kein Glied rühren konnte. Ihr Hals war eingegipst. Das alles erinnerte so sehr an eine Folterkammer der Inquisition, dass der danebenstehende medizinische Tropf wie ein himmelsschreiender Stilbruch wirkte.

Da Miss Eugénie, eine hübsche Blondine mit entzückendem Stupsnäschen, den Kopf nicht in unsere Richtung wenden konnte, bewegte sie nur die lebhaften braunen Augen. Vor dem Unfall war sie bestimmt ein lebensfrohes, gesundes Fräulein mit stets rosigen Wangen gewesen. Nun aber waren ihre Wangen bleich, unter ihren Augen lagen Schatten, und mein Herz krampfte sich vor Mitleid zusammen.

»Ich weiß Bescheid, Sie sind Papas Freunde aus London!«, rief die Ärmste mit heller, melodischer Stimme. Sie sprach recht gut Englisch, nur mit einem leichten Lispeln. »Wie schade, dass ich nicht mit Ihnen zusammen Silvester feiern kann. Aber Sie werden doch mit mir anstoßen? Nur einen kleinen Schluck Champagner, Professor! Auf das zwanzigste Jahrhundert!«

Erst jetzt warf ich einen Blick auf den Mann, der sich aus einem Sessel erhob und auf uns zukam.

Doktor Lebrun erwies sich als Subjekt von recht unangenehmem Äußeren: Klapperdürr, schwarzes Akademikerkäppchen, hängender Schnurrbart, Hakennase und eingefallener Mund.

»Auf keinen Fall!«, schnarrte er. »Champagner! Das fehlte noch. Nichts, was den Magen reizt. Die Nährlösung, die ich Ihnen intravenös verabreiche, stimuliert vorzüglich den Harnabfluss und blockiert zugleich die Darmtätigkeit, die in Ihrer Lage Schaden anrichten könnte. Die im Champagner enthaltenen Gase könnten Meteorismus und Flatulenzen verursachen.«

Ohne zu bemerken, dass Eugénie schamhaft errötet war, brummte der verknöcherte Gelehrte: »Im Übrigen beginnt das neue Jahrhundert nicht heute, sondern erst in einem Jahr, und dann werden Sie gewiss Champagner trinken. Wenn Sie auf mich hören.«

Auch er sprach Englisch – sehr korrekt, aber farblos; das typische Englisch ausländischer Referenten auf wissenschaftlichen Konferenzen.

Aber immerhin war diesem Mann eine Patientin wichtiger als die Furcht vor der Bombe! Wie sehr doch das Äußere manchmal täuscht, dachte ich, trat zu dem selbstlosen Hippokrates-Jünger, stellte mich vor, drückte ihm fest die Hand und flüsterte: »Ich weiß Bescheid und bewundere Sie.«

»Sagten Sie Doktor?«, fragte er mümmelnd. »Ein Kollege also?«

»Ich bin nur ein bescheidener praktischer Arzt, obendrein praktiziere ich kaum«, erwiderte ich. »Trotzdem wäre ich Ihnen verbunden, wenn Sie mir Ihre Diagnose mitteilen würden.«

Ich ging mit dem Professor beiseite, damit die Patientin nicht zu viel hörte. Im Übrigen war sie abgelenkt – Holmes hockte vor ihr und stellte ihr halblaut Fragen.

»Nicht die Halsmuskeln bewegen!«, rief Lebrun unwillig. »Und auch die Stimmbänder sollten Sie nicht mehr als nötig anstrengen!«

»Gut, Doktor. Ich tue ja alles, was Sie sagen. Wenn Sie mich nur heilen«, flüsterte die Leidgeprüfte, und ich zwinkerte heftig, um die aufkommenden Tränen zu unterdrücken.

Immer wieder misstrauisch zu Holmes hinüberblickend, beschrieb mir der Professor im Eiltempo widerwillig die Lage der Dinge. Ich verstehe nicht viel von Neurophysiologie und bin, ehrlich gesagt, kein eifriger Leser medizinischer Fachzeitschriften.

Ohne einige wie durch ein Wunder in meinem Gedächtnis haftengebliebene Lateinkenntnisse hätte ich kein Wort begriffen.

»Eine Verletzung des Vertebra cervicalis, Verdacht auf einen Riss im Arcus superior. Am schlimmsten ist die vorliegende Verschiebung und Einklemmung des Medulla spinalis. Ich habe getan, was ich konnte. Aber zwei Wochen vollkommener Ruhelage auf der l'estrapade*, wie ich diese Konstruktion genannt habe, sind die einzige Chance zur vollständigen oder wenigstens teilweisen Wiederherstellung der Innervation des Bewegungsapparates. Aber die geringste Erschütterung, und ...« Er schüttelte vielsagend den Kopf.

»Tetraplegie, Kollege?« Ich nickte verstehend, nachdem mir glücklicherweise der Fachbegriff für die Lähmung aller vier Gliedmaßen eingefallen war.

»Genau.«

Schade, dass Holmes nicht hörte, wie ich in diesem gelehrten Dialog mithielt – er flüsterte noch immer mit Miss Des Essarts.

»Erlauben Sie, Sir.« Lebrun schob mich beiseite und ging zu dem Mädchen. »Zeit für die Massage.«

Er kniete sich hin und massierte der Patientin die Füße, doch ich sah gleich, dass die Leuchte der Neurochirurgie darin wenig geübt war – solche Dinge übernehmen gewöhnlich Pflegerinnen.

»Ich glaube, das kann ich besser, Kollege«, sagte ich mit allem gebotenen Respekt. »Gestatten Sie, darin habe ich mehr Übung.«

»Bitte.« Der Maître erhob sich blasiert. »Ich muss mich ohnehin entfernen und mit der Klinik telefonieren.«

Er ging hinaus, und ich nahm so zartfühlend und behutsam wie möglich die Massage in Angriff.

»Sie sind auch Arzt?« Miss Eugénie lächelte mich freundlich an. »Sie haben sehr sanfte Finger. Oh, das kitzelt!«

»Ausgezeichnet! Das Gefühl ist also noch da, das ist ein hoffnungsvolles Zeichen.«

* (franz.) Streckbank.

Ich wechselte zu den Handgelenken, und nun sah Eugénie mich an, den Kopf leicht zurückgelegt.

»Doktor, ich habe eine große Bitte«, flüsterte sie leise. »Da drüben, auf dem obersten Regal, hinter der 45-bändigen Enzyklopädie, steht eine Schatulle. Könnten Sie die bitte herunterholen? Aber psst!«

Ich griff nach der verhängnisvollen Leiter, der Verursacherin des Unglücks, stellte sie auf, prüfte ihre Standfestigkeit und kletterte bis zur Zimmerdecke.

»Was wollen Sie da oben, Watson?«, fragte Holmes, der gerade die Lüftungsöffnung in der Wand studierte.

»Ich möchte in der Enzyklopädie über Tetraplegie nachlesen.«

Damit verlor er das Interesse an mir.

Sämtliche Bände waren mit einer dicken Staubschicht bedeckt. Bis auf einen, den Band 45, der offenbar häufig von seinem Platz genommen wurde. Hinter dem Folianten fand ich eine elegante Lackschatulle, klemmte sie mir unters Kinn und kletterte hinunter.

»Machen Sie sie auf, aber so, dass es niemand merkt«, bat Eugénie.

Ich war neugierig, was die Schatulle enthalten mochte.

Nichts Besonderes, wie sich herausstellte. Flakons, Tuben, kleine Pinsel – kurz, eine komplette Kosmetikausstattung.

»Papa will nicht, dass ich mich schminke. Darum mache ich es heimlich«, erklärte die Mademoiselle. »Auch diesmal wollte ich gar kein Buch herunterholen ... Halten Sie den Spiegel. Ich will schauen, wie ich aussehe.«

Auf ihr Gesicht trat jener konzentrierte Ausdruck, mit dem jede Frau in den Spiegel blickt – unzufrieden und hoffnungsvoll zugleich.

»Entsetzlich«, sagte Eugénie niedergeschlagen. »Schlimmer, als ich dachte. Und Papa hat gesagt, es kommen noch mehr Gäste, ein Herr aus Amerika. Um Christi willen, helfen Sie mir, Doktor

Watson! Nehmen Sie das Rouge. Die runde Schachtel da. Tauchen Sie den Pinsel hinein. Nein, nein, nicht so heftig. Bestreichen Sie die Wangen. Zeigen Sie her. Aber nein! Das ist zu viel. Wischen Sie es ab. Na schön, so geht es. Und nun den Lippenstift …«

Brav und gewissenhaft folgte ich den Anweisungen von Miss Des Essarts. Mir stockte das Herz vor Mitleid und Begeisterung. Oh, diese Frauen! In ihnen steckt so viel Mut und Standhaftigkeit, dass wir Männer einiges von ihnen lernen könnten. Das wird mein ach so kluger Freund mit seiner albernen Frauenphobie nie verstehen.

»Die Unterlippe, schnell!«, trieb Eugénie mich an. »Ich höre Schritte im Diwanzimmer. Der Gast ist schon da! Weg mit der Schatulle!«

Ich konnte die Schachtel gerade noch hinter meinem Rücken verbergen, als ein unbekannter Gentleman mit glattem schwarzem Haar und grauen Schläfen seitwärts aus dem schmalen Gang herausglitt.

»Guten Tag, Mademoiselle. Guten Tag, m-meine Herren«, sagte er leicht stotternd auf Französisch. »Mein Name ist Fandorin. Erast Fandorin.«

V

Mein erster Eindruck von diesem Herrn war nicht der günstigste. Er wirkte allzu geleckt, allzu sorgfältig gekleidet – man sah sofort, dass er sich attraktiv dünkte. Wäre mir seine Herkunft nicht bekannt gewesen, hätte ich ihn für einen Franzosen gehalten.

Mir schien, der Angekommene hatte nicht erwartet, im Turm so viele Personen anzutreffen, jedenfalls betrachtete er uns leicht irritiert.

Ich stellte mich vor, und auch Holmes setzte dazu an, kam aber nicht zu Ende, da der Russe abgelenkt wurde. Hinter ihm ertönten Schnaufen und Ächzen – offenkundig zwängte sich jemand unter enormen Schwierigkeiten durch den Gang. Ich mutmaßte, dass Monsieur Des Essarts sich nun doch zu seiner Tochter durchkämpfen wollte (bei seinem Leibesumfang war dieses Vorhaben von vornherein zum Scheitern verurteilt). Doch ich irrte.

Mr. Fandorin langte in den Gang und zog einen gedrungenen, kompakt gebauten Asiaten in einem durablen karierten Anzug hervor. Der Neuankömmling schüttelte sich, ordnete seine Kleider und verbeugte sich mit großer Würde vor uns allen.

»Sherlock Holmes, a votre service*«, sagte mein Freund ruhig, als wäre er nicht unterbrochen worden.

Ich gestehe, es war mir eine Freude, zu beobachten, wie das hübsche Gesicht des Fremden sich vor Staunen verzog.

»Sh-sherlock Holmes? Der nämliche?«, stammelte er, nun auf Englisch. »Und Sie sind *der* Doktor Watson?«

Ich neigte ironisch den Kopf. Monsieur Des Essarts hatte also nicht nur Holmes und mich getäuscht.

Fandorin wandte sich zur Tür, als erwarte er vom Hausherrn eine Erklärung. Die folgte auch sogleich.

»Ich bitte um Vergebung!«, ertönte dumpf, wie aus einer Röhre, die Stimme von Des Essarts, der offenbar seinen Kopf in den Gang gesteckt hatte. »Ich hätte Sie auf dem Weg hierher unterrichten sollen, aber ich fürchtete, Sie würden wieder umkehren! Mr. Holmes schätzt sich glücklich, mit Ihnen Hand in Hand arbeiten zu können. Ich hoffe, Sie haben nichts gegen Mr. Holmes einzuwenden!«

»Aber nein, ganz im Gegenteil! Ich bin glücklich, ja, ich fühle mich g-geschmeichelt!« beeilte sich der Russe zu versichern. »Es kommt nur etwas überraschend …«

Er improvisierte ein freudiges Lächeln, das wenig überzeugend wirkte.

»Na wunderbar!«, rief der Hausherr enthusiastisch. »Ich wusste,

* (franz.) zu Ihren Diensten.

Sie würden mir diese kleine Intrige verzeihen, meine Herren. Im Interesse des armen Mädchens, das Sie vor sich sehen!«

Miss Eugénie, die Augen neugierig auf den schönen Stotterer gerichtet, fragte laut: »Von was für einer Intrige sprichst du, Papa? Sind die Herren denn zum Arbeiten hier und nicht, um das neue Jahr zu feiern?«

Wir wechselten beunruhigte Blicke. Doch Des Essarts reagierte geistesgegenwärtig.

»Es geht um die Reorganisation der Gesellschaft der Freunde der Elektrizität. Meine Gäste sind glühende Anhänger des Fortschritts.«

Fandorin murmelte respektvoll: »Das ist die reine Wahrheit, Miss.«

Er hatte sich bereits von der unschönen Überraschung erholt und gab sich nun beherrscht als höflicher, weltgewandter Mann.

»Ich bitte um Verzeihung, meine Herren. Gestatten Sie, dass ich Ihnen meinen ...« – er zögerte kurz – »meinen Freund und Assistenten Mr. Masahiro Shibata vorstelle. Er ist Japaner.«

Der Asiat verbeugte sich erneut, dann trat er näher heran und drückte mir und Holmes feierlich die Hand.

»Sehr erfreut. Ich habe viel gelernt von Ihrer ... Methode«, fuhr der Russe, an Holmes gewandt, fort, wobei er vernünftigerweise das Wort »deduktiv« aussparte, das Miss Des Essarts zu Fragen veranlasst haben könnte.

Indessen war auch Lebrun in den Turm zurückgekehrt, und Mr. Fandorin wurde ihm vorgestellt.

»Ihre Selbstlosigkeit, lieber Professor«, wandte er sich an den Arzt, »macht Ihnen alle Ehre. Mit Ihrer Erlaubnis würde ich Sie später gern dies und jenes fragen.«

Dann wurde auch meine bescheidene Person mit einem Kompliment bedacht.

»Verehrter Doktor Watson«, sagte der russische Detektiv, »ich bin ein aufrichtiger B-bewunderer Ihres literarischen Talents. Ich habe mein Lebtag nichts Unterhaltenderes gelesen als Ihre ›Aufzeichnungen‹.«

Daraufhin wandte sich Mr. Shibata in einem seltsam klingenden Idiom (ob das Russisch war oder Japanisch, kann ich nicht sagen) an Fandorin, der ihm im selben Kauderwelsch antwortete.

»Ach, Sie sind Schriftsteller?«, fragte mich Miss Eugénie. Als ich mich zu ihr hinabbeugte, flüsterte sie, ohne meine Antwort abzuwarten: »Wie sehe ich aus?«

»Großartig«, beruhigte ich sie.

Das war die reine Wahrheit – dank meiner unbeholfenen, aber gewissenhaften Bemühungen sah sie nun deutlich besser aus: Ihr Gesicht wirkte frischer, ihre elegant betonten Lippen lebhaft. Ich hatte offenbar eine Gabe fürs Schminken.

»Hocken Sie sich zu mir nieder, Sir«, bat Miss Des Essarts den Russen. »Ich möchte Sie genauer betrachten.«

Diese rührende Direktheit unterstrich die ganze Tragik ihrer Lage mehr als alles andere. Ich sah Fandorins Lippen mitleidig zucken.

»Zu Ihren Diensten«, sagte er sanft und kniete nieder.

Eugénie betrachtete ihn eingehend und sagte dann mit derselben entwaffnenden Naivität: »Sie sind sehr schön, Sir. Wissen Sie, früher habe ich davon geträumt, dass mich eines Tages ein solcher Mann liebt – kein grüner Junge, sondern ein reifer, zuverlässiger Mann, aber unbedingt gutaussehend und tadellos gekleidet ... Meine Lage hat auch ihre Vorteile, nicht wahr?« Sie lächelte traurig. »Ich kann die unmöglichsten Dinge aussprechen, und niemand nimmt es mir übel.«

Fandorin antwortete mit einem Scherz, aber ihm war anzusehen, dass er erregt war.

»Sie werden bald gesund sein, und dann müssen Sie wieder alle Anstandsregeln b-befolgen. Also genießen Sie die Freiheit, solange Sie es können.«

Sie erwiderte ganz leise: »Sie sind sehr lieb. Alle sind so lieb zu mir. Aber ich weiß, ich fühle es, dass ich nie wieder aufstehen werde.«

»Was für ein Unsinn!«, rief der hinzugetretene Lebrun (er hatte offenbar ein ausgezeichnetes Gehör). »Wenn Sie sich an meine Anweisungen halten, werden Sie noch auf Bällen tanzen. Genug jetzt, meine Herren! Ihre Gegenwart regt die Patientin zu sehr auf. Außerdem müssen wir mal Pipi. Ich bitte alle, sich zu entfernen.«

Unerträglich, diese Manier mancher meiner Berufskollegen, über Physiologisches zu schwadronieren!

Fandorin und ich erhoben uns sofort, bemüht, die arme Miss Eugénie nicht anzusehen, um sie nicht noch verlegener zu machen.

Ich war, ehrlich gesagt, den Tränen nahe und hatte einen Kloß im Hals. Wäre mir der gemeine Erpresser, der mit dem Leben dieses reizenden Mädchens spielte, in diesem Augenblick über den Weg gelaufen, ich hätte ... Ich weiß nicht, was ich mit ihm gemacht hätte.

Wir ließen den Professor mit seiner Patientin allein und begaben uns hinunter in den Speisesaal, wo Imbiss und Getränke bereits aufgedeckt worden waren.

Ungeachtet der hinter uns liegenden Aufregungen und der angespannten Situation war ich sehr hungrig, sodass ich mit einigem Appetit der Pastete und dem kalten Braten zusprach. Holmes und Fandorin rührten die Speisen nicht an, Des Essarts brach sich ein Stück Brot ab, aß es jedoch nicht. Hätte der wunderbare Mr. Shibata nicht noch enthusiastischer zugelangt als ich, würde ich mich recht unbehaglich gefühlt haben.

»Ich habe den Verwalter noch einmal ans Fenster gebeten«, erklärte der Hausherr, »und ihn gefragt, ob der Verbrecher angerufen hätte. Monsieur Bosquot hat den Kopf geschüttelt – die Herren können es bezeugen.«

Er bemühte sich, seinen Gastgeberpflichten nachzukommen, schenkte Wein ein und verteilte das Besteck, war darin aber offenkundig ungeübt. Er verschüttete Wein, ließ eine Gabel unter den Tisch fallen und zerknüllte Servietten. Niemand eilte ihm zu Hilfe. Die beiden Detektive waren in ihre Gedanken vertieft, und Mr. Shibata und ich waren zu hungrig, um uns ums Servieren zu kümmern.

Ich war voller Tatendrang. Ich musste nur an die unglückliche Gefangene im Turm denken, und ich kochte vor Wut.

Da beide Detektive schwiegen, ergriff ich die Initiative.

»Die wichtigste Frage ist doch: Wie hat Lupin von dem Geheimversteck erfahren? Wir müssen sämtliche Bediensteten herbitten, die schon zu Lebzeiten Ihres Vater im Schloss gearbeitet haben, und jeden eingehend befragen.«

Der Hausherr hob resignierend die Arme.

»Daran habe ich auch schon gedacht. Die Köchin für die Bediensteten und einer der Pferdeknechte leben seit fast einem halben Jahrhundert im Schloss. Aber wer kann sich schon an jeden Einzelnen erinnern, der in den letzten vierzig Jahren von hier fortgegangen ist? Der Betreffende könnte wer weiß wann im Schloss angestellt gewesen sein ...«

»Zudem könnte Lupin das Geheimnis durchaus aus dritter oder vierter Hand erfahren haben«, bemerkte Holmes.

Und Fandorin ergänzte: »Denken wir auch an die Maurer und Zimmerleute, die Des Essarts für den Bau seiner Geheimgänge und Verstecke engagiert hat. Interessante Dinge dieser Art werden oft im Freundes- und Familienkreis weitererzählt – die Leute tratschen gern über die Wunderlichkeiten der Reichen.«

Das alles war nicht von der Hand zu weisen. Ich resignierte, aber nur kurz.

»Dann muss einer von uns zur Polizei fahren. Monsieur Des Essarts kennt doch bestimmt den Chef.«

Der Hausherr nickte, und ich fuhr fort: »Wir müssen in aller Diskretion, ohne Lupin womöglich aufzuschrecken, einen fähigen Inspektor in die Telefonzentrale setzen. Wenn Lupin dann Monsieur Bosquot anruft, können wir feststellen, welchen Apparat er benutzt, und Gendarmen dorthin schicken. Erinnern Sie sich, Holmes, das taten wir, als wir den Erpresser von Kensington jagten.«

»Seien Sie nicht naiv, Watson«, erwiderte Holmes darauf ziemlich grob. »Arsène Lupin ist kein armseliger Dilettant. Er wird nicht telefonieren. Das ist lediglich eine Falle, um unsere Aufmerksamkeit abzulenken. Warum sollte Lupin anrufen? In seinem Brief ist alles klar und deutlich erläutert.«

Der Russe nickte – er war derselben Ansicht.

»Na schön!« Ich gab mich nicht geschlagen. »Gehen wir von einer anderen Seite an die Sache heran. Suchen wir keine Verbindung zu Lupin, beschränken wir uns vorerst auf die Suche nach der Höllenmaschine. Wir haben den Code, konzentrieren wir uns darauf. Und vergessen wir nicht: Die Zeit läuft.«

Unwillkürlich schauten alle zur Uhr. Es war fünf Minuten nach zwei. Bis zur Explosion blieben noch zehn Stunden.

Stille trat ein, nur der Japaner säbelte mit einem Messer Schinkenscheiben ab.

»Sir, wenn Sie nichts dagegen haben, schlage ich folgende Methode vor«, wandte sich Holmes höflich an den Russen, als sei noch kein einziges Wort gesprochen worden. »Ich bin mit Ihrer Arbeitsweise vertraut. Und Sie wissen, wenn ich Sie richtig verstanden haben, ausreichend Bescheid über die meine.«

Fandorin nickte.

»Dann lassen Sie uns unabhängig voneinander vorgehen«, fuhr mein Freund fort. »Sie handeln nach Ihrem Gutdünken, ich nach meinem. Ich denke, das ist in diesem Fall effektiver als vereinte Anstrengungen. Wir werden sehen, wer die Aufgabe als Erster löst.«

»Ausgezeichnet!«, erwiderte der schöne Russe lebhaft. »Ich wollte gerade d-dasselbe vorschlagen!«

Der Ärmste! Er schien sich allen Ernstes mit Sherlock Holmes messen zu wollen!

Ein Lächeln erhellte Holmes' scharfgeschnittenes Gesicht.

»Nun, dann können wir uns jetzt erst einmal stärken«, verkündete er fröhlich und zog die Platte mit dem Schweinebraten zu sich heran. »Watson, mein Freund, schenken Sie mir von dem Burgunder ein.«

Auch Des Essarts schien zufrieden, dass alles sich so trefflich fügte.

»Nach dem Essen bringe ich Sie in die Gästezimmer, dort können Sie sich frisch machen und umziehen, wenn Sie möchten. Ich bitte Sie, sich Punkt drei wieder hier im Speisesaal einzufinden. Dann werden wir das Haus besichtigen. Vielleicht entdecken Sie ja etwas, das meiner Aufmerksamkeit ausgeglitten, ich meine, entglitten ist.«

Die Spannung ließ ein wenig nach.

Besteck klapperte, rubinroter Wein wurde in Gläser gegossen.

Ich war bereits satt und griff zur Zigarre. Mein Nachbar, Mr. Shibata, sprach noch immer mit großem Appetit den Speisen zu.

Energisch mit den Kiefern malmend, wandte er sich mir zu und fragte: »Sie sind Assistent und Slifts-teller?«

Ich begriff, dass er wissen wollte, ob ich Holmes' Assistent und Schriftsteller sei, und bejahte. Der Japaner hakte nach: »Sie sreiben über die Fälle von Ihle Masuta?«

Ich brauchte eine Weile, um zu verstehen, dass er das Wort »Master« auf eigenwillige Weise aussprach. Ich lachte.

»Ja, das tue ich. Aber Holmes ist nicht mein Herr. Er ist mein Freund.«

Doch unser Verhältnis zueinander schien Mr. Shibata nicht zu interessieren. Er rückte näher, starrte mich aus seinen schmalen Äuglein an und fragte: »Sie sleiben, und dafür bekommen Geld? Viel?«

Der kurze, aber schöne Weg der drei Weisen

(Aus den Aufzeichnungen von Masahiro Shibata)

六

(...) Ich habe das Geschriebene noch einmal durchgesehen und bin sehr zufrieden. Ich finde, der Bericht über meine und meines Herren Abenteuer in Paris und die Beschreibung der Landschaft im Kapitel über die Eisenbahnreise sind mir aufs beste gelungen. Und als ich die rührende Szene mit dem an den Fußboden gefesselten gelbhaarigen Mädchen noch einmal las, strömten mir Tränen aus den Augen.

Aber bevor ich fortfahre mit der wahrhaftigen Geschichte dieses eleganten Tankas, von mir verfasst im Schloss du Vaux Garni, gebietet die Pflicht der Dankbarkeit, dass ich einige Worte Watson-Sensei widme, der mich dazu anregte, zum Schreibpinsel zu greifen und mir zudem einige wertvolle Ratschläge hinsichtlich des Schriftstellerhandwerks gab.

Als ich hörte, dass dieser ehrenwerte Mann mit seinem Schreiben weit mehr Geld verdient als sein Freund mit seinen Ermittlungen, ereilte mich ein Satori: Das konnte ich auch tun! Fandorin-Dono steht Sherlock Holmes in Verstand und Tapferkeit nicht nach, der Wille meines Herrn ist stark, und sein WEG ist hell und geradlinig. Also beschloss ich: Mag er seinen Kampf gegen die Schurken der Welt fortsetzen, und ich werde ihn nach wie vor mit meinen nichtigen Kräften dabei unterstützen, doch von nun an werde ich alles genau aufschreiben. Ich werde ein wunderbares Buch veröffentlichen, das uns beide auf der ganzen Welt berühmt machen und so viel Geld einbringen wird, dass wir uns zurückziehen und die Schurken der Welt ihrem bösen Karma überlassen können.

Aber Watson-Sensei sagt, Abschweifungen dürfen nicht zu lang sein, sonst langweilt sich der Leser, und darum kehre ich zurück zu dem Gespräch beim Essen, das ich im vorigen Kapitel beschrieben habe.

Gerührt von der Feinfühligkeit meines Herrn, der mich den anderen nicht als seinen Diener vorgestellt hatte, sondern als seinen Freund, war ich so aufgewühlt, dass ich beinahe den Appetit einbüßte, aber ich verfolgte sehr aufmerksam die Gespräche, die zum Glück auf Englisch geführt wurden, denn diese Sprache habe ich in den Jahren unseres Aufenthalts in Amerika perfekt gelernt.

»Ist es wahr, dass Sie viel durch den Fernen Osten gereist sind und sogar in Tibet gelebt haben?«, fragte Fandorin-Dono den hakennasigen Holmes.

»Ja. Und ich habe dabei einige wichtige Entdeckungen gemacht. Die wichtigste ist die, dass unsere Seele und unser Körper weit stärker sind, als die Menschen im Westen glauben. Man muss in sich nur den Schlüssel zur Quelle der Kraft finden«, sagte der englische Detektiv, und da wusste ich, dass ich wirklich einen Mann von großer Weisheit vor mir hatte. Ach, was für ein Buch könnte ich darüber schreiben, besäße ich Watsons Talent!

Ich hätte gern noch mehr gehört, doch da mischte sich der Schlossherr ein (ich erwähnte schon, dass sein Gesicht aussieht wie ein Reisfladen und seine Stimme piepsig klingt wie die einer Katze): »Auch Arsène Lupin hat einen eigenen Chronisten, Monsieur Leblanc. Ich finde, ein solcher Schriftsteller gehört ins Gefängnis! Wenn man weiß, wo sich ein Verbrecher versteckt hält, hat man das der Polizei zu melden!«

»Holmes ist ein Meister in der todbringenden japanischen Kampfkunst Bariza«, teilte Watson-Sensei mir mit. »Die ist Ihnen, Mr. Shibata, natürlich vertraut.«

Nein, von der todbringenden Kampfkunst Bariza habe ich noch nie gehört, ich wüsste nicht einmal, mit welchen Schriftzeichen man dieses Wort wiedergeben sollte. Die Worte des Doktors schienen seinem älteren Freund nicht sonderlich zu gefallen – jedenfalls runzelte er die Stirn.

»Arsène Lupin beherrscht ebenfalls irgendein japanisches Jitsu«, meldete sich erneut Desu-San (der Name dieses Mannes ist zu lang, um ihn jedes Mal auszuschreiben). »Er prahlt damit, dass er allein drei Mann verprügeln kann. Mr. Fandorin, ich habe erst auf der Fahrt hierher erfahren, dass Sie kein Amerikaner sind, sondern Russe. Arsène Lupin war auch in Russland, es stand bei uns in der Zeitung, dass er eine Million aus der Staatskasse gestohlen hat. Vermutlich spricht man in Petersburg noch heute davon?«

»Das ist längst vergessen«, sagte mein Herr. »In Russland werden ganz andere Summen aus der Staatskasse gestohlen. Mr. Holmes, ich wollte Sie nach der kriminellen Organisation des Professors Moriarty fragen. In Doktor Watsons Aufzeichnungen ist darüber wenig zu erfahren, aber das Thema k-krimineller Vereinigungen beschäftigt mich sehr.«

»Ich habe mich an Holmes' Anweisungen gehalten.« Watson-Sensei strich sich über den Schnurrbart. »Er untersagte mir, zu sehr ins Detail zu gehen.«

Der englische Detektiv neigte den Kopf.

»Ich werde Ihnen alles erzählen, was ich weiß. Wenn wir mit diesem kleinen Fall fertig sind. Und ich meinerseits wüsste gern mehr über die Geschichte des Doktor Lind. War er tatsächlich ein Genie der Verwandlungskunst?«

»O ja.«

»Interessant. Auch ich bin mit einigem Recht stolz auf gewisse Fähigkeiten auf diesem Gebiet«, sagte Holmes selbstgefällig.

Ich verbarg ein Lächeln. Wenn er wüsste, vor wem er damit prahlte!

Desu-San sagte wehmütig: »Lupin ist ebenfalls ein Meister der Tarnung. Es heißt, er könne problemlos sein Alter, seinen Gang und seine Stimme verändern. Sogar seine Größe!«

Ein russisches Sprichwort sagt: »Jeder denkt an das Seine, der Verlauste denkt ans Dampfbad.« Unser Gastgeber kann an nichts anderes denken als an Arsène Lupin. Ich verstehe den Ärmsten ja, aber langsam wurde er mir über – dauernd störte er das Gespräch kluger Männer.

»Das ist nicht das Schwierigste«, erwiderte mein Herr höflich. »Lind konnte mühelos das Geschlecht wechseln. Das habe ich noch nie gewagt.«

»Sie hätten mich als alte Frau sehen sollen!«, rief Holmes und lachte.

Er hatte eine gebogene Tabakspfeife im Mund, und als er ein bellendes »Ha-ha-ha« ausstieß, stiegen kleine Rauchwölkchen von seinen Lippen.

Der Hausherr wollte etwas sagen – wahrscheinlich wieder über seinen Lupin, doch in diesem Augenblick (Watson-Sensei hat mir erklärt, dass das eine sehr wichtige Wendung ist: »doch in diesem Augenblick«) klingelte das Telefon auf dem kleinen Tisch an der Wand.

Desu-San sprang auf, wobei er sein Weinglas umstieß, und stürzte zum Apparat.

Mein Französisch ist leider nicht gut, deshalb verstand ich nicht, was Desu-San sagte. Allerdings hörte er vor allem zu und rief immer wieder: »Merde, merde!« – das bedeutet wahrscheinlich so viel wie unser »hai«.

Als das Gespräch beendet war, erklärte er aufgeregt: »Das war Bosquot! Sie haben sich geirrt, meine Herren. Lupin hat doch angerufen! Er weiß Bescheid! Er lässt Monsieur Holmes und Monsieur Fandorin Grüße ausrichten! Er hat gesagt, er nehme mir das nicht übel, die Spielregeln hätten mir schließlich nicht verboten, Privatdetektive um Hilfe zu bitten. Aber nach wie vor gelte die Bedingung: Um halb zwölf müssen Sie alle das Haus verlassen haben. Außerdem sagte er noch, er freue sich, mit solchen Gegnern die Klingen zu kreuzen.«

Holmes stand auf.

»Verbinden Sie mich mit dem Verwalter. Ich muss ihm ein paar Fragen stellen.«

»Sofort! Ich muss nur einmal die Kurbel drehen.«

Desu-San drehte die Kurbel. Blies in den Hörer. Drehte erneut die Kurbel. Blies noch einmal. Und wiederholte das Wort »merde!« sehr laut.

»Die Verbindung ist unterbrochen ... Das kommt leider vor. Kein Problem! Ich laufe rasch hin und hole Bosquot, dann können Sie ihm Ihre Fragen stellen.«

Er verbeugte sich und lief zur Tür – seine plumpen Beine kamen kaum hinterher.

Als der Hausherr sich entfernt hatte, sagte Doktor Watson empört: »Typisch französische Prahlerei! Ein unverschämter Kerl, dieser Lupin!«

Darauf sagte Sherlock Holmes ... Nein, mir fällt ein, bei einem unserer Gespräche über die Kunst des Schreibens lehrte mich der Sensei, nicht immer zu schreiben: »sagte, sagte, sagte«. Man muss Synonyme benutzen: »äußerte«, »sprach«, oder noch besser ausdrucksvolle Verben wie »schrie«, »stöhnte« oder »ächzte«.

Also, Sherlock Holmes sprach: »So etwas nennt man Gasconade – eine verwegene Provokation. Die Franzosen stellen sich gern dar, sie lieben Effekthascherei. Was halten Sie von diesem selbsternannten Robin Hood, Mr. Fandorin?«

Mein Herr verzog das Gesicht.

»Mir wird ganz übel von diesem Mistkerl. Er brüstet sich damit, dass er niemals tötet. Aber mir ist ein ehrlicher M-mörder lieber als ein gemeiner Erpresser, der sich an fremdem Unglück bereichert.«

Ich nickte lebhaft zum Zeichen meiner völligen Übereinstimmung mit diesem Standpunkt.

»Ganz meine Meinung«, schloss sich der englische Detektiv unserer Ansicht an. »Lassen Sie uns nicht nur das Versteck der Bombe finden, sondern auch Monsieur Lupin hinter Schloss und Riegel bringen, wo er hingehört.«

»Aber es wäre mir lieb, wenn er vorher Widerstand leisten würde«, wünschte sich Fandorin-Dono. »Ich würde gern sehen, wie gut er seine Jiu-Jitsu-Lektionen gelernt hat.«

Bei meinem Herrn ist jedes Wort reines Gold.

In diesem Augenblick (man kann auch sagen »im selben Moment – das ist ebenso gut) ertönten im Flur Schritte, und ein dunkelhäutiger Mann mit gezwirbeltem Schnurrbart wie Oda Nobunaga und üppigem Haarschopf kam herein. Daran erkannte ich sofort, dass dies der Verwalter war. Wir hatten seine Silhouette vor kurzem am Fenster des Pferdestalls gesehen.

Er keuchte – offenbar hatte er sich sehr beeilt. Nach der Begrüßung bedachte er uns alle mit einem besorgten Blick, und ich verbeugte mich respektvoll vor ihm, weil ich anerkannte, dass dieser Bosquot sich verhielt, wie es sich für einen treuen Diener geziemt – obwohl er von der Bombe wusste, ließ er seinen Herrn im Unglück nicht im Stich.

»Monsieur ist völlig außer Atem. Ich habe ihm einen Schluck Wasser gegeben. Er kommt, sobald er verschnauft hat. Mir aber hat er aufgetragen, hierher zu eilen und Ihre Fragen zu beantworten«, erklärte er in sehr schnellem Französisch.

Holmes übersetzte das Gesagte dem Doktor, und ich bemühte mich, mir kein Wort entgehen zu lassen. Mein Herr flüsterte mir auf Russisch zu, dass Bosquot mit italienischem Akzent sprach. Italiener gelten als ausgezeichnete Bedienstete und werden deshalb in den besten Häusern Frankreichs gern angestellt.

Dem, was wir von Desu-San bereits wussten, fügte Bosquot hinzu, dass die Stimme des berühmten Kriminellen voll und unverschämt klinge. Sofort nach dem Telefonat hatte der Italiener in der Zentrale angerufen und gefragt, von wo der Anruf gekommen sei, jedoch von der Telefonistin erfahren, dass das Gespräch nicht über die Vermittlung gegangen sei. Offenbar hatte sich Lupin einen direkten Zugang zur Telefonleitung verschafft.

»Sie sehen, ich hatte doch nicht ganz unrecht«, bemerkte Sherlock Holmes. »Ein Polizeiinspektor in der Telefonzentrale hätte uns auch nichts genützt.«

Der Verwalter beantwortete alle Fragen knapp und hastig. Ich hatte den Eindruck, dass er so schnell wie möglich wieder weg wollte. Zweimal fragte er in eingetretenen Pausen, ob er in den Pferdestall zurück könne. Auf seiner Stirn glänzten Schweißperlen, seine Augen huschten unruhig von einem Gegenstand zum anderen, und ich erriet plötzlich, dass er einfach Angst hatte, die Bombe könne vor der Zeit explodieren. Meine Achtung vor dem Mann schrumpfte sofort.

Auf einmal stellte ihm mein Herr eine überraschende Frage.

»Mir ist aufgefallen, dass sämtliche Fenster im Erdgeschoss mit von außen zu verschließenden Läden versehen sind. Wo sind die Schlüssel?«

Bosquot zwinkerte verwirrt, er verstand offenbar nicht, was die Frage sollte.

»Es gibt nur einen Schlüssel, die Schlösser sind alle gleich. Hier ist er.«

Er wies einen Schlüssel aus dem Bund an seinem Gürtel vor.

»Und wofür sind die übrigen?«

»Der hier gehört zum Haupteingang, der zum Seiteneingang von der Schlucht her, dieser zur Veranda, der kleine zum Erdgeschoss des Turms und der hier zum Dienstboteneingang …«

Fandorin-Dono bat um das Schlüsselbund und betrachtete es eingehend, um sich einzuprägen, welcher Schlüssel wozu gehörte.

»Kann ich nun gehen?« Bosquot trat nervös von einem Fuß auf den anderen.

»Ja, aber überprüfen Sie, was mit dem Telefon los ist«, befahl ihm

Sherlock Holmes (mein Herr übersetzte es mir sofort). »Und zeigen Sie uns unsere Zimmer.«

Der Verwalter machte sich kurz am Telefon zu schaffen und rief freudig: »Alles in Ordnung! Wenn etwas ist – ich bin in meiner Wohnung. Sie können mich ganz einfach erreichen: Nur einmal die Kurbel drehen. Bei zwei Drehungen sind sie mit der Vermittlung verbunden.«

Das wussten wir auch ohne ihn.

Zu unseren Zimmern begleitete er uns nicht. Er beschränkte sich auf die Erklärung: »Das finden Sie selbst, es ist ganz einfach. Sie folgen dem Flur rechterhand, am Ende ist das Billardzimmer. Von dort gehen Sie nach links, die Seitentreppe hinauf in den ersten Stock. Dort ist eine Glastür, dahinter eine Diele. Auf der einen Seite liegen die Zimmer für die Herren aus London, auf der anderen die für die Herren aus Paris. Wer welche Räume nimmt, können Sie selbst entscheiden.«

Er verbeugte sich und rannte aus dem Speisesaal. Kurz darauf fiel krachend die Eingangstür zu. Kein japanischer Diener würde sich erlauben, derartig das Gesicht zu verlieren!

Wir folgten seinen Anweisungen und fanden tatsächlich mühelos die Glastür. Nach einem kurzen Höflichkeitsduell – wer zuerst das Quartier wählt – bezogen mein Herr und ich einen hellen Raum mit Fenstern zum Rasen.

Ich holte das Arbeitsjackett des Herrn und die Schuhe mit der lautlosen Kautschuksohle aus dem Koffer, tauschte meinen Anzug ebenfalls gegen etwas Altes (vielleicht würde ich ja fallen oder auf dem Bauch kriechen müssen), besuchte die Toilette und hatte nichts weiter zu tun. Bis drei Uhr war noch Zeit. Der Herr saß in einem Sessel, klackte konzentriert mit seinem Jadekranz und betrachtete den seltsamen Code, den er in sein Notizbuch geschrieben hatte. Ich ahnte, dass Fandorin-Dono an einem Plan für das weitere Vorgehen arbeitete, wusste aber nicht, wie dieser aussah. Das heißt, jetzt, da ich diese Zeilen niederschreibe, weiß ich es natürlich, aber der Sensei hat mich gemahnt: Man darf nicht gleich alles verraten, dann langweilt sich der Leser, und darum schreibe ich vorerst nichts vom Plan meines Herrn. Ich will mich lieber erinnern, woran ich in diesem Moment dachte.

Ach ja, an die junge Desu-San. Sie tat mir natürlich sehr leid, aber ich überlegte, dass sie trotzdem einen Mann finden würde, selbst wenn sie gelähmt bleiben sollte. Ihr Vater machte sich umsonst solche Sorgen. Sie war hübsch und hatte angenehme Manieren, und das ist die Hauptsache. Viele mochten ihre Unbeweglichkeit womöglich als besonderen Reiz empfinden. Eine gelähmte Schöne gleicht einer erlesenen Statue. Das würde bei vielen Männern nicht nur tiefes Mitleid auslösen, sondern auch sinnliche Erregung – ein guter Same für das Gedeihen einer prächtigen Blume der Liebe. Ich glaube, manch einer würde es begrüßen, wenn das Mädchen obendrein auch die Sprache einbüßte. Dann wäre sie wie geschaffen zur Anbetung. Wenn mein Herr und ich sie erst vor der Explosion gerettet und den allbekannten Schurken gefasst haben, werden sämtliche Zeitungen über die junge Desu-San schreiben, und sie wird berühmt. Ruhm ist ein starker Zaubertrank. Im alten Japan wäre aus dieser wunderbaren Geschichte auf jeden Fall ein Stück fürs Puppentheater geworden.

Das waren meine Gedanken, während Fandorin-Dono mit seinem Jadekranz hantierte. Ich saß ganz still, um ihn nicht beim Meditieren zu stören. Eine Minute vor drei brach ich die Stille mit den Worten, es sei Zeit, sich in den Speisesaal zu begeben.

Wir gingen hinunter, und Desu-San führte uns durch das Haus, damit wir den Ort fanden, wo der gerissene Lupin seine schreckliche Bombe versteckt hatte.

VII

Die Schlossbesichtigung erinnerte an einen Rundgang durch ein Raritätenkabinett. Monsieur Des Essarts ging voran, unablässig redend, sich alle Augenblicke umdrehend und wild gestikulierend, weshalb er ständig stolperte und zweimal beinahe die Treppe hinabgestürzt wäre. Ihm folgten Fandorin und sein Japaner, dann ich und am Ende der Prozession Holmes, der hin und wieder in einer verborgenen Ecke stehenblieb, sodass wir auf ihn warten mussten.

Zu Zeiten von Des Essarts senior musste das Schloss voller Absonderlichkeiten gewesen sein, doch auch jetzt gab es noch genug zu zeigen und zu erzählen.

Bereits zuvor hatte ich beim Gang durch das Billardzimmer entdeckt, dass sämtliche Wände mit exotischen Tötungsinstrumenten aus den entlegensten Winkeln der Erde gespickt waren. Dort hingen Bumerangs, ein Eichenknüppel mit Haifischzähnen, ein Indianermesser zum Skalpieren, eine Eskimoharpune aus Knochen.

Im nächsten Raum fiel mir ein ungewöhnlicher Kronleuchter in Form eines Ballons mit geflochtener Gondel auf. Der Hausherr erklärte, seine Mutter habe aus Angst vor einem Brand nie erlaubt, ihn anzuzünden, doch nun, da es die Elektrizität gebe, brauche man nichts mehr zu befürchten – und er demonstrierte voller Stolz die wunderbar ungefährlichen gläsernen Glühbirnen.

Holmes' Beispiel folgend, widmete ich meine Aufmerksamkeit weniger den Erzählungen des Hausherrn als der Umgebung. Ich klopfte Wände und Fußböden ab und betastete die winzigsten Vorsprünge und Unebenheiten.

Im ersten Stock passierten wir einen kleinen Salon mit einer Sammlung getrockneter Skorpione (»Papa fand sie schön.«); das große Schlafzimmer mit einer detaillierten Karte des Sternenhimmels an der Decke (»Papa kannte sämtliche Sternbilder.«); den

Wintergarten mit Bonsaibäumen und einer sehr großen, aber defekten Modelleisenbahn (»Hier verbrachten Papa und ich viele Stunden.«); ein Kabinett, an dessen eine Wand Bücherregale gemalt waren (»Papa fand das amüsant.«). Der erste Stock des runden Turms hatte zu »Papas« Zeiten einen Sonnentempel beherbergt, nun wurden dort juristische und finanztechnische Papiere aufbewahrt.

Im zweiten Stock befanden sich fast ausschließlich die Räume von Mademoiselle Des Essarts: ihr Boudoir, ein entzückendes Kabinett mit Kinderfotos an den Wänden, ein Handarbeitszimmer, die Kammer des Stubenmädchens. Früher waren dies die Appartements von »Mütterchen« gewesen, darum gab es im zweiten Stock keinerlei Wunderlichkeiten, mit Ausnahme des uns bereits bekannten spaltartigen Zugangs zum Turm, wohin sich der Des Essarts senior vor dem Zorn seiner Gattin zurückzuziehen pflegte. Dafür herrschte im Sockelgeschoss, das wir über eine schmale, steile Treppe erreichten, der Geist des unvergesslichen »Papas« buchstäblich überall.

Hier war es recht dunkel, das winterliche Tageslicht drang kaum durch die winzigen vergitterten Fenster, und der Hausherr schaltete die elektrischen Lampen ein. Bekanntlich hat diese in jeder Hinsicht großartige Beleuchtung einen Mangel, den die Ingenieure der Zukunft zweifellos beheben werden: Infolge der Spannungsschwankungen flackert das elektrische Licht häufig. Einige Lampen verloschen sogar ganz. Des Essarts knipste nervös am Schalter, und es wurde wieder hell. Übrigens hatten sowohl Holmes wie auch Fandorin Taschenlampen dabei, sodass die beiden Detektive ihre Arbeit während dieser erzwungenen Verzögerungen fortsetzten.

Ich will versuchen, die Räume im Souterrain der Reihe nach zu beschreiben, was nicht ganz einfach ist, da der Grundriss ziemlich verwinkelt war.

Zuerst gelangten wir in ein hübsches kleines Zimmer, das ganz mit Eiche getäfelt war – Des Essarts bezeichnete es als »Orgelzimmer«. In eine Wand war in der Tat eine kleine Orgel eingelassen.

»Ein wunderschönes Exemplar eines Salonpositivs«, erklärte Holmes mit Kennerblick, strich sanft mit der Hand über den polierten Deckel, öffnete ihn und ließ die Finger über die Tasten gleiten. Das Instrument klang klirrend und verstimmt, aber die Akustik war ausgezeichnet – ich bemerkte erst jetzt, dass der Raum keine Fenster hatte.

»Ich kann nicht musizieren, aber Papa war ein echter Musikliebhaber«, sagte Des Essarts. »Oft schloss er sich hier ein und spielte und spielte. Der Raum ist vollkommen schalldicht, denn Mütterchen litt unter Migräneanfällen. Meinen Sie, das Versteck könnte sich hier befinden?«

Diese Frage stellte er jedes Mal, wenn einer von uns irgendwo stehenblieb.

Ich versuchte, die Orgel zu verrücken, doch sie war fest installiert.

An der Wand hing ein goldgerahmter Kupferstich: ein spöttisch lächelnder Mephistopheles. Ich schaute hinter das Bild und berührte den Haken, an dem es hing.

Die anderen waren schon weitergegangen, nur Mr. Shibata malte Krakel auf eine Rolle Reispapier.

»Ich habe Angst, etwas zu vergessen«, erklärte er mir.

Hinter dem Orgelzimmer lag ein Weinkeller – der durfte schließlich in keinem französischen Haus fehlen.

»Ist da auch Wein drin?« Fandorin zeigte auf die riesigen Eichenfässer an der hintersten Wand.

»Die sind leer. Bosquot hat hineingesehen. Meinen Sie, man sollte sie beiseite rollen? Aber die dicke Staubschicht darauf ist völlig unberührt!«

Eingehend besichtigten wir den Heizungskeller, leuchteten auch in den Feuerungsofen hinein.

Wir untersuchten die Küche, von der in früheren Zeiten ein hydraulischer Aufzug die Speisen hinauf ins Speisezimmer transportiert hatte. Nun war der Mechanismus (»Papas ganzer Stolz«) außer Betrieb.

Je tiefer wir in den Keller vordrangen, desto verwahrloster wurden die Räume.

Einer war voller kaputter Möbel. In einem anderen standen sonderbare menschengroße Puppen mit Schnurrbärten aus Werg und Knopfaugen. Sie waren mit Watte ausgestopft und ruhten statt auf Beinen auf Holzgestellen.

Ich hob eine davon an – sie war ganz leicht.

»Die sind aus Papas Ankleideraum. Er schätzte es, wenn seine Gehröcke und Fräcke nicht die geringste Falte hatten. Meinen Sie, die Puppen könnten etwas mit dem Code zu tun haben?«

Der Staub brachte mich zum Niesen.

»Wohl kaum«, antwortete Holmes an meiner Stelle. »Gehen wir weiter.«

Es folgte eine Kammer, in der sich Käfige und Fallen türmten und an den Wänden zahlreiche Netze rätselhafter Bestimmung hingen.

»Das ist alles, was von Papas Tiergehege übrig ist«, sagte Des Essarts traurig. »Davon erzählte ich Ihnen ja bereits. Im Park gab es früher einen kleinen Zoo mit Tieren, die Papa selbst gefangen hatte.«

Fandorin griff nach einer raffinierten Schlinge aus dünner Seide, die bequem in seine Faust passte.

»Eine ausgezeichnete W-wildschweinfalle. Und die hier ist für Wölfe.«

»Sie verstehen etwas von Tierfallen?« fragte Holmes lebhaft.

Ach, wie gut ich diesen eifersüchtigen Ton kannte! Ich wusste, dass mein Freund die Jagd und alles, was damit zusammenhing, verabscheute, doch der Gedanke, dass es Dinge gab, von denen ein anderer mehr verstand als er, war ihm unerträglich. Das ist vermutlich der eigentliche Grund für seine außerordentlich vielseitigen, wenn auch fragmentarischen Kenntnisse.

»Ein wenig«, erwiderte der Russe. »Ich habe seinerzeit an einer Jagdexpedition auf den Ussuri-Tiger teilgenommen und von den sibirischen T-tierfängern einiges gelernt.«

In Holmes Augen blitzte echter Neid auf. Ich konnte ein Lächeln nicht unterdrücken.

»Sie meinen, wir müssen den Schlüssel hier suchen?« Des Essarts beobachtete gespannt, wie Fandorin geschickt ein seidenes Netz entwirrte.

Doch der Russe schüttelte den Kopf, und wir gingen weiter. An der nächsten Kurve holte er uns wieder ein, an der Schwelle eines großen und einst offenkundig luxuriös eingerichteten Zimmers. Auf dem Boden lag ein abgenutzter Teppich, in der Ecke fristete eine ausgeblichene Ottomane ihr Dasein.

»Hier hat Papa Opium geraucht«, erklärte der Hausherr verlegen lächelnd. »Zu seiner Zeit galt das nicht als verwerflich. Erinnern Sie sich: der Graf von Monte Christo, die schöne Haydee und Ähnliches. Sehen Sie, hier ist eine ganze Sammlung von Pfeifen.«

Ich warf einen Blick auf Holmes, der interessiert die Glasvitrine betrachtete. Dann öffnete er sie mit Erlaubnis des Hausherrn und nahm eine persische Pfeife aus gelbem Holz in die Hand.

»Die ist für eine bestimmte Sorte Haschisch, solche Pfeifen habe ich in Kandahar gesehen«, murmelte er.

»Sie verstehen etwas von narkotischen Stoffen?«, fragte Fandorin interessiert, woraus ich ersah, dass er meine »Studie in Scharlachrot« nicht gelesen hatte, in der ich die verwerfliche Gewohnheit erwähne, von der mein Freund späterhin mit solcher Mühe loskam.

Des Essarts aber rief: »Aha, Sie finden dieses Zimmer auch verdächtig! Ich habe es Zoll für Zoll untersucht, aber nichts entdeckt!«

Doch Holmes schwieg, und wir setzten die Besichtigung fort.

Ich widmete meine Aufmerksamkeit nach wie vor den Wänden und der Decke, die im Keller zum Glück recht niedrig war. Auf den Treppen und in den Fluren waren die Wände übrigens weiß gekalkt, so dass ich meine Hand von Zeit zu Zeit mit dem Taschentuch abwischen musste. Aber da ich mehrfach Holmes' beifällige Blicke auffing, setzte ich meine Suche mit doppelter Gründlichkeit fort. Auch er selbst untersuchte hin und wieder die Wand mit der Lupe.

Die Besichtigung dauerte sehr lange und brachte leider überhaupt nichts. Vom langsamen Gehen schmerzten meine Beine, und unser beleibter Gastgeber war vollkommen entkräftet.

Als wir ins Erdgeschoss hinaufstiegen, war der kurze Wintertag bereits vorbei – draußen herrschte inzwischen vollkommene Dunkelheit, und Des Essarts betätigte den Generalschalter und drehte damit das Licht im ganzen Haus an.

»Mein Gott, schon nach sechs!«, stöhnte er. »Ich lasse Sie allein, meine Herren. Ich hoffe, Sie lösen dieses verfluchte Rätsel, aber ich kann das Leben meiner Tochter nicht aufs Spiel setzen. Ich fahre zur Bank, das Geld holen. Der Direktor erwartet mich. Er möchte an diesem Abend bestimmt so rasch wie möglich bei seiner Familie sein. Richten Sie sich hier nach eigenem Gutdünken ein. Wie Sie Bosquot erreichen, wissen Sie ja.«

Kaum war Des Essarts aufgebrochen, trennten wir uns rasch von unseren Verbündeten (oder besser Konkurrenten?). Fandorin und der Japaner gingen hinauf in ihr Zimmer – zweifellos, um ihre weiteren Pläne zu besprechen. Mich aber packte Holmes am Ärmel, sodass wir auf der Treppe blieben.

»Sie werden auch hinaufgehen, aber etwas später«, sagte er, wobei er Wände und Decke betrachtete.

Ich muss erwähnen, dass er während des Rundgangs ständig den Blick nach oben gerichtet hatte – ich hatte sogar überlegt, ob er vielleicht dort nach dem Versteck suchte.

»An die Arbeit, Watson. Wir haben nur noch knapp sechs Stunden. Obwohl ich glaube, dass wir diesen Knoten sehr viel eher lösen werden.«

Bei diesen Worten verspürte ich eine unglaubliche Erleichterung, denn ich hatte keine Ahnung, wie wir an die Sache herangehen sollten. In diesem verwinkelten Haus voller Gerümpel ein Geheimversteck zu finden schien mir gänzlich unmöglich, jedenfalls in so kurzer Zeit.

Hier muss ich ein für mein Selbstwertgefühl quälendes Ereignis schildern, durch das ich für eine Weile den Ermittlungen fernbleiben musste.

Das geschah folgendermaßen.

»Womit fangen wir an?«, rief ich. »Sagen Sie, was ich tun soll, ich möchte Ihnen gern nützlich sein!«

»Erinnern Sie sich an den Fall des verschwundenen Kassierers vom letzten Jahr?« Holmes lächelte geheimnisvoll.

»Aber natürlich. Sie haben auf Anhieb bewiesen, dass der Kassierer keineswegs mit den Tresorschlüsseln verschwunden war, und zum Beweis öffneten sie den Tresorraum, wo das Geld vollzählig und unversehrt lag. Bei dieser glänzenden technischen Operation benutzten Sie mein Stethoskop.«

»Das ich Ihnen nicht zurückgab, weil es vollkommen unbrauchbar geworden war.«

»Ja, das sagten Sie. Aber ich habe mir von der Prämie der Bank ein neues gekauft. Ach, das war ein unvergesslicher Anblick.« Ich lachte. »Wie ein routinierter Arzt, der einen Kranken untersucht, lauschten Sie auf die Geräusche des Schließmechanismus, und wir alle standen mit angehaltenem Atem dabei. Ein wahres Konsilium! Die Idee, ein Stethoskop zu benutzen statt, die gepanzerte Tür aufzubrechen, war genial!«

»Ganz so einfach ist das nicht.« Holmes lachte. »Sonst würden sich alle Einbrecher mit Stethoskopen ausrüsten und sämtliche Tresore im ganzen Land ausräumen. Ein kleines Detail verschwieg ich den Reportern. Ich ersetzte die Membrane in Ihrem Stethoskop durch eine von mir selbst konstruierte. Sie besteht aus sehr dünnem Glas und verfügt über einen extrem hohen Vibrationseffekt. Dadurch konnte ich den Schließcode richtig bestimmen.«

»Sie wollen sagen, Lupins Brief enthält den Code eines Schlosses?« fragte ich.

»Nein. Ich will sagen, dass sich das Stethoskop in meinem Reiselaboratorium befindet und uns erneut gute Dienste leisten wird.«

»Wie denn?«

»Ganz einfach. Was ist eine Bombe, die zu einer ganz bestimmten Zeit explodieren soll? Nichts anderes als eine Dynamitladung mit einem Uhrwerk. Und was tut eine Uhr?«

»Sie geht«, antwortete ich nach kurzem Überlegen.

»Und was noch?«

»Tja, ich weiß nicht. Sie tickt.«

»Genau!« Holmes lächelte noch breiter. »Irgendwo in einem geheimen Raum oder einer Nische tickt eine Uhr. Mit dem bloßen Gehör kann man dieses Geräusch natürlich nicht wahrnehmen. Aber wenn man weiß, wo man suchen muss, kann man mein verbessertes Stethoskop an die verdächtige Fläche legen, und ich versichere Ihnen, die Glasmembran ortet das Ticken sogar durch eine Wand hindurch – denn in jeder Wand gibt es irgendwo einen Spalt, und sei er noch so klein.«

»Wissen wir denn, wo genau wir das Stethoskop anlegen müssen? Sie können doch nicht das gesamte Haus abhören, das würde Tage dauern!«

»Sehe ich etwa aus wie ein Idiot?« Holmes tat beleidigt, doch in seinen Augen glommen fröhliche Funken. »Erstens kann sich die Höllenmaschine nur im Keller befinden. Sie verstehen nichts von Architektur, sonst wäre Ihnen das auch klar. Im runden Turm lässt sich die Bombe nirgends verstecken. Der Turm ist nicht unterkellert. Befände sich die Bombe in einer der drei Etagen des Haupthauses, würde bei einer Explosion der Turm stehen bleiben. Doch gerade auf dem Turm, genauer gesagt, auf der Gefangenen darin, beruht die abscheuliche Erpressung. Das Dynamit muss also unten liegen, im Fundament. Nur so stürzt bei einer Explosion das gesamte Gebäude mitsamt dem Anbau ein.«

»Na schön. Aber der Keller ist groß. Er hat mehr als ein Dutzend Räume und Gott weiß wie viele Flure und Gänge!«

»Um das Château in die Luft zu sprengen, braucht es eine Dynamitladung von mindestes fünf Kubikfuß. Ich habe mir bei der Besichtigung des Kellers alle Orte eingeprägt, wo von der Bauweise her ein Hohlraum dieser Größe liegen könnte. Es sind neunundzwanzig an der Zahl. Lassen Sie mich jeden davon eine Minute lang abhören, und ich sage Ihnen, ob die Bombe dort liegt oder nicht.«

»Nur neunundzwanzig Minuten!«, rief ich. »Plus die Wege, macht vierzig! Und das Versteck ist gefunden!«

»Oder, und das ist am wahrscheinlichsten, es stellt sich heraus, dass nirgendwo eine Bombe liegt.« Holmes lachte spöttisch. »Im Gegensatz zu Monsieur Des Essarts bin ich nicht geneigt, dem Ehrenwort eines Gauners Glauben zu schenken. Ich werde den Keller ›diagnostizieren‹ und unserem Klienten dann garantieren, dass es im Schloss keine Höllenmaschine gibt. Zum Beweis werde ich das neue Jahr im Haus begrüßen, und morgen früh fangen wir Lupin.«

»Bravo, Holmes! Ich weiß nicht, was die anderen tun werden, ich jedenfalls bleibe bei Ihnen. Im Weinkeller lagert ein ausgezeichneten Champagner!«

Er klopfte mir lachend auf die Schulter und wurde dann ernst.

»Nun denn, an die Arbeit. Gehen Sie in unser Zimmer und holen Sie das Stethoskop aus meinem Koffer. Es steckt in einem schwarzen Lederetui. Tragen Sie es sehr vorsichtig, die Membran ist äußerst empfindlich. Ich gehe indessen, um keine Zeit zu verlieren, zurück in den Keller und markiere dort alle verdächtigen Orte. Ich wollte das nicht in Gegenwart von Mr. Fandorin tun, um ihm nicht die Arbeit zu erleichtern. Und noch eins: Bringen Sie bitte das hier mit.«

Verlegen lächelnd tat Holmes, als spiele er Geige. Ich nickte verstehend.

Einer der Gedanken, die mein Freund von seinen Reisen durch den Fernen Osten mitgebracht hat, lautet: Der Verstand funktioniert am besten, wenn in der Seele Harmonie herrscht. Und die erlangt man am leichtesten durch die Musik. Seit einiger Zeit nahm Holmes selbst bei Ermittlungen in entlegenen Orten oft seine Geige mit – sie half ihm, sich in die nötige Stimmung zu versetzen. Anfangs schien mir diese Gewohnheit absonderlich, doch mit der Zeit fand ich darin einen eigenen Reiz.

Wir trennten uns also. Holmes ging hinunter, ich hinauf in den ersten Stock.

Hinter der Tür unserer Nachbarn hörte ich Fandorins ruhige Stimme, der seinem Assistenten etwas erklärte. Ich vernahm das klangvolle Wort »etorass« – allerdings weiß ich nicht, was es bedeutet. Ich empfand Mitleid mit dem selbsternannten Detektiv, der sich mit Sherlock Holmes messen wollten.

Das Reiselaboratorium meines Freundes war prall gefüllt: Chemikalien, Schminkutensilien, eine daktyloskopische Ausrüstung, diverse Geräte und geheimnisvolle Werkzeuge. Erst nach einigem Suchen fand ich das schwarze Ledereetui mit dem Wappen der Firma für medizinische Geräte »Pilling & Son« zwischen einem Bündel Dietriche und einer Schachtel Revolverpatronen. Ich öffnete es und schaute hinein. Ja, das war mein altes Stethoskop. In die andere Hand nahm ich die Geige.

Mein prächtiger Koffer mit der bescheidenen karierten Hülle stand noch unausgepackt da. Ich beschloss, mich später umzuziehen, zu Mitternacht – dann würden wir noch mehr zu feiern haben als das neue Jahr. Ich sah es förmlich vor mir: Holmes und ich seelenruhig, alle anderen nervös, einige haben gar das Weite gesucht. Die Uhr schlägt, gegen meinen Willen stockt mir das Herz – was, wenn mein genialer Freund sich doch geirrt hat? Eine großartige Szene!

Ganz vorsichtig ging ich die steile Treppe hinunter, mir meiner großen Verantwortung bewusst. Wenn ich das Stethoskop fallenließ und die Membran zerschlug, wäre das das Ende unserer Ermittlungen.

Wohlbehalten erreichte ich das Erdgeschoss, stieg noch eine halbe Treppe tiefer, und plötzlich erlosch im ganzen Haus das Licht. Ich erwähnte ja bereits, dass dies auch zuvor schon passiert war, doch nie länger als für einige Sekunden, darum blieb ich stehen und wartete.

Doch es verging eine Minute, eine zweite, und das Licht blieb aus. Ich hatte Streichhölzer in der Tasche, aber wie sollte ich sie hervorholen und anzünden – mit der Geige in der einen und dem Etui mit dem wertvollen Stethoskop in der anderen Hand?

Was blieb mir übrig? Vorsichtig ertastete ich mit dem Fuß die nächste Stufe, dann noch eine. Bei der dritten rutschte ich aus und stürzte mit entsetzlichem Gepolter hinunter.

Ich hatte mir heftig den Arm gestoßen und war mit der Stirn so stark aufgeprallt, dass ich für eine Weile taub und blind war – obwohl ich Letzteres nicht mit Sicherheit behaupten kann, denn bei der absoluten Finsternis ringsum konnte man ohnehin nichts sehen.

Dann ging das Licht wieder an, und ich entdeckte, dass ich auf dem Fußboden lag. Der Geigenkasten war auf die eine Seite, das Etui mit dem Stethoskop auf die andere Seite geschleudert worden und hatte sich geöffnet. Die Gummischläuche hingen hilflos wie tote Halme auf der Treppe.

Ich griff mir entsetzt an den Kopf.

In dieser kläglichen Lage fand mich Holmes, der auf den Lärm hin aus dem Keller herbeigeeilt war.

»Alles noch heil?«, fragte er rasch.

»Bis auf das Stethoskop«, antwortete ich mit ersterbender Stimme und kniff die Augen zu – schlagartig erfasste ich das ganze Ausmaß meines Versagens.

Holmes hockte sich nieder und tastete mit der Hand die Stufen ab. Er hob einige winzige Glassplitter auf, seufzte und wischte sich mit dem Taschentuch die Hand ab.

Dennoch wirkte er nicht niedergeschlagen, sondern eher nachdenklich.

»Na schön, das wäre auch nicht ganz fair gewesen – das letzte Verbrechen des neunzehnten Jahrhunderts mit einer Technik des zwanzigsten Jahrhunderts aufzuklären«, bemerkte er philosophisch. »Gehen wir also auf die altbewährte Weise vor. Aber zunächst sorgen wir für Harmonie.«

Holmes nahm die Geige heraus und überprüfte, ob sie noch heil war. Er nickte und griff nach dem kleinen, aber recht dicken Notenbüchlein, das ebenfalls im Geigenkasten lag, und schlug es aufs Geratewohl auf.

»Hm. Ein Capriccio von Paganini. Die Sache wird also turbulent, aber kurz.«

Er nannte diese Prophezeiung nach Noten den »Grundton der Ermittlungen« und maß dem Ritual große Bedeutung bei.

Er spielte einige schwindelerregend schnelle Staccato-Takte, brach ab und blätterte erneut in der Notensammlung.

»Mein Gott, Holmes! Wie können Sie jetzt an Musik denken!«, sagte ich verzweifelt. »Ich habe alles verdorben! Das werde ich mir nie verzeihen! Lassen Sie sich etwas einfallen! Denken Sie nach! Und lassen Sie Ihre …«

»Psst!«, unterbrach er mich. »Ich denke doch nach, aber Sie stören mich.«

Ich stand auf, den verletzten Arm festhaltend. Auf meiner Stirn schwoll eine beträchtliche Beule, doch die seelischen Qualen waren schlimmer als die physischen.

»He, Watson, Sie sind ja ganz bleich. Ruhen Sie sich eine Weile aus, ich komme einstweilen ohne Ihre Hilfe zurecht ... Nein, nein, keine Widerrede!«, unterband er meine kläglichen Proteste.

Ich ließ den Kopf hängen. Mir war klar, dass ich das Vertrauen meines Freundes eingebüßt hatte und dass er die Ermittlungen lieber ohne mich fortführen wollte. Nach dem, was geschehen war, konnte ich ihm das kaum verübeln.

Er ging zurück in den Keller, ich schleppte mich wieder nach oben. Die Tür unserer Nachbarn stand weit offen, Fandorin und Shibata waren weg.

Ich kühlte meinen Arm, strich mir eine Heilsalbe auf die Stirn und legte mich aufs Bett. Ich kann gar nicht sagen, wie niedergeschlagen ich war.

Aber ich blieb höchstens eine Viertelstunde liegen. Auch wenn Holmes einen solchen Assistenten nicht gebrauchen konnte – das Nichtstun war einfach unerträglich.

Ich schlenderte durch den ersten und den zweiten Stock. Die aberwitzige Hoffnung, ich könnte durch ein Wunder, durch einen unglaublichen Zufall eine Spur, wenigstens einen winzigen Hinweis finden, ließ mich erneut die Wände abklopfen. Ich hockte mich sogar auf alle viere und überprüfte, ob das Parkett vielleicht irgendwo locker war, gab dieses sinnlose Unterfangen jedoch bald auf.

Plötzlich drang ein seltsames Klopfen an mein Ohr, das von unten kam.

Ich lief hinunter ins Erdgeschoss.

Erneut ein dumpfes Klopfen, begleitet von entferntem Klirren. Ganz in der Nähe, wie aus dem Nebenraum.

Hals über Kopf rannte ich dorthin. Es war das Billardzimmer. Im ersten Augenblick registrierte ich nur, dass sich hier etwas verändert hatte, dann begriff ich, was es war: Zwei der drei Fenster waren vollkommen blind, ich konnte nicht einmal die Umrisse der Bäume draußen erkennen. Ich wollte näher herangehen, um dieses seltsame Phänomen zu ergründen.

Auf einmal knarrte es hinter dem dritten Fenster, das auf den Rasen hinausging. Ich lief hin.

Von draußen schaute Mr. Shibata mich an. Er verbeugte sich leicht und schlug vor meiner Nase den Fensterladen zu. Eisen klirrte, ein Schlüssel wurde umgedreht.

Das war es also! Der Japaner schloss die Fensterläden. Mir fiel ein, dass Fandorin dem Verwalter alle Schlüssel abgenommen hatte. Was hatte der russische Detektiv vor?

Neugierig geworden, wollte ich hinausgehen, doch die Terrassentür war verschlossen. Am nächsten lag der Dienstboteneingang, und ich eilte dorthin, wobei ich entdeckte, dass sämtliche Fenster im Erdgeschoss fest von außen abgeschottet waren.

Auch der Dienstboteneingang ließ sich nicht öffnen. Ich lief zum Haupteingang und traf auf Shibata, der mir den Weg versperrte.

»Bedaule«, sagte er, sich höflich verbeugend. »Es kann niemand mehr lein oder laus. Missa Fandorin macht aus dem Haus eine Flasse.«

»Was?«, fragte ich verblüfft.

»Flasse. Geslossen. Alle Fensta und Türen verslossen. Nur noch ein Hals.« Er zeigte auf den Haupteingang und tat, als trinke er aus einer Flasche. »Wenn Gauner Lupin leinwill, kann nur hie lein.«

Diese Maßnahme erschien mir ziemlich unsinnig, aber ich war nicht in der Stimmung, irgendjemandes Handlungen zu kritisieren. Es gab in diesem Augenblick auf der ganzen Welt wohl kaum einen Menschen, der von sich selbst geringer dachte als ich.

Darum nickte ich nur träge und wollte mich zurückziehen.

»Dokuta Watson«, sagte der Asiat mit einem strahlenden Lächeln. »Wir haben Zeit. Ich möchte Flagen stellen über Litelatur. Darf ich?«

Er nahm meinen Arm und führte mich ins Speisezimmer. Ich folgte ihm willenlos und beantwortete eine geschlagene Stunde lang diverse dumme Fragen zu meiner Schriftstellerei – und das alles unter dem Ticken der Höllenmaschine! Eine absurdere Szene ist kaum denkbar. Ich hatte das Gefühl, die Welt sei verrückt geworden und ich mit ihr.

Doch dann schlug die Uhr auf dem Kamin achtmal, und Holmes stand auf der Schwelle.

»Wie geht es Ihnen, Watson?«, fragte er, den Japaner neugierig musternd. »Ich brauche wieder Ihre Hilfe. Natürlich nur, wenn Ihr Befinden es erlaubt.«

Ich sprang so heftig vom Tisch auf, dass ich den Stuhl umwarf. Ich fühlte mich, wie sich wohl ein Verurteilter fühlen mag, den man plötzlich begnadigt.

»Aber natürlich! Es geht mir großartig! Ich schwöre Ihnen, Holmes, ich war noch nie so voller Energie!«, versicherte ich stammelnd, während ich mit ihm durch den Flur lief. »Erzählen Sie, wo waren Sie und was haben Sie die ganze Zeit gemacht? Sind Sie mit den Ermittlungen vorangekommen?«

»Selbstverständlich«, erwiderte er gelassen und reichte mir ein Stück Papier. »Ich erzähle Ihnen gleich alles.«

Ich wollte ihn fragen, was das für ein Papier sei, bekam jedoch einen Stoß in die Rippen und verschluckte mich. Ich entfaltete den Zettel. Darauf stand: »Achten Sie auf meine Gesten, nicht auf meine Worte.«

八

Ich blieb nicht lange allein im Speisezimmer. Nachdem sich Watson-Sensei und Holmes entfernt hatten, kam mein Herr zurück. Er sagte: »Alles in Ordnung« und wärmte seine kalten Hände vorm Kaminfeuer.

Ich schenkte ihm Wein ein, damit er sich auch von innen aufwärmen konnte.

»Nun, was denkst du über diesen Fall?«, fragte Fandorin-Dono.

Da ich diese Frage erwartet hatte, antwortete ich darauf ausführlich.

»Eine sehr unschöne Geschichte, Herr. Sie gefällt mir ganz und gar nicht. Sherlock Holmes wird dem Hausherrn nicht gestatten, das Geld zu zahlen. Die Ehre erlaubt dem großen Detektiv nicht, seine Niederlage einzugestehen: Holmes wird das Schloss nicht verlassen, und das bedeutet, dass Lupin sein Lösegeld nicht bekommt. Also wird Punkt Mitternacht das Haus in die Luft fliegen.«

Der Herr seufzte und nickte zustimmend, was mich ermunterte fortzufahren.

»Desu-San darf nicht aus dem Turm getragen werden, das wäre ihr Untergang. Wir beide können das arme Mädchen nicht im Stich lassen, also werden auch wir das neue Jahr unter diesem Dach begrüßen müssen. Sonst würden wir eine Schande auf uns laden, die unser ganzes restliches Leben vergiften würde.«

Er nickte erneut. Nun konnte ich zu den Schlussfolgerungen kommen.

»Wir haben also nur einen Ausweg. In den noch verbleibenden drei Stunden und siebenundvierzig Minuten müssen wir die Geheimschrift enträtseln und die Bombe finden. Sonst fliegen wir als Gefangene unserer Ehre in die Luft und werden das zwanzigste Jahrhundert nicht erleben. Und das wäre sehr schade. Dann würden wir nie erfahren, wer von uns beiden recht hat.«

In letzter Zeit streiten wir oft darüber, wie das Leben im zwanzigsten Jahrhundert sein wird. Mein Herr ist optimistisch gestimmt, ich dagegen erwarte nichts Gutes. Ja, die Menschen werden lernen, sich zu Lande und zu Wasser schneller fortzubewegen, vielleicht sogar durch die Luft fliegen. Doch all diese Veränderungen berühren nur die Materie. Der Geist aber verharrt auf seiner Entwicklungsstufe, und was nützen dann die technischen Neuerungen? Sie werden wenig Gutes und sehr viel Böses bringen, denn es ist gefährlich, einem unvernünftigen Kind eine Waffe anzuvertrauen. Aber darüber werde ich wohl ein anderes Buch schreiben. Man darf nicht von der eigentlichen Geschichte ablenken.

Nach meiner tadellos logischen Rede fragte ich: »Wir haben Vorsichtsmaßnahmen getroffen, um die Bewegungsfreiheit des Verbrechers einzuschränken. Aber wir können nicht einfach nur warten, das würde den Tod aller hier bedeuten. Wie gedenken Sie vorzugehen, Herr? Ich bezweifle nicht, dass Sie sich bereits alles überlegt haben. Haben Sie herausgefunden, was die Zeichen 24b, 25b, 18n, 24b, 25b, 23b, 24b bedeuten?«

»Ich gestehe, darüber habe ich bislang nicht nachgedacht.« Fandorin-Dono stellte das Glas beiseite. Unser britischer Kollege spielt Schach, soll er sich den Kopf über diesen Code zerbrechen. Wir beide werden uns nicht um den Code kümmern, sondern um dessen Verfasser. Also um Monsieur Lupin selbst. Gut, dass unser Gastgeber ein Anhänger des Fortschritts ist und etwas für die Elektrizität übrig hat. Noch besser ist, dass die Stadt Saint-Malo an das überregionale Telefonnetz angeschlossen ist. Ich werde als Erstes Verbindung zu Kommissar Ganimard von der Pariser Polizei aufnehmen. Ich hoffe, er hat nicht vergessen, welchen Dienst wir ihm erwiesen haben. Der Kommissar wird mich mit der Bertillonage-Abteilung verbinden. Irgendwer muss ja dort selbst am Silvesterabend Dienst haben, oder? Da Arsène Lupin bereits einmal in Haft war, müssen seine anthropometrischen Daten in der Kartei verzeichnet sein. Wie virtuos ein Mensch sich auch verwandeln kann, wir beide wissen, dass es äußere Kennzeichen gibt, die sich nicht verändern lassen. Zum Beispiel die Form der Ohren oder die Farbe der Regenbogenhaut des Auges. Mein zweiter Anruf gilt London, Professor Smiley. Er ist ein Stubenhocker und feiert das neue Jahr bestimmt im Kreise seiner Familie.«

(Smiley-Sensei ist Spezialist für Krankheiten des Nervensystems. Im vorletzten Jahr konsultierte er uns im Zusammenhang mit dem Verschwinden von Lady Brokenbrigde. Sobald ich diese Geschichte beendet habe, werde ich unbedingt diesen Fall beschreiben, denn er war ungewöhnlich und lehrreich. Einen Titel dafür weiß ich schon: »Die traurige Geschichte von einer edlen Dame, die ihr untreuer Gatte raffiniert zugrunde richtete«.)

»Nein, ich werde wohl zuerst in London anrufen«, korrigierte sich Fandorin-Dono. »Die Sorge um Mademoiselle Eugénie ist meiner Konzentration auf den Fall im Wege. Ich werde dem Professor die Symptome der Verletzung beschreiben und ihn fragen, ob es wirklich vollkommen unmöglich ist, die Patientin aus dem Haus zu tragen. Vielleicht ginge es ja doch, wenn man sie auf ein schmales Brett legte und Arme und Beine fixierte? Doktor Lebrun ist natürlich eine Kapazität auf seinem Gebiet, aber wie die meisten französischen Leuchten neigt er meiner Ansicht nach ein wenig zu unnötiger Theatralik.«

Ich dachte daran, wie hilflos und graziös Desu-San unter ihrer weißen Decke lag, und seufzte.

»Dieses Mädchen ist wie ein herabgefallenes Sakurablatt. Was für ein trauriger und erhabener Anblick!«

Bis jetzt hatten wir Russisch gesprochen, doch diesen Satz sagte ich in meiner Muttersprache, denn Schönes lässt sich am besten auf Japanisch ausdrücken.

»Üpligens, das Mädchen«, antwortete mein Herr in seinem harten Akzent, der mit den Jahren leider immer schlimmer wird, »wir haben den Vater gehört, wir müssen auch sie beflaken. Und es wäre nist slekt, mit dem Doktor zu leden. Aber erst, wenn ich mit Plofessor Smiley gesproken habe.«

Er ging zum Apparat und drehte die Kurbel zweimal, um mit der Zentrale verbunden zu werden. Ich stand daneben und hörte zu.

Es meldete sich eine Männerstimme: »Allo! Qui est à l' appareil?*«

»Monsieur Bosquot?«, fragte Fandorin-Dono erstaunt und entschuldigte sich – ich erriet, dass er erklärte, er wolle eigentlich die Zentrale erreichen.

Er versuchte es noch einmal, und wieder nahm der Verwalter ab. Beim dritten Mal dasselbe.

Es folgte eine lange Erklärung zwischen dem Herrn und Bosquot, nach der Fandorin-Dono entmutigt sagte, nein, sprach: »Es sieht schlecht aus, Masa. Wir müssen auf den Plan verzichten. Die Verbindung nach außen ist unterbrochen, nur die interne funktioniert noch.«

Er wirkte sehr niedergeschlagen. Um seinen Geist zu stärken, sagte ich: »Ein echter Samurai kann mit dem Gewehr umgehen, aber er bevorzugt das Schwert. Denn die alten Methoden sind ehrlicher und zuverlässiger. Herr, wir beide haben auch schon ohne Telefonverbindungen Verbrechen aufgeklärt.«

Fandorin-Dono lachte.

»Du hast recht. Bedienen wir uns also der bewährten Methoden. Beginnen wir mit der Befragung der Zeugen.«

九

Wir verloren keine Zeit, gingen hinauf in den zweiten Stock und fanden den ersten Zeugen, Doktor Lebrun, im Diwanzimmer, vor dem Eingang zum Turm. Der ehrenwerte Arzt saß in einem Sessel und rauchte – zu diesem Zweck hatte er offenbar seinen Posten verlassen.

»Ausgezeichnet«, flüsterte mein Herr. »Ich werde ein wenig mit ihm reden, danach versuchst du, ihn hier festzuhalten – je länger, desto besser.«

* (franz.) Hallo! Wer ist da?

Obwohl Fandorin gut Französisch spricht, redete er mit dem Doktor Englisch, damit ich alles verstand.

Lebrun-Sensei fragte, ob es gelungen sei, die Bombe zu finden.

Mein Herr erwiderte: Nein, noch nicht.

Lebrun-Sensei fragte, ob die Gefahr groß sei, dass das Uhrwerk vor der Zeit ausgelöst würde.

Mein Herr antwortete, das sei wenig wahrscheinlich.

Lebrun-Sensei wollte noch etwas fragen, doch mein Herr kam ihm zuvor.

»Sagen Sie, wo hat Sie der Anruf von Des Essarts erreicht?«

Der Arzt überlegte eine Weile, als müsse er sich erinnern, und sagte dann: »In der Klinik. Das war ... warten Sie, ich hatte gerade eine Bandscheibenoperation beendet, ein wirklich hochinteressanter Fall ... Ja, das war in der sechsten Nachmittagsstunde. Ich erteilte dem Vater des Mädchens die nötigen Anweisungen und eilte zum Bahnhof.«

»Hat Monsieur Des Essarts persönlich mit Ihnen gesprochen?«

Die Frage verwirrte den Doktor.

»Aber ja, wer denn sonst?«

Mein Herr warf mir einen Blick zu, und ich begriff, dass nun ich an der Reihe war.

»Verehrter Doktor«, wandte ich mich mit meiner süßesten Stimme an den Franzosen, »ich möchte Ihnen von den schlimmen Leiden berichten, die mir mein rechter Ischiasnerv bereitet. Das dürfte Sie als einen Mann, der sein Leben der Heilung von Krankheiten geweiht hat, sehr interessieren. Einen Augenblick, ich zeige Ihnen die betroffene Stelle.«

Mein Herr war bereits verschwunden – er war in den schmalen Gang geschlüpft, um mit dem Fräulein allein zu reden.

Lebrun wollte ihm folgen und knurrte, er könne mich jetzt nicht untersuchen, doch ich packte ihn fest am Arm und bat ihn mit allem gebotenen Respekt: »Es wird Sie nicht viel Zeit kosten. Sie sollen es sich nur anschauen und abtasten. Ich sage Ihnen, wo es weh tut und wo nicht.«

Er versuchte noch einmal, sich zu befreien, begriff aber, dass er mich so leicht nicht loswurde, und sagte seufzend: »Na schön, ziehen Sie die Hose aus.«

Da beging ich einen ärgerlichen Fehler: Ich ließ seinen Arm los. Aber andererseits – wie hätte ich sonst meinen Gürtel öffnen sollen?

Der Doktor murmelte: »Ach, verschieben wir das lieber auf später«, und nutzte seine Bewegungsfreiheit aus.

Er schlüpfte ebenfalls in den Gang.

Mir blieb nichts anderes übrig, als ihm zu folgen, was nicht so einfach war, denn der Gang ist furchtbar schmal, und meine Hose war halb heruntergelassen.

Trotzdem stürmte ich voran und gelangte glücklicher auf die andere Seite als beim letzten Mal, obgleich ich mir dabei das Hemd zerriss.

»Verehrter Doktor, wenn es Ihnen keine Mühe macht, würde ich Ihre gelehrte Meinung gern jetzt gleich hören«, sagte ich unbekümmert und zog Lebrun fort von dem Mädchen.

Sie folgte mir mit den Augen, doch der Gipskragen verhinderte, dass sie mich unterhalb der Gürtellinie sah, sodass der Anstand keinen Schaden nahm.

Ich hatte eine schwierige Aufgabe zu bewältigen: Ich musste ununterbrochen schwatzen, damit der Doktor nicht hörte, worüber Fandorin-Dono mit dem Mädchen sprach, und durfte mir zugleich kein Wort des Gesprächs entgehen lassen – denn wie sollte ich sonst meine Geschichte schreiben?

Mein fester Wille und mein gutes Gehör ließen mich diese Aufgabe meistern.

Mein Herr fragte: »Hat Ihr Vater selbst mit Mr. Lebrun telefoniert?«

»Ja.«

»Woher wissen Sie das? Der Apparat steht doch unten.«

Sie dachte nach.

»Papa hat geweint und wollte in den Turm kommen, schaffte es aber nicht. Marianna (das ist das Stubenmädchen) und Papas Kammerdiener waren bei mir. Ich hatte schreckliche Schmerzen, aber ich bemühte mich, möglichst leise zu stöhnen. Um Papa nicht noch mehr zu erschrecken.«

»Hier? Hier?«, fragte indessen ungeduldig der Arzt, wobei er ziemlich grob mein Gesäß abtastete.

Ich schüttelte nur den Kopf, während ich ganz Ohr war.

»… Dann hörte ich Bosquot. Er sagte laut: ›Kommen Sie bitte herunter, Monsieur. Doktor Lebrun ist am Apparat.‹«

»Au, ja, da!«, rief ich dem Arzt zu.

»Sie haben einen merkwürdigen Ischiasnerv. An dieser Stelle sitzen nur Muskeln und Fett!«

Er stieß mich unsanft von sich und rief meinem Herrn gereizt zu: »Ich habe Sie doch gebeten! Die Erinnerung an den Sturz regt die Patientin auf, und sie braucht absolute seelische Ruhe!«

Das zufriedene Gesicht meines Herrn sagte mir: Er hatte alles erfahren, was er wollte. Wir entschuldigten uns bei dem Doktor und verließen den Turm. Danach führten wir ein wichtiges Gespräch auf Japanisch, das ich jetzt nicht wiedergeben werde, sonst erfährt der Leser vor der Zeit alles, und Watson-Sensei sagt, das ist gegen die Regeln der Detective Story (dieses Wort würde ich ungefähr so übersetzen: 探偵小説).

X

Als Des Essarts ins Schloss zurückkehrte, hatte ich meine Selbstkasteiung beendet und die Verlegenheit restlos abgeworfen. Von Holmes instruiert, wusste ich genau, was ich in dieser oder jener Situation zu tun hatte. In Erwartung der nahen Lösung schlug mein Herz rasch, aber munter.

Wir versammelten uns alle im Speisezimmer. Der Schlossherr kam mit einem großen Ledersack herein und wuchtete ihn ächzend auf den Tisch.

»Hier, das sind hundertfünfundsiebzig Bündel zu je zehntausend Franc«, plapperte er, wobei er uns forschend musterte, aber nicht wagte, nach dem Wichtigsten zu fragen. »Wie viele Erklärungen ich deswegen geben musste! Der Herr Direktor konnte einfach nicht verstehen, warum ich mein gesamtes Geld vom Konto abheben muss, noch dazu am Silvesterabend. Er versuchte lange, mir das auszureden, bat mich, wenigstens bis morgen zu warten – schließlich werden die Jahreszinsen erst am ersten Januar berechnet. Und zu guter Letzt bestand er auch noch darauf, dass zwei Gendarmen mich nach Hause begleiten. Erst am Schlosstor bin ich diese Eskorte losgeworden. Ich durfte sie unmöglich hereinlassen. Die Gendarmen hätten es vielleicht verdächtig gefunden, dass keine Dienstboten hier sind und ich das Tor selbst öffne. Und Lupin hätte womöglich geargwöhnt, ich hätte unsere Abmachung gebrochen und mich an die Polizei gewandt.«

Er machte runde Augen und fuhr ängstlich fort: »Aber dann dachte ich: Was, wenn mich nun jemand auf dem Weg durch den Park überfällt? Ich gebe meinen Pferden nie die Peitsche, aber diesmal riss ich so an den Zügeln, dass ich den Park wie im Flug durchquerte.«

Wir hörten schweigend zu. Die Uhr zeigte Viertel zehn.

Des Essarts blickte zu Holmes, dann zu Fandorin. Deren Gesichter waren undurchdringlich. Dann schaute er zu mir – ich seufzte. Der Japaner lächelte unbestimmt.

»Sie haben den Code nicht entschlüsseln können, nicht wahr?«, fragte der Schlossherr hoffnungslos.

Holmes und Fandorin sahen sich an. Keiner der beiden sagte ein Wort.

»Ich muss mich also von dem Geld trennen?« Des Essarts blickte auf den Ledersack und blinzelte heftig.

»Selbstverständlich. Wir werden doch nicht um unseres Stolzes w-willen das Leben des Mädchens riskieren, oder?«

Der Russe warf einen fragenden Blick auf Holmes. Mein Freund runzelte die Stirn und schüttelte nach einer Pause den Kopf: Nein, das werden wir nicht.

Fandorin wandte sich an den Schlossherrn.

»Mr. Holmes und ich sind bisher getrennt vorgegangen, nun werden wir versuchen, unsere Kräfte zu vereinen. Wir werden ein B-brainstorming veranstalten. Wir haben nur noch gut zwei Stunden bis halb zwölf, dann müssen wir nach Lupins Bedingungen das Haus verlassen … Gehen Sie, Sir, Sie haben Ihren Teil geleistet. Jetzt wären Sie uns nur im Wege.«

Des Essarts sprang bereitwillig auf.

»Darf ich mich in mein Kabinett setzen?«

»Nein, besser, Sie g-gesellen sich zu Mr. Bosquot. Die Telefonverbindung nach außen ist zwar gestört (was wir vermutlich Lupin zu verdanken haben), doch die interne Leitung funktioniert noch. Wir können also miteinander in Kontakt bleiben.«

Der Hausherr trat von einem Fuß auf den anderen und zögerte, uns zu verlassen. Er schien etwas sagen zu wollen, sich aber nicht zu trauen. Schließlich nahm er seinen Mut zusammen und sprach aus, was ihn quälte.

»Meine Herren, ich bitte Sie … Nein, ich verlange, dass Sie mir Ihr Ehrenwort geben: Sollten Sie den Code nicht entschlüsseln, verlassen Sie das Schloss spätestens um halb zwölf. Um meiner armen Eugénie willen!«

»Mein Ehrenwort«, versprach der Russe.

Shibata fuhr sich mit dem Daumen kreuzweise über den Bauch, was auf Japanisch vermutlich eine Art Ehrenwort bedeutet.

Holmes und ich beschränkten uns auf ein kurzes Nicken. Jeder weiß: Das Nicken eines Engländers wiegt ebenso viel wie tausend Schwüre jedes beliebigen Ausländers.

»Die Kutsche soll vor der Tür stehen bleiben«, sagte Fandorin, der sich nun offenbar endgültig als Anführer aufspielte. »Sie hat fünf Plätze, zwei vorn und drei hinten. G-gelingt es nicht, die Bombe zu finden, steigen wir pünktlich um halb zwölf zusammen mit Doktor Lebrun in die Kutsche und fahren zum Tor hinaus. Der Sack mit dem Geld bleibt auf dem Tisch liegen. Stellt Sie das zufrieden?«

Des Essarts drehte sich ruckartig um und ging hinaus. Mir schien, der Ärmste wurde von Schluchzen geschüttelt.

Die Uhr schlug halb, doch das »Brainstorming«, das der Russe angekündigt hatte (ein höchst seltsamer Ausdruck) ließ noch immer auf sich warten.

Die konkurrierenden Detektive erinnerten an zwei erfahrene Fechter, bevor sie die Klingen kreuzen. Keiner wollte den ersten Schritt machen.

Holmes erhob sich phlegmatisch, schnürte den Sack auf, nahm ein Bündel Hundertfrancnoten heraus, dann ein zweites. Ich reckte mich ebenfalls – so viel Geld auf einem Haufen bekommt man nicht oft zu sehen.

Die Scheine waren ordentlich aufeinander gestapelt, wie Mauerziegel. Jedes Bündel wurde von einem Gummi zusammengehalten.

Nachdem Holmes zerstreut die Banknoten betastet hatte, steckte er sie zurück und schüttelte den Kopf. Ich begriff sehr gut, was er sagen wollte: Was für Irrsinnigkeiten begehen doch die Menschen für diese länglichen Papierstreifen der Notenbank.

Er zündete sich eine Pfeife an, Fandorin eine Zigarre. Ich fand dieses Gehabe langsam kindisch.

Irgendwer musste sich endlich erwachsen benehmen.

»Wäre es nicht Zeit für das Brainstorming?«, fragte ich Fandorin. »Was meinen Sie, was bedeuten diese Zahlen und Buchstaben?«

Der Japaner warf einen kurzen Blick auf seinen Patron, erhob sich leise und ging hinaus, als wolle er bei der Diskussion nicht zugegen sein. Das fand ich zumindest merkwürdig.

»Sie bedeuten, dass der V-verbrecher uns auf eine falsche Fährte führen will«, erklärte der Russe seelenruhig. »Ich habe mich gefragt, warum er uns überhaupt diesen Hinweis gibt. Die Antwort erscheint mir offensichtlich. Lupin ging natürlich davon aus, dass Monsieur Des Essarts sich wenn nicht an die Polizei, so doch an einen Privatdetektiv wenden würde. Die Überlegungen des Erpressers sind simpel: Die Zeit des Detektivs ist ohnehin knapp bemessen, und nun v-vergeudet er sie noch mit diesem Unsinn.«

»Ein hochinteressanter Schluss!« Holmes legte die Pfeife beiseite und deutete Applaus an. Ob er das ernst meinte oder ironisch, wusste ich nicht. »Was schlagen Sie vor, Sir? Können Sie uns Ihren Plan erläutern?«

»Wenn Sie gestatten. Punkt halb zwölf werden, genau nach Lupins Anweisungen, fünf Männer die Haupttreppe hinuntergehen, in die Kutsche steigen und zum Tor hinausfahren. Miss Eugénie bleibt im Turm, das Geld auf dem Tisch.«

Ich konnte mich nicht enthalten, spöttisch auszurufen: »Ein ausgezeichneter Plan, wahrhaftig!«

Holmes fasste nach meinem Handgelenk.

»Warten Sie, Watson. Mr. Fandorin ist noch nicht fertig.«

Im Flur ertönten Schritte. Der Japaner kam herein, unterm Arm zwei der Wattepuppen aus dem Keller. Er nieste laut und stellte die Puppen auf den Tisch.

»Wegfahren werden der P-professor, Mr. Watson und Masa. Und diese beiden Herren aus Watte. Der eine wird meinen Mantel und meinen Zylinder tragen, der andere Hut und Mantel von Mr. Holmes. Wie Sie wissen, ist vor dem Haus eine große Freifläche. Einsehen kann man den Eingang also entweder von der Schlucht her, das sind gut fünfzig Schritt, oder von der anderen Seite des Rasens, das ist noch weiter weg. Zudem ist es im Park dunkel. Lupin und seine Komplizen werden eine größere Gruppe aus dem Haus kommen und in die Kutsche steigen sehen. Wenn die Kutsche an ihnen vorbeifährt, lässt sich anhand der Silhouetten unmöglich erkennen, ob Menschen oder P-puppen darin sitzen.«

»Und wir beide bleiben hier und überprüfen, wie gut Monsieur Lupin die fernöstlichen Kampftechniken beherrscht!«, fiel Holmes ein und lachte laut. »Ein geistreicher Einfall, ganz nach meinem Geschmack! Ich dachte mir schon, dass Sie etwas Derartiges planen, als Sie das Haus zu einer verkorkten Flasche machten. Die Diele eignet sich ausgezeichnet für einen Hinterhalt.«

Soll ich etwas gestehen? In diesem Augenblick empfand ich peinliches Unbehagen für meinen großen Freund. Ich fand, er verhielt sich nicht ganz gentlemanlike; sein herablassender Ton wirkte wie »gute Miene zum bösen Spiel«. Schließlich war Mr. Fandorins in der Tat ausgezeichneter Plan ohne uns zustande gekommen.

Das Telefon läutete.

Ich saß dem Apparat am nächsten und griff zum Hörer.

Es war Des Essarts.

»Doktor Watson? Ich habe Angst!«, stammelte er. »Ich hätte gleich ... Aber ich wollte Sie nicht ablenken ... Ach, was habe ich bloß angerichtet! Wenn ich ihn nun dem Verderben ausgeliefert habe?«

Ich musste ihn kurz anherrschen, denn Strenge ist das beste Mittel gegen Hysterie.

»Beruhigen Sie sich, sofort! Reden Sie klar und deutlich! Was ist passiert?«

Alle im Speisezimmer sahen mich gespannt an.

»Ja, ja, ich will es versuchen ... Als ich auf dem Weg vom Haus zum Pferdestall an der Schlucht vorbeikam, hörte ich Geräusche. Es klang wie Flüstern ... Ich sehe vielleicht schlecht, aber mein Gehör ist ausgezeichnet. Doch ich war mir nicht ganz sicher – ich dachte, es sei vielleicht nur der Wind in den Zweigen. Ich bat Bosquot, sich vorsichtig anzuschleichen und zu lauschen ... Er ist losgegangen und nicht zurückgekommen ... Wenn ihm nun etwas zugestoßen ist?«

Da Des Essarts stockend redete, konnte ich in den Pausen den anderen rasch wiedergeben, was er sagte.

»Fragen Sie, wie viele Minuten vergangen sind seit …« setzte Fandorin an, als von der Schlucht her plötzlich zwei Schüsse krachten.

Ich zuckte zusammen – nicht wegen der Schüsse, sondern weil Des Essarts mir durchdringend ins Ohr schrie. Er hatte die Schüsse ebenfalls gehört.

»Schnell! Hin!« Holmes rannte wie der Blitz zur Tür.

Wir alle stürzten ihm nach.

An der Treppe teilten wir uns.

»Sie nach links, wir nach rechts!«, rief Holmes.

Die Idee war klar: Die Schlucht von beiden Seiten zu umstellen.

Ich bemühte mich, keinen Schritt hinter meinem Freund zurückzubleiben, und riss im Laufen den Revolver aus der Tasche, der sich dabei im Futter verhakte und es zerriss.

+–

Den Anweisungen von Sherlock Holmes folgend, liefen mein Herr und ich um die Hausecke und blieben stehen.

Die Engländer, das muss ich ihnen lassen, bewegten sich in der Dunkelheit sehr geschickt: Sie waren nicht zu sehen und zu hören.

In dieser Sekunde flackerte das gelbe Licht, das durch die Spalte der geschlossenen Fensterläden drang, kurz auf und erlosch – die Elektrizität hatte sich erneut abgeschaltet.

»Alles läuft wie nach Noten«, flüsterte mein Herr. (Dieser Ausdruck bedeutet, dass der Gang der Ereignisse ganz dem Plan entspricht – wie das Spiel eines Musikanten den aufgezeichneten Noten folgt.)

Gebückt schlüpften wir ins Haus zurück.

Ich kann mir vorstellen, wie erstaunt der Leser über unser Verhalten ist! Und das alles deshalb, weil ich absichtlich ein wichtiges Gespräch verschwieg, das mein Herr und ich nach der Unterhaltung mit Lebrun und Eugénie geführt hatten.

Wie bereits erwähnt, sprachen wir dabei Japanisch.

»Jetzt ist alles klar«, erklärte Fandorin-Dono mit zufriedenem Gesicht. »Es sah aus, als wäle der Weg dlei Shaku lang, aber er war kürzer als dlei Li.«

»Sie meinen: Es schien, als wäre der Weg drei Ri* lang, aber er war kürzer als drei Shaku**«, korrigierte ich ihn und wollte auf Russisch weitersprechen, denn ich kann es kaum mit anhören, wie mein Herr unsere Sprache entstellt.

Aber er stieß mir den Finger in den Bauch, sodass ich notgedrungen verstummte, denn wenn jemand dir mit aller Kraft einen Finger ins Sonnengeflecht stößt, kannst du weder ein- noch ausatmen.

»Ich weiß, mein Japanisch hat nachgelassen«, bekannte Fandorin-Dono (ich werde seinen Akzent nicht mehr wiedergeben, denn in Katakana zu schreiben ist zu mühselig), »ich habe sogar Ri und Shaku verwechselt, aber du wirst es ertragen müssen. Ist dir ein hochinteressanter Umstand aufgefallen? Als wir vorhin im Speisezimmer miteinander sprachen, wollten wir zwei Dinge unternehmen: Erstens die Telefonverbindung nach außen benutzen und zweitens Lebrun und Eugénie befragen. Das mit dem Telefon hatte ich auf Russisch gesagt, das mit der Befragung dagegen auf Japanisch. Gleich danach riss die Telefonverbindung ab, und Ersteres wurde unmöglich. Das für die Ermittlungen ebenfalls sehr wichtige Gespräch im Turm jedoch wurde nicht behindert.«

»Und was bedeutet das?«

»Jedes unserer Worte wird mitgehört. Der Hausherr sagte doch, sein seliger Vater habe im Schloss allerlei Absonderlichkeiten installiert.

* Japanisches Längenmaß, ca. 4 km.

** Japanisches Längenmaß, ca. 30 cm.

Unter anderem offenbar auch ein raffiniertes Abhörsystem. An einem bestimmten Ort im Haus kann man hören, was in den anderen Räumen gesprochen wird – erstens. Lupin hat in Petersburg ein spektakuläres Verbrechen begangen. Das heißt, er versteht vermutlich Russisch – zweitens. Als er begriff, dass meine Telefonate für ihn eine Gefahr bedeuten, beschädigte er die Leitung. Aber Japanisch kann der Gauner offenkundig nicht. Sonst hätte er den Professor gewarnt, dass er mich auf keinen Fall zu dem Mädchen lassen dürfe. Das drittens.«

»Lebrun-Sensei ist ein Komplize von Arsène Lupin?«, rief ich.

»Zweifellos. Oder er ist Lupin selbst.« Die runden Augen von Fandorin-Dono sahen befriedigt, dass ich ein verblüfftes Gesicht machte. Ich weiß, dass ihm das gefällt, und gebe mir immer alle Mühe. »Es gibt im Grunde nur zwei Möglichkeiten. Arsène Lupin spielt entweder die Rolle des Professors oder die des Verwalters. Plan und Durchführung dieser Operation sind das Werk dieses Pärchens. Wir wissen, das Bosquot erst seit kurzem hier arbeitet und sogleich das Vertrauen des Schlossherrn erlangt hat. Das ist Lupins übliche Methode. Er dringt häufig entsprechend maskiert in ein reiches Haus ein und spioniert aus, was es dort zu holen gibt. Manchmal überlässt er das auch jemandem aus seiner Bande. Selten sind mehr als zwei, drei Personen beteiligt. Ich weiß nicht, was Lupin ursprünglich vorhatte, aber der Unfall des Mädchens hat die Ereignisse beschleunigt. Der Schurke ersann einen gemeinen, aber äußerst effektiven Plan, um Des Essarts ohne das geringste Risiko auszurauben.«

Fandorin-Dono überlegte.

»Ich denke, Lupin ist der Verwalter, und der sogenannte Professor ist sein Komplize. Hast du bemerkt, dass nicht Des Essarts selbst in der Pariser Klinik angerufen hat? Er wurde von Bosquot an den Apparat gerufen. Der bekümmerte Vater kam gar nicht auf die Idee, dass er nicht mit dem echten Lebrun sprach. Und darum durften die Banditen auf keinen Fall zulassen, dass ich Professor Smiley konsultiere. Ihre Finte, dass die Patientin nicht von der Stelle bewegt werden dürfe, wäre sofort aufgeflogen. Und darauf beruht schließlich der ganze Plan.«

»Und mit einer genauen Beschreibung Lupins von der Pariser Polizei hätten Sie den Verbrecher erkennen können – zum Beispiel an den Ohren«, ergänzte ich. »Ist Ihnen aufgefallen, dass Lebrun, den ich nun nicht mehr Sensei nennen werde, spitze Fledermausohren hat?«

»Mir ist aufgefallen, dass die Ohren von ›Monsieur Bosquot‹ vollkommen unter seinen Locken verborgen sind.«

Ich war ein wenig enttäuscht. Ich hatte auf ein etwas interessanteres Ende der Geschichte gehofft.

»Was jetzt?« Ich unterdrückte ein Gähnen. »Gehen wir los und schnappen uns erst den einen, dann den anderen?«

Fandorin-Dono schüttelte den Kopf.

»Nein, wir werden sie auf frischer Tat stellen. Bald kommt der Hausherr zurück. Mit dem Geld. Das ist unser Köder. Wir wissen, wer die Täter sind. Wir wissen, dass sie uns belauschen. Nun haben wir alle Trümpfe in der Hand. Ich vermute, als Nächstes geschieht Folgendes …«

Und er sagte verblüffend genau voraus, dass man uns unter irgendeinem Vorwand aus dem Zimmer mit dem Geld locken würde. Obwohl – sehr verblüfft war ich eigentlich nicht. Wenn man so lange einem solchen Menschen dient, lernt man, seinen Prophezeiungen zu vertrauen.

Als hinterm Haus Schüsse krachten, sahen wir uns an und verstanden uns ohne Worte. Das erloschene Licht bestätigte nur, dass Lupin zum letzten Schlag ausholte. Der Bandit wusste, dass man ihm das Geld nicht geben würde, und wollte es noch vor Mitternacht stehlen. Und das sollte sein Ende sein. Die über das Haus hereingebrochene Finsternis kam meinem Herrn und mir nur zupass.

Wir postierten uns an einem zuvor vereinbarten Ort, der wie geschaffen war für einen Hinterhalt. An den Wänden des Flurs zwischen Speisezimmer und Treppe standen zu beiden Seiten hohe Schränke mit diversem Gerät. Ich stellte mich in einen davon und zog die Tür zu, mein Herr bezog Stellung im Schrank gegenüber.

Wir mussten nicht lange warten. Ich hatte mir gerade die Augäpfel massiert, um im Dunkeln besser sehen zu können, als am anderen Ende des Speisezimmers eine Tür knarrte. Zwei Schatten verharrten auf der Schwelle, offensichtlich, damit sich die Augen an die Dunkelheit gewöhnten.

Fandorin-Dono schlüpfte aus seinem Versteck und packte mich fest an der Schulter, damit ich nicht vor der Zeit loslief. Das kränkte mich ein wenig – ich war schließlich kein Anfänger! Ich spannte die Schultermuskeln an, und der Herr verstand und nahm seine Hand weg.

Eine der ins Speisezimmer gekommenen Personen erteilte mit Gesten Anweisungen. Das war zweifellos Lupin.

Sie gingen zum Tisch. Der Erste streckte die Hand aus und berührte den Sack mit dem Geld, als wolle er nur überprüfen, ob er da war.

Fandorin-Dono deutete schweigend auf den Zweiten: Der gehört dir.

Ich bekomme immer das Schlechtere ab, aber ich beklage mich nicht. Das ist nun mal das Karma des Dieners.

In einem einzigen Augenblick überwanden wir die Entfernung zum Tisch. Ich sprang auf das Tischtuch, trat meinem Gegner nicht sehr heftig gegen das Kinn und sprang auf ihn, als er am Boden lag.

Der Mann war stark und offenkundig nicht ängstlich. Obwohl halb betäubt, schlug er mit der Faust nach meinem Gesicht. Ich hätte natürlich ausweichen können, tat es aber nicht. Ein Rückzug, selbst ein kurzzeitiger, stärkt nur den Willen des Feindes zum Widerstand. Darum nahm ich den Schlag hin – und es ist ungewiss, was dabei mehr einzustecken hatte: meine Wange oder seine Faust. Allerdings zerkratzte ein Ring an seinem Finger mir die Wange, doch das war ohne Belang.

Dann setzte ich dem Gestürzten das Knie auf die Brust, presste seine Handgelenke zusammen und stieß zweimal, ebenfalls nicht sehr heftig, meine Stirn gegen seine, damit er begriff, dass Widerstand vollkommen zwecklos war.

Er begriff es, aber nicht sofort. Er war ein hartnäckiger Gegner, mindestens eine halbe Minute zuckte er und wand sich. Ich wusste bereits, dass es der Doktor war – bei meinem Kopfstoß hatte ein Schnurrbart meine Nase gekitzelt.

Während ich darauf wartete, dass der falsche Professor aufgab, schaute ich nach meinem Herrn, dem wohl der falsche Verwalter alias Arsène Lupin zugefallen war. Mir bot sich ein aufregendes Schauspiel, das an Schattentheater erinnerte.

Mein Herr hatte den interessanteren Part als ich. Er hatte seinen Gegner nicht zu Boden zwingen können, und die beiden liefen, Schläge austauschend, um den Tisch herum. Soweit ich das im Dunkeln erkennen konnte, beherrschte Lupin tatsächlich ein wenig die Technik der neumodischen Kampftechnik »bloße Hand«, hatte aber nicht gelernt, mit den Beinen zu kämpfen. Angriffe von oben wehrte er einigermaßen ab, doch Fandorins Beine landeten jedes Mal einen Treffer. Schließlich gelang meinem Herrn ein großartiger Fußfeger [Ashi-Barai], und der Rest war einfach. Ein schönes Uwakiri auf den Kopf, und der Kampf war vorbei.

Nun gab auch mein Starrkopf ein heiseres Krächzen von sich und sackte zusammen.

Genau in diesem Augenblick, wie um den Sieg des Gesetzes über das Verbrechen mit einer Festbeleuchtung zu feiern, ging das elektrische Licht wieder an.

Ich erblickte unter mir das blasse Gesicht von Watson-Sensei mit verdrehten Augen. Und mein Herr presste die Kehle des besiegten Sherlock Holmes.

XII

Ich erinnere mich nicht, wer mich hochhob und auf einen Stuhl setzte.

Mir dröhnte der Schädel. Mühsam öffnete ich die Augen und sah, dass Holmes, der mir gegenüber saß, in keinem viel besseren Zustand war: Die eine Hälfte seines Gesichts war ganz rot, aus seinen dünnen Lippen sickerte Blut, seine Kragen waren zerrissen und zerknittert. Vor ihm stand der unglücklich dreinschauende Fandorin, heil und unversehrt, aber mit einem an der Schulter halb abgerissenen Ärmel.

Hinter meinem Rücken schnaufte jemand. Ich drehte mich schwerfällig um und erblickte den Japaner. Er verbeugte sich reumütig, murmelte Entschuldigungen und sagte immer wieder: »Keine Velgebung für mich, keine Velgebung.« Über sein Gesicht rann Blut. Er hatte also auch etwas abbekommen. Das besserte meine Laune ein wenig – soweit das in dieser Situation möglich war.

»Tja«, sagte Holmes ärgerlich und rieb sich eine schmerzende Stelle, »Lupin hat unseren Plan erraten. Wir beide, Mr. Fandorin, hatten doch den gleichen Gedanken, nicht wahr? Aber die Schüsse in der Schlucht waren nicht dazu gedacht, uns aus dem Speisezimmer zu locken, sie sollten uns veranlassen, übereinander herzufallen. Deshalb wurde auch das elektrische Licht ausgeschaltet. Ich kann mir vorstellen, wie sich dieser Franzose jetzt ins Fäustchen lacht.«

Der Russe antwortete düster: »Sie haben recht, wir haben ihn unterschätzt. Aber vorerst hat er die P-partie nicht gewonnen. Das Geld ist noch hier.«

Ja, der Sack mit dem Geld lag nach wie vor auf dem Tisch. Ich schaute hinein – der Inhalt war unberührt.

»Sagen Sie, warum haben Sie nach dem Sack gegriffen?«, fragte

Fandorin. »Das ließ mich glauben, es seien tatsächlich die Banditen.«

Noch nie zuvor hatte ich Holmes derartig wütend erlebt. Er zischte die Worte buchstäblich zwischen den Zähnen hervor.

»Ich musste doch überprüfen, ob er noch an seinem Platz liegt! Ich schwöre bei meinem Leben, diese Demütigung wird Lupin mir büßen!«

Das sagte er nicht zu uns, sondern zur Decke, und zwar in einem Ton, der mich zusammenzucken ließ. Das Telefon schrillte.

»Das ist er!«, rief Holmes. »Er will uns verspotten!«

Er rannte zum Apparat und griff nach dem Hörer.

»Hallo?«

Es war sehr still im Speisezimmer, und ich vernahm undeutliches Gemurmel, konnte aber keine einzelnen Worte verstehen.

»Es ist Des Essarts«, verkündete Holmes, die Hand auf dem Hörer. »Er will wissen, was passiert ist. Bosquot ist nicht zurückgekommen. Das Licht war aus, das Telefon funktionierte nicht. Er saß allein im Dunkeln und hatte Angst ... Die hat er auch jetzt noch ... Watson! Nehmen Sie den Hörer. Murmeln Sie etwas Mitfühlendes, aber antworten Sie nicht auf seine Fragen!«

Wenn er in diesem Ton mit mir spricht, weiß ich: Ich muss gehorchen, ohne Erklärungen zu verlangen.

Holmes hatte seine Energie wiedererlangt, und das freute mich ungeheuer.

»Folgen Sie mir bitte!«, forderte er den Japaner auf und rannte in den Flur hinaus.

Shibata sah den Russen an, der nickte. Dann erst folgte der Asiat Holmes.

»Ich weiß nicht, was ich tun soll! Alle haben mich verlassen! Er wurde getötet, ja? Ist er tot? Aber Lupin tötet doch nie!«, jammerte es aus dem Hörer.

»Hmhm«, grunzte ich hin und wieder.

Meine ganze Aufmerksamkeit galt dem Flur, wo Holmes und Shibata verschwunden waren. Auch Fandorin schaute in diese Richtung.

»Professor! Mr. Lebrun!«, rief Holmes laut. Mein Freund schien noch unten an der Treppe zu stehen.

Offenbar hörte ihn der Franzose im Turm und antwortete, denn Holmes rief genauso laut: »Nein, nein, alles in Ordnung! Aber Mr. Shibata hat eine Verletzung im Gesicht. Könnten Sie sich darum kümmern?«

Kurz darauf kehrte Holmes zurück ins Speisezimmer, allein.

»Ausgezeichnet«, sagte er, als er sah, dass ich noch immer den Hörer am Ohr hatte. »Lassen Sie ihn nicht auflegen, lassen Sie ihn reden. Jetzt haben wir beide unter Kontrolle, sie können uns nicht mehr belauschen. Ich habe das Zettelschreiben schon langsam satt.«

Der Leser weiß ja bereits, dass Holmes und ich die Tricks von Monsieur Lupin längst durchschaut hatten, Fandorin aber schien verblüfft.

Ich vermutete, er würde nach dem Belauschen fragen, aber der Russe war offenbar aus einem anderen Grund überrascht.

»Sie verdächtigen Des Essarts? Nicht den Verwalter?«

»Um Himmels willen, was soll ich tun?«, piepste Des Essarts mir ins Ohr – oder derjenige, der sich für den Schlossherrn ausgab. »Soll ich hierbleiben?«

»Ja«, antwortete ich.

Holmes verschränkte die Arme vor der Brust und lächelte. Fandorin mochte die stärkeren Fäuste haben, doch nun würde sich zeigen, wessen Verstand der stärkere war.

»Aber Sir, ist Ihnen nicht klar, dass Des Essarts und Bosquot ein und derselbe Mann sind? Er ist ein äußerst gerissener Betrüger mit hervorragenden schauspielerischen Fähigkeiten. Er kann unglaublich schnell die Maskierung wechseln. Nur eines kann er nicht: sich teilen. Ist Ihnen etwa entgangen, dass wir den Hausherrn und den Verwalter nie gleichzeitig zu Gesicht bekommen haben? Einer der beiden war unter dem einen oder anderen Vorwand stets abwesend.«

Fandorin protestierte.

»W-warten Sie, aber Masa und ich haben doch mit eigenen Augen gesehen, dass Bosquot im Pferdestall am Fenster stand, und Des Essarts war bei uns und sprach mit ihm!«

»Aber Bosquot sagte kein Wort, er schüttelte nur den Kopf, nicht wahr? Und da er hinter der Fensterscheibe stand, sahen Sie nur eine Silhouette mit der auffallenden Frisur?«

Der Russe nickte. Der Anblick seiner verwirrten Miene war ein Hochgenuss.

»Was, was?«, sagte ich in den Hörer.

»Das war der Professor mit einer Perücke. Just zu dieser Zeit hatte er den Turm verlassen, angeblich wegen eines Telefongesprächs. Die Täter sind zu zweit, Sir: ›Lebrun‹ und ›Des Essarts‹. Das liegt auf der Hand.«

Holmes holte seelenruhig seinen Tabak und seine Pfeife heraus. Den besiegten Fandorin sah er nicht an.

»Ich habe sofort vermutet, dass sämtliche Räume im Haus abgehört werden«, fuhr mein glänzender Freund fort und zündete ein Streichholz an. »Schauen Sie sich nur die seltsame Lage der Lüftungsöffnungen an – sie liegen genau in Mannshöhe. Wegen der besseren Hörbarkeit. Und dann führte ich ein kleines Experiment durch, das meine Hypothese bestätigte …«

»Nein, hier ist Doktor Watson, und ich höre Ihnen aufmerksam zu«, sagte ich in den Apparat. »Und Mr. Holmes schreibt jedes Wort mit, lassen Sie sich also nicht ablenken, reden Sie weiter.«

Was mein Freund dem Russen erklärte, war mir bereits bekannt, aber karge Worte auf einem Zettel sind etwas anderes als die zusammenhängende Schilderung des deduktiven Prozesses.

»Ich schickte Watson ins Zimmer, um zwei Dinge zu holen: das Stethoskop und meine Geige. Die Geige brauchte ich für meine Arbeit, das Stethoskop dagegen war, ehrlich gesagt, ohne jeden Belang. Aber bei meiner Anweisung maß ich ihm große Bedeutung zu. Die Geige jedoch erwähnte ich mit keinem Wort, sondern beschränkte mich auf eine Geste. Die Falle funktionierte. Aus Angst vor dem wundertätigen Stethoskop bestrich der Täter eine Treppenstufe mit Türfett und schaltete obendrein das Licht aus. Der arme Watson musste einfach ausrutschen. Dabei zerbrach das empfindliche Stethoskop natürlich. Der Geige in ihrem robusten Kasten geschah nichts. Und nur sie brauchte ich.«

»Das ist unmöglich«, unterbrach der Russe Holmes.

»Wieso, Sir? Was genau erscheint Ihnen unmöglich?«

Holmes Lippen kräuselten sich zu einem ironischen Lächeln.

»Es ist unmöglich, dass Monsiuer Des Essarts zu der B-bande gehört.«

»Dürfte ich den Grund für diese kategorische Behauptung erfahren?«

Mein Freund war offenkundig erstaunt.

Fandorin sah ihn nicht weniger erstaunt an.

»Aber das hieße ja, dass Mademoiselle Des Essarts nicht die ist, für die sie sich ausgibt, sondern eine gerissene Betrügerin, eine Komplizin von Lupin.«

Holmes zuckte die Achseln.

»Selbstverständlich.«

Fandorin sah mich schweigend an, und ich verstand diesen Blick sehr gut.

»Machen Sie sich keine Sorgen, unternehmen Sie nichts und bleiben Sie, wo Sie sind«, riet ich Des Essarts und trennte die Verbindung.

»Was tun Sie da, Watson?«, schrie Holmes. »Ich habe doch gesagt, Sie sollen diesen Banditen am Telefon festhalten!«

»Er hat recht. Eugénie kann keine Verbrecherin sein. Also ist Des Essarts tatsächlich ihr Vater und der Schlossherr.«

Es fiel mir schwer, so mit meinem Freund zu sprechen, noch dazu in Gegenwart seines Konkurrenten, doch das Pflichtgefühl obsiegte.

»Holmes« – ich stockte –, »nehmen Sie es mir nicht übel, aber Sie verstehen nichts von Frauen ... Miss Eugénie ... Ich habe keine rationalen Argumente, aber mir vorzustellen, sie wäre eine Heuchlerin und Betrügerin ... Ich muss Mr. Fandorin zustimmen. Das ist unmöglich. Einfach unmöglich, und basta.«

Mein genialer Freund ist unfehlbar in allem, was mit Logik und Vernunft zu tun hat, doch mitunter gräbt seine übermäßige mathematische Exaktheit ihm eine Grube. Immer, wenn er sich irrte (und das geschah im Laufe seiner Karriere nur wenige Male), waren Frauen daran schuld. Besser gesagt, Holmes' rein theoretische Kenntnis ihrer emotionalen und psychischen Beschaffenheit. Ich vermute, seine starrsinnigen Vorurteile gegen das schöne Geschlecht liegen genau darin begründet: Die Frau ist eine Gleichung, die sich nicht berechnen lässt.

Meine Worte verletzten Holmes sichtlich, er hielt sie bestimmt für Wahn oder, schlimmer noch, für Verrat.

»Nun, meine Herren Kenner der weiblichen Natur.« Er paffte ärgerlich seine Pfeife. »Dann bin ich still. Und gespannt, Ihre Hypothese zu hören.«

Ich schwieg, denn erstens fühlte ich mich als Verräter, und zweitens hatte ich keine Hypothese anzubieten.

Der Japaner kam zurück und blieb schweigend an der Tür stehen. Seine Wange zierte ein frisches Pflaster. Er und Fandorin wechselten ein paar zischelnde Worte, dann zog sich Shibata erneut tief in den Flur zurück, zur Treppe.

»Ich stimme Ihnen zu, dass die Bande aus zwei K-Komplizen besteht.« Der Russe wandte sich vor allem an Holmes – dies war ein

Duell zweier Götter, der Japaner und ich waren nur schweigsame Zuschauer. Aber auf mehr spekulierte ich auch nicht.

»Einer von ihnen ist ›Bosquot‹, der andere ›Lebrun‹. Sie auf frischer Tat zu ertappen ist uns nicht geglückt. Und wir haben keinerlei direkte Beweise, nur Indizien. ›Bosquot‹ läuft noch herum, doch der ›Professor‹ im Turm entgeht uns nun nicht mehr. Masa bewacht die Treppe.«

»Und das Mädchen?«, sagte ich, meine Statistenrolle vergessend. »Sie ist schließlich in seiner Gewalt!«

»Sie wollen nicht das Mädchen. Sie wollen den Sack mit dem G-geld. Die Täter sind sich sicher, dass sie uns überlisten können. Das beweist der Trick mit den Schüssen. Sollen sie sich das ruhig einbilden. Wir werden den Pseudoprofessor unbedingt vernehmen, aber erst müssen wir das Versteck finden – bis zur festgesetzten Stunde bleibt nur noch wenig Zeit. Ich bin überzeugt, dass das Versteck tatsächlich existiert. Und ich glaube, ich weiß, wo es ist ...«

»Tatsächlich?«, fragte Holmes rasch. »Interessant. In diesem Fall kann die Verhaftung des falschen Professors wirklich warten. Na los, Watson, rufen Sie Des Essarts an. Mal sehen, ob er noch an seinem Platz ist oder ob er ins Schloss zurückgeeilt ist, um uns zu belauschen.«

Ich drehte die Kurbel.

Der Hausherr hob sofort ab.

»Mein Gott, ich dachte, das Telefon sei wieder außer Betrieb! Sind Sie es, Doktor? Was soll ich tun? Bosquot ist noch immer nicht zurück ...«

Mit einer vielsagenden Geste deutete ich, an Holmes gewandt, auf den Hörer: Überzeugen Sie sich selbst, Des Essarts ist noch da, er sitzt nach wie vor in der Wohnung des Verwalters und kann uns keinesfalls belauschen. Mein Freund verzog gereizt das Gesicht; er gibt es äußerst ungern zu, wenn er sich geirrt hat.

Des Essarts piepste mir also wieder ins Ohr, doch ich hörte nicht ihm zu, sondern Fandorin.

»Es ist vorerst nur eine V-vermutung, die noch überprüft werden muss. Aber eine recht wahrscheinliche.« Der Russe blickte auf die Uhr, die zehn Minuten vor elf zeigte, und sprach schneller. »Als wir dieses sonderbare Haus besichtigten, sahen wir viel Außergewöhnliches und K-kurioses. Das lenkte unsere Aufmerksamkeit ab, darum fiel ein Detail mir erst im Nachhinein auf. Haben Sie bemerkt, dass im Keller nur ein einziger Raum in absoluter Sauberkeit und Ordnung gehalten ist?«

Holmes lachte herablassend.

»Selbstverständlich. Das Orgelzimmer. Ausgezeichnet, Mr. Fandorin. Fahren Sie fort.«

»Das ist mir auch aufgefallen!«, sagte ich. »Besonders verdächtig schien mir das Mephistopheles-Bild. Erinnern Sie sich, ich habe es sogar abgenommen und an dem Nagel gerüttelt, an dem es hängt.«

»Warten Sie, Watson. Mr. Fandorin möchte mit uns nicht über Malerei sprechen, sondern über eine andere Kunst.«

Der Russe zog leicht die Brauen zusammen.

»D-das haben Sie also auch ...?«, fragte er.

Was »auch«? Was meinte er? Es ist nicht leicht, dem Gespräch von Männern zu folgen, die viel scharfsinniger sind als man selbst und sich auch noch voreinander spreizen.

»Was dachten Sie denn?« Holmes lachte spöttisch.

Fandorin war sichtlich enttäuscht.

»Ach, richtig, Sie sind ja Geiger. Ich dagegen habe nie ein Instrument gelernt.«

Da hatte meine Geduld ein Ende.

»Ich bitte Sie, meine Herren! Hören Sie auf, in Rätseln zu sprechen! Das ist unhöflich mir gegenüber und außerdem einfach dumm! Während Sie sich hier voreinander aufplustern, tickt das Uhrwerk, der eine Verbrecher läuft frei herum, und der andere ...«

Ich kam nicht zu Ende – erneut ging das Licht aus, und ich verstummte mitten im Wort.

Diesmal traf uns die Tücke der Elektrizität (oder Lupins) nicht unvorbereitet. Fandorin stocherte im Kamin herum, doch die Glut war bereits erloschen. Ich zündete die Kerzen an, und es wurde wieder hell im Speisezimmer. Nicht ganz so wie zuvor, aber hell genug, sodass wir einander sehen konnten.

»Danna!«, rief Shibata aus dem Flur und fügte noch etwas hinzu.

»Masa sagt, er hört seltsame G-geräusche vom Turm.«

Wir lauschten.

Ja, von oben kam eine Stimme. Sie klang dünn, klagend oder erschrocken.

»Sollten wir nicht lieber in den Turm …«, begann ich.

Ein gellender, markerschütternder Schrei unterbrach mich.

Das war Eugénie!

Wie auf Kommando liefen wir alle drei los. Der Japaner war nicht mehr im Flur, sondern vermutlich bereits auf der Treppe.

Holmes und ich mussten um den langen Tisch herumlaufen, darum verließen wir das Zimmer als Letzte und stießen an der Tür auch noch mit den Schultern zusammen.

»Bleiben Sie hier! Der Sack!«, flüsterte Holmes mir ins Ohr.

Er und Fandorin bogen zur Treppe ab und rannten die Stufen hinauf, ich aber blieb im dunklen Flur.

Holmes ist ein Genie, dachte ich in diesem Augenblick. Das ist wahrscheinlich wieder ein Trick von Lupin, um uns aus dem Speisezimmer zu locken und in den Besitz des Geldes zu gelangen. Doch der Schrei von Miss Eugénie hatte nach echtem Leid und Entsetzen geklungen …

Egal, in wenigen Augenblicken waren die beiden Detektive bei ihr und würden ihr helfen, ich aber hatte meine Aufgabe.

Ich zog den Revolver, blickte mich nach einem Versteck um und bemerkte die nur angelehnte Tür eines Wandschranks. Von dort aus musste der ganze Raum gut einzusehen sein.

Gebückt trat ich in den nach Staub riechenden engen Raum und stieß auf etwas Weiches und offenkundig Lebendiges. Meiner Brust entrang sich ein Schrei – das heißt, würde sich entrungen haben, hätte mir nicht eine harte Hand den Mund zugehalten.

»S-till, Sensei, s-till!«, flüsterte mir jemand ins Ohr. Shibata! Er war nicht die Treppe hinaufgeeilt, sondern nach dem Schrei von Miss Eugénie sofort in den Schrank geschlüpft – vermutlich in derselben Absicht wie ich. Interessant, dachte ich, bemüht, meinen Herzschlag zu bändigen, ist er selber so schlau oder war Fandorin so vorausschauend?

Ich wollte meinen Nachbarn danach fragen, doch er versetzte mir mit dem Ellbogen einen heftigen Stoß in die Seite.

»S-till!«

Schritte! Vom Haupteingang her!

Wir drückten uns an den Türspalt. Da ich größer war als der Japaner, befand sich sein Kopf in Höhe meines Kragens, und sein kurzgeschorener Schädel kitzelte mein Kinn.

Bosquot! Es war Bosquot!

Er schaute zur Tür herein, blickte sich um, lief auf Zehenspitzen zum Tisch, öffnete den Sack und kramte darin herum. Ich verstand nicht, warum er nicht einfach den ganzen Sack nahm.

Mir einem wütenden Kreischen stürmte Shibata aus der Deckung. Ich hinterher.

Eines muss man dem Dieb lassen – er behielt die Geistesgegenwart.

Er packte mit beiden Händen die Tischdecke und riss sie an sich. Gläser und Teller stürzten zu Boden, polternd folgte der Kerzenleuchter und erlosch.

Nun war es dunkel im Speisezimmer, und ich hatte Bosquot aus dem Blick verloren.

Er uns auch – sonst wäre es nicht ohne Blutvergießen abgegangen, denn im nächsten Augenblick eröffnete der Verwalter das Feuer.

Eine Schießerei auf so kurze Entfernung, noch dazu in einem geschlossenen Raum und in absoluter Finsternis, ist ein eindrucksvolles Spektakel. Wie ein naher Blitzeinschlag, nur noch effektvoller, besonders, wenn es dicht überm Kopf widerlich pfeift. Splitter regneten auf mich herab – das Fregattenmodell war in tausend Stücke zerbrochen.

Ich fiel zu Boden, kniff die Augen zusammen (ich schäme mich, das einzugestehen, aber es ist die Wahrheit) und schoss blindlings.

Im entfernten Teil des Hauses krachten ebenfalls Schüsse: einer, zwei, drei. Auch Holmes und Fandorin waren unter Beschuss geraten.

Eine Tür schlug zu. Ich begriff, dass Bosquot das Speisezimmer verlassen hatte. Ich sprang auf, stürzte aber nach zwei Schritten erneut; ich war über etwas gestolpert. Der Ledersack! Ausgezeichnet! Der Täter war mit leeren Händen gegangen.

Das verlieh mir sogleich neue Energie.

Der Japaner nahm den Sack und presste ihn an sich. Nun, Mr. Shibata brachte ohnehin keinen großen Nutzen – da er keine Waffe bei sich hatte, konnte er mir sowieso nicht helfen. Mochte er also das Geld bewachen.

Ich schaute zur Tür hinaus und entdeckte im Dunkeln eine Silhouette, die schon fast die Diele erreicht hatte. Das war der einzige Rückzugsweg, alle anderen Ausgänge hatten Fandorin und sein Assistent umsichtig verschlossen. Ich durfte nicht zulassen, dass Bosquot nach links ging. Wenn er hinauslief, verschwand er unauffindbar im dunklen Park. Ich stützte mit der linken Hand meinen rechten Arm ab und schoss mehrmals, wobei ich nicht auf den Fliehenden zielte, sondern auf den Türrahmen. Wie es schien, hatte meine Hand mir gehorcht. Nach den Geräuschen zu urteilen, waren die Kugeln genau dort eingeschlagen, wo sie treffen sollten: Ich hörte Holz splittern und Kugeln pfeifend abprallen.

Der Schatten sprang nach rechts und rannte an der Diele vorbei ins Billardzimmer. Nun war er gefangen!

Ich lief voran, den Revolver schussbereit. Der Japaner mir hinterher, den Sack im Arm. Auf der dunklen Seitentreppe ertönten erneut Schüsse.

Ich kann stolz sagen, dass ich, nachdem ich mich vom ersten Schreck erholt hatte, die Geistesgegenwart nicht mehr verlor. Shibata dagegen hielt sich ängstlich die ganze Zeit hinter mir. Und da heißt es, die Nation der Samurai kenne keine Angst!

Ich war mit dem Grundriss des Hauses recht gut vertraut. Im ersten Stock wandte sich Bosquot nach links, dort befand sich ein Zimmer mit nur einer Tür. Von dort gab es keinen Fluchtweg, höchstens durchs Fenster. Aber aus dem ersten Stock eines französischen Schlosses zu springen ist ziemlich riskant, dabei kann man sich alle Knochen brechen.

Darum hatte ich keine Eile.

Ich blickte ins Zimmer – ganz vorsichtig, um nicht unter Beschuss zu geraten. Und richtig! Direkt neben meinem Ohr ertönte ein scheußliches Klingen: Eine Kugel hatte die eisernen Türangel getroffen.

Ich sprang zurück, doch was ich gesehen hatte, gefiel mir ganz und gar nicht.

Bosquot stand am offenen Fenster auf dem Fensterbrett und wollte offensichtlich hinunterspringen. Und wenn er nun Glück hatte und sich nichts brach? Bis unten waren es an die zwanzig Fuß. Das ist natürlich viel, aber Wunder geschehen immer wieder.

Mein Entschluss war rasch gefasst. Ich streckte mich erneut vor und schoss auf die schwarze Gestalt, die im grau schimmernden Fenster gut zu erkennen war. Ich wollte auf ein Bein zielen, kam jedoch nicht mehr dazu – Bosquot drückte im selben Augenblick ab wie ich. Ich tauchte zurück in meine Deckung. In Gedanken überschlug ich, wie viele Kugeln noch in der Trommel waren. Vermutlich nur eine.

Shibata saß an der Wand auf dem Sack, vollkommen außer Gefahr, und wartete mit olympischer Ruhe, wie die Schießerei ausgehen würde. Ich erinnere mich, dass mich das ernstlich wütend machte.

»Vom Boden ist besser«, sagte er friedfertig.

Ich begriff nicht gleich, was er meinte. Vom Boden? In der Tat. Kein übler Rat.

Ich legte mich auf den Bauch und schaute erneut ins Zimmer.

Der Verwalter war verschwunden, nur die Fensterflügel pendelten hin und her.

Ich sprang auf und rannte ins Zimmer. Es war leer. Er war tatsächlich gesprungen!

Aus dem Fenster zu schauen war sinnlos. Was konnte man bei der nächtlichen Finsternis schon sehen?

»Schnell in den Park!«, rief ich. »Vielleicht hat er sich ein Bein gebrochen!«

Doch Shibata hielt mich zurück.

»Nicht in den Park.« Seine Stimme war nach wie vor unerschütterlich. »In den Turm.«

Er hatte recht, wieder hatte er recht! Wenn Bosquot glücklich gelandet war, konnten wir ihn sowieso nicht mehr einholen. War er dagegen verletzt, würde er nicht weit kommen.

Wie hatte ich vergessen können, dass am anderen Ende des Schlosses ebenfalls geschossen wurde? Womöglich brauchten Holmes und Fandorin Hilfe.

Wir liefen durch die leeren Räume. Unsere Schritte hallten von den hohen Decken wider.

XIII

Auf der Haupttreppe und im Diwanzimmer war keine Menschenseele. Der Japaner zeigte auf die zersplitterte Wandtäfelung – Spuren einer Kugel.

Aus dem Turm drang kein Laut.

»Holmes!«, rief ich. »Wo sind Sie?«

Aus dem Gang tönte eine ärgerliche Stimme: »Kommen Sie herein, Watson, kommen Sie! Ich hoffe, Sie haben Ihre Beute nicht entwischen lassen?«

Ich zwängte mich durch den Gang. Der Asiat stürmte mir mit Anlauf nach.

Das Turmzimmer war nur vom Kaminfeuer beleuchtet. Die blutroten Flammen verliehen dem Anblick, der sich mir bot, etwas Diabolisches.

Auf dem Fußboden lag Eugénie, wie eine bis zum Äußersten gespannte Sehne. Sie regte sich nicht, ihre Augen waren geschlossen. Mit düsterem Gesicht beugte sich Fandorin über sie.

Holmes stand am offenen Fenster, durch das Kälte hereinwehte, und machte seltsame Handbewegungen.

»Lebt sie?«, rief ich aus.

»Sie ist bewusstlos«, antwortete der Russe.

»Und wo ist Lebrun? Doch nicht etwa hinuntergesprungen? Aber das hier ist der zweite Stock, und unten sind Steinplatten!«

Holmes winkte mich zu sich.

»Schauen Sie.« Ich entdeckte eine straff gespannte Leine aus dünnen, aber festen Fäden. »Er ist nicht gesprungen, sondern hinunter geglitten. Der Fluchtweg war vorbereitet.«

Holmes machte ein mürrisches Gesicht, und mir fiel plötzlich ein, dass ich mir nicht die Mühe gemacht hatte, das Fensterbrett, von dem Bosquot gesprungen war, zu überprüfen. Vielleicht war der Verwalter ja nicht gesprungen, sondern an einem Seil hinunter geklettert? Aber natürlich! Darum war er schnurstracks in dieses Zimmer gelaufen!

Ich fasste mich an den Kopf.

Beide Verbrecher waren also glücklich geflohen, und indessen war es bereits (ich zog meine Uhr aus der Tasche) zwanzig Minuten nach elf! Wenn die Bombe tatsächlich existierte, blieben bis zur Explosion nur noch vierzig Minuten! Bis zum Ablauf des Ultimatums nur noch zehn!

Fandorin hockte sich hin und massierte dem Mädchen die Schläfen.

Sie stöhnte, die langen Wimpern bebten. Ihre Augen öffneten sich weit, darin malte sich Entsetzen.

»Er ist kein Professor!«, stammelten die bleichen Lippen.

Ich nickte.

»Das wissen wir.«

»Es ist Arsène Lupin!«

»Auch das ist uns bekannt. Beruhigen Sie sich und erzählen Sie, was hier passiert ist. Warum haben Sie geschrien?«

Wir versammelten uns um die Unglückliche, und sie berichtete schluchzend.

»Er beugte sich über mich, lächelte irgendwie seltsam und sagte: ›Mademoiselle, haben Sie schon einmal von Arsène Lupin gehört? Das bin ich, in höchsteigener Person. Ich habe die dummen Spielchen satt. Schluss damit. Außerdem weiß ich, dass diese Starrköpfe das Geld nicht herausrücken werden. Also muss ich zu drastischen Mitteln greifen. Sie werden jetzt schreien, sehr laut und überzeugend. Wenn nicht, muss ich den Hebel drehen.‹ Ja, das sagte er. Ich begriff überhaupt nichts, obwohl ich sehr aufmerksam zugehört hatte. Sein Blick war so furchterregend!«

Sie schluchzte laut, ich beruhigte sie, und Fandorin sagte: »Damit ist die Sache klar. Bosquot ist der K-kundschafter, die Rolle der m-medizinischen Leuchte spielte der Anführer selbst. Lebrun –

Lupin; allein die Ähnlichkeit der Namen zeugt von der Gasconade, von der Sie sprachen, Sir.«

Holmes bedeutete dem Russen, dass Miss Des Essarts weitersprechen wolle, und er verstummte.

»Ich versuchte zu schreien, wie er es verlangte ... Aber er war nicht zufrieden. ›Sie sind leider eine erbärmliche Schauspielerin, Mademoiselle. Pech für Sie.‹ Und dann ...« Ihre Stimme zitterte noch stärker. »Er ging zu dem Hebel und drehte mit aller Kraft daran ... Der Schmerz war entsetzlich! Ich weiß nicht, ob ich schrie ... An mehr erinnere ich mich nicht.«

Fandorin und Holmes rannten zur »Streckbank«, um die Spannung der Seile zu lockern. Ich untersuchte behutsam Hand- und Fußgelenke des unglücklichen Mädchens. Sie wiesen tiefe Einschnitte auf, hier und da war die Haut aufgeplatzt und blutete.

»Dieser Mistkerl!«, rief ich unbeherrscht. »Er ist noch gemeiner, als ich dachte!«

Selbst Holmes war erschüttert. Mit vor Erregung dumpfer Stimme sagte er: »Ich muss mich entschuldigen, Mademoiselle. Bei Ihnen und Ihrem Vater ...«

»Wofür, Sir?«

Die tränennassen Augen sahen ihn erstaunt an.

»Unwichtig ...«, murmelte Holmes, wandte sich ab und rekapitulierte betont sachlich den Gang der Ereignisse. »Nun ist alles klar. Bevor Sie das Bewusstsein verloren, stießen Sie einen Schrei aus, den wir selbst im Erdgeschoss nicht überhören konnten. Lupin stand dort im Gang. Er musste sich überzeugen, dass wir angebissen hatten. Als er uns kommen sah, schoss er dreimal, damit wir in Deckung gingen. Das gab ihm genug Zeit, in aller Ruhe aus dem Fenster zu klettern. Sein Komplize sollte währenddessen den Sack aus dem Speisezimmer stehlen. Trösten wir uns zumindest damit, dass der Schurke ihn nicht bekommen hat. Ich sehe, den Sack hat Mr. Shibata.«

Der Japaner verbeugte sich würdevoll. Ich musste mir eingestehen, dass er sich als Einziger von uns richtig verhalten und keinen Fehler gemacht hatte.

»Meine Herren, bis zum neuen Jahr sind es nur noch zweiundzwanzig Minuten«, mahnte ich. »Wir können auf keinen Fall hierbleiben. Wir müssen handeln! Wir werden Miss Des Essarts hinaustragen müssen. Wir haben keine Wahl! Wir müssen es riskieren. Vielleicht schieben wir einen Vorhang unter ihren Rücken und ziehen sie vorsichtig über den Boden?«

Meine Worte wurden mit einer erstaunlichen Gelassenheit aufgenommen. Bei Miss Eugénie, die noch ganz unter dem Eindruck der entsetzlichen Erschütterung stand, war das durchaus verständlich, zumal sie ja nichts von der Höllenmaschine wusste. Aber die anderen!

Holmes zum Beispiel sah mich an, als hätte ich etwas Dummes gesagt.

»Wir wollen nichts dramatisieren, mein lieber Watson. Ich denke, Miss Des Essarts wird den Raum auf ihren eigenen Beinen verlassen. Ich bin kein Arzt, aber ich erlaube mir, anzunehmen, dass der falsche Professor in seinem eigenen Interesse … die Schwere der Verletzung ein wenig übertrieben hat. Mademoiselle, versuchen Sie einmal, Ihre Gliedmaßen zu bewegen.«

Das Mädchen schaute ihn erschrocken an und wagte nicht, seiner Bitte nachzukommen. Sie blickte zu Fandorin. Der nickte beruhigend, und sie biss die Lippen zusammen und bewegte vorsichtig erst die Hände, dann die Füße.

Ich empfand eine ungeheure Erleichterung.

»Nun, was sagt unser Doktor?«, fragte Holmes.

»Sehen Sie das? Das Rückenmark ist nicht verletzt! Stehen Sie auf und gehen Sie!« rief ich, wobei mir in meiner Aufregung ganz entging, dass ich damit fast die Worte unseres Herrn Jesus an Lazarus zitierte.

Wir fassten die Unglückliche unter die Achseln und richteten sie auf. Sie war federleicht.

»Ich stehe! Ich stehe!«, flüsterte Miss Des Essarts triumphierend, doch als wir sie losließen, wäre sie beinahe gestürzt.

»Das ist nicht weiter schlimm«, erklärte ich. »Die Muskeln sind vom langen Liegen steif. Haben Sie keine Angst. Machen Sie einen Schritt. Ich halte Sie.«

Von mir gestützt, tat sie behutsam einen Schritt, dann noch einen und noch einen. So führte ich sie bis zu einem Sessel, in den sie sich vollkommen erschöpft, aber glücklich fallen ließ.

»Ich bin nicht gelähmt! Ich kann laufen!«, sagte sie immer wieder.

Dann wurde ihr hübsches Gesicht unversehens flammend rot. Ich glaubte, das sei die freudige Erregung, doch im nächsten Augenblick schlug Eugénie die Hände vors Gesicht und schluchzte.

»Mein Gott, ich schäme mich so! Dieser ehrlose Mensch hat mir solche Erniedrigungen zugemutet! Ich dachte, er wäre Arzt! Ich habe alles getan, was er verlangte … Nein, das ist schrecklich!«

Ich begriff, was sie meinte. Die üblichen Prozeduren, denen sie als bewegungslose Kranke unterzogen worden war – Massagen gegen das Durchliegen, die Verrichtung der Notdurft und andere Intimitäten –, empfand sie nun als unerträglich beleidigend.

Bei dem Gedanken, mit welchem Zynismus Lupin das hilflose Mädchen verhöhnt hatte, ballten sich unwillkürlich meine Fäuste.

Doch es war nicht die Zeit, sich edlem Zorn hinzugeben.

»Legen Sie die Arme um meinen Hals«, sagte ich. »Und Sie, Holmes, nehmen bitte die Beine von Miss Eugénie. Sie ist sehr schwach. Aber Vorsicht wegen der Schürfwunden. Bis Mitternacht bleibt noch eine Viertelstunde, genug für uns, ohne Eile hinauszugelangen und uns ausreichend weit vom Haus zu entfernen. Selbst wenn Lupin nicht geblufft hat und die Bombe tatsächlich explodiert, ist das jetzt nicht mehr schlimm, denn das Schloss ist ja versichert. Nun, warum zögern Sie?«

Holmes dachte nicht daran, auf mich zu hören. Er sah mich lächelnd an.

»Lieber Watson, ich verstehe Ihren Wunsch, die zarten Arme von Miss Des Essarts an Ihrem Hals zu spüren, aber wir wollen die Mademoiselle doch nicht dem Risiko einer Erkältung aussetzen. Mr. Fandorin sagte, er habe das Rätsel des Codes gelöst. Also lassen Sie uns endlich überprüfen, ob seine Hypothese richtig ist. Es wäre doch wahrhaft schade um das schöne Haus.«

Die arme Eugénie, die noch immer nichts von dem drohenden Unheil ahnte, verstand seine Worte kaum, und was sie daraus entnahm, deutete sie falsch.

»Mr. Holmes hat recht. Könnten Sie bitte das Fenster schließen? Mir ist kalt. Und außerdem fürchte ich, die Begonien könnten erfrieren.«

Sie wies auf einen Blumentopf auf dem Fensterbrett.

Ich wollte ihrer Bitte nachkommen, doch der Russe hinderte mich daran.

»Warten Sie mit dem Fenster, Doktor. Ich bitte Sie noch um einen Augenblick Geduld, Mademoiselle. Und Ihnen, Mr. Holmes, möchte ich sagen, dass wir meine Hypothese nicht überprüfen müssen. Monsieur Lupin wird uns selbst erzählen, wo er die B-bombe versteckt hat. Masa, gib mir die Lampe.«

Der Japaner reichte ihm eine elektrische Taschenlampe, Fandorin trat an das offene Fenster, beugte sich hinaus und leuchtete nach unten.

»Ausgezeichnet, diese Wolfsnetze«, sagte er.

Wir liefen zum Fenster.

Das war ein wahrhaft erstaunlicher Anblick! Im Leuchtkegel des elektrischen Lichts lief »Professor Lebrun«, ganz in ein Netz gewickelt, hin und her.

»Als Masa und ich das Haus ›verkorkten‹, habe ich unter jedem Fenster eine W-wolfschlinge aus der exzellenten Jagdkollektion von Des Essarts senior installiert«, erklärte der Russe. »Ich erwähnte ja bereits, dass ich dieses Handwerk von den sibirischen Jägern gelernt habe. Aus einem solchen Netz kommt man unmöglich ohne fremde Hilfe frei – es sei denn, man hat eine große Axt dabei. He, Professor! Bis zur Explosion bleiben noch zwölf Minuten! Wenn Sie nicht unter den Trümmern sterben wollen, erzählen Sie uns, wo das geheime Versteck ist.«

Die Antwort war ein wütendes Knurren. Dann tauchte in einer Masche des Netzes eine Revolvermündung auf, und ein Schuss krachte – wir konnten uns gerade noch zurückziehen.

»Exzellent, Kollege«, sagte Holmes voller Respekt. »Kompliment. Und wie steht's mit unserem lieben Verwalter?«

Fandorin schaute zu dem Japaner. Der nickte. Nun war mir klar, warum Shibata bei der Jagd auf den Verwalter keinen besonderen Eifer gezeigt hatte und ihm nicht hatte in den Park folgen wollen. Der Asiat wusste, dass Bosquot ohnehin in die Falle gehen würde.

»Der Verwalter ist durchs Fenster geflohen und hängt auch in so einem Netz fest. Lassen wir Monsieur Lupin einstweilen, er ist ein wenig außer sich. Sein Stolz ist verletzt, und er würde eher sterben, als uns sein Geheimnis verraten. Masa wird hinuntergehen und nach ihm sehen – für alle Fälle. Und wir besuchen jetzt Monsieur Bosquot. Ich hoffe, er zeigt sich nachgiebiger.«

Nachdem wir das Fenster geschlossen und das Mädchen mit einem Plaid zugedeckt hatten, verließen wir den Turm. Shibata ging Arsène Lupin bewachen, wir drei übrigen liefen rasch hinunter und durch den Dienstboteneingang hinaus – zum Glück hatte Fandorin sämtliche Schlüssel in Verwahrung.

Vom Himmel fielen Schneeflocken auf das trockene, matte Gras.

»Richtiges Neujahrswetter«, sagte der Russe und atmete genussvoll ein. »Ich danke dem neunzehnten Jahrhundert für d-diesen schönen Abschied.«

Doch mir war der Schnee gleichgültig. Ich hielt meine Uhr in der Hand und blickte immer wieder auf den großen Zeiger. Von Mitternacht trennten ihn nur noch sieben kleine Striche. Unversehens wurde mir eine einfache und schreckliche Tatsache bewusst: Wenn Bosquot sich weigerte, uns das Geheimnis zu verraten, würden wir es nicht mehr schaffen, in den Turm zurückzukehren und Miss Eugénie aus dem Haus zu bringen! Wie hatte ich so leichtsinnig handeln können!

Als ich an der Wand unter dem offenen Fenster einen dunklen, formlosen Haufen entdeckte, rannte ich, so schnell ich konnte, dorthin.

Es war Bosquot, ebenso wie sein Patron in einem Seidennetz gefangen. Unbeschreiblich aber war mein Entsetzen, als ich gewahr wurde, dass der Verbrecher reglos dalag. Er hatte eine längliche, stark blutende Kopfwunde. Offenbar hatte meine letzte, aufs Geratewohl abgefeuerte Kugel den Fliehenden an der Schläfe getroffen und ihm das halbe Ohr abgerissen. Er hatte noch hinunterklettern können, war ins Netz geraten, und durch die heftigen Befreiungsversuche hatte sich die Blutung verschlimmert, und er hatte das Bewusstsein verloren.

Ich packte ihn am Kragen und schüttelte ihn – vergebens.

Ich sah auf die Uhr – fünf vor …

»Mr. Fandorin«, vernahm ich über mir die ruhige, ein wenig spöttische Stimme von Holmes, »offenbar müssen wir doch die Richtigkeit Ihrer Hypothese überprüfen. Wir haben keine andere Wahl. Mal sehen, ob sie im Deduzieren ebenso gut sind wie im Aufstellen von Fallen. Laufen wir?«

XIV

Kurz darauf stürmten wir alle drei ins Orgelzimmer.

»Schneller!«, rief ich Fandorin zu. »Warum bleiben Sie stehen! Wir haben nur noch zweihundertvierzig, nein zweihundertdreißig Sekunden!«

Er rieb sich die graue Schläfe und hob die Hände.

»Das reicht nicht, um eine neue Hypothese aufzustellen, sollte ich mich irren. Auch nicht, um aus dem Haus zu laufen. Außerdem können wir die Dame doch nicht im Stich lassen, oder? Habe ich aber recht, dann b-brauche ich nur ein paar Sekunden. Darum möchte ich, mit Ihrer Erlaubnis, kurz den logischen Weg skizzieren, dem ich gefolgt bin.«

Ich stöhnte, Holmes dagegen schien diese Effekthascherei zu gefallen.

»Nun, nun. Sehr interessant.«

»Was hier s-sofort auffällt«, begann der unerträgliche Mr. Fandorin bedächtig, während er zur Orgel ging, »ist die perfekte Sauberkeit, wie ich bereits erwähnte. Kein Staubkorn, sehen Sie? Das heißt, dieser Raum wurde benutzt. Wozu? Der Schlossherr spielt im Gegensatz zu seinem Vater kein Instrument. Also d-diente das Zimmer jemand anderem ... Nun zwei Worte zum Ursprung des Geheimverstecks. Warum hat der selige Besitzer hier eine vollkommene Schallisolierung installieren lassen? Um die Ruhe seiner Gattin nicht zu stören? Wohl kaum. Er hatte auch keine Hemmungen, ohne Sinn und Verstand die Kanone abzufeuern. Also d-dachte ich mir ...«

»Um Himmels willen!«, flehte ich. »Noch zwei Minuten!«

»Also dachte ich mir«, fuhr Fandorin ungerührt fort, »was, wenn der Schlossherr nicht wollte, dass seine Lieben hörten, welches Stück er hier am häufigsten spielte? Diese V-vermutung führte mich direkt zu meiner Hypothese.« Er klappte das Instrument auf und strich über die weißen und schwarzen Tasten. »Hier ist sie: Der Code bezieht sich auf die Reihenfolge der Tasten, die man drücken muss, um das Versteck zu öffnen. Vermutlich kann Lupin keine Noten lesen (ebenso wenig wie ich), weshalb er die Tasten nach Lage und Farbe kennzeichnete. Die weißen Tasten mit »b« für »blanc«, die schwarzen mit »n« für »noir«. Probieren wir es einmal aus?«

Er schlug sein Notizbuch auf, in das er den Code geschrieben hatte. Bis Mitternacht blieb noch eine Minute.

»Warten Sie«, unterbrach Holmes den Russen. »Haben Sie auch erraten, um was für ein Stück es sich handelt?«

»Zum Teufel mit Ihnen, Holmes!«, brüllte ich. »Wir müssen doch noch das Uhrwerk abschalten! Geben Sie her!«

Ich riss Fandorin das Notizbuch aus der Hand und drückte die bezeichneten Tasten.

»Wahrscheinlich hat es etwas mit Mephistopheles zu tun«, mutmaßte der Russe nachdenklich. »In welchem Jahr wurde Charles Gounods Faust-Oper ›Margarethe‹ uraufgeführt?«

»Großartig, Kollege! Die Oper hatte 1860 in Paris Premiere, kurz vor dem Tod von Des Essarts senior. Es war die populärste Oper der Saison. Die Partitur verkaufte sich besser als jeder Boulevardroman.«

Vor langer Zeit hatte ich einmal ein wenig von Musik verstanden, doch diese verfluchten Musikliebhaber brachten mich durcheinander, und ich musste noch einmal von vorn anfangen.

»24 blanc, 25 blanc, 18 noir, 24 blanc, 25 blanc, 23 blanc, 24 blanc.«

24 weiß, das war ein c in c-moll, dann d, dann des, dann c, d, h, c.

Fandorins Taschenuhr schickte sich rasselnd an, Mitternacht zu schlagen. Holmes sang zu den klirrenden Orgeltönen: »Le veau d'or est toujours debout ...«* Meinen Glückwunsch, Fandorin!«

* (franz.) deutsche Fassung: »Ja, das Gold regiert noch die Welt ...«, Charles Gounod, Margarethe, zweiter Akt, Rondo vom Goldenen Kalb.

Die gesamte Eichenverkleidung hinter der Orgel, die ich beim Schlossrundgang gründlich abgetastet und abgeklopft hatte, ohne etwas Verdächtiges festzustellen, glitt zur Seite – exakt beim sechsten Schlag der Uhr.

Dahinter lag eine große dunkle Nische beziehungsweise eine kleine Kammer. Fandorin leuchtete mit der Taschenlampe hinein.

Nach dem Staub auf dem Fußboden zu urteilen, hatte hier noch vor kurzem etwas Rechteckiges gestanden, doch nun war das Geheimversteck leer.

Bis auf ein akkurat zusammengefaltetes Blatt Papier.

十五

Ich mag es, wenn es schneit. Wahrscheinlich bin ich in den vielen Jahren in Russland ein halber Russe geworden. Seltsam – in Amerika habe ich fast genauso lange gelebt, fühle mich aber nicht als Amerikaner. Doch eigentlich ist das nicht weiter erstaunlich. Mein Herr sagt oft, dass wir beide uns auf einer langen Reise befinden und eines Tages für immer nach Hause zurückkehren werden.

Ich stand mit dem Rücken an die Turmmauer gelehnt, und große Schneeflocken fielen auf mein Gesicht. Sie kitzelten mir die Wangen, und ich musste lächeln.

Ich dichtete sogar einen Dreizeiler:

Auf fremdem Gesicht
Ein lang vertrautes Lächeln.
Schnee in der Fremde.

Den Himmel mit einem Gesicht zu vergleichen ist nicht schlecht, aber »fremd« und »Fremde« hintereinander, das klingt nicht elegant. Ich werde später für eins von beiden ein Synonym gleicher Länge finden müssen.

Ich fühlte mich wohl unter dem fallenden Schnee, mir war nur ein wenig kalt.

Um nicht so sehr zu frieren, ärgerte ich hin und wieder den gefangenen Banditen. Ich trat hinter der Turmmauer hervor und fragte: »Haben Sie es nicht satt, sich am Boden zu wälzen, verehrter Doktor?«

Dann knurrte er und schoss auf mich. Ich wich aus, und das erwärmte mich für ein, zwei Minuten.

Nach dem ersten Schuss öffnete sich über der Stelle, an der ich das Haiku gedichtet hatte, ein Fenster, und das Köpfchen von Desu-San schaute heraus.

»Alles in Ordnung bei Ihnen?«, rief sie und rückte einen Blumentopf beiseite.

»Keine Sorge, Miss. Schließen Sie das Fenster, sonst erkälten Sie sich.«

»Nein! Ich leiste Ihnen Gesellschaft!«

»Dann wickeln Sie sich in einen Plaid, und vor allem, beugen Sie sich da oben nicht so weit heraus, sonst könnte dieser Schurke hier auf Sie schießen.«

Nun ging es mir noch besser.

Ich bot mein Gesicht den Schneeflocken dar, ärgerte den Gefangenen, suchte nach einem passenden Synonym, und ab und zu sprach die junge Desu-San mich an und ich antwortete.

Amüsant wurde es, als der Bandit zum dritten Mal auf mich schoss. Die Mündung seines Revolvers verhedderte sich im Netz, und die Kugel flog ganz woandershin als geplant.

Er fluchte unflätig. Soviel ich verstand, hatte der Trottel sich ein Stück Finger abgeschossen. Geschah ihm ganz recht.

Ich lachte sehr.

Wegen der Bombe machte ich mir keine Sorgen. Mein Herr hatte gesagt, er habe das Rätsel »wahrscheinlich« gelöst, also war alles in Ordnung. Fandorin-Dono verspricht immer weniger, als er dann tut.

Was weiter mit mir geschah, weiß ich nicht.

Eben noch hatte ich dagestanden und im Kopf nach Synonymen für das Wort »fremd« gesucht: unbekannt, namenlos, seltsam, merkwürdig, exotisch – und auf einmal war alles weg.

Kein Schnee mehr, keine Kälte, nur noch Schwärze.

XVI

O verehrte Meisterdetektive!

Ich habe Sie doch nicht umsonst eingeladen. Sie haben mich nicht enttäuscht. Seit Weihnachten, seit die Des Essarts' nach Nizza abgereist sind, habe ich mir den Kopf zerbrochen über das Rätsel ihres Geheimverstecks mit der berühmten karibischen Truhe darin. Mein braver Bosquot, der sich im Schloss als Verwalter verdingt hatte, fand in einem Notizbuch den Code, aber ich vermochte ihn nicht zu knacken. Und das nur, weil ich als Kind keinen Musikunterricht hatte. Wie schade!

Danke für Ihren Hinweis, Monsieur Fandorin. Sie bedauerten, dass Sie nie Musikunterricht hatten (genau wie ich, genau wie ich!), und das genügte mir. Natürlich, Mephistopheles! »Ja, das Gold regiert die Welt ...« Die passende Melodie zum Öffnen des Verstecks mit der Korsarentruhe. Eines muss man dem seligen »Papa« lassen: Er hatte Witz.

Als ich das von der Musik und von Mephistopheles hörte, traf es mich wie ein Schlag. Ich gab sofort dem »Professor« ein Zeichen, dass es Zeit sei für die Endphase der Operation. Ich gestehe, bei der Schlossbesichtigung verheimlichte ich Ihnen etwas: einen kleinen Kellerraum, in dem die Abhörrohre des ganzen Hauses zusammenlaufen und wohin ich auch einen Telefonanschluss gelegt hatte.

Die liebe Susette! Sie galt zu Recht als die begabteste und stimmgewaltigste Schauspielerin am ganzen Operettentheater. Ihren Schrei hörte ich sogar im Keller. Wie ich mein Mädchen kenne, wird sie Ihnen mindestens eine halbe Stunde Theater vorspielen, sodass ich diesen Brief in Ruhe zu Ende schreiben kann.

Ach ja. Den Sack mit dem Geld überlasse ich Ihnen. Die Francs darin sind größtenteils falsch, bis auf die oberen vier Bündel. Ich hatte schließlich jedem von Ihnen zwanzigtausend versprochen, und Lupins Wort ist ehern.

Ein frohes neues Jahrhundert, meine Herren!

Ihr dankbarer und Sie bewundernder
Michel-Marie Christophe Des Essarts du Vaux Garni.

P.S. Bevor ich verschwinde, werde ich die Polizei anrufen und melden, dass Einbrecher ins Schloss eingedrungen sind. Ich rate Ihnen also, nicht mehr allzu lange zu bleiben.

Ich las den Brief laut vor. Sein Inhalt schockierte mich so, dass ich vollkommen mechanisch vorlas – ich sprach nur laut aus, was meine Augen wahrnahmen. Als ich fertig war, las ich den Brief noch einmal, still für mich, um ihn zu begreifen.

In der engen Kammer, aus der (mit unserer Hilfe!) die Schätze der Familie Des Essarts gestohlen worden waren, herrschte lastendes Schweigen.

»Verflucht!«, murmelte ich. »So hat er uns doch überlistet. Der Schlossherr, der echte Des Essarts, kennt keine Noten und misstraut seinem Gedächtnis, darum hat er die Reihenfolge der Tasten in seinem Notizbuch festgehalten. Und wir haben Lupin geholfen, den Code zu entschlüsseln!«

Holmes' Gesicht erstarrte in einem seltsamen Lächeln, das mir wie eine nervöse Grimasse erschien.

»Wie denken Sie jetzt über Arsène Lupin, Sir?«, fragte er Fandorin.

Der russische Detektiv, dem die britische Beherrschtheit abging, schlug mit der Faust gegen die Steinmauer, von der Putz bröckelte.

»Ich verstehe.« Holmes nickte. »Und wenn Sie es in Worte fassen?«

Fandorin nahm sich zusammen.

»Hm.« Er räusperte sich. »Ich will es v-versuchen. Wir lagen beide falsch mit unseren Vermutungen – erstens. Ich habe zu Unrecht Vater und Tochter aus dem Kreis der Verdächtigen ausgeschlossen, und Sie hielten irrtümlich Des Essarts und Bosquot für ein und dieselbe Person. Dass wir die beiden nie gleichzeitig zu Gesicht bekamen, ist leicht zu erklären: Einer musste ständig im Keller sitzen und lauschen, worüber wir sprachen. Zweitens: Lupin ist kein so brutaler Schurke, wie ich dachte. Er ist sehr erfinderisch und dreist. Aber, wie man bei uns in Russland sagt, auch eine alte Dame kann sich irren. Und drittens. Lupin hat zwei Dinge nicht vorausgeahnt. Dass Bosquot es aus purer Habgier auf die Vierzigtausend aus dem Sack abgesehen haben würde. Und dass ich von sibirischen Jägern das Auslegen von Fangnetzen gelernt habe. Der A-anführer ist zwar mit der Beute auf und davon, aber seine Komplizen sind in unserer Hand …«

Plötzlich wurde der Russe ganz bleich.

»Verdammt! Die Mademoiselle … Masa!«

Er rannte so plötzlich los, dass er mich beinahe umriss.

十七

Aber genug von der Leere und Schwärze, in der die Seele versinkt, wenn sie sich vom Verstand gelöst hat. Diese Materie ist zu kompliziert und zu wenig erschlossen, um darüber bestimmte Aussagen zu treffen. Außerdem denke ich an die Mahnung des Sensei: Abschweifungen am Ende einer Geschichte sind strikt zu unterlassen.

Als meine Seele sich wieder mit meinem Verstand vereinigt hatte, entdeckte ich, dass ich auf den Steinplatten in der Nähe des Turms lag; meine Haar waren voller Erde, an meinem Ohr hing ein Blumenstängel, um mich herum waren Tonscherben verstreut. Mein Kopf war nass von Blut und hatte eine recht imposante Beule.

Obwohl meine Gedanken noch nicht wieder ganz in Ordnung waren und mein Kopf heftig schmerzte, reimte ich mir zusammen, was geschehen war.

Desu-San hatte versehentlich den Blumentopf heruntergestoßen, er war auf mich gefallen, und ich hatte für eine Weile das Bewusstsein verloren. Die Menge Schnee auf meiner Kleidung sagte mir, dass ich mindestens zehn Minuten dort gelegen haben musste.

Als Erstes schaute ich nach dem Gefangenen.

Oje, er war weg! Im Schnee lagen nur Fetzen des Netzes, außerdem waren da zwei Reihen von Fußspuren, die eines Mannes und die einer Frau – sie führten um das Haus herum.

Von Entsetzen gepackt, rannte ich dorthin.

O Jammer! Auch der zweite Bandit war verschwunden. Nach den Spuren zu urteilen, war er über den Schnee in Richtung Schlucht geschleift worden.

Ich rannte hinterher, so schnell ich konnte.

Ich rutschte den steilen Abhang hinunter, schlug mich durch kahles Gebüsch, sprang über einen gleichgültig murmelnden Bach und kletterte auf der anderen Seite hinauf.

Hinter der Schlucht verlief eine sechs oder sieben Shaku hohe Steinmauer.

Im Nu saß ich darauf.

Und hätte beinahe geweint.

Auf dem schneeverwehten Weg entdeckte ich einen Haufen Pferdedung und Wagenspuren. Hier hatte eine Kutsche auf die Banditen gewartet …

Ich hatte meine Pflicht nicht erfüllen können!

Ich erinnere mich kaum, wie ich zurückwankte. Tränen verschleierten meinen Blick. Was sollte ich meinem Herrn sagen? Wegen seines dummen Dieners würde er vor Sherlock Holmes das Gesicht verlieren.

Auf halbem Weg zur Bibliothek stieß ich mit meinem Herrn und dem Engländer zusammen.

Fandorin-Dono leuchtete mir mit der Taschenlampe ins Gesicht (das elektrische Licht funktionierte noch immer nicht) und fragte: »Du blutest ja, was ist passiert?«

Ich erklärte es ihm auf Japanisch, mit vor Scham ganz dumpfer Stimme. Mein Herr übersetzte, und trauriges Schweigen trat ein. Es gab keinen Grund mehr, den Turm hinaufzusteigen.

»Das Schlimmste ist, dass Lupin seinen eigenen Biographen hat«, sagte Watson-Sensei niedergeschlagen. »Ich kann mir vorstellen, in welchem Licht er uns alle darstellen wird. Ganz Europa wird über Sherlock Holmes lachen …«

Ich pfiff auf Sherlock Holmes, wie man in Russland sagt, aber der Gedanke, dass mein Herr zum Gespött werden könnte, stürzte mich in Verzweiflung. Denn das war meine Schuld!

»Monsieur Lupin wird sich kaum mit dieser Geschichte brüsten wollen«, sagte Holmes versonnen. »Nein, das glaube ich nicht. Jetzt lacht er natürlich über uns, aber seine Heiterkeit wird nicht lange währen. Meine Herren, möchten Sie nicht einen Blick in das Zimmer werfen, dass unser Gastgeber Watson und mir zur Verfügung gestellt hat?«

Befremdet folgten wir dem britischen Detektiv. Unterwegs stellte der Sensei ihm einige Fragen, doch Sherlock Holmes schüttelte nur den Kopf.

Im Zimmer sagte er: »Watson, öffnen Sie Ihren Koffer.«

»Warum?«

Der Sensei starrte verwundert auf einen karierten Koffer, der neben einer großen ledernen Truhe und einem Geigenkasten an der Wand stand.

»Na los, öffnen Sie ihn.«

Holmes zündete Kerzen an und trat mit dem Leuchter näher. Mein Herr leuchtete ebenfalls – mit der Taschenlampe.

»Was zum Teufel …«, murmelte Watson-Sensei, an den Schlössern herumfummelnd. »Mein Koffer ging doch anders auf … Ach!«

Auch mein Herr und ich sagten »Ach!« Kein Wunder!

Der Koffer enthielt zahlreiche samtene und wildlederne Behälter unterschiedlichster Größe, und als der Sensei sie öffnete, huschten farbige Blitze über die Wände. Es war Schmuck: Halsketten aus Smaragden und Rubinen, Brillantringe, alte Goldketten.

»Was ist das?«, murmelte Watson. »Wo sind meine Sachen?«

»Das ist der Erbschatz der Familie Des Essarts.« Sherlock Holmes legte dem Sensei die Hand auf die Schulter. »Seien Sie tapfer, Watson. Ihr Koffer ist unwiederbringlich verloren.«

»Aber wie das? Wie haben Sie das angestellt?«

»Ganz einfach.« Holmes lachte leise. »Geben Sie es zu, meine Freunde: Als ich sagte, dass ich den Code schon vor Mr. Fandorin entschlüsselt hätte, hielten Sie das für Prahlerei. Aber es ist die reine Wahrheit. Anhand der blitzsauberen Orgeltasten hatte ich gleich einen Verdacht, was das für ein Code war. Ich musste es nur überprüfen. Darum bat ich Watson, mir den Geigenkasten zu bringen, der eine Sammlung der bekanntesten Musikstücke enthält. Welches ich mir als Erstes ansehen musste, sagte mir das Mephistophelesbild an der Wand … Das ist schon die ganze Deduktion. Ich ging hinunter ins Orgelzimmer, öffnete das Versteck und fand dort zu meiner Überraschung keine Bombe, sondern eine Truhe mit Schmuck. Die Hypothese, die ich nach dieser Entdeckung entwickelte, kam der Wahrheit ziemlich nahe. Nur in einem Punkt irrte ich: Ich hielt Des Essarts und Bosquot für ein und dieselbe Person. Dieser Irrtum ließ mich später an der Richtigkeit meiner Vermutung zweifeln. Ich glaubte an die Unschuld dieser Schauspielerin. Mein Gott, ich bat sie sogar um Verzeihung!«

Watson-Sensei kramte noch immer in den Schmuckkästchen.

»Aber warum mein Koffer, Holmes?«

»Die Idee kam mir, als ich entdeckte, dass die Truhe und Ihr Koffer die gleiche Größe haben. Ich dachte: Monsieur Lupin wollte sich mit mir einen Scherz erlauben, nun, dann werde ich ihn auch ein wenig foppen. Mich interessierte, wie er vorgehen würde. Ich vermutete zu Recht, dass Lupin keine Zeit damit verschwenden würde, die Schlösser Ihres Koffers zu öffnen. Es würde ihm gar nicht in den Sinn kommen, dass es außer ihm noch andere Leute auf der Welt gibt, die einen guten Scherz zu schätzen wissen. Offen gestanden, habe ich noch einen weiteren Fehler gemacht. Als ich sah, dass der Sack, den ›Des Essarts‹ mitbrachte, echte Geldscheine enthielt (zumindest oben), würdigte ich seine Pedanterie. Aber ich hatte Lupins Großzügigkeit unterschätzt, seinen Hang zu großen Gesten. Ich war überzeugt, dass er sich nicht mit dem Inhalt des Verstecks begnügen, sondern auch die Franc zurückhaben wollen würde. Ein grober Fehler. Oder zumindest ein halber Fehler. Nicht der Anführer wollte sich das Geld holen, sondern sein Komplize – aus Gier auf die Vierzigtausend. Tja … Bei dieser Geschichte hat jeder Verluste erlitten. Arsène Lupin hat für vierzigtausend Franc Watsons Hemden und Unterhosen erworben. Watson steht ohne Koffer da. Mr. Shibata ist voller Schrammen und blauer Flecke. Bosquot hat ein halbes Ohr einbebüßt. Der falsche Professor hat sich den Finger abgeschossen. Und wir beide, Fandorin, haben uns die Gelegenheit entgehen lassen, einen genialen Betrüger zu fangen. Wie dem auch sei« – er blickte zur Uhr –, »seit zwanzig Minuten leben wir nun in einem Jahrhundert, das mit ›neunzehnhundert‹ beginnt. Nach dem Vorspiel zu urteilen, verheißt das neue Jahrhundert Schlauköpfen wie uns beiden nicht die angenehmsten Überraschungen.«

»Was ist das?«

Der Doktor trat ans Fenster (wir befanden uns im ersten Stock). Weit hinten, am Tor, bewegten sich Lichter. Dann vernahmen wir einen durch die Entfernung gedämpften Pfiff.

»Holmes! Dieser unverschämte Kerl hat tatsächlich die Polizei gerufen!«

»Nichts wie weg, Watson. Aber vorher legen wir den Schmuck zurück an seinen Platz. Wenn die Schlossherren zurückkommen, werden sie nicht verstehen, was die Einbrecher hier wollten: Sie bauen im Turm ein merkwürdiges Folterinstrument mit Tropf auf, nehmen im Speisezimmer einen üppigen Imbiss, legen unter den Fenstern Fangnetze aus, werfen einen Blumentopf herunter und hauen dann ab. Und stehlen nichts von Wert. Das Verschwinden des treuen Verwalters wird den Des Essarts' zweifellos ebenfalls Kopfzerbrechen bereiten ...«

Als wir die Geheimkammer wieder verschlossen hatten und durch den Dienstbotenausgang das Haus verließen, sagte Fandorin-Dono mit einem Seufzen: »Wir haben uns selbst überlistet. In Russland sagt man: Auf jeden Weisen kommt genug Einfalt.«

»Bei uns gibt es dafür einen Kinderreim. Über drei Einwohner des Dorfes Gotham, wo der Legende zufolge die allergrößten ...« – Sherlock Holmes machte eine Pause –, »die allergrößten Schlauköpfe von ganz England leben.«

Er rezitierte ein kurzes Gedicht, das mich durch seine Tiefe und die wahrhaft japanische Eleganz seiner Metapher entzückte. Sinngemäß sagt dieses Meisterwerk, dass Drei Weise unschwer den Weg zur Wahrheit finden, selbst wenn sie sich in einem untauglichen Gefäß auf die Reise des Lebens machen. In Lakonie und Schönheit gleicht ihr Weg einem kurzen Gedicht.

Allein für diese Offenbarung hat es sich für mich gelohnt, all die Prüfungen und die Schande des Misserfolgs auf mich zu nehmen, ganz zu schweigen von Kleinigkeiten wie der dattelgroßen Beule auf dem Kopf.

Ich habe versucht, das Gedicht, das ich von Sherlock Holmes gehört habe, in die klassische Form eines Fünfzeilers aus 31 Silben zu bringen.

Drei Weise auf See
Fürchteten keinen Taifun
Im kleinen Nachen.
Ihre Reise war so kurz
Wie ein klassisches Tanka.

Anmerkungen des Herausgebers

Das Manuskript der Erzählung »Die Gefangene im Turm« enthält eine Anmerkung von John Hamish Watson, datiert 1907:

Ich habe soeben das empörende Werk von Mr. Leblanc »Arsène Lupin kontra Sherlock Sholmes« gelesen. Der Autor hat nicht nur die Fakten des wahren Hergangs entstellt, sondern mit der für den Stamm der Gallier typischen selektiven Erinnerung mit keinem Wort die Ereignisse der Neujahrsnacht 1900 erwähnt, in welcher der große Detektiv und der große Dieb tatsächlich zum ersten Mal leibhaftig aufeinandertrafen. Zu Mr. Leblancs Rechtfertigung lässt sich allenfalls anführen, dass er im Gegensatz zu mir nie direkt am Geschehen beteiligt und daher gezwungen ist, die Berichte seines prahlsüchtigen Freundes, eines Gentleman von nicht eben ehrbarem Gewerbe, für bare Münze zu nehmen. Dass Lupin die Geschichte mit der Höllenmaschine in Schloss du Vaux Garni »vergessen« hat, ist nur allzu verständlich. Sie gereicht keinem der daran Beteiligten zum Ruhm.

Das Manuskript von Masahiro Shibata enthält eine Randnotiz:

Mein Herr hat meine Erzählung gelesen und mir mein Ehrenwort abgenommen, dass ich, solange er lebt, nie wieder seine Heldentaten auf dem Papier festhalte. Wie schade! Ich bin so gern Schriftsteller!

Darja Donzowa: »Mord mit Humor.« Bücher

Darja Donzowa moderiert im russischen Rundfunk eine Talkshow. Sie wurde in Rußland dreimal »Schriftstellerin des Jahres«, zwei ihrer Bücher wurden zum »Bestseller des Jahres« gekürt.

Nichts wäscht weißer als der Tod
Daß ihr Ehemann sie betrügt, ändert ihr ganzes Leben. Von einem Tag auf den anderen wird die wohlbehütete Harfenistin zur Haushälterin in der ziemlich chaotischen Familie der Ärztin Katja. Als Katja entführt wird, muß Tanja auch noch die Rolle der Ermittlerin übernehmen.
»Die große Satirikerin unter den Krimi-Frauen.« Literaturen
Kriminalroman. Aus dem Russischen von Helmut Ettinger. 376 Seiten. AtV 2201

Spiele niemals mit dem Tod
Wer hat dem vierjährigen Sohn des berühmten Krimi-Autors Kondrat Rasumow die Pistole geschenkt, mit der er seinen Vater erschoß? Der Liebhaber seiner Mutter Lena? Lena selbst? Tanja, seit kurzem Haushälterin in dem großzügigen und chaotischen Schriftsteller-Haushalt, glaubt einfach nicht an Lenas Schuld. Sie beginnt nach dem wirklichen Täter zu suchen.
Kriminalroman. Aus dem Russischen von Helmut Ettinger. 387 Seiten. AtV 2294

Perfekt bis in den Tod
Tanja, Detektivin wider Willen, steht vor ihrem schwersten Fall. Sie soll den Maler Boris beschatten. Als dessen Geliebte bei seiner Geburtstagsfeier vergiftet wird, gerät natürlich die Ehefrau in Verdacht. Doch Tanja entdeckt, dass jeder der Geburtstagsgäste ein Motiv hat, und stürzt sich mit Elan in die Ermittlungen. Da geschieht ein zweiter Mord.
Kriminalroman. Aus dem Russischen von Helmut Ettinger. 364 Seiten. AtV 2343

Bis dass dein Tod uns scheidet
Das Sommeridyll auf Tanjas Datscha wird jäh gestört. Professor Slawin wurde ermordet. Unter seinen Ex-Frauen und Geliebten herrscht Eintracht und Frieden. Doch wer war er wirklich? Mit Charme und vielen Tricks beginnt Tanja zu ermitteln, und wie immer helfen ihr Zufall und Glück dabei.
Darja Donzowa verbindet atemberaubende Spannung mit Witz und Humor.
»Abgründig komisches Pointengewitter. Feinste Comedy.«
Literaturen
Kriminalroman. Aus dem Russischen von Helmut Ettinger. 400 Seiten. AtV 2426

Mehr unter www.aufbau-verlag.de oder bei Ihrem Buchhändler

aufbau taschenbuch

Polina Daschkowa: »Atemberaubend gut« FREUNDIN

Keine beschreibt das moderne Russland so packend wie sie: Polina Daschkowa, geb. 1960, studierte am Gorki-Literaturinstitut in Moskau und arbeitete als Dolmetscherin und Übersetzerin, bevor sie zur beliebtesten russischen Krimiautorin avancierte. Für die Polizei erstellt sie psychologische Tätergutachten. Polina Daschkowa lebt mit ihrem Mann und zwei Töchtern in Moskau.

Die leichten Schritte des Wahnsinns
Bravourös meistert die Journalistin Lena die Tücken ihres Alltags in Moskau – bis ihre Freundin Olga mit einer Hiobsbotschaft auftaucht. Ihr Bruder Mitja, ein bekannter Liedermacher, soll sich im Drogenrausch erhängt haben. Aber nicht nur Olga hat Zweifel an Mitjas Tod, der – anders als seine Frau – niemals Drogen nahm. Auch Lena stößt auf allerlei Ungereimtheiten.
»Das ist große Kriminalliteratur.«
LITERATUREN
Roman. Aus dem Russischen von Margret Fieseler. 454 Seiten. AtV 2372

Club Kalaschnikow
Katja Orlowa hat nicht den besten aller Ehemänner. Obschon sie eine attraktive Primaballerina ist, wird sie von ihm ständig betrogen. Als reicher Casinobesitzer verkehrt er in den höchsten, aber auch zwielichtigsten Kreisen Moskaus. Eines Abends wird er vor ihren Augen erschossen. Die Tatwaffe findet die Miliz bei der Geliebten des Toten. Doch Katja zweifelt an ihrer Schuld – erst recht, als ein zweiter Mord geschieht.
»Unglaublich dicht und spannend.«
BRIGITTE
Roman. Aus dem Russischen von Margret Fieseler. 445 Seiten. AtV 2379

Lenas Flucht
Lena fürchtet um ihr noch ungeborenes Baby. Es ist zwar kerngesund, aber es gibt Leute, die es ihr nehmen wollen. Instinktiv flieht sie aus der Klinik. Die Miliz glaubt ihr nicht. Doch offenbar geht es hier um weit mehr als eine medizinische Fehldiagnose. In all ihrer Bedrängnis begegnet Lena, bekannt aus »Die leichten Schritte des Wahnsinns«, dem Mann ihres Lebens.
»Es gibt wenige Bücher, die mir beim Lesen Gänsehaut verursachen. Polina Daschkowa hat es geschafft.«
GABRIELE KRONE-SCHMALZ
Roman. Aus dem Russischen von Helmut Ettinger. 233 Seiten. AtV 2381

Mehr unter www.aufbau-verlag.de oder bei Ihrem Buchhändler

aufbau taschenbuch